本丛书系武汉大学"985工程"项目"中国特色社会主义理论创新基地"和"211工程"项目"马克思主义基本理论及其中国化研究"成果

本书受中国博士后科学基金第57批面上资助项目"公平、发展与政治需要：近代地权思想关注的多歧面相"（项目编号：2015M572180）资助

武汉大学马克思主义理论系列学术丛书

中国近代土地所有权思想研究（1905—1949）

李学桃 ◎ 著

中国社会科学出版社

图书在版编目(CIP)数据

中国近代土地所有权思想研究：1905~1949 / 李学桃著 . —北京：中国社会科学出版社，2015. 12

（武汉大学马克思主义理论系列学术丛书）

ISBN 978 – 7 – 5161 – 6967 – 4

Ⅰ. ①中… Ⅱ. ①李… Ⅲ. ①土地所有权 – 研究 – 中国 – 1905~1949 Ⅳ. ①F321. 1

中国版本图书馆 CIP 数据核字（2015）第 246351 号

出 版 人	赵剑英
责任编辑	田　文
特约编辑	陈　琳
责任校对	张爱华
责任印制	王　超

出　　版	中国社会科学出版社
社　　址	北京鼓楼西大街甲 158 号
邮　　编	100720
网　　址	http：//www.csspw.cn
发 行 部	010 – 84083685
门 市 部	010 – 84029450
经　　销	新华书店及其他书店

印刷装订	三河市君旺印务有限公司
版　　次	2015 年 12 月第 1 版
印　　次	2015 年 12 月第 1 次印刷

开　　本	710×1000　1/16
印　　张	24.5
插　　页	2
字　　数	398 千字
定　　价	85.00 元

凡购买中国社会科学出版社图书，如有质量问题请与本社营销中心联系调换
电话：010 – 84083683
版权所有　侵权必究

总　序

顾海良

新世纪之初，马克思主义理论学科的设立，是马克思主义中国化的显著标志，也是中国化马克思主义发展的重要成果。设立马克思主义理论学科，不仅是由马克思主义理论本身的科学性决定的，也是由马克思主义作为我们党的指导思想和作为国家主流意识形态建设的需要决定的，而且还是由当代马克思主义发展的新的要求决定的。

在马克思主义理论学科建设中，武汉大学一直居于学科建设与发展的前列。武汉大学政治与公共管理学院作为学科建设和发展的主要承担者，学院的教师和研究人员为此付出了极大的辛劳，作出了极大的贡献。现在编纂出版的《武汉大学马克思主义理论系列学术丛书》就是其中的部分研究成果。

回顾马克思主义理论学科建设和发展的实际，给我们的重要启示之一就是，马克思主义理论学科的建设和发展，既要尊重学科建设和发展的普遍规律，又要遵循学科建设和发展的特殊要求，要切实提高马克思主义理论学科的影响力。希望《武汉大学马克思主义理论系列学术丛书》的出版，能为切实提升马克思主义理论学科的影响力增添新的光彩。

第一，要提高马克思主义理论学科建设的学术影响力。把提高学术影响力放在首位，是从学科建设视阈理解马克思主义理论学科建设的要求。学科建设以学术为基础。马克思主义理论作为一个整体的一级学科，在提升学科的学术性时，要按照学科建设内在的普遍要求，使之具有明确的学科内涵、确定的学科规范和完善的学科体系。

学术影响力是学科建设的重要目标，也是学科建设水平的重要体现。马克思主义理论学科的学术影响力，不仅在于国内的学术影响力，还应该树立世界眼光，产生国际的学术影响力。在国际学术界，马克思主义理论是以学术研究为基本特征和主要导向的。注重马克思主义理论的学术研究，不仅有利于达到学科建设的基本要求，而且还有利于国际范围内的马克思主义理论研究的交流，产生国际的学术影响力。比如，一个时期以来，国际学术界对《德意志意识形态》、《共产党宣言》等文本传播的研究，马克思经济学手稿的研究，科学考据版《马克思恩格斯全集》（MEGA2）的编辑与研究等，就是国际范围内马克思主义理论学术研究的重要课题。作为以马克思主义为指导的社会主义国家，在马克思主义理论学科建设和发展中，不但要高度关注和重视世界范围内马克思主义理论研究的重大课题，而且要参与国际范围内马克思主义理论重大课题的研究。在国际马克思主义学术论坛上，我们要有更广泛的话语权，要能够更深刻地了解别人在研究什么、研究的目的是什么、研究到什么程度、有哪些重要的理论成就、产生了哪些理论的和实践的成效等。如果一方面强调建设和发展马克思主义理论学科，另一方面却在国际马克思主义论坛上被边缘化，这肯定不是我们希望看到的学科建设的结局。

第二，要提高对中国特色社会主义理论与实践的影响力。任何学科都有其特定的应用价值。马克思主义理论学科对中国特色社会主义理论与实践的影响力，就是这一学科应用价值的重要体现，也是这一学科建设和发展的重要目标和根本使命。在实现这一影响力中，深化中国特色社会主义理论体系的研究是重点；运用中国特色社会主义理论体系于实践、以此推进和创新中国特色社会主义理论体系是根本。马克思主义理论学科对中国特色社会主义理论与实践的影响力，要体现在对什么是马克思主义、怎样对待马克思主义，什么是社会主义、怎样建设社会主义，建设什么样的党、怎样建设党，实现什么样的发展、怎样发展等重大问题的不断探索上，并对这些问题作出新的理论概括，不断增强理论的说服力和感召力，推进中国特色社会主义理论体系的发展。马克思主义理论学科的建设和发展，一定要对中国特色社会主义的经济、政治、文化、社会、生态文明建设以及党的建设的理论与实践产生重要的影响力，为中国特色社会主义道路发展中的重大理论和实践问题的解决提供基本的指导思想，充分体现学科建设的应用价值。

第三，要提高对国家主流意识形态发展和安全的影响力。马克思主义作为党和国家的指导思想，自然是中国特色社会主义的主流意识形态。要深刻理解马克思主义理论学科的特定研究对象。马克思主义是我们立党立国的根本指导思想，是社会主义意识形态的旗帜，是社会主义核心价值体系的灵魂，是全党全国各族人民团结奋斗、夺取建设中国特色社会主义新胜利的共同思想基础。在学科建设中，我们要以高度的政治意识、大局意识和责任意识，进一步推进马克思主义中国化的发展和创新，进一步巩固马克思主义在思想政治理论领域的指导地位，进一步增强社会主义核心价值体系的建设成效，进一步维护和发展国家意识形态的安全。

建设马克思主义学习型政党作为新世纪党的建设重大而紧迫的战略任务，对马克思主义理论学科建设提出了新的更高的要求。建设马克思主义学习型政党的首要任务，就是要按照科学理论武装、具有世界眼光、善于把握规律、富有创新精神的要求，坚持马克思主义作为立党立国的根本指导思想，紧密结合我国国情和时代特征大力推进理论创新，在实践中检验真理、发展真理，用发展着的马克思主义指导新的实践。

第四，要提高全社会的思想理论素质，加强全社会的思想政治教育的影响力。全社会的思想理论素质是一定社会的软实力的具体体现，也是一定社会的国家综合实力的重要组成部分。特别是在青少年思想道德教育、大学生思想政治教育中，如何切实提高马克思主义理论学科的影响力，是当前马克思主义理论学科建设的最为重要和最为紧迫的任务和使命。在这一意义上，我们可以认为，马克思主义理论学科的影响力，首先就应该体现在大学生思想政治理论课程的建设全过程中。用马克思主义理论，特别是用当代发展的马克思主义理论，即中国特色社会主义理论体系教育人民、武装人民的头脑，内化为全体人民的思想观念与理论共识，是马克思主义理论学科建设的艰巨任务，特别是其中的思想政治教育学科建设和发展的重要目标。

以上提到的四个方面的影响力——学术的影响力、现实应用的影响力、意识形态的影响力和思想政治教育的影响力等，对马克思主义理论学科发展是具有战略意义的。在对四个方面影响力的理解中，既不能强调学科建设和发展的学术性而否认学科建设和发展的政治性与意识形态性；也不能只顾学科建设和发展的政治性与意识形态性而忽略学科建设和发展的学术性。要从学科建设的战略高度，全面地探索和提高马克思主义理论学科建设和发展的影响力。

我衷心地希望，《武汉大学马克思主义理论系列学术丛书》能在提高以上四个方面影响力上作出新的贡献！

目 录

绪 论 …………………………………………………………………（1）
    一　选题缘由 …………………………………………………………（1）
    二　研究对象及相关概念界定 ………………………………………（3）
    三　已有研究成果评述 ………………………………………………（13）
    四　拟突破的问题和研究的基本思路 ………………………………（17）

第一章　鸦片战争以来土地公有思想的勃兴 ……………………（20）
    一　旧有土地公有思想的新发展 ……………………………………（20）
    二　西方土地公有思想的传入 ………………………………………（29）
    三　土地公有思想兴起综论 …………………………………………（48）

第二章　围绕土地国有展开的论战 ………………………………（56）
    一　土地国有论的提出及其初遭诘难 ………………………………（56）
    二　土地国有论者的反击与梁启超的再次诘难 ……………………（80）
    三　革命党人对土地国有主张的最后申论 …………………………（105）
    四　土地国有论战之评析 ……………………………………………（112）

第三章　土地公有思想的演变与土地"农有"主张的提出 ………（120）
    一　土地公有思想的继续阐发 ………………………………………（121）
    二　土地国有思想的分化与"耕者有其田"思想的提出 ……………（144）
    三　土地所有权思想由理想转向现实 ………………………………（157）

第四章　土地国有思想的继承与土地"农有"思想的发展 ………（165）
    一　国民党对土地国有思想的继承 …………………………………（165）

二　"第三党"对"耕者有其田"思想的继承与发展 …………… (216)
　　三　土地国有思想继承与发展的结果及影响 ………………… (231)

第五章　"土地村公有"的提出及其引发的土地所有权问题讨论 … (235)
　　一　阎锡山的"土地村公有"主张 ………………………………… (235)
　　二　鼓吹土地公有的思想 ………………………………………… (244)
　　三　捍卫土地私有的主张 ………………………………………… (251)
　　四　漆琪生将土地国有与土地农有相结合的思考 …………… (263)
　　五　土地所有权思想在探讨中发展 ……………………………… (276)

第六章　土地农有基础上追求土地公有理想及开展合作经营的思想 ………………………………………………………………… (280)
　　一　抗战时期土地农有思想的兴起 ……………………………… (281)
　　二　国民党土地农有改革思想的兴起与发展 ………………… (293)
　　三　反思土地农有之弊的合作经营思想 ………………………… (329)
　　四　现实与理想结合下土地所有权思想的基本趋向 ………… (354)

结　论 ………………………………………………………………… (358)
　　一　1905—1949年土地所有权思想发展演变的两条线索 …… (358)
　　二　中国近代土地所有权思想发展演变的影响因素 ………… (359)
　　三　中国近代土地所有权思想的特色与理论意义 …………… (364)

参考文献 ……………………………………………………………… (368)

后　记 ………………………………………………………………… (379)

绪　　论

一　选题缘由

　　土地问题自古以来就是颇受人们关注的问题,近代以来亦然,也是探讨热烈且持续时间长、影响深远的基本问题。

　　中国是一个传统的农业国。因之,"一切经济问题的打算,归根结底,总离不了地。我们这一片土地养活了我们几千年的民族"。① 土地与人们的生活、生产紧密相关,是人们所关注、渴求的基本生产资料,拥有一定数量的土地,是其生存与发展的基础,这对缺少甚至没有土地的人来说尤其如此。诚如古典经济学家亚当·斯密所说的,"在中国,每个人都很想占有若干土地,或是拥有所有权,或是租地"。② 但是,在土地占有不合理的情况下,占有过量土地的地主与无地、少地的农民,就构成了一对以土地所有权为中心的矛盾。并且,这一矛盾一直未得到有效地解决。③ 费孝通曾形象地说,中国农民

---

　　① 费孝通:《费孝通全集》(第四卷),内蒙古人民出版社2009年版,第443页。

　　② [英]亚当·斯密:《国民财富的性质和原因的研究》(下卷),郭大力、王亚南译,商务印书馆2009年版,第371页。

　　③ 近代中国的土地关系,早年因受阶级斗争学说影响,过分强调农民与地主的对立。"关于旧中国的土地占有状况及发展趋势,新中国成立后一般都根据1947年10月10日《中共中央关于公布中国土地法大纲的决议》以及1950年6月5日刘少奇《关于土地改革问题的报告》,认为大体占农村人口不到10%的地主和富农占有约70%至80%的土地,而占乡村人口90%的贫农、雇农、中农及其他劳动人民总共只占有20%至30%的土地。在旧中国几十年间,地权越来越集中,失去土地的农民越来越多"(参见郭德宏:《中国近现代农民土地问题研究》,青岛出版社1993年版,第1页)。后来,史学界对近代农村土地占有状况进行了重新估计,郭德宏的《旧中国土地占有状况及发展趋势》(《中国社会科学》1989年第4期)以及章有义的《本世纪二三十年代我国地权再分配的再估计》(《中国社会经济史研究》1988年第2期)等文就指出,当时地主、富农一般占地

"视土如命","好像是患着永远不会吃饱的土地饥饿症"。①

近代以来,人们对继续存在并逐渐加剧的土地问题进行了深入探索。这些探索既有理论层面的继承、吸纳与创新,也有实践层面的努力;且产生了各种不同的对土地问题的看法与解决思路,形成了内涵丰富且各具特色的土地思想。这些思想是宝贵的历史遗产,有待我们进行深入发掘、借鉴。这些土地思想,包括土地生产思想(即探讨如何发挥、拓展地力)、土地金融思想(如何提供贷款以发展生产以及购赎土地)等等内容;但基于土地所有权在土地问题中的核心地位,无疑吸引人们对其进行更为集中、深入的探索。土地所有权思想也就成为土地思想中内涵相对丰富,脉络较

50%—60%,从宽说60%。后来,因不同的研究视角以及选材,也相继得出了其他结论。如秦晖就提出"关中无地主"的论断(参见秦晖:《封建社会的"关中模式"——土改前关中农村经济研析之一》,《中国经济史研究》1993年第1期);对于一般认为的地主与农民之间的尖锐对立关系,有学者指出不是地主压榨农民,而是农民对地主的反抗乃至"欺凌",农民在与地主的斗争中处于"强势"地位,并且因为农民欠租、抗租,导致地租量的下降(参见高王凌:《租佃关系新论:地主、农民与地租》,上海书店出版社2005年版,第70页)。至于近代地权关系的大致情况,根据严中平等的研究,"在鸦片战争以前,中国的地权分配,已集中得相当严重了";鸦片战争后,"不仅广大农民群众很多迅速陷入破产的境况,就是小土地出租者和中、小地主,也多有败落下来的。这些人被生计所迫,不得不把仅有的少量土地忍痛出售,而这也就是缙绅、豪强、富商大贾和高利贷者大显身手,兼并土地的绝好机会,使土地集中的过程更加速了";"土地分配不均情况,与其前相比,有加无已"(参见严中平:《中国近代经济史(1840—1894)》(上册),人民出版社2001年版,第456—457页)。刘克祥等亦指出,20世纪30年代以来,个别地方存在相对平均的情况,但土地所有权整体上在逐渐集中(参见刘克祥:《20世纪30年代土地阶级分配状况的整体考察和数量估——20世纪30年代土地问题研究之三》,《中国经济史研究》2002年第1期)。美国学者易劳逸则指出,近代尤其是1937年至1949年间,"能够显示土地正在大规模集中的可靠资料是非常缺乏的",但是,"大地主普遍地更加富裕与大多数农民生活水准的下跌仍是实情"(参见[美]易劳逸:《毁灭的种子:战争与革命中的国民党中国(1937—1949)》,王建朗等译,江苏人民出版社2009年版,第52—53页)。本书不拟对中国近代(1905—1949)土地占有情况进行探讨,但是,采纳学术界一般所认为的近代中国在地主土地所有制下,农民生活的普遍贫困与农业生产的凋敝。作为传统的农业国,土地是所有人的希望。地主集中土地,不仅是剥夺农民土地的结果,也是致使中小地主丧失土地的主因。此外,不论是在古代还是在近代中国,"地主占有过量土地与农民需要土地"这一矛盾是客观存在的;而且不论地权关系如何,对土地所有权的思考在任何社会、任何时代总是存在的。譬如中国虽已实现土地公有制,但自20世纪90年代以来逐渐兴起了土地私有思想,以文贯中、陈志武等为代表的西方经济学者,认为中国农村土地的私有要优于公有;国内学者如温铁军、贺雪峰等则强调继续坚持并发展农村土地集体所有制的合理性。

① 费孝通:《费孝通全集》(第三卷),内蒙古人民出版社2009年版,第294页。

为完整，且更为值得深入梳理、研究的对象。

近代尤其是1905—1949年中国社会的土地所有权思想，就其内涵而言，大致可以分为：土地农有思想、土地国有思想以及土地公有（共有）思想。研究这一时期的土地所有权思想，至少具有以下三个方面的意义：首先，梳理中国近代土地所有权思想的基本内涵，能够了解历史时期人们对土地所有权问题深入而广泛的思索；而发掘这一内涵丰富且颇具价值的思想资源，对历史研究、土地思想史研究等均有着重要意义。其次，通过这一研究，能使我们深入了解历史时期人们探索解决土地所有权问题的思想演进历程，从而在整体上掌握土地公有制确立前的土地所有权思想基础以及思想抉择过程。最后，农业、农村、农民问题现今仍然是困扰中国社会、经济发展的基本问题，随着社会经济的发展，城市化进程加快，城市土地问题将更加凸显，围绕着土地公有与私有，又引发了激烈的争论。[①] 并且，自党的十八大召开以来，新一轮土地改革已经如箭在弦。因此，通过对中国近代（1905—1949）土地所有权思想的分析与研究，发掘其中的闪光之处，可以为现今土地所有制的完善以及"新土改"提供资鉴。

总之，土地所有权作为土地问题的核心，与近代社会转型、革命建设、发展道路等紧密相关，也与现实生活紧密相关。对其进行深入、系统地研究具有重要的学术价值与现实意义。

二　研究对象及相关概念界定

本书研究的对象，系指1905—1949年间中国共产党系统之外其他有关农村土地所有权的思想。之所以如此安排，一是因为中国共产党的土地思

---

① 自20世纪90年代以来，围绕着土地所有权的争论又开始兴起，国内外围绕中国土地所有权（尤其是农村土地所有权）又形成了公有与私有两派的论争。大致来看，诸如文贯中、陈志武等这些在美国的经济学者强调中国土地应该私有化，给予私人土地所有权；而国内的温铁军、贺雪峰等则强调土地公有制，并且双方有激烈的争论。参见贺雪峰：《地权的逻辑——中国农村土地制度向何处去》，中国政法大学出版社2001年版。

想自成一独立的思想体系,且学术界对其的研究已极充分。① 其二,中国共产党系统之外,举凡近代中国社会的个人、群体、法律法规等所体现出来的土地所有权思想,其内涵极为丰富,已足以构成为一相对完整的研究对象。且较好地梳理这一部分思想的工作,就已极为繁杂。②

  选择1905—1949年这一时段,亦在此作一简短说明。鸦片战争后,中国历史进入急剧的近代转型时期③,外来的社会思潮与本土的社会思想交织一起,发生碰撞与融合,催生很多思想和思维现象。具体就土地所有权思想来看,古已有之的土地公有理想开始出现新的变化:洪秀全、康有为、孙中山等都阐释出土地公有的理想。他们与来华的传教士和一些接受西方无政府主义思想的留洋学生一起,推动了土地公有思潮的产生。由是,外来的土地公有思想与本土的土地公有思想汇聚一起,对近代中国开始产生巨大影响。1905年,资产阶级革命派与梁启超进行的土地国有大论战即可视为中、西方土地思想交汇、影响下的产物。革命派的土地国有主张,直接的理论来源是亨利·乔治等所倡导的"土地国有论"。它经由外来传教士的作用,在华传播开来。这场论战在近代土地思想史的演变与发展中具有

---

① 仅以郭德宏为例,他在这方面的出色研究成果就有:《土地改革史若干问题论纲》,《近代史研究》1987年第4期;《关于土地改革史研究中的几个问题》,《东疆学刊》1988年第4期;《"平分土地"论析》,《中国经济史研究》1989年第1期;《毛泽东的土地革命政策思想》,《党史研究与教学》1990年第3期;《彭湃的农民运动及土地革命思想》,《党史研究与教学》1991年第4期;《新民主主义革命时期张闻天的农民土地主张》,《山东社会科学》1991年第6期;以及专著《中国近代农民土地问题研究》,青岛人民出版社1993年版。此外,还有杜润生主编:《中国的土地改革》,当代中国出版社1996年版,等等。

② 论述中共主要领导人以及中共土地政策、法规中所蕴含的地权思想,主要体现在研究中共土地改革的一些著作中,从这些著作的篇幅就可以窥见中国共产党这一群体土地所有权思想内涵之丰富。如杜润生主编的《中国的土地改革》(当代中国出版社1996年版),以中共的土地改革为中心写出约48万字的鸿幅巨制;此外,张永泉、赵泉钧主编的《中国土地改革史》(武汉大学出版社1985年版),赵效民主编的《中国土地改革史1921—1949》(人民出版社1990年版),农业部农村经济研究中心当代农业史研究室编的《中国土地改革研究》(中国农业出版社2000年版),等等基本都是以中共的土地改革为研究对象的大部头著作。

③ 所谓"急剧的近代转型时期",是指中国自1840年鸦片战争以来,在政治、经济、文化、思想等各个方面发生急剧性变化的时期。这一"急剧"性,主要是基于中国遭受到前所未有的外来冲击而诱发巨大而深刻的变化而言的。这一变化过程中也夹杂有倒退,如出现了各种复古思潮、复辟行动等,但总体趋势是由"前近代社会"向"近代社会"发展。因此,这里的"近代转型时期",不仅有指近代历史时期,即1840—1949年之意;更有"近代化"之意,一般所说近代转型至今仍在继续,正是基于此一释义。

界标性意义：其一，这场论战第一次公开探讨土地所有权应该国有或者私有，双方各抒己见，围绕中国社会诸问题与土地所有权之间的关系进行了深入探讨。其二，自这场论战之后，社会上对土地所有权问题重要性的认识提高至一个新的高度；且有关社会问题的探讨再也难以绕开土地问题，尤其是无法绕开土地所有权问题。1949年新中国成立，中国社会主义逐渐由理论走入全面实践，土地公有也由理想逐渐变成现实。此后，社会上有关土地所有权的探索，就逐渐以土地公有制的具体实践以及如何完善这一实践为重心。土地所有权的思考，让位于对土地公有制度实践的探索。

始于土地国有之争而终于土地公有制度全面实践的起点这一时期，是有关土地所有权问题的理论探讨由纷乱复杂到逐渐清晰的时期。其间，呈现出土地公有与私有思想反复辨析，其思想内涵得以不断延伸和扩大，并最终展现以土地公有理想为基本趋向的外观；呈现出争论、深入、趋同的脉络，构成一完整的思想（也有小规模的实践）发展阶段。因此，本书研究的时限，起止确定为1905—1949年。

何谓"土地"？《辞海》将其定义为：①土壤、田地；②领土；③土地传说中管理一个小地面的神，即古代的社神；④测量地界；⑤在经济学上，指大自然所赋予人们的，以陆地、水域等形式存在的资源。它既为人类提供活动基地，又为人类提供劳动手段和劳动对象，是生产活动不可缺少的物质条件。按其用途可分为农用土地、矿山土地和建筑土地等。[1]《辞海》对"土地"的定义，可以从自然属性与社会属性两大方面来把握。所谓"自然属性"意义上的土地，就是未掺入人类活动以及社会关系的原生态的土地；而一旦与人类发生关系，如经过改造、利用，乃至具备所有权性质的土地，则是具有"社会属性"（也可称之为"经济属性"）的土地。

土地经济学在西方国家发展比较早，因此，西方学者定义"土地"时，较早注意到"土地"的社会、经济属性，但大多是以一种笼统且与其自然属性杂糅的方式来界定的。亚里士多德作为一位百科全书式的学者，在探讨"一般意义来说的财产以及致富术"时指出，"绝大多数人是以耕作土地培育果实来获得生活资料"；[2] 在畜产、耕作与商业、交易两大"致富术"

---

[1] 《辞海》第六版·彩图本（3），上海辞书出版社2009年版，第2291页。
[2] ［古希腊］亚里士多德：《亚里士多德选集（政治学卷）》，中国人民大学出版社1999年版，第17页。

之间有一种"中间形式":它"包含某种合乎自然的部分,但也有交易的部分",即"从土地中,从地里生长出来的东西上赢利,虽然并不结果实,但这些东西依然是有利可图的,例如伐木和所有的采矿业"。① 亚里士多德并未直接就"土地"进行具体界定,但这些有关"土地"的阐述表明:他不仅认识到土地的自然属性——能"培育出果实"、生长"树木"、蕴含"矿产"等;也认识到其的社会属性——"满足人们的生活需要",如能"用来交易"、使人们"赢利"等。魁奈作为古典政治经济学奠基人,强调"土地是财富的唯一源泉,只有农业能够增加财富";其理由是,"农业国家的收入的唯一源泉,是土地和耕种企业家的预付"。② 这显然是从自然属性与社会属性两方面对"土地"作出的界定。并且,他还强调"只有土地才能带来收入"。③ 此后,亚当·斯密也指出,"土地是一种比较确实和恒久的资源";"一切超过了游牧阶段的大国的收入,都是以国有地地租为主要源泉";"国家大部分必需费用的开支,在很长时间内是取给于国有地的产物或地租"。④ 他虽是从"君主或国家的收入"这一角度来论述"土地"属性的;但是,土地无疑是耕者收入的基本来源。随着西方经济学的不断发展,对"土地"的界定也逐渐具体化。亨利·乔治(Henry George)认为,土地不仅指地球表面,还"包含着一切的自然的物质、能力和机会"。⑤ 英国经济学家马歇尔(Alfred Marshall)则指出,土地是指大自然"在陆地、海上、空气、光和热各方面所赠予"人类的物质和力量。⑥ 美国土地经济学家伊利(Richard T. Ely)等认为,经济学意义上的"土地",指"自然的各种力量"或"自然资源",不仅指地表,还包括"地面上下的东西",是"侧重于大自然所赋与的东西"。⑦ 从后来的这些定义来看,西方学者逐渐将"土地"的社会属性具体化为经济属性。伊利作为土地经济学的主要创始人之一,

---

① [古希腊]亚里士多德:《亚里士多德选集(政治学卷)》,中国人民大学出版社1999年版,第24页。
② [法]魁奈:《魁奈经济著作选集》,吴斐丹、张草纫译,商务印书馆2009年版,第371、372页。
③ 同上书,第480页。
④ [英]亚当·斯密:《国民财富的性质和原因的研究》(下卷),郭大力、王亚南译,商务印书馆2009年版,第379、380页。
⑤ [美]亨利·乔治:《进步与贫困》(一),樊弘译,商务印书馆1930年版,第41页。
⑥ [英]马歇尔:《经济学原理》(上卷),陈良璧译,商务印书馆1981年版,第157页。
⑦ [美]伊利、莫尔豪斯:《土地经济学原理》,滕维藻译,商务印书馆1982年版,第19页。

他对"土地"的定义后为学术界所广泛接受。

20世纪二三十年代,西方土地经济学开始传入。同时,我国土生土长的土地经济学亦开始发展。其中,尤以章植及其所著《土地经济学》为代表。① 在土地经济学逐渐兴起的同时,各家对"土地"也进行了界定。

章植指出,所谓"土地","自常人言之,即地面之谓";"但自经济学者言之,则土地者,为自然在水陆空气光热中所自由助给人类之物质与劳力,其包含之意义固不仅地面而已,凡非劳力资本而必要于生产者,均得归纳为土地一类"。② 他较早注意到"土地"的自然意义与经济学意义两大层面。"1930 年《土地法》"的主要起草人吴尚鹰,在《土地法》中将"土地"定义为"水陆及天然富源"。③ 其中"富源",他解释为"天然力","举凡地面上的空气、日光及风霜、雨露都是富源";之所以包括上述这些因素,乃是因为若缺乏这些因素,土地就会失去效用。④ 可见,吴尚鹰对土地的定义主要还是从自然属性出发,但他的"土地"概念包罗范围大,且涉及经济层面。经济学者潘楚基对"土地"的定义,基本承袭伊利等的观点,这较之吴尚鹰的"土地"定义有所进步。并且,他在借鉴伊利对土地分类的基础上⑤,给出了自己的分类:"(甲)农田;(乙)非农田:一、城市地基,二、矿山,三、森林,四、水利"。⑥ 当然,近代有关"土地"概念的阐释还有很多,与上述界定大同小异,后文论述若有涉及将会详细介绍,在此不一一枚举。

国民党败退台湾之后,进行了比较成功的土地改革,也由此产生一批著名的土地经济学者。他们对"土地"的认识,也值得借鉴。潘廉方认为,"土地"广义上"包括全部的自然富源";狭义上则"专指陆地"。"陆地"具有三种基本性能:"养力、载力、藏力。"⑦ 显然,这三种"性能"都与

---

① 张清勇:《章植与中国第一部〈土地经济学〉》,《中国土地科学》2010 年第 12 期,第 65 页。
② 章植:《土地经济学》,三民书局 1930 年版,第 1 页。
③ 国民政府:《中华民国土地法》,上海会文堂书局 1931 年版,第 1 页。
④ 吴尚鹰:《平均地权》,《时事类编·特刊》1939 年第 37 期,第 14 页。
⑤ 伊利对土地的分类有四大类:A. 地下部分;B. 地面部分;C. 水及与水连接的部分;D. 地面以上部分,为飞机和无线电专用。其中,四大类下又分若干小类。参见伊利、莫尔豪斯:《土地经济学原理》,滕维藻译,商务印书馆 1982 年版,第 35—36 页。
⑥ 潘楚基:《中国土地政策》,黎明书局 1930 年版,第 5 页。
⑦ 潘廉方:《中国土地改革新论》,中华文化出版事业委员会 1957 年版,第 10、11 页。

人类生活、生产紧密相关,因而也就触及土地的社会属性。陈顾远指出,所谓"土地","胥以农地为主",故古人论述土地制度时往往冠以"田制"之名;现当代意义的"土地","系指占有一定空间包藏有机无机之生活资料,以生长动植物者,甚或包括海底资源,皆曰土地"。他强调土地"为经济上治富之源泉",并与劳动、资本构成与人民生活有密切关系之三大生产要素。① 赖明豪则指出,"土地"的含义,"随人类生存之需要及生活之内容而有不同的范围":狭义上指地表陆地,也即惯称的土地;广义上则指地表陆地与水地;最广义的"土地",不仅包括地表的水土资源,还包括一切附着于地表上资源,有"自然资源"之"原义"。② 赖明豪这一定义,全面关注到土地的自然属性和社会经济属性。著名土地经济学家殷章甫对"土地"的定义与赖明豪大同小异。他指出,狭义的"土地"指"地球外表的陆地部分";而"经济学者所谓的土地,其范围较为中肯,除了狭义的陆地以外,尚包括河海、湖泊、地下矿产、地上空间以及附着于地上的日光、热能、风力、雨水等一切的自然物及自然力,均包括于土地的范围里面"。③

当代大陆土地经济学学者周诚则将"土地"分为自然土地与经济土地。其中,自然土地是"作为自然综合体的土地",具体指"处于地球表面人类日常生产、生活活动所及的三维空间之内的,由土壤、沙砾、岩石、矿物、水、空气、生物等七种物质构成的,处于不同地貌、地势、地物、地质、水文及相关的气候状态的自然综合体"。④ 经济土地是"作为自然—经济综合体的土地",是由自然土地与人工土地结合而成的"自然—经济综合体";其中"人工土地是土地的人工附属物的一种"。⑤ 而所谓"土地的人工附属物"是指,"对自然土地进行加工或者以其为地基进行建造,形成于自然土地结合为一体,或附着、固着于自然土地之上的有形或无形的物体"。⑥ 周诚这里的"人工土地",是指"直接改变土地的物理、化学、生物性能从而改变土地的使用价值并且与土地结合为一体的""土地";质而言之,"经济

---

① 陈顾远:《陈序》,孙剑青:《中国历代土地制度史的研究》,正中书局1976年版,第1页。
② 赖明豪:《国父遗教与台湾土地改革》,正中书局1988年版,第5—6页。
③ 殷章甫:《土地经济学》,五南图书出版有限公司1995年版,第3页。
④ 周诚:《土地经济学原理》,商务印书馆2003年版,第5页。
⑤ 同上书,第7页。
⑥ 同上。

土地是经过人工改良之后的土地，是自然—经济综合体"。① 周诚作为我国土地经济学领域内的一个"长期坚守者"②，他的这一界定是一种比较全面且较为合理的界定。

学术界其他关于"土地"的界定很多，且都或多或少注意到土地的经济属性，但完整地将这两大属性区分开来的不多。联合国土壤资源开发保持局1976年公布的《土地评价纲要》中，对"土地"进行了比较精准的定义："土地"，"包括影响土地用途潜力的自然环境，如气候、地貌、土壤、水文和植被。它包括过去和现在的人类活动成果，如围海垦殖、清除植被，还包括不利的成果，如土壤盐渍化"，"是经济及社会联系的部分"。③ 这是目前一种比较全面、权威的界定。

从上述这些关于"土地"的界定来看，"土地"并不仅仅指陆地表层，它还与人类生产、生活紧密相关。它既有自然属性，也具有经济属性，包含着古今人类活动的积淀。本书中的"土地"，既指自然意义上的"土地"，也包括经济意义上的"土地"。而更为具体地讲，本书所探讨的"土地"，是指"近代中国的农村土地"。一般来说，土地按照区位可以分为城市土地与农村土地。近代中国，农民占据人口的绝大多数；城镇人口少，城市化并不发达。因此，城市土地问题并不明显。相反，围绕农村土地所有权，滋生了严峻的社会问题。因此，一般讲来，近代中国社会的土地问题，质言之就是农村土地问题，也即指耕地问题。潘楚基在20世纪30年代所著《中国土地政策》一书中强调，研究近代土地问题，要"特别注意于农田；因为农田问题，是今日中国土地问题的中心问题"。④ 自古以来，土地问题就是影响中国社会发展演变的基本问题，在近现代中国亦是如此。这一"土地问题"，实质就是农村土地问题，也即农民土地问题。因此，本书所探讨的"土地所有权思想"中之"土地"，也指"农村土地"，即农民用来进行农事耕作并从中取得收入的土地。

"所有权"是本书涉及的另一核心概念。这一法权概念，可以追溯到早

---

① 周诚：《土地经济学原理》，商务印书馆2003年版，第7页。
② 唐忠、余必龙：《农业经济学家、土地经济学家——周诚》，《中国人民大学学报》1991年第4期；毛燕、成晓曼：《周诚：独辟蹊径的学者》，《教育与职业》2008年第4期。
③ 联合国粮食农业组织水土资源开发司土壤资源开发保持局：《土地资源评价》，《自然资源译丛》1981年第3期，第5页。
④ 潘楚基：《中国土地政策》，黎明书局1930年版，第5页。

期罗马法。在早期罗马法中,"所有权"最早被称为"dominium",意指"所有人"对物的"统治"、"管辖"、"控制""支配"之意。[①] 罗马帝国晚期,这一词语被定义为"proprietas",对应于"ususfructus"(用益权)一词加以使用。[②] 按照罗马法,"所有权为所有人在事实及法律的可能范围内,可对所有物行使的最完全、最绝对的权利"。[③] 而"所有权"的内容,则认为有三:"使用权、收益权、处分权"。[④] 近代西方资本主义国家,如法国等,对"所有权"这一概念再次赋予新的定义。"《法国民法典》第544条规定:'所有权是对于物有绝对无限制地使用、收益及处分的权利,但法律所禁止的使用不在此限。'"[⑤] 我国《物权法》基本沿袭了这一定义,其第39条规定:"所有权人对自己的不动产或者动产,依法享有占有、使用、收益和处分的权利。"但是,也有学者指出,所有权并不止上述四种权利的简单列举与相加,因而建议放弃现今的定义方式而参考学术界流行的"支配权说"。[⑥] 马克思曾指出,"考察土地所有权的前提是,一些人垄断地球的一定部分,把它作为排斥其他一切人的、只服从自己个人意志的领域";[⑦] 这也是在强调所有权的支配涵义。因此,本书中的"土地所有权",将采用"支配权说"这一学术界流行的一般性观点。它具体指"土地归谁所有",包括对"土地"的占有、使用、支配、收益等权利,但不等于这四者的简单相加。

此外,还需要弄清楚"土地公有"与"土地私有"这两个基本概念。何谓"土地公有"?早前,日本学者安部矶雄对其作了比较科学、合理的界定。他指出,"土地公有的意义,至少我在这里所说的土地公有的意义,就是指的土地社会化而言"。"现在无论何国,土地这东西,大概都成了个人的所有,成了个人的一种私有物";因此,"凡是主张想把土地从个人所有解放出来,而使之成为社会全体所有物的,就是土地公有论";至于"土地

---

① 王利明:《物权法论》,中国人民大学出版社2003年版,第245页。

② [意]彼得罗·彭梵得:《罗马法教科书》,黄风译,中国政法大学出版社1992年版,第196页。

③ 陈华彬:《民法物权论》,中国法制出版社2010年版,第154—155页。

④ 陈朝璧:《罗马法原理》,商务印书馆1979年版,第269页。

⑤ 陈华彬:《民法物权论》,中国法制出版社2010年版,第155页。

⑥ 同上书,第157页。

⑦ 《马克思恩格斯选集》(第2卷),人民出版社1995年版,第538页。

国有"与"土地公有"两者之间的关系,他指出,"土地国有""只是土地公有的方法之一"。①

> 在把土地变成公有,即把土地成为社会化的方法,原有几种。土地国有,固然是一个方法。然使土地成为各个地方自治团体(县市村)分别管有,也是一个方法,或者以某种土地,直接属于国有,某种土地,分别划归各个地方自治团体所有,这种折衷办法,也是一个公有的方法。总之不管公有的方法怎样,我对于把土地变成社会所有这一件事,是可以称之为土地公有的。如果依照以往的用法,也有把公有和国有加以区别的,这即是把国有认为国家直接所有,把公有从狭义方面解释,认为仅属于地方自治团体所有。②

安部矶雄强调,"不问归谁(国家或自治团体)所有,只要是从个人所有解放出来而属之于社会所有者,都是公有。因之我所说的土地公有,是用之于广义的意义上的,而土地公有运动,我也想解释为土地社会化运动"。③ 安部矶雄作为日本近代著名的社会主义者,他对"土地公有"的理解,基本接近于马克思、恩格斯等对"土地公有"的定义。

恩格斯探讨公有制,是站在社会主义的立场,从社会主义对克服资本主义社会化大生产弊病这一基础上来阐述的。他指出,生产资料公有制的发生,是资本主义生产高度发达的必然结果。资本主义生产方式,"同封建制度的地方特权、等级特权以及相互的人身束缚不兼容";因此,"资产阶级摧毁了封建制度,并且在它的废墟上建立了资产阶级的社会制度,建立了自由竞争、自由迁徙、商品所有者平等的王国,以及其他一切资产阶级的美妙东西";使自身获得了"自由发展";"自从蒸汽和新的工具机把旧的工场手工业变成大工业以后,在资产阶级领导下造成的生产力就以前所未有的速度和前所未闻的规模发展起来了"。④ 但是,"正如从前工场手工业以及在它影响下进一步发展了的手工业同封建的行会桎梏发生冲突一样,大工业得到比较充分的发展时就同资本主义生产方式用来限制它的框框发生

---

① [日]安部矶雄:《土地公有论》,张知本译,华通书局1932年版,第1页。
② 同上书,第1—2页。
③ 同上书,第2页。
④ 《马克思恩格斯选集》(第3卷),人民出版社1995年版,第741页。

冲突了"。① 因此，这个时候就需要集中一切生产资料，打破资产阶级对生产资料的"私人占有"，实现生产资料所有权的社会化，以适应日益扩大的社会化生产。"土地"作为基本的生产资料之一，其所有权之社会化趋势亦是如此。马克思在《论土地国有化》中强调：

> 社会的经济发展，人口的增长和集中，迫使资本主义农场主在农业中采用集体的和由组织的劳动以及利用机器和其他发明的种种情况，正在使土地国有化越来越成为一种"社会必然性"，这是关于所有权的任何言论都阻挡不了的。社会的迫切需要将会而且一定会得到满足，社会所必然性所要求的变化一定会照样进行，迟早总是使立法适应这些变化的要求。②

马克思把"土地公有"具体化为"国有"，并从经济、社会发展的趋势强调"土地国有化"的必然性。从马克思、恩格斯等对生产资料公有制、土地国有化等的论述可以知道，所谓"土地公有"，就是指土地所有权的社会化；也即土地归诸社会所公共所有。"社会化"之"社会"，在马克思看来，也即是指"国家"。当然，这里的"国家"不是指地主、资产家群体占据统治地位的国家，而是"无产阶级专政的国家"。

本书中的"土地公有"，并不严格等同于马克思对"土地公有"的界定，主要指土地所有权归诸公共所有，或说"土地"所有权的社会化。并且，这个"公共所有"，可以具体化为国家所有，土地国有是土地公有（土地所有权的社会化）的重要表现形式之一。

至于"土地私有"，则是与"土地公有"相对的一个概念，它指土地所有权归个人所有。土地私有制度有着较长的历史。在中国历史上，它又可分为土地农民所有与地主所有两种形式。

此外，"思想"也是本书展开之前所需交代清楚的基本概念。《辞海》将"思想"定义为："①思考；思虑。②想念；思念。③亦称'观念'。思维活动的结果。属于理性认识。"③ 本书中的"土地所有权思想"，主要指近

---

① 《马克思恩格斯选集》（第3卷），人民出版社1995年版，第741页。
② 同上书，第127页。
③ 《辞海》第六版·彩图本（3），上海辞书出版社2009年版，第2130页。

代人们对土地所有权的基本看法、构想、主张或观点。具体包括选择哪种所有制形式及其选择的依据何在，实现的途径和方式，所有制选择与经济发展、政治状况的关系等方面的内容。作如此的界定，旨在表明两层意义：一是不苛求近代关注土地所有权问题的人们在这一方面形成"理论体系"，也不用当代的理论学科的尺度去要求他们；二是历史时期人们对土地所有权问题的思考，很多都是建立在对社会现象、历史经验等的总结的基础上，并非纯理论研究的结果。

三 已有研究成果评述

土地问题因其在中国社会及其历史发展过程中的重要地位，一直以来就是学术界关注的重心。

首先，从中国近现代经济思想史的研究来看，总体上，通论性著作较多，如胡寄窗的《中国近代经济思想史大纲》，[①] 侯厚吉、吴其敬主编的《中国近代经济思想史》，[②] 马伯煌主编的《中国近代经济思想史》，[③] 赵靖、易梦虹主编的《中国近代经济思想史》，[④] 赵靖主编的《中国经济思想通史续集·中国近代经济思想史》[⑤] 等。它们大多着眼于全面阐述近代中国经济思想的变迁，略有涉及有关"土地"的思想，但对土地所有权思想的论述不多，且乏深度。并且，这些著作时间下限都止于1919年。近来，严清华主编的"民国经济思想研究丛书"，分"民国对外贸易思想研究"、"民国时期'三农'思想研究"、"民国财政思想史研究"、"民国产业经济思想研究"等专题对民国经济思想进行纵向的贯通性研究。[⑥] 但是，这一书系并未将"土地思想"列入，土地所有权思想研究这一领域也就仍然空缺。

其次，直接以"土地思想"为对象的研究，主要以钟祥财的《中国土

[①] 胡寄窗主编：《中国近代经济思想史大纲》，中国社会科学出版社1984年版。
[②] 侯厚吉、吴其敬主编：《中国近代经济思想史》，黑龙江人民出版社1982年版。
[③] 马伯煌主编：《中国近代经济思想史》（上、中、下），上海社会科学院出版社1992年版。
[④] 赵靖、易梦虹主编：《中国近代经济思想史》，中华书局1980年版。
[⑤] 赵靖主编：《中国经济思想通史续集·中国近代经济思想史》，北京大学出版社2004年版。
[⑥] 这一系列书籍陆续出版的有：孙智君：《民国产业经济思想研究》，武汉大学出版社2007年版；邹进文：《民国财政思想史研究》，武汉大学出版社2008年版；李蓉丽：《民国对外贸易思想研究》，武汉大学出版社2008年版；张霞：《民国时期"三农"思想研究》，武汉大学出版社2010年版。

地思想史稿》为代表。这是一本土地思想通史性著作,具有开创性意义。该书所涉范围从上古先秦时期到近代,分别对历史上各种土地思想进行了论述。其中略有涉及土地所有权思想,但较为简单,也不系统;且非对土地所有权思想的专题探讨,因而不够深入。① 与此书构成姊妹篇的《中国农业思想史》,是一部从先秦写到五四时期的著作,该书论述了一些重要历史人物的农业思想,略有论及土地思想等,有关土地所有权思想的论述不多。②

将"土地所有权思想"作为直接的研究对象,多以论文形式出现。如张一平的《现代中国的土地改革与地权思想》,分析了中国共产党在 1919—1949 年间的土地改革以及土地所有权思想,并指出:"中国新民主主义革命时期的土地改革是农村生产关系的一场巨大变革。这场变革体现了中国共产党解决农村土地问题的理论和事件,其中反映的地权思想和对所有制关系的认识,可以作为当前中国农地制度改革的借鉴。"③ 周建波、颜敏的论文《"中国农村派"的土地所有权思想探微》指出,"中国农村派"是民国时期一支重要的马克思主义经济学派,他们从马克思主义分析范式,从地权矛盾——土地所有权集中与使用权分散的矛盾出发,分析了 20 世纪 30 年代的农村危机产生的原因,提出和论证了土地所有权变革的主张。这些独树一帜的观点不仅在民国经济学界产生了重要影响,而且为中国共产党新民主主义经济理论的形成提供了重要的思想元素。④ 此外,学术界还有就"平均地权"以及"耕者有其田"等主张进行的分析与研究等。这些成果一个总的特征,是皆属"点"的零星研究,并未对近代土地所有权思想进行系统梳理。

再次,"土地改革"是近代探索解决土地问题的时髦话题,也留下了大量素材,故一直是学术研究的热点。大陆方面,全面研究近代土地改革的要数郭德宏在 20 世纪 90 年代出版的《中国近代农民土地问题研究》⑤ 一

---

① 钟祥财:《中国土地思想史稿》,上海社会科学院出版社 1995 年版。
② 钟祥财:《中国农业思想史》,上海社会科学院出版社 1997 年版。
③ 张一平:《现代中国的土地改革与地权思想》,《上海财经大学学报》2008 年第 3 期,第 18 页。
④ 周建波、颜敏:《"中国农村派"的土地所有权思想探微》,《经济学动态》2011 年第 1 期,第 97 页。
⑤ 郭德宏:《中国近代农民土地问题研究》,青岛出版社 1993 年版。

书，该书运用大量民国农村调查资料，分析了"旧中国农村的基本情况"，考察了孙中山、毛泽东等的土地主张以及国共两党的土地改革，是一部研究近代土地改革且涉及土地思想的综合性著作。此外，成汉昌的《中国土地制度与土地改革——20世纪前半期》①也是一部综合研究近代土地改革的著作。全书分三编：20世纪前半期的土地制度的特质与走向，中国国民党的土地政策与土地改革包括在台湾地区的土地改革以及中间势力的土地主张，中国共产党的土地政策演变、发展以及具体实践；系统论述了这一时期的土地改革及其效果。台湾方面，有"近代土地改革之父"称谓的萧铮，参与领导了台湾的土地改革，且在晚年写成《土地改革五十年——萧铮回忆录》一书②，他回顾了近代国民党土地改革的经验教训等，对台湾土地改革亦作了总结。这是一部研究近代土地改革的重要历史资料。此外，萧铮还撰有《中华地政史》③一书，就远古至1980年土地关系的发展演变进行了论述，对国民党的土地改革政策的实践情况、效果等亦有涉及。此外，朱嗣德所著《土地政策》一书，从土地与土地政策、土地政策分类及其任务、土地政策之演变、土地政策之制定与执行以及检讨与评估、土地私有与国有、限制土地私有、近代我国土地政策等诸多方面，对"农地、市地以及富源地"进行了综合研究。④书中对土地国有与私有作了评议，但未对近代土地所有权思想展开论述。

最后，中国共产党的土地政策在近代历史上取得了成功，指导了土地革命，并留有大量历史资料。因此，中国共产党土地政策以及土地改革等，在改革开放前三十年，一直是大陆史学研究的核心问题。通史性著作方面，孔永松的《中国共产党土地政策演变史》一书分析了中国共产党土地政策地转变及其合理性、可行性等；⑤何东等编著的《中国共产党土地改革史》一书，从大革命时期一直写到新中国成立后土改完成，系统、全面分析了中国共产党的土改政策，强调土改的必要性与正确性。⑥断代史性质的成果，如马英庆编著的《土地改革与解放战争》一书，分析了解放战争时期

---

① 成汉昌：《中国土地制度与土地改革——20世纪前半期》，中国档案出版社1994年版。
② 萧铮：《土地改革五十年——萧铮回忆录》，（台北）中国地政研究所1980年版。
③ 萧铮：《中华地政史》，（台北）商务印书馆1984年版。
④ 朱嗣德：《土地政策》，中央大学地政学系1989年版。
⑤ 孔永松：《中国共产党土地政策演变史》，江西人民出版社1987年版。
⑥ 何东等编著：《中国共产党土地改革史》，中国国际广播出版社1993年版。

中国共产党土改政策及其效果等，深入回顾了中国共产党领导下的农民与地主的斗争史，论证了土改政策的优越性与合理性。① 总体上看，这类成果专以中国共产党的土地思想为研究对象，对其他土地思想所涉不多，遑论论及土地所有权思想。

中国共产党在建立起新中国后，开始了土地公有制度的实践。因此，有关土地公有制建立的研究成果极为丰富。首先，涂文涛在《当代中国所有制结构变迁研究》一书中认为，土地公有制度的建立具有明显的强制性变迁、制度变迁，恢复和发展经济紧密结合，以及运用政治手段保证经济制度变迁的成果等特点。② 其次，一些通史性著作也强调包括"土地"在内的生产资料公有制的建立，是政治与经济两大因素综合作用的结果，如何沁主编的《中华人民共和国史》等。③ 此外，岳琛所著的《中国土地制度史》一书考察了自原始社会至新中国成立前土地制度的变革，它从政治、制度等层面探讨了土地公有制的建立过程。④ 但是，土地公有制正式建立之前，社会上有关土地所有权思想的基本情况，尤其是土地公有思想的基本情况，学术界尚乏相应研究。

综合学术界已有的研究现状来看，除了对近代土地所有权思想研究亟待加强之外，还有下面四个方面值得引起注意和着力解决：

第一，土地所有权思想是经济思想史的一项重要的内容，完整的近代中国经济思想史不仅应该重视，而且必须完整包括土地所有权思想的内容。

第二，所有权是土地问题中的核心问题，土地所有权思想也是土地思想中值得系统发掘与重视研究的基本对象。

第三，土地所有权问题的探索贯穿于整个近代历史。因此，对近代土地所有权思想应做系统、整体地研究，零星、散碎的研究现状亟待改观。

第四，一种制度的被接受乃至最终建立，需要一个长期的思想准备过程。为更好地说明新中国成立后土地公有制确立的思想前提，从思想史的角度考察人们对土地公有制的认识以及认识的发展与变化，十分必要。

---

① 马英庆编著：《土地改革与解放战争》，中国人民政治协商会议桓台县委员会1996年版。
② 涂文涛：《当代中国所有制结构变迁研究》，西南财经大学出版社2002年版，"导言"第3页。
③ 何沁：《中华人民共和国史》，高等教育出版社1997年版。
④ 岳琛：《中国土地制度史》，中国广播电视出版社1990年版。

四 拟突破的问题和研究的基本思路

鉴于已有的研究状况，本书拟围绕三个方面展开研究：

第一，发掘作为个体的具有特色的土地所有权思想，尽量呈现思想史异彩纷呈、百家争鸣、百花齐放的本来面貌。

第二，揭示1905—1949年间土地所有权思想的基本内涵、发展流变以及趋势。

第三，系统考察近代（1905—1949年）土地所有权思想变迁，分析土地公有思想逐渐趋同与汇聚的原因及过程，探究土地公有制在新中国成立前的思想基础。

需要特别说明的是，近代有关土地所有权讨论的思想材料丰富且较为杂乱，前期讨论过的问题，有时又会在后面的阶段出现，且鲜有新意。鉴于这种状况，考虑到土地私有（包括地主所有与农民所有）思想与土地公有（国有）思想，是近代土地所有权思想的主要形态，在选取考察对象的时候，将依据历史的原貌和土地所有权思想的发展逻辑，以及逻辑和历史相统一的原则，确定取舍。这样安排的结果是：其一，有的章节以某个人的思想为分析对象，而有的章节则以土地政策、法规等为分析对象；而在总体章节的安排上，则基本以时序为基准。其二，自然不是面面俱到，而只是选取某一时段上有代表意义的个人思想或者政策、法规进行讨论。而选择哪一种方式，则主要取决于其在土地所有权思想发展中的地位和影响。其三，文章所选取的分析对象，相对于客观的土地所有权思想发展历史来说，容或会有遗漏，但为了尽量合理、系统地考察这一时期土地所有权思想的发展脉络及其内涵，依据学术研究的基本方法，只能舍小而就大。

按照上述方法以及自己对近代土地所有权思想发展的总体把握，本书将其划分为六个部分，具体来说是：

（1）鸦片战争以来土地公有思想的勃兴 鸦片战争以来，中国固有的社会思想出现新的变化，西方社会思潮也涌入中国，并开始产生影响。这体现在地权思想上，就是古已有之的土地公有思想出现了新的变化，如洪秀全提出土地国有的空想以及康有为为建构大同世界而阐发的土地公有理想。同时，西方无政府主义逐渐在华传播，并影响一大批知识分子，如刘师培、马君武、汪精卫，以及后来的刘师复、江亢虎，等等；亨利·乔治等的土地国有思想传入中国后，首先影响到资产阶级改良派如康有为；后来又影响到孙中山，并最终促成其民生主义之形成。

（2）围绕土地国有展开的论战　以孙中山为首的资产阶级革命党在西方土地国有思想的影响下，基于防范未来社会发展中将出现的社会贫富悬隔，为实现社会的公平正义，公开倡导土地国有。梁启超则受亚当·斯密古典主义经济学的影响，深刻认识到私有产权在近代经济发展中的基础作用，并认为"发展"是近代中国的主题，因而鼓吹土地私有。于是双方爆发了一场"土地国有论战"。双方在地权思想上的歧异，不仅是因社会变革主张的不同，还与两种地权思想的西学渊源及其基本关怀不同密切相关。然而，孙中山、梁启超分别从社会公平与经济发展的角度来探讨近代地权问题，则极具历史意义。

（3）土地公有思想的演变与土地"农有"主张的提出　论战结束至辛亥革命爆发之前，革命党人对土地国有论再无进一步的阐发。这时，无政府主义者刘师培等大力宣传土地公有的思想。继刘师培之后，继续传播无政府主义土地公有思想的有刘师复、江亢虎等。辛亥革命之后，革命党人的土地国有思想开始发生分化，如章太炎将对土地问题关注的重心转移到土地生产方面，且一改此前所鼓吹的土地国有论，转而不再赞成甚至反对土地国有。20世纪20年代初，孙中山正式提出"耕者有其田"的主张，强调给予农民土地使用权。这一思想的提出，既是受苏俄以及中国共产党土地主张影响下的产物，也是其地权思想不断发展的结果。将土地所有权问题与近代农民相结合，标志着对近代土地问题的探索开始触及实质层面——农民的土地问题，也是近代土地所有权思想不断发展的重要表现。

（4）土地国有思想的继承与土地"农有"思想的发展　孙中山逝世之后，国民党完整继承了其土地所有权思想。这具体体现在1930年《土地法》以及胡汉民、吴尚鹰、萧铮、黄通等的土地所有权思想中。并且，国民党在继承孙中山"平均地权"思想的基础上，还完整继承了其所订立的用政治与法律的和平手段解决土地问题的基本原则。从国民党中分化出来的"第三党"，以邓演达、谭平山等为代表，他们在继承孙中山土地国有思想的基础上又有变化，强调要由"耕者有其田"向土地国有（国营）过渡。只是，谭平山在40年代后期又转而强调给予农民土地所有权，实现土地农有。主张由土地"农有"过渡到土地国有，是近代地权思想分阶段实现土地国有的先声。

(5)"土地村公有"的提出及其引发的土地所有权问题讨论 为遏制中国共产党土地革命的影响,阎锡山提出土地"村公有"的主张。这一主张引发了对土地公有与私有的广泛探讨。王雅村、成宝山、凌青、朱良穆等主张土地公有,他们从克服小农经济的弊病入手,强调土地公有(国有)之必要。蒋廷黻基于对中国共产党发展壮大经验的借鉴,强调实行土地农有改善农民的生活境遇、动员农民共赴国难;朱通久则从维护社会、政治稳定等方面强调不能打破土地私有制。值得注意的是,漆琪生将土地农有与土地国有有机结合起来,强调在土地农有的基础上开展合作经营,最终实现土地国有。这一章主要是考察土地"村公有"的提出及其引发的探讨,发掘这些地权思想的历史价值与现实意义,揭示土地所有权思想在公有、私有层面上的游移与交锋。

(6)土地农有基础上追求土地公有理想及开展合作经营的思想 抗战时期,中国共产党暂时放弃土地农有的主张。然而,土地农有思想却并未销匿。抗战爆发前夕,罗克典否定了地主与农民"互让一步"的主张,强调实行土地农有以动员农民支持、参与抗战;抗战爆发后,漆琪生则从保障抗战需要的角度,提出土地农有以及在此基础上开展计划经营与集体经营的主张;抗战胜利前夕,曹茂良则基于对战后工业化的考虑,强调实行土地农有。抗战后期,国共摩擦激剧,国民政府的土地问题专家、学者迫于中国共产党逐渐壮大的形势,以及基于对战后经济建设的考虑,鼓吹实行土地农有。并且,这些土地农有主张并不止于将地权分给农民,还包含有在土地农有基础上实现土地公有(国有)或者开展合作经营的内涵。如万国鼎强调在土地农有的基础上建立标准自耕农场,再联合这些农场建立农业生产合作社,实现农业经营的规模化与机械化。费孝通、吴文晖等则强调在实现土地农有之后大力发展工业,吸收农村剩余劳动力,促成农业的规模经营与机械化作业。而国民党的土地问题专家在强调彻底的土地农有改革之时,也强调在生产恢复与经济发展的基础上"建立标准单位与集体经营的土地制度"。这一时期的地权思想,既有强调以土地农有为过渡追求土地国有(这种土地国有思想与土地"农有"思想的区别,主要是经营方式上的差别,它所采取的规模经营方式,如由集体经营或国家经营等),也有强调要走合作经营与规模经营的设想,而这一对合作经营与规模经营的设想,如毛泽东在《新民主主义论》中所指出的,它"也具有社会主义的因素"。

第一章 鸦片战争以来土地公有思想的勃兴

1840年鸦片战争以来，中国社会旧有的土地公有思想有了新的发展：洪秀全、康有为等都提出颇具近代特色的土地公有的思想。同时，亨利·乔治等的土地国有思想和无政府主义土地公有思想，经过来华传教士以及中国赴欧留学生、旅欧学者等的传播，逐渐传入中国，并开始对一些先进人物产生影响。从19世纪中后期至20世纪初的短短半个世纪，中、西两种土地公有思想汇聚一起，相互碰撞交融，促成了土地公有思想的勃兴。

一 旧有土地公有思想的新发展

当代有学者指出，"中国近代社会思潮何以在神州大地勃然兴起、演变和发展，自然西学的传入是一个重要因素，但是起决定作用的还是中国内部具有一定的条件，有它的社会土壤"。[①] 这一论述有其合理之处。土地公有思想的勃兴，与西方土地公有思想的传入紧密相关。但是，既有的"社会土壤"——中国旧有的土地公有思想也是一个基本要素。鸦片战争以来，旧有的土地公有思想呈现出新的变化，这主要体现在洪秀全与康有为的土地公有思想之中。

1. 洪秀全的土地公有思想

19世纪中期，洪秀全领导了轰轰烈烈的太平天国农民起义，其土地公有思想则主要体现在颁发的系列文献之中。洪秀全土地公有思想的逻辑前提是"天下为公"这一理想社会的构建。

起义之初，洪秀全在《原道醒世训》、《原道救世歌》等小册子中完整

[①] 吴雁南等：《中国近代社会思潮（1840—1949）》（第1卷），湖南教育出版社2011年版，"绪论"第12页。

阐述了其"天下为公"的社会理想。《原道醒世训》一文中写道：

> 遐想唐、虞三代之世，天下有无相恤，患难相救，门不闭户，道不拾遗，男女别途，举选尚德。尧舜病博施，何分此土彼土；禹稷忧溺饥，何分此民彼民；汤武伐暴除残，何分此国彼国；孔孟殆车烦马，何分此邦彼邦。盖实见夫天下凡间，分言之，则有万国，统言之，则实一家。……天下多男人，尽是兄弟之辈，天下多女子，尽是姊妹之群，何得存此疆彼界之私，何可起尔吞我并之念。是故孔丘曰："大道之行也，天下为公，选贤与能，讲信修睦。故人不独亲其亲，不独子其子，使老有所终，壮有所用，幼有所长，鳏寡孤独废疾者皆有所养。男有分，女有归。货恶其弃于地也，不必藏于己；力恶其不出于身也，不必为己。是故奸邪谋闭而不兴，盗窃乱贼而不作，故外户而不闭，是谓大同。"①

从这段文字来看，洪秀全是要构建一个类似于"唐、虞三代之世"的理想世界。在这一世界，天下为公、不分彼此，没有疆界划分，也没有吞并之念。并且，"人人平等"、"天下为公"是核心内容。人人地位平等，生产资料公有，大家集体劳动，劳动成果平均分配，没有等级压迫、剥削。"货恶其弃于地也，不必藏于己；力恶其不出于身也，不必为己"。② 洪秀全的理想社会的主要特点是"一公二平"。③ 其中，"平"即指"平等"。它一是指宗教上的平等，在《原道救世歌》中，洪秀全强调，"开辟真神惟上帝，无分贵贱拜宜虔。天父上帝人人共，天下一家自古传"；并且，强调"上帝当拜，人人所同，何分西北，何分南东"。④ 再则是指世俗上的平等，"天下多男人，尽是兄弟之辈，天下多女子，尽是姊妹之群"。⑤ 洪秀全强调，"乱极则治，暗极则光"是"天之道"。当时的中国，他认为是"世道

---

① 太平天国历史博物馆：《太平天国印书》（上），江苏人民出版社1979年版，第15—16页。
② 同上书，第16页。
③ 王雁南等：《中国近代社会思潮（1840—1949）》（第1卷），湖南教育出版社2011年版，第326页。
④ 太平天国历史博物馆：《太平天国印书》（上），江苏人民出版社1979年版，第10页。
⑤ 同上书，第15—16页。

乖漓，人心浇薄，所爱所憎，一出于私"；① 已经黑暗至极，已到亟须使其重复光明之时。因此，"惟愿天下凡间我们兄弟姊妹，跳出邪魔之鬼门，循行上帝之真道，时凛天威，力遵天诫，相与淑身淑世，相与正己正人，相与作中流之砥柱，相与挽已倒之狂澜。行见天下一家，共享太平"；创造一个崭新的"公平正直之世"。② 这些言论反映出，洪秀全试图打破私有制度，"在'公'的基础上，实现平等平均，从而达到国家的'长治久安'"。③ 这一思想对应于"土地"，就是强调打破地主土地私有制，实现人人在"土地"方面的平等。

洪秀全出身于农民家庭，早年经常参加农业生产劳动，对农民生活的疾苦深有体会，并对这一群体深抱同情之心。他领导的起义队伍，主力是农民，性质上亦属于农民起义。因此，太平天国起义就必然难以摆脱历史上农民起义一般性的要求，即对"土地"的要求。洪秀全理想中土地所有制，就是土地公有。这在其颁布的《天朝田亩制度》中得以体现。

1853 年，洪秀全相继颁布《待百姓条例》和《天朝田亩制度》（以下简称《田亩》）。《待百姓条例》的内容大致是："不要钱漕，但百姓之田皆系天王（父）之田，每年所得米粒全行归于天王（父）收去。每月大口给米一担，小口减半，以作养生之资。……店铺买卖本利皆系天王（父）之本利，不许百姓使用，总归天王（父），如此魂得升天，不如此即是邪心，即为妖魔，不得升天，其罪极大"。④ 这"是太平天国在建都后所设计的第一幅'天下大家处处平匀，人人饱暖'的美好画图；它否定了地主和小农土地所有制，否定了私营工商业，勾勒了一幅全部生产资料归公，由国家保证生活资料分配的新制度的蓝图"。⑤ 并且，在这一条例中，"朴素的公有理想与极端的专制主义在《条例》中得到了统一"。⑥ 从这段文字中，可以发现，太平天国的领导人是要实行一种"王"有制度：土地等全部收归"王有"，然后统一分配粮食、废除工商业。这正是与太平天国推行的"圣

---

① 太平天国历史博物馆：《太平天国印书》（上），江苏人民出版社 1979 年版，第 15 页。
② 同上书，第 16 页。
③ 王雁南等：《中国近代社会思潮（1840—1949）》（第 1 卷），湖南教育出版社 2011 年版，第 327 页。
④ 罗尔纲、罗文起：《太平天国散佚文献钩沉录》，贵州人民出版社 1992 年版，第 127 页。
⑤ 方之光、龚云：《农民运动史话》，社会科学文献出版社 2000 年版，第 35 页。
⑥ 同上。

库制度"相一致的。因此,"在太平天国领导人的心目中,'公有——国有——王有'是三位一体的"。①《待百姓条例》体现出的土地所有权思想,则是要打破地主土地所有制,将土地所有权收归"王有"。这也是一种土地公有思想。

在《田亩》中,洪秀全则在进一步阐述其理想社会的基础上,完整提出土地"公有"、"共享"的思想。《田亩》规定:

> 凡分田照人口,不论男妇。算其家口多寡,人多则分多,人寡则分寡,杂以九等,如一家六人,分三人好田,分三人丑田,好丑各一半。凡天下田,天下人同耕,此处不足则迁彼处,彼处不足则迁此处。凡天下田,丰荒相通,此处荒,则移彼丰处以赈此荒处,彼处荒,则移此丰处以赈彼荒处,务使天下共享天父上主皇上帝大福,有田同耕,有饭同食,有衣同穿,有钱同使,无处不均匀,无人不饱暖也。②

《田亩》强调打破地主土地所有制,建立以土地"王有"或说是土地"国有"为基本形态的土地公有制度。在土地公有的基础上,所有土地人人共同耕作,并根据土地与人口的实际情况,实现土地"地域调剂"、"丰荒相通",力求实现平等与公平。洪秀全如此分配土地,是因为在他看来,"天下皆是天父上主皇上帝一大家,天下人人不受私,物物归上主,则主有所运用,天下大家处处平匀,人人饱暖矣。此乃天父上主皇上帝特命太平真主救世旨意也"。③

《田亩》设计出一个"凡天下田天下人同耕"的理想社会。它是继承我国古代既有的大同思想,并结合基督教的相关教义而"完全新创的均田制度"。④ 其所设想的理想天国,是洪秀全根据原始基督教的某些平等思想,结合中国传统的儒家大同之说,两者融合而建立的。⑤ 因而,它又"是大同

---

① 方之光、龚云:《农民运动史话》,社会科学文献出版社2000年版,第35页。
② 太平天国历史博物馆:《太平天国印书》(上),江苏人民出版社1979年版,第409页。
③ 同上书,第410页。
④ 简又文:《太平天国典制通考》(上),香港猛进书屋1958年版,第493页。
⑤ 郦纯:《太平天国制度初探》,中华书局1989年版,第493页。

思想的具体化"。①

因此，洪秀全的土地公有思想，既是近代特定的社会条件下土地所有权思想新发展的产物，又与传统思想有着千丝万缕的联系。所谓"新"，就是糅合了西方基督教的某些平等的思想，强调人人平等享有使用土地的权利。这也是洪秀全土地所有权思想的实质。江亢虎后来就对此指出，"惟念洪氏崛起，论者止知为民族革命、政治革命，而不知其实为社会革命。如立教宗易礼俗，男馆女馆之配置，金银珠玉之归公，不啻共产主义矣"。②当代学者也认为：

> 太平天国的平分土地的主张本身，倒并不能和士大夫经世论说里的要求"井田"、"均田"的激进内容明确区分。使它们截然不同的是，在造反运动的脉络里，它运用为基督教义所强化的乌托邦倾向，并借鉴起义之初军事化状况下"圣库"制度的经验，明确地将财产共有的因素加入到土地制度里面；
>
> 因为上交的财产和人地的调配都需要有专门的权威机构来管理，这种财产公有的设想几乎是逻辑地就与一种国家政权的全面控制联系在一起了。③

2. 康有为大同理想中的土地公有思想

康有为的土地公有思想，早前以"土地国有"的形式体现出来。据其门生梁启超的《南海康先生传》一书记载，康有为早前对土地所有权的认识是：

> 政府直辖之事业，如此其多，则其费浩繁，将何所出？势固不可不仍取于民。然租税重，名目繁，则民且滋不便。于是略仿井田之意。凡地球之土地，皆归公有，民不得私名田。政府量其地能出之富力几

---

① 王雁南等：《中国近代社会思潮（1840—1949）》（第1卷），湖南教育出版社2011年版，第325页。
② 江亢虎：《复李译之书论太平天国志事》，《江亢虎文存初稿》，现代印书馆1944年承印，第216页。
③ 彭明、程啸：《近代中国的思想历程（1840—1949）》，中国人民大学出版社1999年版，第115—116页。

何，随时定其率，约十而税一。惟此一税，他皆除之。①

在康有为看来，政府的财政开支通过赋税形式取之于民，但税种繁杂给百姓造成诸多不便。因此，主张仿照"井田制"，将土地收归公有，废除土地私有制。政府在对土地进行测量之后，制定税率——"十而税一"，将土地出租给农民耕种。并且，废除其他税种，仅征土地税。这一主张与亨利·乔治的土地国有论颇为类似，尤其是强调仅征单一土地税。并且，种种迹象表明，他受到了这一思想的影响。"康有为20岁时开始与西方文明有所接触"，1879年"开始阅读'西书'"，②并有阅读《万国公报》的习惯。③ 然而，《万国公报》正是西方土地国有思想传入中国的主要媒介。④

但是，康有为又主张"民不得私民田"，因而其土地所有权思想之中又包含有主张彻底的土地公有制的成分。梁启超也指出，"先生之哲学，社会主义派哲学也。泰西社会主义，原于希腊之柏拉图，有共产之论。及十八世纪，桑士蒙、康德之徒大倡之，其组织渐完备，隐然为政治上一潜势力。先生未尝读诸氏之书，而其理想与之暗合者甚多"。⑤ 在梁启超看来，乃师康有为的社会思想与柏拉图"共产之论"这一乌托邦社会主义多有相似之处。这为康有为后来大同理想的阐发，以及土地公有思想的提出做了铺垫。

康有为的大同思想，在1878—1884年奠立基础，1888年之后致力于变法"遂暂时中止空洞理论的追求"，戊戌变法失败之后"重续1888年中断的思想路线"，至1902年完成乌托邦的理论著作——《大同书》。⑥ 在《大同书》中，康有为完整地阐述出土地公有的思想。他首先从土地生产角度入手，强调土地因占有不均而致使不能得到充分利用：

---

① 梁启超：《南海康先生传》，夏晓虹编：《追忆康有为》，生活·读书·新知三联书店2009年版，第21页。

② 萧公权：《近代中国与新世界：康有为变法与大同思想研究》，江苏人民出版社1997年版，第368页。

③ 据康有为《我史》记载，1883年"购《万国公报》，大攻西学书，声、光、化、电、重学及各国史志，诸人游记，皆涉焉"。康有为：《我史》，中国人民大学出版社2011年版，第14页。

④ 王宏斌：《西方土地国有思想的早期输入》，《近代史研究》2000年第6期，第197页。

⑤ 梁启超：《南海康先生传》，夏晓虹编：《追忆康有为》，生活·读书·新知三联书店2009年版，第14—15页。

⑥ 萧公权：《近代中国与新世界：康有为变法与大同思想研究》，江苏人民出版社1997年版，第363页。

> 今以农夫言之，中国许人买卖田产，故人各得小区之地，难于用机器以为耕，无论农学未开，不知改良。而田主率非自耕，多为佃户，出租既贵，水旱非时，终岁劳动，胼手胝足，举家兼勤，不足事畜，食薯煮粥，犹不充饥，甚者鬻子以偿租税，菜色褛衣，其困苦有不忍言者。即使农学遍设，物种大明，化料具备，机器大用，与欧美齐；而田区既小，终难均一，大田者或多荒芜，而小区者徒劳心力，或且无田以为耕，饥寒乞丐，流离沟壑。①

他认为，在土地私有制之下，一方面，土地买卖盛行导致土地分割细碎，不利于机械化作业，农业生产技术也就无法得到改良与进步。另一方面，地主占有土地，却不参与耕作，将土地出租给佃农。佃农在繁重的租税剥削之下，终年劳作却仍然食不果腹。加之，它又是采用分散经营的模式，即使推行作物改良、采用现代农业生产科技等，亦将难收其效。并且，"盖许人民买卖私产，既各有私产，则贫富不齐，终无由均"。② 这也即是强调，土地私有制本身也必然会导致贫富不均，由此产生社会问题。

这样，康有为就从土地生产的角度，对土地私有制度进行了尖锐的抨击。他既指出土地私有制之下，土地占有不均导致农业生产落后，阻碍农业生产发展；并且，也抨击了地主对农民的残酷剥削。针对地主土地私有制的上述弊病，康有为进而提出"大同"、"公农"的主张：

> 故以今之治法，虽使机器日出精奇，人民更加才智，政法更有精密，而不行大同之法，终无致生民之食安乐，农人之得均养也；③
> 今欲致大同，必去人之私产而后可；凡农工商之业，必归之公。举天下之田地皆为公有，人无得私有而私买卖之；④
> 若其农田、工厂、商货皆归之公，即可至大同之世矣。⑤

---

① 康有为：《大同书第六》，《康有为全集》（第七集），中国人民大学出版社2007年版，第153页。
② 同上书，第154页。
③ 同上。
④ 同上书，第156—157页。
⑤ 同上书，第163页。

在此，康有为设计出一个"废除生产资料私有制，实行公有制"的大同理想社会。① 在这一社会里，"人无私家，无私室，无私产，无私店，无家而禄厚，性美而教深，必无侵盗之心，自无侵盗之事"。② 在他看来，实现土地公有，便能克服经营分散之弊，从而有利于农业生产的机械化与现代化。并且，近代科学技术便能在农业生产中广泛而普遍地推广开来。康有为亦强调，"今自物质学之既新，蒸汽、电化之机日出，无一而不易为机工值世界矣。校之以劳手足而为农世界，其比例可得而考焉"；因此，作为农立国之中国，"教化可美而不开新物质，则无由比欧美文物"。③ 他认识到手工生产与工业生产的巨大差距，强调农业中国采用西方先进科学技术，以振兴国家经济。

康有为站在土地利用以及农业生产的高度，也即农业经营模式与农业经济发展的角度，针砭土地私有之弊；并提出实现土地公有制，以促成农业改良与机械化的实现，并消除农民贫困，最终实现农业发展。更值得注意的是，他还强调，只有实现土地公有才能从根本上避免农业生产的无政府状态，及其所造成的资源、人力浪费：

> 以农业言，独人之营业，则有耕多者，有耕少者，其耕率不均，其劳作不均，外之售货好恶无常，人之销率多少难定，则耕者亦无容定其自耕之地及种之宜，于是有余粟滞销者矣。木材果实，畜牧渔鱼，销售与否，多寡孰宜，无从周知，无从预算，于是少则见乏而失时，多则暴殄天物而劳于无用。合大地之农人数万万，将来则有十百倍于此数者，一人之乏而失时，一人之殄物而枉劳，积之十百万万人，则有十百万万之殄物、失时、枉劳者矣。有十百万万人之殄物、失时、枉劳，则百事失其用，万品失其珍，以大地统计学算之，其所失败，岂恒河沙无量数而已哉！然则不本大同而循有家私产之害，但中于农者为不可言也。④

---

① 李子文：《论康有为的大同思想》，《史学集刊》2001 年第 4 期，第 29 页。
② 康有为：《大同书第六》，《康有为全集》（第七集），中国人民大学出版社 2007 年版，第 163 页。
③ 同上书，第 86、85 页。
④ 同上书，第 155 页。

在康有为看来，农民的个体经营不论是从农业生产还是农产品销售来看，都是至为不经济的。农民作为个体生产者，在生产以及交换过程之中无法制定出精确的预算，便会出现盲目性，也会因此遭受经济损失，农村经济乃至国民经济也将因之受损。但是，在土地公有制之下，国家可以将农民组织起来，制订精确的预算与计划，这样便能克服个体农民生产的盲目性，实现农业的规模经营，也能最大程度实现农产品与市场对接，促进农产品的商品化。

综合来看，康有为土地公有思想的提出，一方面是基于对农业生产考虑的结果。事实上，康有为对近代土地问题的探索，首先是从生产问题着手而最终深入土地所有权层面的。早在1898年，他给清廷上奏的《请开农学堂地质局以兴农殖民而富国本折》中，便结合古今中外通过发展农业来振兴国民经济的经验，强调发展农业生产的重要性与必要性："窃万宝之原，皆出于土；故富国之策，咸出于农。三古重垦辟，有尽地力之教。外国讲求尤至。"[①] 他认为，只要讲求新法、设立农学堂、普及农业知识、改良农业，待农业发展之后，国家自然就能富强。"故有土斯有财，安有万里之地而患贫者哉？"[②] 对于如何发展农业生产，他提出："立农学堂"、"开农报以广见闻"、"开一地质局"、"译农学之书"、"劝植土地所宜草木"；强调，"庶几商业盛而流通广，农业并兴，地利益出，而国可富"。[③] 并且，还建议仿照旧制，设立农商局，发展农业。正是基于对如何发展农业生产的考虑，康有为深刻认识到，土地私有制严重阻碍了农业生产发展。出于对农业生产的规模经营、机械化、现代化以及计划化之考虑，他最终提出了颇有特色的土地公有思想。另一方面，康有为的土地所有权思想，是近代以来继洪秀全《天朝田亩制度》之后土地公有理想的又一典型，也是构成其空想的大同社会理想的一个基本组成部分，因而有着浓厚的空想色彩。诚如海外学者萧公权所指出的，"康有为的社会思想有两个层次。一个是关注实际事物，……另一个是神驰于理论与想象的领域，超脱现实"。[④] 康有

---

① 康有为：《请开农学堂地质局以兴农殖民而富国本折》，《康有为全集》（第四集），中国人民大学出版社2007年版，第383页。

② 同上。

③ 同上书，第384页。

④ 萧公权：《近代中国与新世界：康有为变法与大同思想研究》，江苏人民出版社1997年版，第363页。

为的土地公有思想，构成其社会思想的重要组成部分，因而也具有"神驰于理论与想象的领域，超脱现实"的特点。

二 西方土地公有思想的传入

西方土地国有思想，一般可分为马克思主义土地国有思想与资本主义土地国有思想。本节中的"西方土地国有思想"，主要指受马克思批判的其他西方经济学者的土地国有思想，具体指以亨利·乔治等为代表的土地国有思想。早期传入中国的西方土地公有思想，还有无政府主义土地公有思想。无政府主义强调生产资料公有制，自然也包括土地公有制。

1. 亨利·乔治等的西方土地国有思想传入中国

西方土地国有思想传入中国，与传教士的作用紧密相关。19 世纪末，英籍加拿大传教士马林①开始将西方土地国有思想传入中国。马林 1886 年来华，兼具传教士与医生身份，先后在上海、南京等地行医。1895—1905 年间，他与中国人李玉书等合作，以《万国公报》为媒介，在华传播亨利·乔治的土地国有主张。

（1）马林传播的土地国有学说的基本内容

亨利·乔治的土地国有主张，主要体现在其《进步与贫困》一书之中。土地国有主张的基本内容是：社会经济层面，强调"土地是私人财产时必然引起的土地投机的剧增是地租上升和工资下降的引申来的然而是最重大的原因"；② 而"只有使土地成为公共财产，才能永远解脱贫困并制止工资下降到饥饿点"③。社会正义方面，也即道德领域，"承认土地形式的独占财产，必然否定劳动产品形式的财产权"；"土地形式的私有财产不断发展，常常和必然会导致使劳动阶级处于被奴役地位；假如社会选择恢复其权利，地主没有要求赔偿的正当理由；迄今土地形式的私人财产符合人们的自然

---

① 有说"马林是加拿大传教医生"，参见王宏斌：《西方土地国有思潮的早期输入》，《近代史研究》2000 年第 6 期，第 185 页；也有说"英国医士马林"，参见王雁南等：《中国近代社会思潮（1840—1949）》（第 1 卷），湖南教育出版社 2011 年版，第 386 页。本文采取章开沅、林增平两先生的说法，参见章开沅、林增平：《辛亥革命史》（中册），人民出版社 1980 年版，第 52 页。

② [美] 亨利·乔治：《进步与贫困》，吴良健、王翼龙译，商务印书馆 2010 年版，"第四版序言"第 7 页。

③ 同上书，"第四版序言"第 8 页。

观念,这种违背正义的现状还牢固存在"。① "实际的治理国家才能方面","土地形式的私有财产非但不能改进和使用这种才能,反而阻止这种才能的改进和使用,并造成生产力的巨大浪费;承认土地公共权力不会引起震动和剥夺,只需要取消除地价税外的全部税收的简单和容易的办法便能达成了。"② 括而言之,就是强调地价上涨是社会全体作用的结果,涨价部分需归社会公共所有,并主张对地主土地征收土地单一税。

马林基本保持了亨利·乔治土地国有思想的原貌,同时也糅合了自己的一些见解。

首先,他强调土地是上帝对人类的恩泽,人人有占有、使用土地之权。"夫地者,上帝所造以养人者也。上帝既生众人,复生众物,凡人身世所需之物,无不自然取给于地中。所谓造物之无尽藏也"。③ 因之,土地私有制度则与上帝的"公平"意旨所相违背。"上帝造此地土,乃赐给人人"。④ "乃人之局于尺寸者,明明以大公之物,而反据为己私,是岂上帝创造之本心哉。今试征诸侯之所实,首有土地焉。此固上帝之所造,而俾下民得以共居者也。既曰共居,则为千百万人固有之地公共之地,而非一人窃为己有之地也"。⑤

马林强调"土地"属于"公共所有"、反对土地私有制,还基于其对"土地"本身以及"土地"上所能获取的"利"这两个方面的理解。这也即他强调的,"地土仅属一人,其利亦属一人所得,非上帝之公义"。⑥ 因此,有必要对其关于"土地"以及"土地"所生之"利"等的认识进行简要分析。在《论地》一文中,马林提出"地为生人之本,实养身立命之原"的观点。

---

① [美]亨利·乔治:《进步与贫困》,吴良建、王翼龙译,商务印书馆2010年版,"第四版序言"第8页。

② 同上。

③ [英]马林:《地工本三说》,李玉书译,《万国公报》1899年第124期,(台北)华文书局股份有限公司1968年版,第18469页。

④ [英]马林:《以地租征税论》,李玉书译,《万国公报》1894年第71期,(台北)华文书局股份有限公司1968年版,第16991页。

⑤ [英]马林:《再论以地征租之利》,李玉书译,《万国公报》1897年第102期,(台北)华文书局股份有限公司1968年版,第16991页。

⑥ [英]马林:《以地租征税论》,李玉书译,《万国公报》1894年第71期,(台北)华文书局股份有限公司1968年版,第16991页。

至哉坤元，万物滋生，礼曰：有土此有财，有财此有用。可见地为生人之本，实养身立命之原。人不能阻人自由，即不能阻人得地。如其地为私属，恐将来渐占尽，他人必无立足之区。亦如天壤间之利禄货财，惟有地者可得。而此外无分也。①

又在《本不养工论》一文中，强调"土地"是一切财富之源的观点。

人生天地间，所赖以养者，不在食物之一端，而在生材之全数。何谓材，统乎万事万物，苟其有关于人，且由工力而成，足以满人之欲者，皆是也。然材之为物不一，而生材之道惟三：地、一也，工、二也，本、三也。②

在马林看来，"土地"与人类的生活、生产紧密相关，是人类生存发展不可或缺的基本生产资料。并且，土地是财富的基本来源之一。"物既自土而生，则土本也"；"地、工、本"，"此三者，皆材之所自生也"。③ 至于租税，他指出，"材有所生，亦有所分，故归地者为租税"；又说："天下之地，与地上自生之物，皆属众人，惟人之一身，及其工力之所作，乃能由地而出者，则属于己。"④ 在他看来，土地属于天下众人公有，唯有人本身以及其劳作所得，方能属于私人所有。并且，即便是真正能属于个人私有的东西，也不能尽归私人所有。"然犹未可尽取也。必留余地与人，始为合理。因万物皆公，人人皆可用工而取，故必众人之足用，而后可以人私。"⑤ 在满足众人需求的前提之下，个人才可以将之据为私有。但是，众人需求之"足"依据什么样的标准呢？马林认为，这是一个很难界定的东西。"然

---

① ［英］马林：《论地·自由篇》，李玉书译，《万国公报》1900 年第 140 期，（台北）华文书局股份有限公司 1968 年版，第 19549 页。
② ［英］马林：《本不养工论》，李玉书译，《万国公报》1899 年第 123 期，（台北）华文书局股份有限公司 1968 年版，第 18411 页。
③ ［英］马林：《再论以地征租之利》，李玉书译，《万国公报》1897 年第 102 期，（台北）华文书局股份有限公司 1968 年版，第 16991 页。
④ ［英］马林：《论产·自由篇》，李玉书译，《万国公报》1900 年第 140 期，（台北）华文书局股份有限公司 1968 年版，第 19551 页。
⑤ 同上书，第 19551—19552 页。

人之足否，已不能知。何能预计而与之乎？"① 因此，"惟地属众人，不能任人占取，故有欲得地者，必先交租。租归公中，众人共许其得地，然后此地之所出，乃可为其私产，而不能属人，斯合理矣"。② 他强调，原本属于公共所有的土地，若将之据为私有，必须缴纳租税。租税归诸公共所有以及公众允许私人占取土地的情况下，私人方能拥有土地。这实质上是强调在土地国有前提下，以租税归公的形式，允许人们拥有土地使用权。

对于租税，马林首先抨击工商杂税繁多的弊病。"重关洞辟，输声飞万里之烟。通国皆商，货殖普四方之利。以此言税，税非不多。独是税多而货价必增，货来必少。他国之行旅闻而裹足，民间之日用，见而寒心"。③ 在他看来，税种繁多不仅阻碍商品流通，而且还致使物价上涨，影响人们正常生活。对此，他提出征收"土地税"的主张。"吾有一法，首征地租"。④ 在他看来，这一税制对于中国尤为可行。"夫中国之大，尽人而知之矣。但地大而不知用，与无地同。用地而不知征，与不用等"。⑤ 中国有着广袤的土地，这一利源若不加以利用，无疑等于没有土地；而不采用征收土地税的办法，则等于没有利用土地。他还强调，"譬之我有一亩之地，今仅筑屋半弓，余则概加屏置。自我视之，固淡然若忘也。无他，为其无征也。苟其有之，地大而贵则多征，地小而贱而少征，如是则我又何乐据为己私"。⑥

征收土地税不仅能促进土地利用，避免"淡然若忘"而导致出现闲置土地的现象；并且还能促进土地在占有及使用上的公平。依据占地面积与土地的情况制定税额，征收土地单一税，能调节人们对土地的占有。"与其坐拥宽敞之地而出重赀，曷若以此宽敞者转异他人，俾之易无用为有用。而赋税即因之而共也。岂不公哉"。⑦ 私人占有过多土地则会因租税过重而转让给他人，这就能使"无用"土地变为"有用"，同时上缴的土地税归诸

---

① [英]马林：《论产·自由篇》，李玉书译，《万国公报》1900年第140期，（台北）华文书局股份有限公司1968年版，第19552页。

② 同上。

③ [英]马林：《再论以地征租之利》，李玉书译，《万国公报》1897年第102期，（台北）华文书局股份有限公司1968年版，第16992页。

④ 同上。

⑤ 同上。

⑥ 同上。

⑦ 同上。

社会共有。因此，这就改变了土地私有所带来的不公平现象，实现社会公平。当然，马林强调中国土地面积广袤与征收土地税的重要性，这又隐约表明他认为中国土地税税额之巨大，因此这便还能增加国家税收。而国家统一征收土地税，也能有效防止地方官吏徇私舞弊：

> 嗟嗟，不此之计，惟徒于上下两忙之际，一任夫胥吏之弄权，书役之舞弊，或以多报少，或延比不交。故每县年例所征，虽以万计，究之于开除公用而外，其储国库而谋备豫者，其为数又几何哉？吾筹以地征租之法，而望中国之亟宜变计者，不在地丁也，不在钱粮也，不在房屋也，又不在外来之机器奇巧等物，以及本产之烟土丝茶也，必也就地以言征，无论城乡也，肥瘠也。①

马林认为，不论是荒芜的不毛之地，还是拥挤的城市繁华地段，对于土地所有者皆征土地税，且独占者须重征。这样，不仅能促进"土地"在空间上的合理利用。"如是肩摩毂击，其平日凡萃居于闹热之地者，势必散而之空闲之地，或治屋宇，或事耕耘，吾知适彼乐土者，同此地也，同此租也"。② 更为重要的是，征缴上来的土地税还可用于国家各项建设。"重征之虽富者尚觉难堪，分征之斯贫民者，不忧无出也。夫既不忧无出，然后由乡而推之城，由一城而推之数城，由数城而推之各省，税项租而民之乐供国用者，道途不治，以此治之，水陆不通，以此通之，铁轨未筑，以此筑之，电灯未设，以此设之，学校未兴，以此兴之"。③ 这样，自然也就体现出税收"取之于民、用之于民"的本质。"就众民共出之租，转仍为众民用也，岂不便哉。"④

马林强调征收土地单一税制，理由仍如前所述，是因为在他看来，土地是上帝提供给一国之人所公用的，并且土地的价格是"由众人作用的结果"。

---

① ［英］马林：《再论以地征租之利》，李玉书译，《万国公报》1897年第102期，（台北）华文书局股份有限公司1968年版，第16992—16993页。
② 同上书，第16993页。
③ 同上。
④ 同上。

如有一国之地，仅属一人，此一人即为一国之主，若有完纳地租者，必归此一人收受，但上帝造此地土，乃赐给人人。若地土仅属一人，其利亦属一人所得，非上帝之公义也。如有一国之地，尽属一国之人，若有一人租赁地基，必由此一国之人经理。此不待智者而知也。假如民主制邦，所有地土皆人人之地土，所收租利，用作人人公费之用，不过由百姓所举之官吏，代为经理也。若夫君主之国，其皇帝即为一国之主，国中所有之事，皆皇帝为百姓经理之。试以地租公义论之，夫地价之涨，由人多也；地价之跌，由人少也。是地价之涨跌，乃由人作出。无人即无地价也。①

因此，他总结说，"上帝造此（指'土地'——引者注），乃供此一国之人所用，而非给一人占去发财者，国家要征一分二分五分十分，尽可收取，因地系国人公共之地，其租亦国人公共之租也。所以照地租征钱粮，最为公允"。② 但是，相对于"土地"而言，其他私人劳动所得之物品，则属于私人所有而不能征税。"若仅在人工所出之各物取之，则有大不然者。"③ 他的理由是：

如我之一身，属我所有，我之聪明智慧，亦属我之所有，用我之聪明智慧创造一物，此我之真恒产业。既为我之真恒产，人孰该从而取之？比方我家有资一万两，乃我平日所挣，似不应征我之税，即我以此财产与人，似亦不应征税。何也？因此财产，本为我之财产，可以随便与人也。若地价乃大家所生之地价，自应征税大家用，一人所挣之资财，自应为一人所独得。④

废除土地税之外的其他税种，实行单一税制，是亨利·乔治土地国有主张的基本内容。马林在接受这些主张的同时，还作出了自己的解释：

---

① [英]马林：《以地租征税论》，李玉书译，《万国公报》1894年第71期，（台北）华文书局股份有限公司1968年版，第14844—14845页。
② 同上书，第14845页。
③ 同上。
④ 同上。

旧制，无论何地，皆就所种之庄稼征钱，似亦不甚公允。所以今时有许多荒地，未曾开垦，恐出钱粮耳，亦不论城中地贵，乡下地贱，一概重征，此不啻阻挡百姓生财之道。若照地租征钱粮，地贵则多征，地贱则少征，乃照地之租价征钱，非照地之多寡征钱也。①

在他看来，征收土地税主要是依据土地价格本身的贵贱，而非按照占据土地多少而征税，这是与亨利·乔治的土地税主张相吻合的。他还强调，征收其他方面的税收，如工商税、营业税等都存在不少弊病，均不足取。征收单一土地税，便能简化征税手续、减少隐匿瞒报、增进国家财政收入等。"若论财产上收钱粮，大是难事，因财产可以隐匿，地租不能隐匿也。盖在一事上取钱粮易，在万事上取钱粮难。在内裹之事上取钱粮难，在外面之事上取钱粮易。"② 当然，土地税绝非对百姓的横征暴敛。"至其所征之税，并非别敛于民。不过昔以之归地主者，今以之归公中，特一转移之劳耳"。③ 更重要者，是它能促进土地关系的公平。

如此则人人为地主，亦人人为租户。工价利息，不求增而遂自增。盖人之根本在地，地不难得，则有退步有用之者不满其愿。即可返而归田，或播农桑，或蓺花果，或种菜蔬，皆能养身而立足。昔颜子穷居陋巷，犹有负郭之田，孔明高卧隆中，尚赖躬耕之地，其身价若此贵重者，皆以有地故耳。④

马林最后总结说："总之工作之钱，应归工人所得，地土乃上帝所赐，非一人所敢私，照此而行，可帮助工人出力生财，且使国人与国家财宝日增也。"⑤ 这样，国家富裕，社会公平，一个理想的社会便因实行土地国有

---

① [英] 马林：《以地租征税论》，李玉书译，《万国公报》1894 年第 71 期，（台北）华文书局股份有限公司 1968 年版，第 14845—14856 页。

② 同上书，第 14846 页。

③ [英] 马林：《论地租归公之益·附跋》，李玉书译，《万国公报》1899 年第 125 期，（台北）华文书局股份有限公司 1968 年版，第 18553 页。

④ 同上。

⑤ [英] 马林：《以地租征税论》，李玉书译，《万国公报》1894 年第 71 期，（台北）华文书局股份有限公司 1968 年版，第 14846 页。

制而构建起来。

> 故地租归公之法行，则天下之人既无大贫，亦无大富，皆可有食以果腹，有衣以章身，所谓凿井而饮，耕田而食，不知不识，顺帝之则者，于今不难复睹矣。孔子曰：不患寡而患不均、不患贫而患不安。有若曰：百姓足，君孰与不足；百姓不足，均孰与足。其即此意也夫。①

值得注意的是，马林在传播土地国有论时，还掺入一些与其身份相吻合的因素：即以"上帝创造土地供众人之用"来强调土地应当归诸国民所公有、共有；并将土地国有论附会为上帝旨意，强调不能违背上帝所要求的"公义"。并且，马林还将土地国有制与中国传统文化相融合，如与"不患寡而患不均、不患贫而患不安"的公平思想比附，再如与历史上的井田制相比附等，这样以减少土地国有主张传播过程中的阻力，使之易于被中国民众所接受。

> 当今贫苦之患，不由于生材不足，而由于分材之不均。其所以不均者，则由于有地无地之故。孟子曰：井地不均，谷禄不平，此可深长思也。无地者受有地者之挟持，终身在其檐下，工价利息一听其命，而无奈之何？②

当然，马林在华传播亨利·乔治的土地国有论，是有其独特原因的：第一，马林对亨氏素持敬重，并且服膺其"土地国有"学说。他曾评价亨氏及其土地国有论说：

> 美国卓尔基亨利先生，夙精格物，久擅大名，百氏之书，无所不读，书中之是非真伪，了如指掌，而又情殷济世，欲为贫窭者一破迷津，著作风行，几遍天下，深冀明此道者无不读其书。读其书者，无

---

① ［英］马林：《论地租归公之益·附跋》，李玉书译，《万国公报》1899 年第 125 期，（台北）华文书局股份有限公司 1968 年版，第 18554 页。
② 同上书，第 18551 页。

不服其论也。且书中引证确凿，议论谨严，以无我之公心，筹救人之良策，虽其驳辨诸作，直令观者无从置喙，作者无处容身，然心实欲救天下之贫人。①

他称赞亨利·乔治对土地国有论的探索，"诚如孟子所云：'予岂好辨哉？予不得已也'"②。这一比附，在让中国人更乐于接受亨氏及其学说的同时，也表达出其对亨氏及其学说的崇敬之情。其次，马林作为基督徒，故而在经济理念上主张要"均平"，以符合"上帝之公义"。并且，他作为一个西方人，对资本主义社会业已出现的贫富悬隔、社会矛盾尖锐等现象也必然有所警醒。这样，他对亨氏所鼓吹的能消弭贫富差距、解决资本主义社会危机的土地国有学说，自然极为推崇，也乐于将其传播开来：

> 泰西致富之术，厥有二焉：一曰富室集金创立公司，其意专为利己，而即以变通世运。一曰工人立会自高声价，其意在于均财，而即以抗拒富室。此二法者，各有利，亦各有弊。民间只期善自为谋耳。有国有家者，所宜酌剂于二者之间，而使其平，俾贫富之民，彼此相安，斯大善矣。向来中国翻译西书，大抵主于前一术者为多。西士马林先生今主后一术立论。合录于左，以为兼听并观之助。③

马林在中国传播土地国有思想，当然还与其对中国农民苦难境遇的同情与关怀紧密相关。"他（指马林——引者注）对于下层人民的处境，尤其是对于中国农民的苦难生活寄予同情和关怀"。④

（2）马林传播土地国有学说的效果及影响

马林传播西方土地国有思想的效果，是比较显著的。"戊戌维新时期亨利·乔治的土地国有思想在中国的传播应当引起重视，这不仅因为它在中国传播的时间较早，而且其传播范围也是比较大的"。⑤ 这具体体现在如下几个方面。

---

① ［英］马林：《各家富国策辨》，李玉书译，《万国公报》1899年第121期，（台北）华文书局股份有限公司1968年版，第18268—18275页。
② 同上。
③ ［英］马林：《富民策》，李玉书译，《万国公报》1898年第114期，第17810—17814页。
④ 王宏斌：《西方土地国有思想的早期输入》，《近代史研究》2000年第6期，第186页。
⑤ 同上书，第196页。

从传播媒介上看,《万国公报》和《中西教会报》的发行量与销售量是十分巨大的,二者的发行量与销售量通过下表可以直观地体现出来:

《万国公报》[a]、《中西教会报》[b]的发行与销售情况[①]

年份	a 发行数量（份）	b 发行数量（份）	a 销售额（元）	b 销售额（元）
1889[②]	10529	—	—	—
1890	11300	—	—	—
1891	—	—	—	—
1892	—	—	744	313
1893	—	—	219	124
1894	—	停刊	986	253
1895	—	—	1097	221
1896	50000	—	1260	253
1897	60000	6600	3190	444
1898	38400	6600	3950	621
1899[③]	39200	7700	4764	556
1900	36200	9550	2592	392
1901	25000	5500	3004	149

---

① 根据《万国公报》的告白以及每册的英文目录,可以知道《万国公报》具体的销售价格:1889.2—1894.7,月定价100文,年定价1元(为墨西哥洋元,下同);1894.8—1898.11,月定价1角3分,年定价1元2角5分;1898.12—1901.2,月定价1角5分,年定价1元5角;1901.3—1901.9,国内年定价1元、国外2元(含邮资);1901.10—1904.4,月定价2角,年定价国内2元1角5分、国外2.5元(含邮资);1904.5—1907.12,月定价2角,年定价国内1元8角(含邮资)。在单份售价、发行量、销售总额三者任知其二的条件下,可以计算出另一数字。而表中之所以有不详之数,是因为当时《万国公报》等每期除售卖之外,还要赠送一大批出去,这样,具体的销售数字难以确定。因此,尽管单份售价已知的情况下,仍然存在"发行总额"或"销售总额"不明确的情况。

② 这里之所以选择1889年为时间上限,主要是因为根据章开沅、林增平等的研究,"孙中山最初接触亨利·乔治的学说,约在1894年和1895年之交。那是因为,紧接着他的《上李傅相书》在《万国公报》分两期连载之后,该报随即发表一个英籍加拿大传教士马林(W. E. Macklin)的文章,介绍了亨利·乔治的主张"。参见章开沅、林增平、隗瀛涛、吴雁南:《辛亥革命史》(中册),人民出版社1980年版,第52页。此外,1889年还是《万国公报》自1883年7月28日停刊之后复刊之年,因此,本文考察《万国公报》、《中西教会报》的传播范围及影响以1889年为时间上限,下至资产阶级革命派与改良派爆发大论战的1905年。

③ 《万国公报》,1900年第133期,第19069页;王宏斌误将1899年的数字作为1900年的数字,参见王宏斌:《西方土地国有思想的早期输入》,《近代史研究》2000年第6期,第196页。

续表

年份	a 发行数量（份）	b 发行数量（份）	a 销售额（元）	b 销售额（元）
1902	48500	12000	4420	338
1903	54400	13400	3887	304
1904	45500	11200	3584	
1905	27622	10388	——	——

（说明：该表统计数字根据王树槐：《清季的广学会》[①]、《万国公报》[②] 两者综合得出）

《万国公报》、《中西教会报》都是广学会主管、发行的刊物。广学会的出版物，"质的问题，以内容为主，大致以介绍西方文化，敦劝中国仿效为重点，宣传基督教教义为附带的目的"[③]；"量"方面，广学会出版之书，虽然新书数量不多，但重版次数多、数额大；此外"尚有盗印者"，数量亦极其庞大，"盗印约起于甲午战后，戊戌变法时期，广学会书籍销售多，盗印亦多"。[④] 具体就《万国公报》而言，"1897—1907年，《万国公报》共发行406700册，平均每年约三万六千余册"[⑤]，这足见其影响之广。诚如广学会所自称：

> 《万国公报》和《中西教会报》稳固地保持着我们出版物的高尚风格，对实现本会的目的用处变得越来越大。前者包含很广泛的内容，而且由于撰稿人包括外国人和中国人，他们大多数都是在中国最有能力和最富有经验的作家，所载文章差不多都很适合时代，有力，令人发生兴趣，因此也为广大读者所欢迎。[⑥]

马林传播土地国有思想之影响，还体现在时人对其译著的评价之中。与马林一样作为广学会会员的英国人李特理，曾评价说：

[①] 王树槐：《清季的广学会》，《近代史研究所集刊·第四期》（上册），（台北）中研院近代史研究所1973年版，第204、219—220页。
[②] 《万国公报》，（台北）华文书局股份有限公司1968年版。
[③] 王树槐：《清季的广学会》，《近代史研究所集刊·第四期》（上册），（台北）中研院近代史研究所1973年版，第221页。
[④] 同上书，第222页。
[⑤] 同上书，第223页。
[⑥] 《同文书会年报》第四号，《出版史料》1988年3—4合刊，第62页。

  余今日读英医士马林君所译美国卓尔基氏地税归公一书，颜之曰足民策（亦作富民策）。揆其命名之意，则本平。有子所谓百姓足君孰与不足，及孟子所谓民为贵君为轻之言。其书以得地为要图，以均材为急务，议论宏大，证据详明，实萃中外各家之精华，而独抒伟论，且译以浅语，制为袖珍，使人易于研求，便于携带，则信乎其为疗贫之药石，而富国之津梁矣！①

  李特理指出："夫西士于格致之学，切实讲求。而计学一端，尤为注意。盖以国计民生，皆在于是也。"② 而来华传教士之目的，是"以冀中国颓风之丕振，民志之宏开"。③ 因此，他们之中，"精于学者，则尽力以译其文；富于财者，则捐资以襄其事，此广学会各种书籍之所由刊也"。④ 对于马林等翻译、介绍亨利·乔治的土地国有学说，李特理还说道：

  观此书之旨，尤足使华人知计学之精，且知此意也者。非惟泰西近日之良归，亦即中国本来之古制。特中国虽有此意，而未见实事，仅托空言。加以后之学者，不善读书，以致深没其文，大晦其意。古人之良法，遂不复大白于世。夫亦甚可惜矣。⑤

  因此，李特理认为，土地国有思想的传播，将有利于中国未来的进步，并且会对中国社会发生重大影响；马林等人关于西方土地国有思想的译著，可以催生中国改革的信念，给中国社会变革带来新的变化。

  譬之一物，热力尽去，其质以坚定如铁，寒冷如冰，非赖有外来热力以感发而催动之，必不能复有生气。故此书一出，其习安逸者，必恍然悟而惕然惊。亦犹数十年前，名学家达尔文之书，其提撕警觉乎斯人者，良匪浅显也。所可虑者，华人狃于俗习类多墨守旧章，不

---

① ［英］李特理：《读足民策书后》，《万国公报》1899年第131期，（台北）华文书局股份有限公司1968年版，第18947页。
② 同上书，第18947—18948页。
③ 同上书，第18948页。
④ 同上。
⑤ 同上。

知穷变通久之养耳。如能选择善法，日新月异，逐渐改观，则其兴也，固可立而待也。①

之所以如此肯定马林传播土地国有思想的"功效"，是因为在李特理看来，马林的译著"利用中国古代文献，结合现实问题，深入浅出地表达他们对中国社会改革的期望"。② 并且，他看到了马林将土地国有思想认作中国社会的固有之物，并认为它必然会在社会上广泛传播开来。事实上，李特理自己也持有与马林类似的观点，他在书评中多次强调：

> 泰西计学之士，如师米德米约翰诸君，虽议论各别，而以任地为足民者，则无不同，即在中国经书，亦多言此。是以书详禹甸，诗咏周原，真廷严敷土之官，周礼重职方之掌者，皆以之为首务也。且易云：至哉坤元，万物资生。大学云：有土此有财，有财此有用。又云：生之者众，食之者寡，为之者疾，用之者舒，此其郑重，为何如也。③

《广学会年报》曾这样记载，《万国公报》"作为一个影响中国领导人物思想的最成功的媒介，它的地位几乎已经确定下来"。④ 事实上也确是如此，当时的维新派与革命派大都是《万国公报》的热心读者，都不同程度受到它的影响。孙中山对亨利·乔治土地国有思想的认识，是从《万国公报》开始的，后来在游历欧美时最终形成其民生主义思想。⑤ 这正印证了李特理的期待，"西方的土地国有与单一税思想在中国的传播孕育了中国最先进的经济改革主张"。⑥ 不及十年，1912 年 4 月 4 日，孙中山在一次对外国记者的公开演讲中说：

---

① [英]李特理：《读足民策书后》，《万国公报》1899 年第 131 期，（台北）华文书局股份有限公司 1968 年版，第 18948 页。
② 王宏斌：《西方土地国有思想的早期输入》，《近代史研究》2000 年第 6 期，第 197 页。
③ [英]李特理：《读足民策书后》，《万国公报》1899 年第 131 期，（台北）华文书局股份有限公司 1968 年版，第 18948—18949 页。
④ 《同文书会年报》（第四号），《出版史料》1988 年 3—4 合刊，第 62 页。
⑤ 夏良才：《论孙中山与亨利·乔治》，《近代史研究》1986 年第 6 期，第 38—55 页。
⑥ 王宏斌：《西方土地国有思想的早期输入》，《近代史研究》2000 年第 6 期，第 197 页。

贵国的单税论者亨利·乔治的学说，将成为我们改革纲领的基础。作为维持政府的唯一手段的土地税来说，是一项极为公正、合理和均平分配的税制，我们将据此拟定新的制度。……我们决心采纳亨利·乔治的全部学说，包括一切天然实利归民族政府所有。不允许私人资本通过控制人民生活与幸福所必需的物质和公用事业，来对人民进行征税和剥削。采取上述各项改革措施，将是确凿无疑的，经过改革以后，一个勤劳的、热爱和平和繁荣昌盛的民族，必将茁壮成长起来。①

因此，在马林的努力下，西方土地国有思想被以孙中山为代表的革命党人所迅速接受，并且，还被作为改造中国的思想武器。西方土地国有思想对近代中国的影响，由此发端。

2. 无政府主义土地公有思想的早期传播

经早期留欧学生的积极介绍，无政府主义逐渐在华传播开来，成为近代影响深远的社会思潮之一。②

（1）无政府主义的思想渊源

无政府主义发源于近代欧洲，蒲鲁东（Proudhon，1809—1856）是集大成者。在他的努力下，无政府主义成为一种社会思潮。他以"不要政党，不要权利，一切人和公民的绝对自由"作为其"政治的和社会的忠实誓愿"，自称是第一个无政府主义者，并且也被后人恭称为"无政府主义之父"。③ 此外，著名代表人物还有俄国的巴枯宁、克鲁泡特金等。

马君武曾指出了无政府主义的法国、英国渊源，"法兰西之国民者，世界上思想最高之国民也。圣西孟之徒倡社会主义（即共产主义）于世，其势日甚。至十九世纪，而英人达尔文、斯宾塞之徒发明天演进化之理。由是两种学说发生一种新主义，是新主义曰'无政府主义'"。④ 稍后，马叙伦

---

① H. H. Rosenthel. *SunYat-Sen and Henry George: A Reassessment. Sino-American Relation.* 1985. 11 (2). p. 37. 转引自夏良才：《论孙中山与亨利·乔治》，《近代史研究》1986年第6期，第39页。
② 无政府主义对近代中国社会的影响，从其对国民党与共产党的影响上可以窥见一斑：就国民党来看，张继、马君武、李石曾等早年都是无政府主义者；中共方面，周恩来早年留学法国时，亦受到无政府主义影响，毛泽东也承认早年受到无政府主义影响。
③ 胡庆云、高军：《无政府主义在中国》（第一辑），湖南人民出版社1984年版，第1页。
④ 马君武：《〈俄罗斯大风潮〉序言》，葛懋春、蒋俊、李兴芝：《无政府主义思想资料选》（上），北京大学出版社1984年版，第2页。

则较为全面地论述了这一思想的渊源,"倡此主义者,为法兰西伟人布鲁东。布鲁东之忽抱此主义,则亦受法兰西政治之掊逼而出者也。布氏倡之,而俄罗斯之奇杰巴枯宁和而张之,此主义遂排山倒海大出现于世界,于是英、而美,莫不有此主义之党人"。①

无政府主义主张土地公有。这从蒲鲁东的土地所有权思想可见一斑。他指出,"土地——像水、空气和阳光一样——是一种首要的必需品,每个人只要不妨害别人的享用就应该可以自由地加以利用"。② 土地"是我们生存所不可缺少的东西,因而它是公有的,因而它是不能被私有化的";并且,"它的使用应该受到节制,这并不是为了少数人的利益,而是为了所有的人的利益和安全";"总之,权利的平等是被需要的平等所证明的;可是,如果一种物品的数量有限,那就只能通过占有的平等来实现权利的平等"。③ 因此,"土地是不能被私有的"。蒲鲁东设计出一个建立在"平等、法律、独立性、相称性——的基础之上的社会",也即"自由"的无政府主义社会。④ 他强调:

> 个人的占有是社会生活的条件;五千年的私有制说明了这一点。私有制是社会的自杀。占有是一种权利;私有制是反对权利的。如果你们取消私有制而保留占有,那么你们只须通过原则上的简单变动,就可以改革法律、政治、经济和制度;你们就可以把祸害从地球上驱逐出去;占有权既然对于所有的人都是平等的,占有就随着占有者的人数而常常发生变动;所有权就不能形成。⑤

虽然蒲鲁东未将"占有权"、"所有权"具体界定对象,"表面上似乎讲的是一般的所有权,其实他所谈论的不过是土地所有权、地租而已"。⑥ 实质上,蒲鲁东反对私有制,故反对土地私有;但对土地的占有却持认可态

---

① 马叙伦:《二十世纪之新主义》(1903),葛懋春、蒋俊、李兴芝:《无政府主义思想资料选》(上),北京大学出版社1984年版,第8页。
② [法]蒲鲁东:《什么是所有权》,商务印书馆2007年版,第115页。
③ 同上书,第116页。
④ 同上书,第291—292页。
⑤ 同上书,第295—296页。
⑥ 《马克思恩格斯选集》(第1卷),人民出版社1995年版,第178页。

度，因为土地只有被私人占有才能被充分利用，社会才能进步。显然，他是想把"占有"跟"所有"区别开来，将"所有权"单独定义。这无疑犯了形而上学的错误。因为，"要想把所有权作为一种独立的关系、一种特殊的范畴、一种抽象的和永恒的观念来下定义，这只能是形而上学或法学上的幻想"。①

蒲鲁东将"占有"与"所有"对立起来，并强调"在道德上、正义、平等上，占有比所有权较为高尚"；其理由是，"占有人从所有人那里得到占有权，所有人可以限制这个占有权，可以监督它，在遇到使用不当的场合，可以宣告收回占有"；并且，"这个所有人就是'社会'"。② 因此，蒲鲁东因主张个人绝对自由，故强调人人都有自由占有、使用土地的权利；但是，"占有"或使用不当时，则将其没收。质而言之，就是土地所有权归社会公有，且占有权、使用权也归社会公有。

巴枯宁的"集产制"主张也是无政府主义土地公有思想的重要来源之一。在巴枯宁看来，"要这样组织社会：每一个个人，无论男人或女人，一出世就能找到几乎同样的手段来发展自己各种才能并通过自己的劳动来利用这些才能。要建立这样一个社会：任何个人，无论他是谁，都不能剥削别人的劳动，他只有直接促进社会财富的生产，才能参加使用社会财富，因为社会财富实质上无非是人的劳动的产品"。③ 他号召：

> 必须对社会进行根本的社会和经济的改造，这种改造将导致把人民的劳动从资本和私有者的桎梏下解放出来，它将以最严格的正义，但是不是一法律的、神学的或形而上学的正义，而是以单纯的人的正义为基础，以实证科学和最充分的自由为基础。④

这实质是主张"集产制"。⑤ 但是，它又"绝不是共产主义者所讲的把

---

① 《马克思恩格斯选集》（第1卷），人民出版社1995年版，第178页。
② ［法］米歇尔·奥奇埃－拉里贝：《序》，蒲鲁东：《什么是所有权》，商务印书馆2007年版，第20页。
③ ［俄］巴枯宁：《联邦主义、社会主义和反神主义》，中共中央马克思恩格斯列宁斯大林著作编译局资料室编：《巴枯宁言论》，生活·读书·新知三联书店1978年版，第104页。
④ 同上书，第106页。
⑤ 徐善广、柳剑平：《中国无政府主义史》，湖北人民出版社1989年版，第12页。

生产资料集中在无产阶级国家手中。他主张财产应该属于人们自愿组成的工业、农业组合,而且这种组合不应该受到任何自上而下的集中的权力的限制,它应该是'自由'的即分散主义的"。①

蒲鲁东、巴枯宁等无政府主义土地所有权思想,作为其无政府主义思想内涵的一部分,随着无政府主义在华的传播而传播开来。

(2) 无政府主义土地公有思想的基本内涵

早期传播无政府主义的代表人物有马君武、马叙伦、李石曾、张继等。他们强调生产资料公有制,并且主张用暴力手段打破私有财产制度,实现社会公平、平等。土地作为基本生产资料之一,早期无政府主义者虽未对其作具体阐释,但主张土地公有、反对土地私有,是其应有之义。

无政府主义思想的一个基本内容便是鼓吹生产资料公有。1903年,马叙伦在《二十世纪之新主义》一文中写道,"英人克喀伯之言曰:'无政府主义者,发源于公产主义'"。②从对无政府主义这一渊源的阐发,就指出了无政府主义有强调生产资料公有的思想。这一公有思想,在张继的《无政府主义》一书中得到了进一步的阐发。"吾侪乃互相依助而得生活者也,故离社会则无个人。社会之富,皆人类全体所合力生产者,故吾侪乃共产主义者也,非打破家长村团州县国民等之境域,则凡百事业,皆不能为也。以公共财产为我物,而竭力保护之,以政府为吾侪之大敌,尽力破坏之,是吾人之功课也。"③ 在他看来,个人是社会中的个人,个体不能离开社会而单独存在。并且,社会财富是全部个体共同作用的结果,应属于公共所有。

早期无政府主义者强调,实现土地公有要用暴力手段。这以张继的土地公有思想为典型,"吾侪既视地主、工场主、君主、僧侣、法律等为大敌,则地主等亦必视吾人为彼之敌。敌与敌遇,不能两立,敵吾人当先向彼等宣战,勇往前进而莫退。吾党既欲夺地主、工场主之所有物,又欲破坏彼等所借以匿身之国家,吾侪当求吾人之自由,僧侣法律不足惧也。吾

---

① 徐善广、柳剑平:《中国无政府主义史》,湖北人民出版社1989年版,第12页。
② 马叙伦:《二十世纪之新主义》,葛懋春、蒋俊、李兴芝:《无政府主义思想资料选》(上),北京大学出版社1984年版,第7页。
③ 自然生:《无政府主义及无政府党之精神》,葛懋春、蒋俊、李兴芝:《无政府主义思想资料选》(上),北京大学出版社1984年版,第39页。

侪欲破坏种种法律制度，当竭力运动，起而革命，当与不认法律之志士团结"；① 他认为以暴力手段反对财富不均，"乃正当防御，不得言恶"。② 这与他认为地主、资本家有如盗贼，必欲诛之而后快有关。"吾人既除贵族与国王矣，而尚有一种贵族不可不去者，富豪是也"；"盗贼云者财产家也，盖垄断财产者，即盗贼也"；"妨害人民之幸福者，资本家也，故不可不尽杀之"；"今社会方病，欲瘳之，不可不先灭资本家"。③ 章太炎在给张继此书作的序言中写道，"吾愿杀尽政府官吏，以去一切特权之毒根。吾愿杀尽财产资本家，使一国之经济归平等，无贫富之差"。④

无政府主义者竭力鼓吹土地公有，主要是基于对资本家占据社会财富而致使社会贫富不均的仇视。"憎忌富人，贱视兵役，热中于绝对之平等，求社会之幸福，而目的认手段，以杀戮官吏为正义者，构成无政府主义之元素也"。⑤ 他们还援引西方学者关于社会财富平均分配与共同享有等学说，来强调土地公有的合理性。"马布里之《立法论》中，有曰：'天道爱人，欲使人民之地位、财产皆归平等；不平等则阶级必生，阶级生而罪恶必多'。其论理恰与今日之无政府党相符合。无政府党曰：'今日之社会，万事不平等！有极富者，有极贫者，当全破坏之，另立新制度，使人人皆得享有幸福'"。⑥ "马布里"，也即"加布里埃尔·德·邦诺·德·马布利"（Gabriel de Bornot de mably），法国著名空想社会主义学者。18世纪法国宣传财产平等思想并提出共产主义制度来反对建立在私有制基础上的社会制度的思想家中，其影响最大。⑦ 张继还强调，无政府主义者最憎恶私有财产，"遇有资本者，悉欲夺之；有持证券者，悉欲取而焚之；凡保护财产权

---

① 自然生：《无政府主义及无政府党之精神》，葛懋春、蒋俊、李兴芝：《无政府主义思想资料选》（上），北京大学出版社1984年版，第39页。

② 同上书，第26页。

③ 同上书，第28页。

④ 燕客：《序》，葛懋春、蒋俊、李兴芝：《无政府主义思想资料选》（上），北京大学出版社1984年版，第23页。

⑤ 自然生：《无政府主义及无政府党之精神》，葛懋春、蒋俊、李兴芝：《无政府主义思想资料选》（上），北京大学出版社1984年版，第28页。

⑥ 同上书，第29页。

⑦ ［法］马布利：《马布利选集》，何清新译，商务印书馆2009年版，第180页。

之法律，皆欲一洗而空之，以达其社会平等之真意"。① 他还指出，"鄙视所有权之心，不异待奴隶，扫尽社会上阶级等差之道，以废灭私有财产为最上策，社会之富，由富人之手夺回，还诸社会，无政府党之大主目也"。② 他援引克鲁泡特金的话作了进一步阐述，"夺富人之所有物，逐富人而占据其宅，乃天下之庆事也，则从来之弊门蛙户，可一切火之"；"私有财产，非富者所原有，乃夺自社会者也。一切货财由人我之劳力所生，惟人类之全体始得为其所有主，焉可使贱丈夫垄断之哉！"③ 在张继看来，富人之财富都是强行剥夺穷人的结果，因此，"无政府党以财产为强夺之结果，于是乃言：彼既能强夺之力，则我有光复之权"。④

无政府主义者认为，废除私有财产后，社会矛盾将消匿殆尽。"夫所谓罪恶者，非加害于人之行为乎？分析其行为之原质，或三分之二，或四分之三，多由于欲得他人之货财，以构成盗心耳，如他人无货财，则此等罪恶，能不绝迹乎？"⑤ 在他们看来，私有财产与"罪恶"紧密相连，"无私有财产，则与财产相关联之罪恶，可全归于无有"。⑥ 因为，"盗贼之所以生也，全因于财产之所有主，苟无财产，则盗贼自灭"。⑦ 私有财产制度废除后，便能实现他们的理想社会。"制限财产权，使人人之所有物不得过度，物质上之嗜欲，使人人皆满足，而去不平等之差，乃自然之大道。"⑧ 在这一社会制度下，"以万事之责归于社会，盖社会之成立，为一切人，一切人之所欲者，社会有使其充足之责"⑨；"使社会归于平等，此乃多年之希望，主张平民权利之所以也"。⑩

无政府主义者早年大多活跃于国外，故其土地公有思想在国内的影响

---

① 自然生：《无政府主义及无政府党之精神》，葛懋春、蒋俊、李兴芝：《无政府主义思想资料选》（上），北京大学出版社1984年版，第31页。
② 同上。
③ 同上书，第30页。
④ 同上书，第31页。
⑤ 同上书，第30页。
⑥ 同上。
⑦ 同上。
⑧ 同上书，第32页。
⑨ 同上书，第36页。
⑩ 同上书，第37页。

极其微弱。但是，1902—1905年无政府主义正式传入中国之后[①]，经过"革命分子的大力鼓吹"，无政府主义得到了广泛传播。并且，早期无政府主义者如李石曾、章太炎、张继、汪精卫等后来都积极投身革命，成为资产阶级革命的代表人物。

三 土地公有思想兴起综论

自进入近代以来，人们广泛而普遍聚焦于土地所有权问题，土地公有思想密集呈现，这是一个值得深入思考的现象。

1. 土地公有思想兴起之原因

鸦片战争以来土地公有思想的勃兴，是有着深刻的社会历史原因的。这具体可从内因、外因两大层面进行分析。

从内因来看，近代以来，土地问题的重要性已为各种政治力量所注意到。[②] 土地集中的加剧与地权关系日趋恶化，是土地公有思想兴起的重要原因。对于一个农业国而言，"土地"往往因其作为基本的生产资料而备受关注；加之土地占有不均是历史上土地所有权关系的常态，这也就决定了地权问题一直是社会问题的中心。具体就中国而言，纵向来看，土地所有权关系发展的趋势使矛盾逐渐凸显。"由唐至宋元，地主制经济进入正常发展阶段。封建地权，集中分散变动无常"；"到地主制经济进入高度发展的明清时代"，"人身依附关系已不是主要问题，而封建地权变成了主要矛盾"。[③]这一趋势，一直延续到近代。"在鸦片战争以前，中国的地权分配，已集中得相当严重了"；鸦片战争之后，"不仅广大农民群众很多迅速陷入破产的境况，就是小土地出租者和中、小地主，也多有败落下来的。这些人被生计所迫，不得不把仅有的少量土地忍痛出售，而这也就是缙绅、豪强、富商大贾和高利贷者大显身手，兼并土地的绝好机会，使土地集中的过程更

[①] 蒋俊、李兴芝：《中国近代的无政府主义思潮》，山东人民出版社1990年版，第17页。

[②] 彭明、程啸：《近代中国的思想历程》（1840—1994），中国人民大学出版社1999年版，第115页。

[③] 李文治、江太新：《中国地主制经济论——封建土地关系发展与变化》，中国社会科学出版社2005年版，第12—14页。

加速了"。① "土地分配不均情况,与其前相比,有加无已"。② 土地占有的集中,使农民失去基本的生产资料而日趋贫困化。同时,"伴随出现的便是失业队伍——'浮口'或'游食者'的急剧扩大。""这种情况在40年代中(指19世纪40年代——引者注),已构成一个社会问题"。③ 然而,"中国的国民经济体系是建立在小农经济的中心支柱上的"。④ 这样,西方列强对华的破坏、劫掠、勒索,以及清政府的加赋、勒捐、科敛、骚扰等等,"其绝大部分都是通过地租、赋税、利润等等财富分配和再分配的经济杠杆,直接、间接地落到小农身上"。⑤ 农民在缺乏土地而无法从事农业生产的同时,还背负着沉重的赋役负担,于是便或沦为流民或揭竿起义,以土地为中心的社会矛盾由此尖锐化。

因此,地权关系不良,便成为滋生与孕育土地公有思想的温床。历史上地权关系的失衡,往往是农民起义的直接导火索,也是改朝换代的经济动因。农民起义往往打着"均贫富"的口号,要求重新分配土地。太平天国运动也正是因近代地权关系的恶化而导致的一场空前绝后的农民大起义。不过,它虽也以土地所有权的重新调整为号召,但与以往农民起义要求均分土地、直接将土地分配给农民所不同的是,洪秀全提出了土地公有的思想,要求在实现"天下为公"的基础上,平均地将土地使用权分给农民。

近代地权关系失衡的另一个后果,是农业生产的凋敝与农村经济的破败,及其导致的国民经济落后、国势羸弱。因此,康有为基于富国强兵的目的,从土地生产角度入手对地权关系进行了思考,提出土地公有的思想。他认识到私有制的弊病,"人私其身,家私其家,群私其群,国私其国,谋用是作,兵由此起,一切苦恼,永无穷极";⑥ 并且,在地主土地私有制下,不仅农民的生活极其贫困,而且还阻碍了农业的机械化、现代化。因此,要将土地私有制打破,实现土地公有,进而开展计划经营与规模化作业,

---

① 严中平:《中国近代经济史(1840—1894)》(上册),人民出版社2001年版,第453—454页。
② 同上书,第456页。
③ 同上书,第457页。
④ 同上书,第449页。
⑤ 同上。
⑥ 梁启超:《南海康先生传》,夏晓虹编:《追忆康有为》,生活·读书·新知三联书店2009年版,第17页。

发展农村经济，进而提升国家实力。彭明等强调，"康有为的'大同'学说主要是以中国传统理想为背景，是中国近代灾难深重的产物"。① 因此，康有为的土地公有思想也是"中国近代灾难深重的产物"，是对近代农民、国家灾难深刻体悟的结果。

土地的丧失直接导致农民的贫困，基于对农民命运的同情以及自身信仰及拯救苍生的信念，以马林为代表的西方传教士，将西方土地国有思想传入中国。他在觉察西方土地私有之弊的基础上，接受亨利·乔治的土地国有思想，并将其与中国固有的土地公有思想相糅合之后，在华传播开来。他直接影响到孙中山等，促成其"民生主义"的提出。并且，"这种土地国有思想在1905年之前的传播显然有利于此后人们理解和接受孙中山的民生主义"。② 此外，马林还对土地私有制进行了抨击，这"对于当时中国的先进知识分子关注现实存在的地主与农民两大社会矛盾，通过土地革命寻找中国未来的出路，也富有启发意义"。③ 19世纪末20世纪初，各主要资本主义国家在相继进入帝国主义阶段时，暴露出极其严峻的社会危机。孙中山在洞悉欧美社会出现的这一系列严峻危机的基础上，为避免中国未来资本主义的发展重蹈西方覆辙，强调要解决以土地问题为核心的社会问题，举政治、经济革命于一役。因此，孙中山接受西方的土地国有思想，有鼓吹革命、发动革命的目的；而其根本着眼点，则是要为解决未来资本主义发展过程之中将会出现的土地问题，维护与保障经济公平与社会正义。

因土地占有不均，社会贫富分化加剧，进而导致社会矛盾尖锐，这为无政府主义的传播提供了思想土壤。无政府主义强调财富是一切罪恶的源泉，主张消灭一切私产，主张消灭地主、资本家等一切财富的占有者。因此，这对于土地所有权而言，就是强调土地公有。

具体再就外因而言，土地公有思想的勃兴，是受近代西方社会思潮影响的结果。以1840年鸦片战争为发端，中国被迫打开国门，中西交流也由此进入一个新阶段。西方土地国有思想以及无政府主义土地公有思想的传入与传播，自然是中西交流逐渐深入的结果。然而，洪秀全的土地公有思想却也明显受到西方思想的影响。美国学者史景迁评价说，"当时传入中国

---

① 彭明、程啸：《近代中国的思想历程（1840—1994）》，中国人民大学出版社1999年版，第246页。
② 王宏斌：《西方土地国有思想的早期输入》，《近代史研究》2000年第6期，第197页。
③ 同上。

的西洋思想让年轻的洪秀全深为着迷,其中以某些基督教教义影响他的命运最深。洪秀全刚接触到这个宗教不久,但他的内心有一部分与时代的脉动相契合,使得他对基督教里头的一些要素作了字面上的理解,深信自己是耶稣的幼弟,天父交付给他特殊的使命,要把神州从满洲妖族的统治下解救出来,带领着选民,到他们自己的人间天堂去"。[1] 洪秀全将基督教教义中的若干因素与中国固有的土地公有思想糅合一起,形成了他的土地所有权思想。康有为也借用西方社会经济情况作类比,强调其土地公有思想的合理性与必然性。此外,他的土地公有思想也受到亨利·乔治的土地国有思想的影响。

至于孙中山等革命党人的土地国有思想以及无政府主义者的土地公有思想,他们所受西方思潮影响的痕迹,就更为明显了。陈诚曾忆及孙中山的土地国有思想时说:

> 国父于民国前十五年(一八九六年)初次游历欧美时,适值欧美各国正在热烈倡导土地改革运动。如美国亨利·乔治氏(Henry George)倡土地单一税制,英人约翰·穆勒氏(John Stuart Mill)主张土地涨价归公论,德国达马熙克氏(Asolf Domaschke)组织土地改革同盟运动,以及苏俄之实行土地国有,澳洲之推行地价税等,都在热烈进行中。国父耳闻目睹,对有关土地问题之各种学说理论,均有极湛深之研究。对于我国历代土地改革之历史,自更批隙导窾,洞识其利弊之本源。因之综合中外,斟酌古今,创为"平均地权"之论,以为晚近中国土地改革之倡导。[2]

2. 土地公有思想兴起的历史地位及影响

虽然,追求土地公有的社会理想古已有之,但如此密集而广泛地呈现,且作为"政纲"(《天朝田亩制度》)以及"最高社会理想"("大同世界")等的提出,则属首次。土地公有思想的勃兴,在近代历史上有着重要的历史地位,它对近代土地所有权思想,乃至整个近代历史都产生了深远影响。

---

[1] [美]史景迁:《太平天国》,朱庆葆等译,广西师范大学出版社2011年版,第1页。
[2] 陈诚:《台湾土地改革纪要》,《国父思想论文集》(第二册),(台北)"中华民国各界纪念国父百年诞辰筹备委员会"1965年版,第999页。

这一思想现象在近代史上有着怎样的历史地位？这是本研究深入展开的一个重要铺垫，也是准确把握土地公有思想反复出现，并与其他所有权思想纠葛不清的关键，更是了解土地公有思想对近代中国社会所产生的影响之锁钥。这一问题可以从长时段来综合把握。

首先，从"承续"的角度来看，鸦片战争以来土地公有思想兴起，是历史上土地公有思想发展的继续。自古以来，中国人就对公有制度心存向往。这一公有理想，在农业社会尤指"土地"的公有。农民与地主围绕土地所有权的争夺，反映在思想层面，就是地主所有与农民所有两种所有权思想的斗争。出于对原始土地公有制的怀念以及对现实土地所有权状况的不满与对未来土地所有权分配的憧憬，土地公有思想一直就绵延不绝、潜流汹涌。它延续至近代，直接构成洪秀全、康有为等土地公有思想的一部分。

先来看洪秀全的土地"公有公用"思想。洪秀全颁布了一个重要的历史文件——《天朝田亩制度》，旨在解决农民土地问题，也即解决历史上一直以来存在着的农民所有与地主所有两者之间的矛盾，至少在理想上是如此。他将地主土地分配给农民，其内涵是土地"王有"前提下，分散土地使用权；而其理论依据是，土地"公有公用"的思想。就其实质上看，这一土地公有思想，可以看作是历史上土地公有思想的承续。这是因为，洪秀全的土地公有思想，是其"大同"理想社会构想中的一个组成部分。大同社会的基本准则是"天下为公"，对应在"土地"上就是"土地公有"。洪秀全在"土地公有"这一基础上，具体阐发了土地分配的思想。他先强调土地公有，在"公有"前提之下平均分配。只是他的"公有"以"王有"的形式表现出来，是一种类似于古代井田制的土地国有制度。因此，追本溯源，洪秀全的土地公有思想，仍根源于古代"大同"社会理想。

康有为虽与洪秀全身份背景不同。但是，他的土地所有权思想，亦属于古代社会延续下来的"大同"理想中之一部分。《大同书》是康有为在继承古代大同理想的基础上，对其深入阐发的结果。"儒家学说以及外国历史的影响，使他成为一国际主义者，以至于大同主义者。"[①] 稍后传入的土地国有思想及无政府主义土地公有思想，虽然思想主体源于西方。但是，传

---

① 萧公权：《近代中国与新世界：康有为变法与大同思想研究》，江苏人民出版社1979年版，第531页。

播者们主动将其与中国古代社会思想相结合,尤为注重的是比附历史上的井田制。

与"承续"相对应,土地公有思想的勃兴还启发了后来萌发的土地所有权思想。此后,土地所有权问题愈来愈成为社会关注的中心,并在20世纪三四十年代达到它的顶峰;土地公有思想作为土地所有权思想中的一种,此后不断演变、强化,直到新中国成立后土地公有制的逐渐确立。

土地公有思想的勃兴,产生了极为深远的影响。首先,洪秀全的土地公有思想,将农民对土地的迫切需求以及蕴藏在农民身上的巨大力量清晰地呈现出来,这直接影响到后来的革命者孙中山、毛泽东等。根据冯自由回忆,在1899—1905年间,孙中山在与梁启超、章太炎等讨论土地问题时,就明确表示受到洪秀全与亨利·乔治的影响。

> 孙总理在乙未(一八九五)九月广州失败之后,即漫游欧美诸国,考察政治社会各宗状况,对于社会问题尤热心研究。在乙亥庚子间(一八九九至一九〇〇)与章太炎、梁启超及留东学界之余等晤谈时,恒以我国未来之社会问题及土地问题为资料。如三代之井田,王莽之土田与禁奴,王安石之青苗,洪秀全之公仓,均在讨论之列。其对于欧美学者之经济思想,最服膺者为亨利·佐治(Henry George)之单税论,即平均地权之思想所由起也。①

1922年,孙中山《在桂林广东同乡会欢迎会的演说》中,再次将"民生主义"比附洪秀全的土地公有思想,"民生主义在前数十年,已有人行之者。其人为何?即洪秀全是"。② 毛泽东也看到了洪秀全对孙中山的影响,"我们知道领导农村无产阶级向清朝贵族及地主阶级做农民革命的洪秀全,乃孙中山先生最初革命思想的渊泉"。③ 并且,毛泽东在更深层次上借鉴洪秀全的社会革命思想。他在分析太平天国起义失败原因中指出,"洪秀全号召广西一班失业农民起来革命,大有社会革命的意义,孙总理也很佩服他。

---

① 冯自由:《革命逸史》(上),新星出版社2009年版,第281页。
② 孙中山:《在桂林广东同乡会欢迎会的演说》,《孙中山全集》(第6卷),中华书局1985年版,第56页。
③ 毛泽东:《国民党右派分离的原因及其对于革命前途的影响》,《毛泽东文集》(第1卷),人民出版社1993年版,第26页。

大家只知道打倒他的是清朝政府,而不知真正打倒他的主力军,却是地主阶级"。① 可以说,毛泽东从洪秀全领导的农民起义的失败中,看到了地主势力的强大。这促使他意识到要解决农民问题,乃至挽救民族危亡,都必须打倒地主势力。

康有为的土地公有思想,主要体现在《大同书》中。梁启超曾将《大同书》比喻成火山喷发与地震,"言则陷天下于洪水猛兽"。② 麦孟华在1912年给康有为的一封信中,也论及《大同书》可能产生的巨大影响。"至刻《大同书》,必万万不可,人人皆饮狂泉,狂只文一事耳,余无关更张其焰,则燎原滔天,不可向迩矣。"③ 当代学者汪荣祖更是强调,康有为的大同理想"是突破传统的超时代产物","基本上构建了一个具有独创性的乌托邦,吸纳了传统以及西方的影响,无疑在近代乌托邦思想界,占有重要的一席之地"。④ 康有为因建构"天下为公"的乌托邦社会而阐发的土地公有思想,确实是极其先进的,这至少在反对地主垄断土地层面上。当然,更为重要的是,他还将土地公有与农业生产的计划化、机械化等有机结合,将对土地所有权的思考最终落实在农业生产的发展上。在他看来,"农业不应仅追求维持生产者的'生计',而是大量生产,提供市场之需,以获得利润"。⑤

亨利·乔治的土地国有学说,则直接构成孙中山民生主义思想的基本内涵,并为1905—1907年的土地国有论战做了思想准备,也为土地国有思想的广泛传播奠定了基础。此后,土地国有思想一直作为国民党奋斗的目标,持续到20世纪40年代"土地改革"主张的提出。

无政府主义土地公有思想对中国社会的影响,亦极为深远,它与无政府主义的影响相伴始终。无政府主义在近代史上存在的时间极长,直至1929年"无政府主义的最后一个重要刊物"——《革命周报》被取消,

---

① 毛泽东:《纪念巴黎公社的重要意义》,《毛泽东文集》(第1卷),人民出版社1993年版,第35页。
② 梁启超:《清代学术概论》,《饮冰室合集·专集之三十四》,中华书局1989年版,第60页。
③ 丁文江、赵丰田:《梁任公先生年谱长编》(初稿),中华书局2010年版,第323—324页。
④ 汪荣祖:《康有为论》,中华书局2006年版,第121—122页。
⑤ 萧公权:《近代中国与新世界:康有为变法与大同思想研究》,江苏人民出版社1997年版,第230页。

"把中国的无政府主义运动推向了终点"。① 然而,在 20 世纪 30 年代乃至 40 年代,作为个体的无政府主义者仍然还很活跃。② 至于无政府主义对近代中国的具体作用,一般认为,马克思主义未广泛传播开来之前,无政府主义对近代社会变革发生着积极的作用;马克思主义传播开来后,它在反封建、反专制层面上也还具有进步性。无政府主义土地公有思想,自传入中国后,历经刘师培、刘师复以及江亢虎等的努力,持续到 20 世纪 20 年代初,存在时间长且影响深远。如它所产生的一个最直接影响,是为 1905—1907 年的土地国有论战提供了思想、人才上的准备。张继、李石曾、马君武等都是由早先积极介绍土地公有思想、反对土地私有制的无政府主义者,转变为资产阶级革命斗士。后来,刘师复、江亢虎等对土地公有思想的传播,对无政府主义与社会主义的辨别,都为后来马克思主义的传播作了思想上的准备,也为人们接受真正的马克思主义扫清了思想上的障碍。

近代以来,土地公有思想兴起的另一重大意义,还在于它揭露出土地私有之弊。土地公有论者强调,土地作为全民之公产、共产,应归公共所有,人人都可以使用。地主土地所有制下,地主坐享地利、不劳而获,不仅导致农民生活困苦,而且阻碍生产发展,影响农业现代化。自此之后,土地公有思想作为反对地主土地所有制的一种地权理想,贯穿于整个近代历史时期。

土地公有思想直接针对土地私有制下的各种弊病。因此,土地公有与私有两种思想之间的纠葛、矛盾也将自此拉开序幕。此后,土地所有权思想大体上围绕公有、私有两种形式,不断发展、演变。但是,随着土地私有之弊的不断被揭发,以及土地公有思想的广泛传播与深入发展,两者的社会认可逐渐拉开差距。

---

① [美] 阿里夫·德里克:《中国革命中的无政府主义》,孙宜学译,广西师范大学出版社 2006 年版,第 22—23 页。
② 汤庭芬:《无政府主义史话》,社会科学文献出版社 2011 年版,第 147—151 页。

第二章 围绕土地国有展开的论战

孙中山等革命党人在接受西方土地国有思想后，将其作为思想武器，与梁启超进行了一场土地国有论战。这场论战在近代土地所有权思想的发展与演变中，有着界标意义。首先，它第一次在全社会公开探讨土地国有的必要性与可行性，双方各抒己见，围绕土地国有问题展开了深入探讨。其次，这场论战标志着对土地问题重要性的认识提升到一个新高度，此后有关社会问题的探讨、对未来发展的构想等再难绕开这一问题。最后，土地国有思想逐渐凸显出在近代史上的地位及重要性，并一度主导土地所有权思想的发展与演变。

一　土地国有论的提出及其初遭诘难

1906年4月，《民报》第三号上刊出胡汉民《民报之六大主义》一文，革命派正式提出"土地国有"主张。稍后，冯自由发表《录中国日报民生主义与中国政治革命之前途》一文，以及孙中山在《民报》创刊周年纪念会上发表演说，继续阐扬土地国有论。对此，梁启超在《新民丛报》第86号上发表《杂答某报》，对土地国有论展开诘难。

1. 胡汉民、冯自由、孙中山等公开阐发土地国有的思想
（1）胡汉民的土地国有思想
胡汉民从"国产主义"的角度，提出他的土地国有思想：

> 近世文明国家所病者，非政治的阶级，而经济的阶级也，于是而发生社会主义，其学说虽繁，而皆以平经济的阶级为主。言其大别，

则分共产主义与国产主义，而土地国有，又国产主义之一部也。①

胡汉民所谓的"近世文明国家"，是指西方资本主义国家。这些国家出现了经济问题，由此发生"社会主义"，这一主义包括"共产主义"与"国产主义"。"土地国有"则是"国产主义"的基本内涵之一。胡汉民这一"国产主义"，实质即资本主义国有制。

他认为，土地国有思想，"以反对私有者而起"；具体而言，"则土地为生产要素，而非人为造成，同于日光空气，本不当有私有者"。② 地主土地所有制下，积弊重重，"封殖日盛，地利为所专有，资本劳动者皆不能不依赖之"，以致"劳动者每困于资本家，而资本家之所以能困劳动者者，又以劳动者不能有土地故"。③ 更为重要的是，"土地价值因时代而异，社会文明则其进率益大，此进率者，非地主毫末之功，而独坐收其利，是又不啻驱社会之人而悉为之仆也"。④ 因此，胡汉民总结说：

> 至论其流弊，即可使地主有绝对之强权于社会，可使为吸收并吞之原因，可使农民废业，可使食艰而仰于外，可使全国困穷，而资本富厚悉归于地主。⑤

胡汉民将土地国有与农民联系起来，意识到土地私有制下农民有"废业"之险，这是其土地所有权思想中值得重视的地方。他强调，地主垄断"地价"这一"至为不平"现象，应设法打破。这显然是受亨利·乔治土地国有论的影响。亨利·乔治在《进步与贫困》一书中写道：

> 劳动不能得到文明进步带来的利益，因为这些利益被截走了。由于土地对劳动是必需的，它已属于私人所有，劳动生产能力的每一增加只是增加了地租——劳动为了得到运用其能力的机会必需支付的代

---

① 胡汉民：《民报之六大主义》，《胡汉民先生文集》（第一册），（台北）"中国国民党中央委员会党史委员会"1978年版，第86页。
② 同上书，第87页。
③ 同上。
④ 同上。
⑤ 同上。

价；这样，文明进步取得的全部有利条件均归于土地所有人，而工资得不到增加。①

胡汉民认为，实行"国产主义"需具备一定社会条件。"世界惟民权立宪国，可行国产主义"；推行之后，"其统治权在国家，其国家总揽机关为人民代表之议会，则社会心理，反映于上，而国家以之为国民谋其幸福，无乎不公，无乎不平，非稍有政治阶级者所能比也"。② 土地国有制下，国家作为土地的唯一所有者，为国民谋福利，贫富分化自然消除，社会公平由此得以实现。

他还以爱尔兰为例，对实行土地国有的必要性做了阐述。"爱尔兰自一八四九至一八五二年间，方饥馑大起，而前后二十余万农民，被遣逐于地主；又苏格兰之大地主，有计其收入之利，而变耕地为牧场、猎场者。于英国屡起国有问题，然已积重难返"。③ 对于中国而言，推行"土地国有"不仅能增加国家收入，消除"地主强权"，还能消弭贫富悬隔，防止社会危机爆发。"今中国土地，以通商港岸衡之，则其值有阅十年而不止十倍其旧者。革命以后，文明骤进，则内地之趋势亦复可知。"④ 这时地价必然高涨，若仍实行土地私有制，将有巨大危害，它将陷入与欧美国家相同的困顿之境。"倘复行私有制度，则经济阶级将与政治阶级代兴，而及其始为之备，则害未见而易图也。"⑤ 因此，胡汉民不失时宜地阐述出其鼓吹土地国有思想的目的：

> 吾人用国有主义，其为施行政策不一，然其目的则使人民不得有土地所有权，惟得有其他权（如地上权，永小作权，地役权等），且是诸权必得国家许可，无私佣，亦无永贷，如是则地主强权将绝迹于支

---

① [美] 亨利·乔治：《进步与贫困》，吴良建、王翼龙译，商务印书馆 2010 年版，第 254 页。

② 胡汉民：《民报之六大主义》，《胡汉民先生文集》（第一册），（台北）"中国国民党中央委员会党史委员会" 1978 年版，第 86 页。

③ 同上书，第 87 页。

④ 同上。

⑤ 同上。

那大陆。①

这一论述也表明，胡汉民土地国有思想的基本内涵是将土地所有权收归国家，土地使用权则分配给国民。此后，征收土地税"必经国会之承认"，故"必无私有营利之弊，以重征而病农"。② 这样，"地利既厚，而非躬耕无缘得授诸国，则民日趋业而无旷土"；并且昔日不劳而获之"地主"，"今亦与平民比"，"转为生利之企业，此于一国经济已着莫大之良果"。③ 胡汉民强调，土地国有制下不会出现横征暴敛而"病农"的情况，再次将这一制度与农民联系起来。

在胡汉民看来，土地国有制使社会财富由地主之手转而集中于一个"民权立宪政体"性质的"国家"，国家将土地上的收益，"仍以为民政种种设施之用，其为益愈大"。④ 这与"专制政府"截然不同："专制政府之富，民之贼也；而民权立宪国之富，犹共产也。"⑤ 因此，"均地之政，至平等耳，文明各国，其社会志士竭诚捐己，以聚谋于下，其政府亦时时利用其政策"。⑥ 他还强调：

> 然或在立宪而未忘专制之国，则国家之利不尽利民，甚有假之而阴绝社会革命之根株，以保其阶级之制度者。其政治上之势力既不为助矣，而社会上势力抑未易变，则持之数十年，而成效绝鲜。⑦

因此，进行政治革命的同时推翻地主土地所有制，顺应民意推行"国有主义"定非难事。"若中国者，仅一扑灭异族政府之劳，而国中一切阶级，无复存遗，社会主义乃顺于国民心理，而又择其易者以从事，其成功非独所期，殆可预必也。"⑧ 并且，中国具备实现土地国有的基础，"惟土地

---

① 胡汉民：《民报之六大主义》，《胡汉民先生文集》（第一册），（台北）"中国国民党中央委员会党史委员会"1978年版，第87页。
② 同上。
③ 同上书，第87—88页。
④ 同上书，第88页。
⑤ 同上。
⑥ 同上。
⑦ 同上。
⑧ 同上。

国有,则三代井田之制,已见其规模,以吾种智所固有者,行之于改革政治时代,必所不难"。①

综合胡汉民对土地国有论的阐述来看,可以知道:第一,胡汉民认为,中国可以推行土地国有制,土地不得私有,但私人可以拥有土地的经营、使用等权利。第二,实行土地国有,虽不迫切,但基于对未来社会经济发展之考虑,却有其必要性。孙中山早年亦多次强调,"现代文明国家最难解决者,即为社会问题,实较种族政治二大问题同一重要。我国虽因工商业尚未发达,而社会纠纷不多,但为未雨绸缪计,不可不杜渐防微,以谋人民全体之福利"。② 第三,实现土地国有能促进国家财政充裕、经济发展,以及消弭社会矛盾,因此它对社会发展有利无弊;并且,在中国实行土地国有制,具备一定的社会条件。第四,更为值得注意的是,胡汉民的土地国有思想与农民已经开始自觉或不自觉地发生关系,这是其土地所有权思想的独特之处。

(2)冯自由的土地国有思想

冯自由首先考察了土地国有思想的产生。他指出,土地国有思想渊源于19世纪下半期的欧美,直接促因是社会经济迅速发展的条件之下地租上涨而工资下降,以及由此出现的贫富悬隔现象等。他从"民生主义"的角度,对此作了详细阐述:

> 十九世纪下半期,欧美森林中因殖产兴业澎涨之结果,发生一关于经济上社会上最重大最切要之新主义。列国政治家因此问题苦心经营竭力调停者数十年,而其结果卒致此主义之暗潮灌输入群磅礴世界,有逆之者辄如摧枯拉朽猗欤盛矣,斯何物?曰民生主义;
>
> 民生主义(socialism),日人译名社会主义,二十世纪开幕以来,生产的兴盛、物质的发达,百年锐于千载。而斯主义遂因以吐露锋芒光焰万丈。推擦其原因,则以物质进步,地租腾涌而工值日贱使然。③

---

① 胡汉民:《民报之六大主义》,《胡汉民先生文集》(第一册),(台北)"中国国民党中央委员会党史委员会"1978年版,第86页。

② 冯自由:《革命逸史》(上),新星出版社2009年版,第280页。

③ 冯自由:《录中国日报民生主义与中国政治革命之前途》,《民报》(第四号),《中国近代期刊丛刊》(第二辑),中华书局2006年版,第567页。

第二章 围绕土地国有展开的论战

在冯自由看来，所谓"民生主义"，是能"救正贫富不均而图最大多数之幸福"，消除"资本家之垄断居奇"的"主义"。"自十九世纪以降，欧美列强除俄国外，民权、民族之二大主义，殆将告厥成功，世人方以为自兹而后，专制之淫威，日渐渐灭，而人权自由幸福，巩如盘石矣。而孰知事实上竟有大不然者，君主之有形专制方除，而富豪之无形专制更烈。富者资本骤增，贫者日填沟壑。"① 因此，民生主义应运而生。这一主义亦是"吾人所应努力研究以期实践者也"，其"要旨"，"首在勿使关于公益之权益为一二私人所垄断，而次第干涉邮政也、土地也、电线也、铁道也、银行也、轮船也、烟草也、糖酒也，凡一切关于公益之权利，皆宜归入国家所有，盖文明立宪国之政府为该国人人之共有者"。② 但是，民生主义之纲领，"则土地问题是也"，"括而言之，则平均地权也"。③ 冯自由将土地问题置于中心位置，并且还指出，这一学说亨利·乔治"鼓吹之为最力"，并认为《进步与贫困》一书之价值，"殆不让卢骚之民约论可断言也"。④

冯自由指出，土地为人类生活、生产所必需，"关于人类之生存殆无有重于土地者矣"。⑤ "太古之世，土地无值，人民多逐水草而居，故无所谓地租也。即今未开拓之国土，……亦无所谓地租也"；"地租之起源，关于生产进步，与夫物质之发达。此理人多言之。然细察其因果，则生产、物质之二事，但占其小部分之势力，而别有人为之绝大部分势力焉"。⑥ 在他看来，地租上涨固然与经济发展紧密相关，但人为因素则起了主导作用。早前"地租增长之速率，至为濡滞"；"十九世纪而后，野心家、大地主缤纷并起，相与大施其垄断政策，而蚕食大多数人民之土地，由是地租之膨胀，迥异囊昔。前之地价每亩数元者，今则腾至数千万元者有之矣"。⑦ "野心家、大地主"造成地租上涨，致使民不聊生。"蚩蚩大多数人民以地主朘削之故，中等之家，遂日渐凌夷，具劳动者则仅得托足他人之土地，服从地

---

① 冯自由：《录中国日报民生主义与中国政治革命之前途》，《民报》（第四号），《中国近代期刊丛刊》（第二辑），中华书局2006年版，第570页。
② 同上书，第579页。
③ 同上书，第580页。
④ 同上。
⑤ 同上。
⑥ 同上书，第581页。
⑦ 同上。

主之权力。劳劳终日，始得若干工值，以偿其栖息之地租求得一饱且不获焉，则望其稍蓄余资以养赡室家者亦大难矣，不亦大可哀乎"；"地主之危害于社会如此，其酷不有平之，则大多数人民将生生世世厕于奴隶阶级之境遇而已"。① 欧美国家正是在土地私有制下，贫富悬隔，"富者资本骤增，贫者日填沟壑"。

19 世纪下半期，各主要资本主义国家进入垄断资本主义阶段，社会问题凸显、危机四伏，由此产生各种应对社会危机的理论。孙中山曾指出，"民生主义，是到十九世纪之下半期才盛行的"。② 冯自由则以英、美、日等为例，揭露了土地私有制下"富豪"垄断土地的现象：

> 不观英国乎，据《泰晤士报》所记，伦敦市民之仰给于英政府者，凡一百万人，又伦敦富豪蓄犬之屋，其庄严靡丽埒于王侯，贫民靡论矣。夫以宪法最善美之，民权母权的英国，而其贫富之悬殊若此，遑问他国；
>
> 纽约为美国第一大都会，当二百五十年前，印度安土酋仅以英金五镑购得之。而今日鸟约全城之价值，奚止数万万镑，又其后政府曾拨出一地，以筑教堂，即今鸟约百老汇之三一堂是也。迄今出租，岁得英金二百万镑，遂为世界最富有之教堂，相去二百余年，而其地租竟腾至数万万倍。虽曰世运之发达，岂非人事哉；
>
> 日本桥东京商场最盛者，最宜贸易者，奚以家屋绝少地土偏僻，至此及询之日人，则咸以地主之居奇告焉。③

冯自由指出，在地主土地所有制之下，"不特贫民陷于地棘天荆之苦况，抑亦为商工界之一大障碍物"。④ 土地垄断造成地价上涨，"地租愈起，

---

① 冯自由：《录中国日报民生主义与中国政治革命之前途》，《民报》（第四号），《中国近代期刊丛刊》（第二辑），中华书局 2006 年版，第 581—582 页。

② 孙中山：《在东京〈民报〉创刊周年庆祝大会的演说》，《孙中山全集》（第 1 卷），中华书局 1981 年版，第 326 页。

③ 冯自由：《录中国日报民生主义与中国政治革命之前途》，《民报》（第四号），《中国近代期刊丛刊》（第二辑），中华书局 2006 年版，第 582—583 页。

④ 同上。

而工值日贱。劳动界日臻于奴隶之境遇而已"。① 在"工值亦有资本家及地主辈操纵之"下，劳动者要求增加工资的呼声往往被"漠然置之"，由是工人罢工，社会矛盾尖锐。并且，这一土地所有制也违背"自然公理"。冯自由指出，近代经济发展，"其关于机械发明、生产发达而产出之富，第一位地租，乃地主所有者"；因此，"天下不平之事，宁有甚于此焉"。② 他感叹道："嗟乎！近世机械发明、生产发达之结果，其受益者不过少数之富豪，而大多数之贫民反以此受害焉，宁非异事！自兹以后，为祸益烈。吾试为今后社会之状态思之。吾心悸、吾胆寒，而益知实行土地国有制度之万不容已矣"。③ 因此，"夫救治贫富之不均，端赖提倡民生主义，而提倡民生主义，首在实行土地国有制"。④

惟有实行土地国有（land nationalization），不许人民私有土地而已，森林、矿山、交通机关等应为国有可无俟言。即都会、耕地亦万不可不收归国有。盖都会、耕地之为私有，微特伤害社会多数之公益，即于卫生上亦至危险。吾辈不打破此私有之陋习，则富豪地主辈之专断曷其有极焉；

地主之最大弊害尤在居奇之狡策，不问人口增加、事业发达之关于文明进化之如何，彼惟垄断土地、家屋以肆其金钱之利己主义；而国家果能以雷厉风行之政策，而一旦收回土地、家屋于一私人之手，以付之社会公共之所有，则地主之野心遂无从施其伎俩，而土地、家屋之价格于以保其平准，大多数人民乃得脱却地主专制之牢笼，始登春台矣。⑤

对于中国来说，推行土地国有亦极具必要性。"吾国近年以生产进步之影响都会之地租以次第澎涨，然幸无地主之辈出而钻弄，故犹不至如欧美

---

① 冯自由：《录中国日报民生主义与中国政治革命之前途》，《民报》（第四号），《中国近代期刊丛刊》（第二辑），中华书局2006年版，第582—583页。
② 同上书，第586页。
③ 同上书，第587页。
④ 同上书，第584页。
⑤ 同上。

地租之一跃千丈。顾亦时日问题耳，吾国热心志士宜之致意焉。"①

至于"土地国有"在中国是否可行？胡汉民曾强调，古代的井田制就是与土地国有制相类似的，因此推行土地国有制"必所不难"。冯自由亦持类似看法，他指出，"三代井田之制，人皆授田百亩，分配公平，后世以为至治，特井田不过平均权之，征意未足以包括民生主义之总体，是则不无大小之区别耳，三代以后行之者未尝无人"；后到"王莽新制"，推行"名田之制"，"以平地权"为"要旨"等。② 将土地国有论与井田制相附会，认为土地国有"实为中国数千年固有之产物"，其目的是为缓和鼓吹土地国有论所遭受的阻力，使其更易于为人们所接受。除此之外，他们还强调，中国与欧美国家在社会发展程度上存在差异，欧美国家社会发展程度高，且社会矛盾已经发展到了积重难返的地步，中国则不然，因而推行土地国有制要容易许多。

实行土地国有的具体办法，冯自由重申政治革命与社会革命并行。他指出，共和政治与联邦政体，均"非吾党日以为建设新中国之无上之宗旨"。这是因为，法美两国"政体"，并非"于最大多数之幸福之真理"。③

> 夫拿破仑之用兵欧洲大陆，强迫列国政府与民以权，彼固不知百年后，富豪之跋扈较君主为烈也。而吾党今则知之矣。华盛顿抗英而创立共和政治，彼固不知无形的托辣斯将毒害其大多数人民也，而吾党亦知之矣。④

因此，鉴于"欧美最近社会之大弊"，应避免"蹈其覆辙"，"设法预防"，灭绝"第二次社会革命之伏线"，"为祖国同胞计，为世界人类计，不可不综合民权、民族、民生三大主义而毕其功于一役"。⑤ 冯自由还就单一税制进行了阐述，土地国有后乃"向唯一之土地而赋课租税"，"除土地增

---

① 冯自由：《录中国日报民生主义与中国政治革命之前途》，《民报》（第四号），《中国近代期刊丛刊》（第二辑），中华书局2006年版，第583页。
② 同上书，第575页。
③ 同上书，第577页。
④ 同上。
⑤ 同上。

值外，一切租税、捐税俱捐免之"。① 并且，单税制还有如下几大优点：

> 单税论之适于中国，现税法之实行，既如前述。然其关于普通社会之利益更为宏大，试举其特著者言之。则调和社会上贫富不均不弊害也，维持财产之增殖也，课税之单简易行也，收入之确实也。此外可举者甚多之，四者特其大旨而已。②

此外，推行单税制不仅不会影响国家收入，反而能促进国家财政收入增长。"以四千万方里之土地，其地租总额之收入，可埒于欧洲全土之地租。一旦得此重大之国用，则政治上、社会上之充分改良，直旦夕事耳"。③ 因此，实行土地国有之后，财政问题乃至社会"贫富悬隔"问题等都能迎刃而解：

> 盖土地为一般社会莫大之需要，故其税率宜确定之，以免贫民苦于地价腾涨之困厄，即使腾涨焉，而其价格腾涨之原因决非个人之力。而在于社会一般之力。其腾涨之价格，人人负担之，腾涨之利益，人人享有之，是知以租税而供国家公共之享有，实为最公正之处置；
> 税法既公平，而社会上犹有贫富二大阶级存焉者，吾不信也。④

亨利·乔治曾强调，"地价税在所有税中最为公正和平等。它只落在从社会得到一种特殊和巨大利益的那些人头上，并根据他们所得利益的大小按比例征收。地价税由社会征收，供社会使用，它原是社会的创造物，这是将公共财产供公共使用。当全部地租被征为税收以供社会需要时，那时才实现自然规定的平等"。⑤ 对于单税制以及土地国有制，冯自由亦满怀憧憬，他强调：

---

① 冯自由：《录中国日报民生主义与中国政治革命之前途》，《民报》（第四号），《中国近代期刊丛刊》（第二辑），中华书局2006年版，第589页。
② 同上。
③ 同上书，第592页。
④ 同上书，第590页。
⑤ [美] 亨利·乔治：《进步与贫困》，吴良健、王翼龙译，商务印书馆2010年版，第376页。

> 诸君主持破坏恶政府之目的，非有建设之破坏耶？民生主义也，土地国有制也，单税法也。即建设新政府唯一之行政方针也。诸君其勉旃。吾深愿吾党研究民生主义，吾深愿吾党研究民生主义之土地国有论，吾深愿吾党研究土地国有论之单税论。①

综合来看：首先，冯自由意识到孙中山的"平均地权"是受亨利·乔治土地国有论影响的结果，但是冯自由的土地国有思想与孙中山、胡汉民等有不一样的地方，他主张的是一种类似于德国国家社会主义的土地制度；其次，冯自由的土地国有思想，跟胡汉民一样，是着眼于未来经济发展中的土地增值问题。质言之，也即是资本主义发展过程的土地增值问题，而对中国急迫的、现实的农村土地问题缺乏具体关注。此外，他们的土地国有思想来源于西方资本主义土地国有思想，在本质上都有破除地主土地所有制的一面。最后，冯自由与胡汉民一样，均强调土地国有制的推行需要良好的政治环境，具体即共和民主制。因此，他们论述土地国有制时，都强调民权革命之必要性。又因考虑未来政治经济发展的需要，强调必须解决土地所有权问题，是故未雨绸缪计，在推行政治革命时并行社会革命，"毕其功于一役"。

（3）土地国有论战时期孙中山的土地所有权思想

土地国有论战时期，孙中山的土地所有权思想主要体现在其发表的两篇文章——《〈民报〉发刊词》与《〈民报〉周年纪念演说词》之中。

首先，他从社会发展的基本趋势入手，强调"民生主义"是世界发展的潮流。在"专制仆而立宪政体殖"后，"世界开化，人智益蒸，物质发舒，百年锐于千载"；而经济问题紧随政治问题之后，"则民生主义跃跃然动"。因此，20世纪也就变成"民生主义之擅扬时代"。②然而，"民生主义"，"里头千条万绪"，不经深入研究难以弄清楚。并且，其危害主要是发生在将来，不像民族问题、民权问题等那样亟须解决。因此，这也致使其难引起人们的重视。这样，便需放长眼量、未雨绸缪，"防患于未然"。中国虽"处于幼稚时代"，但是，将来社会问题总会发生，若不事先预防，到

---

① 冯自由：《录中国日报民生主义与中国政治革命之前途》，《民报》（第四号），《中国近代期刊丛刊》（第二辑），中华书局2006年版，第592页。

② 孙中山：《〈民报〉发刊词》，《孙中山全集》（第1卷），中华书局1981年版，第288页。

时积重难返,"又要弄成大革命"。因此,在实行民族革命、政治革命时,须想方设法"改良社会经济组织",防止以后的"社会革命"。[1] 并且,中国推行民生主义"较欧美易得许多",因为社会问题因文明进步所致,中国文明程度不高,"社会问题也就不大"。"文明进步是自然所致",是社会发展的潮流与趋势,不能逃避。并且,它会产生善果与恶果,革命党人所要做的便是取善果而避恶果。至于革命的目的,"不但要做国民的国家,而且要做社会的国家"。[2] 也即是要举社会、政治革命毕其功于一役。

孙中山认为,欧美国家滋生严重社会问题,且未得到有效解决,是"没有解决土地问题"之故。[3] 他以英国为例指出,大地主"威斯敏士打(大)公爵"在伦敦西部有块封地,后来因伦敦城不断扩大,把那块地圈进去了。"他一家的地租,占伦敦地租四分之一,富与国家相等。贫富不均,竟到这等地步"。[4] 孙中山列举的只是英国城市化进程中地主暴富的一个例子,旨在说明地主私有制之下,随着城市化发展,地主垄断土地价格上涨的全部增益,因此拉开了社会贫富差距,产生社会危机。对于中国而言,虽然资本家还未产生,地价也没有加增。但是革命之后,这一状况会发生改变。"比方现在香港、上海地价比内地高至数百倍,因为文明发达,交通便利,故此涨到这样。假如他日全国改良,那地价一定是跟着文明日日涨高的"。[5] 再如"上海五十年前,黄浦滩边的地本无甚价值,近来竟加至每亩百数十万元,这就是最显明的证据了"。[6] 因此,照这样看来,"将来富者日富,贫者日贫,十年之后,社会问题便一天紧似一天了"。[7] 因此,需要事先采取预防之策。

具体办法是什么呢?孙中山"最信的是定地价的法",这实质上即是亨利·乔治所竭力鼓吹的土地单税制。"比方地主有地价值一千元,可定价为一千,或多至二千,就算那地将来因交通发达价涨至一万,地主应得二千,

---

[1] 孙中山:《在东京〈民报〉创刊周年庆祝大会的演说》,《孙中山全集》(第1卷),中华书局1981年版,第326页。
[2] 同上书,第328页。
[3] 同上。
[4] 同上。
[5] 同上。
[6] 同上。
[7] 同上。

已属有益无损；赢利八千，当归国家。这于国计民生皆有大益，少数富人把持垄断的弊窦自然永绝。这是最简便易行之法"。① 他指出，这一办法对于地价极其低廉的中国来说，容易实行；对于欧美国家来说，因"地价已涨至极点，就算要定地价，苦于没有标准，故此难行"。② 实行土地国有之后，"文明越进，国家越富，一切财政问题断不至难办，现今苛捐尽数蠲除，物价也渐便宜了，人民也渐富足了。把几千年捐输的弊政永远断绝，漫说中国从前所没有，就欧美、日本虽说富强，究竟人民负担租税未免太重"。③ 孙中山极其自信地讲道，"中国行了社会革命之后，私人永远不用纳税，但收地租一项，已成地球上最富的国家"。④

在孙中山看来，实行土地国有制，征收土地单一税，不仅可以廓清已有税收制度中的种种陋习、消除土地垄断的弊病，且能使国家财富随着社会经济的发展而不断增长。因此，他强调实行土地国有制，于国于民皆有益。

2. 梁启超对土地国有思想的诘难

梁启超反对激进的社会变革，体现在土地所有制层面，就是反对根本上变革既有土地所有制，诘难土地国有。

（1）土地集中不是欧洲社会问题产生的根源

梁启超仔细比较了欧洲革命前后土地占有状况的变化，指出土地私有制不是造成贫富分化、富人专制的原因。

> 欧洲前此之农民，大半在隶农之地位，是其贫富之阶级，早随贵贱之阶级而同时悬绝矣。幸而彼之个人土地私有权，发达甚迟缓，未全脱前此部落土地所有权之时代，故贫民稍得以此为养。……政府之对于农业工业，皆制为种种法律以保护干涉之，故虽不能有突飞之进步，然亦相安而致有秩序。⑤

---

① 孙中山：《在东京〈民报〉创刊周年庆祝大会的演说》，《孙中山全集》（第1卷），中华书局1981年版，第329页。
② 同上。
③ 同上。
④ 同上。
⑤ 梁启超：《杂答某报》，夏晓虹辑：《〈饮冰室合集〉集外文》（上），北京大学出版社2005年版，第416页。

在梁启超看来，工业革命发生之前，欧洲国家虽已是土地私有制，但"相安而致有秩序"。工业革命之后，社会问题便逐渐严重起来。"及斯密亚丹兴，以自由竞争为楬橥"，"前此为过度之干涉者，一反而为过度之放任。其骤变之影响，既以剧矣"；加之这时，"占士瓦特，发明蒸汽"；"李察又缘之以发明纺织器"；"于是斯密与瓦特之二杰，相提携以蹴踏旧社会，如变龙扰海，而工业革命之时代以届"。① 随着社会竞争的激烈，吞并现象兴起，于是产生大资本家与大地主。从此，"处乎其下者乃永沈九渊而不能以自拔"。可见，"富族专制之祸，所以烈于洪水猛兽"。② 梁启超把欧洲社会危机归因于工业革命的冲击，从而否定革命派的土地私有制导致贫富分化这一基本观点。

（2）中国并不具备实现土地国有的条件

梁启超指出，革命派所言之社会革命，"以土地国有为唯一之楬橥"，却不知土地国有仅为社会革命的一个内容，"而非其全体也"；欧美社会革命论者鼓吹土地国有，"不过是以此为进行之着手"，而并非舍此之外而无其他。③ 革命派强调欧美国家不能解决社会问题是未解决土地问题之故，一旦解决土地问题则社会问题将全部解决，梁启超则认为这一观点是不知"社会主义之为何物也"。④

在他看来，"社会主义"制度所要求的乃是包括土地在内的一切生产资料皆归国有，国家作为唯一的地主、资本家，全国民众供其劳力，"然后分配之均，乃可得言"。⑤ 若不如此，"生产三要素，其土地国家掌之，其资本少数富者持之，其劳力多数贫者供之，及夫合三成物，得价而售，其售所获，当以几分酬土地之一要素而归诸国家，当以几分酬资本之一要素而归诸彼少数者，当以几分酬劳力之一要素而归诸此多数者，此其界限甚难分析（实无从分析）"。⑥ 最终仍不得不采用既有的地租与工资制度，只是被地

---

① 梁启超：《杂答某报》，夏晓虹辑：《〈饮冰室合集〉集外文》（上），北京大学出版社2005年版，第416—417页。

② 同上书，第417页。

③ 同上书，第423页。

④ 同上书，第424页。

⑤ 梁启超：《附驳孙文演说中关于社会革命论者》，夏晓虹辑：《〈饮冰室合集〉集外文》（上），北京大学出版社2005年版，第430页。

⑥ 同上。

主垄断的地租转而为国家垄断而已。"位置虽移,其性质无别也"。① 资本家仍"实居间以握其大权",他们缴纳地租而使用国家土地,并以"工资"的形式控制着贫民的命运。因此,"欧美现社会所以杌陧不可终日者,曰惟资本家专横故。使徒解决土地问题而不解决资本问题,则其有以愈于今日之现象者几何也"。②

而"举一切生产机关归诸国有",国家为大地主、大资本家,"国民皆为劳动者而已",一切生产事业皆由国家统管,"国民不得以此竞也"。③ 这样,劳动者虽然要向国家上缴部分劳动成果,但其得到的部分必然要超过现在所得;并且,国家征收的那一部分,"亦还为社会用,实则还为我用而已"。④ 因此,梁启超对这一制度持赞可态度。"如此则分配极均,而世界将底于大同。此社会革命论之真精神,而吾昔所谓认此主义为将来世界最高尚美妙之主义者,良以此也"。⑤ 但是,中国并不具备进行社会革命、实行社会主义的条件。梁启超再以欧洲国家为例指出,它们不能实行土地国有,是多种因素作用的结果。"在欧美之难此主义者,有自由竞争绝而进化将滞之问题,有因技能而异报酬或平均报酬孰为适当之问题,有报酬平等遏绝劳动动机之问题,有分配职业应由强制抑由自择之问题,其他此类之问题尚伙,不缕述。"⑥ 对于中国而言,则更是难以实现。

> 惟有一最浅易最简单之问题,曰:既行社会革命建设社会的国家,则必以国家为一公司,且为独一无二之公司,此公司之性质,则取全国人之衣食住,乃至所执职业,一切干涉之而负其责任,就令如彼报所言,我国人民程度已十分发达,而此等政府,果适于存在否乎?足以任此之人才有之乎?有之,能保其无滥用职权专制以为民病乎?能之,而可以持久而无弊乎?此问题,绝无待高尚之学理以为证,虽五

---

① 梁启超:《附驳孙文演说中关于社会革命论者》,夏晓虹辑:《〈饮冰室合集〉集外文》(上),北京大学出版社2005年版,第430页。
② 同上。
③ 梁启超:《杂答某报》,夏晓虹辑:《〈饮冰室合集〉集外文》(上),北京大学出版社2005年版,第424页。
④ 同上书,第424—425页。
⑤ 同上。
⑥ 同上书,第425页。

尺之童能辨之。①

因此，他指出，革命党人认为在中国能建设一个这样的"政府"，是"强词夺理"；而若有自知之明，则其以土地国有为核心社会革命论，"直自今取消焉可也"。②他强调，"欲为社会革命，非体段圆满，则不能收其功"；以欧美之程度，"更历百年后，犹未必能行之"，遑论中国。③

（3）"资本"导致"土地集中"并由此产生社会危机

梁启超还指出，"土地之所以必须为国有者，以其为重要生产机关一也。然土地之外，尚有其重要之生产机关焉，即资本是也"。④ 在他看来，欧美国家社会危机的发生，主要是"资本作祟"，而非土地私有之故。"推原欧美现社会分配不均之根由，两者相衡，则资本又为其主动。"⑤ 他强调，生产迅猛发展的前提之下，大资本吞并小资本，其"直接"之势力，自不待言；间接来看，地价上涨是因为城市的发展，而城市之发展却"是资本膨胀之结果"；"资本之所殖益进，则土地之价值随而益腾，地主所以能占势力于生产界者，食资本之赐也"。⑥

此外，地价上涨是资本膨胀之结果，而非资本膨胀之原因。"举地价之涨以为将来富者日富贫者日贫之表征"，是"举其果而遗其因，知其偏而不知其全也"。⑦ 在他看来，即便使资本家"无尺寸之地"，或者"所有之地永不涨价"，"犹不害其日富"；孙中山"误认土地涨价为致富之惟一原因，故立论往往而谬也"。⑧ 至于"香港、上海地价比内地高数百倍"，梁启超认为是外资作用的结果。并且，地价的上涨是资本家出现之后的必然结果。"孙文亦知中国没有资本家出现，故地价没有加增，然则地价之加增，由资

---

① 梁启超：《杂答某报》，夏晓虹辑：《〈饮冰室合集〉集外文》（上），北京大学出版社2005年版，第425页。
② 同上。
③ 同上书，第423页。
④ 同上书，第424页。
⑤ 同上。
⑥ 同上。
⑦ 梁启超：《附驳孙文演说中关于社会革命论者》，夏晓虹辑：《〈饮冰室合集〉集外文》（上），北京大学出版社2005年版，第426页。
⑧ 同上。

本家之出现，其理甚明。使资本家永不出现，则地价其永不加增矣"。① 因此，对于孙中山强调革命之后地价将普遍上涨，梁启超反问道，"吾不知彼革命之后所以致地价之涨者，其遭何由"。②

至于"资本"与"土地"之间的关系，梁启超强调，是资本控制土地、造成地价上涨。"美国人占士比儿，于二十年前，买收汶天拿省、华盛顿省诸土地，而自筑大北铁路以贯之，彼时此等土地，皆印度红夷出没之所，殆不值一钱。今则其最闹之市，地价骎骎追赶纽约、芝加高矣。近今泰西资本家，率无不用此术。"③ 因此，要解决社会问题，当以解决资本问题为第一义，以解决土地问题为第二义，是故也可将土地问题看作是"资本问题之附属"。④ 他强调，"资本问题不能解决，则虽解决土地问题，而其结果与现社会相较，不过五十步之与百步耳"。⑤ 社会进步、"地价日涨"固然是事实，但这一上涨"实资本膨胀使然"；并且"文明进步"实质就是"资本进步之谓也"。⑥ 对于英国大地主"威斯敏士打公爵"暴富的情况，他认为，"须知伦敦城何以扩张，由资本膨胀故。伦敦地租何以腾涨，由资本膨胀故"。⑦ 并且，"资本家常能以贱价买收未发达之土地，而自以资本之力发达之以两收其利，是又以资本之力支配土地也"。⑧ 因此，即使资本没有被少数人所垄断，社会问题"亦可以解决几分"；但若仅解决土地问题，"则并一分而不能解决也"。⑨ 梁启超还强调，工场、机器等"性质亦与土地近，皆资本之附属也"，故社会革命，必须举一切之生产机关如土地、资本等悉为国有，才可称为"圆满之社会革命"，若仅强调土地国有，则无法达到社

---

① 梁启超：《附驳孙文演说中关于社会革命论者》，夏晓虹辑：《〈饮冰室合集〉集外文》（上），北京大学出版社2005年版，第426页。

② 同上。

③ 梁启超：《杂答某报》，夏晓虹辑：《〈饮冰室合集〉集外文》（上），北京大学出版社2005年版，第424页。

④ 同上。

⑤ 梁启超：《附驳孙文演说中关于社会革命论者》，夏晓虹辑：《〈饮冰室合集〉集外文》（上），北京大学出版社2005年版，第425页。

⑥ 同上。

⑦ 梁启超：《杂答某报》，夏晓虹辑：《〈饮冰室合集〉集外文》（上），北京大学出版社2005年版，第424页。

⑧ 同上。

⑨ 梁启超：《附驳孙文演说中关于社会革命论者》，夏晓虹辑：《〈饮冰室合集〉集外文》（上），北京大学出版社2005年版，第425页。

会革命之目的。①

(4) 诘难"定地价"法与土地税

对于孙中山所提出的"定地价"法，梁启超亦进行了诘难。他指出，划定地价之后，土地是否准予买卖？若不准买卖，"彼既自言为土地国有主义，则此间殆可无庸发，不过费索解已耳"。② 并且，政府是在划定地价时收买，还是在地价划定之后收买？若是在划定地价之前收买，此后不再允许买卖，土地则因不能交换而"无价格之可言"。土地作为非卖品，则"初时以一千收入者，得强名为值一千，以二千收入者，得强名为值二千耳，而何从有将来价涨至一万赢利八千以归国家之说也"。③ 若是划定地价之后再行收买，则没有必要进行定价。因为，"其所以予为定价者，恐此地于未收买以前，因买卖频繁而价涨，而将来买收之费将多也。殊不知既定价之后，则买卖必立时止截"。④ 所以，划定地价之后，"国家欲缘此而于财政上得一时之大宗收入"，则"万无是理"。⑤ 至于"收买"问题，梁启超指出，虽说我国地价比欧美国家低，收买时所需资金少，但是政府财政实力与欧美国家相差极大，因此，"孙文所以言中国行社会革命易于欧美者，实不外前次与吾言大乱之后，人民离散，田荒不治，举而夺之之说"。⑥

梁启超对土地税亦进行了诘难。他指出，租率是按照收买时的价格而定？还是随"交通发达之程度"而"消长"？如按前者，"则有昔沃土而后为荒陲，昔瘠壤而后为闹市者，亘古不变，安得谓平。此于国计民生，两无利益，殆非必彼之所取也"。⑦ 但是，"如随时而消长之，则将以何为消长之标准也？"⑧ 梁启超认为，"吾为彼计，厥有二法：一曰国家自估价者；二曰参用竞卖法"。⑨ 然则，前者必然滋生腐败，且"民能服官吏所估之价与

---

① 梁启超：《杂答某报》，夏晓虹辑：《〈饮冰室合集〉集外文》（上），北京大学出版社 2005 年版，第 424 页。

② 梁启超：《附驳孙文演说中关于社会革命论者》，夏晓虹辑：《〈饮冰室合集〉集外文》（上），北京大学出版社 2005 年版，第 428 页。

③ 同上。

④ 同上。

⑤ 同上。

⑥ 同上书，第 431 页。

⑦ 同上书，第 429 页。

⑧ 同上。

⑨ 同上。

否耶?";至于后者,国家以土地"召租",出价高者获得土地,这虽较为公平,"民无异言",但它会导致土地集中于资本家之手,"则富者愈富、贫者愈贫之趋势,何尝因土地国有而能免也"。① 至于单税制,还仅是"财政学上一种学说而已,若以解决社会问题,则未之许也"。②

(5) 人地矛盾的客观存在

孙中山还提到英国并非土地不足,而是因耕地被改作猎牧地,导致无田可耕,由此发生贫富悬绝。对此,梁启超指出,"英国土地之大部分,向在少数贵族之手,即不改为猎牧地,而贫民之有田可耕者,本已甚希"。③ "隶农"有耕作权,但没有所有权;即使不是隶农,受雇给人耕田,亦不能说有土地。他以美国为例,"耕者率立于一农业公司支配之下,计日以给其劳力之值而已。盖自生产法一变以后,前次之小农小工制度,忽易为大农大工制度,两者职业虽殊,而变化之性质无别也"。④ 对于孙中山所强调贫民无田可耕而靠做工糊口、工厂偶然停歇贫民便立时饥饿的观点,梁启超反驳道,"且使全国无一工厂,其大工悉举其资本以为大农,而激烈竞争之结果,终必有所废,乃能有所兴,而农业公司有停歇者,贫民遂可以免于饥饿乎"?⑤ 梁启超再次回到了此前强调社会问题是"资本作祟"的观点:

> 要之,但使资本在少数人手里,而绝对放任其竞争,则多数贫民自必陷于困苦,初不问其以此资本经营何业也。至英国以农地变为猎牧地,此自是彼资本家应于其国经济之现状,见夫业此焉而可以得较厚之赢也,则群焉趋之。⑥

对于英国土地不足的问题,梁启超还从人地矛盾的客观存在作了分析。他指出,土地不足是各国的通病,并非仅是英国如此。土地面积不因人口增加而增加,即便是没有发生工业革命,"人浮于地"的状况得不到改善的

---

① 梁启超:《附驳孙文演说中关于社会革命论者》,夏晓虹辑:《〈饮冰室合集〉集外文》(上),北京大学出版社2005年版,第429页。

② 同上书,第430页。

③ 同上书,第432页。

④ 同上。

⑤ 同上。

⑥ 同上。

话，最终仍会导致社会问题的发生。至于英国农业的衰败，则是受工业革命影响的结果。英国在工业革命之后成为"世界工厂"，并且"废农不务"，以工业品换取别国农产品，且大获其利；但这一巨利却被资本家垄断，农民所得无几，由是逐渐贫困化。① 对于孙中山所认为的英国"贫民饥饿之原因"是"废农"的结果，梁启超针锋相对地指出，"寖假英人悉废其诸业而复于农，英政府复采孙文之土地国有策，凡能耕者则授之以田，斯可谓不病贫民矣"。② 在他看来，土地不会随着人口增加而增加。工业革命爆发之前，英国已出现土地不足的现象；工业革命之后，资本迅速膨胀，并且不论其用于什么产业"总不能离土地而独立"，③ 因而土地随着资本的膨胀而迅速集中。至于"孙文所谓并非土地不足，徒以贫民无田可耕者，吾不知其说之何以自完也"。④

> 以国中有定限之土地，而资本家咸欲得之为业场，竞争之结果，而租必日增。租厚则病羸，而资本家将无所利，于是益不得不转而求租薄之地，此殖民政策所以为今日各国唯一之政策也，而土地不足，实为之原。⑤

对于革命派所强调的消灭私有制就能消除贫富差距这一观点，梁启超是赞成的。但是，革命党人强调对私有制进行限制，就可使私有制"无由跋扈"，梁启超则表示反对。他指出，并不是所有资本家都拥有土地。资本家租用地主土地，向地主纳租，因激烈竞争而发生了社会危机；土地收归国有后，资本家转而向国家租种土地，这"于其跋扈何阻焉"？⑥ 因此，凡不是生产资料者如家屋、器具、古玩等，承认私有权；生产资料则归诸国有，这样才可以称社会革命，"不如是者皆朝衣朝冠而不袜不履者也"。⑦

---

① 梁启超：《附驳孙文演说中关于社会革命论者》，夏晓虹辑：《〈饮冰室合集〉集外文》（上），北京大学出版社2005年版，第433页。
② 同上。
③ 同上。
④ 同上。
⑤ 同上。
⑥ 同上书，第436页。
⑦ 同上。

梁启超将当时流传的各种社会主张归为两类：一是社会改良主义派，"承认现在之社会组织而加以矫正者也"；二是社会革命主义派，"即不承认现在之社会组织而欲破坏之以再谋建设者也"。① 他指出，这两者容易混淆，但性质则截然相反。孙中山等革命党人所属哪一派很难区分，"谓其属甲派而不类，谓其属乙派而又不类"；究其原因，是"彼辈始终未识社会主义为何物而已"。② 在他看来，"中国今日若从事于立法事业，其应参用今世学者所倡社会主义之精神"，"此种社会主义，即所谓社会改良主义也"。③ 何谓社会改良主义？他指出，"其条例多端，不能尽述，略举其概，则如：铁道市街电车电灯煤灯自来水等事业，皆归诸国有或市有也；如制定工场条例也；如制定各种产业组合法也；如制定各种强制保险法也；如特置种种贮蓄机关也；如以累进率行所得税及遗产税也；诸如此类，条理甚繁，别有专书，兹不具引"。④ 在梁启超看来，社会改良主义适合中国。理由是：首先，我国小资本家多而大资本家少，将来生产方式变更之后，两者能同时并进，不会造成欧美积重难返的局面；其次，用改良手段从变更生产方式开始，不会像西方的工业革命那样剧烈，也不致蒙受其害。第三，我国社会"本质较良"，采用"先事予防之方针"，虽不能达到"圆满社会主义家所希望之黄金世界"，但却可避免"现在欧美社会阴风惨雨之气象"；因此，"何必无故自惊，必欲推翻现社会之根柢而后为快也。而况乎其所谓推翻者，又实未尝能动其毫末，而徒虎皮羊质以自扰扰也"。⑤ 梁启超这一主张之实质，就是要走普鲁士式的资本主义发展之路，其内涵是在保留地主土地所有制的基础上发展资本主义。

最后，他指出，"今之言社会革命者"，在"未知社会革命论之由来及其性质"而"妄言"社会革命。至于革命党人鼓吹的社会革命，"不过吾前者所谓利用此以博一般下等社会之同情，冀赌徒光棍大盗小偷乞丐流氓狱囚之悉为我用，惧赤眉黄巾之不滋蔓，复从而煽之而已"。⑥

---

① 梁启超：《附驳孙文演说中关于社会革命论者》，夏晓虹辑：《〈饮冰室合集〉集外文》（上），北京大学出版社2005年版，第436页。
② 同上。
③ 同上书，第437页。
④ 同上。
⑤ 同上书，第437—438页。
⑥ 同上书，第438页。

孙中山等鼓吹土地国有，旨在防范未来资本主义发展中因土地私有而出现的社会贫富差距增大，以及由此产生的社会危机。诚如他一再强调的，革命的目的是为众生谋幸福；不愿少数富人专利，故要社会革命；达到这些目标，"中国当成为至完美的国家"。① 梁启超对土地国有论的诘难，当然也不是要阻碍中国人民走向幸福的康庄大道，直接原因是他不同意革命派所鼓吹的社会革命。梁启超素以温和的调适主义著称，并且这一禀性一直未变。他虽"流质多变"，常"不惜以今日之我，难昔日之我"；但"变幻的表象虽多，却有一个不变的实质在，那就是他的资产阶级改良主义思想体系"。② 对于革命派所鼓吹的革命理论，他无疑会不遗余力予以坚决反对。这正如胡汉民所指出的，"吾更请直抉梁氏之隐。梁氏非能于理论上求胜者也，其所主张亦非有一定之政见也。徒怵乎民族主义之日盛，而使彼保皇党人无立足之余地，故强起而争之"。③ 因此，土地国有作为一种颠覆既有地主土地所有制的新制度，也就必然会招致梁启超的诘难。

但是，从深层次上看，梁、孙土地所有权思想的歧异，还与二者的西学渊源直接相关。梁启超显然受到亚当·斯密的古典主义经济学的影响。如在其所著《生计学学说小史》一书中，便辟有专节介绍亚当·斯密及其学说。④ 而且，他也强调，"经济之最大动机，实起于人类之利己心"；⑤ 还指出，人类因有"欲望"之故，"而种种之经济行为生焉"。⑥ 等等这些，都是与亚当·斯密经济学理论的相关论点一致的。亚当·斯密强调人性自私，且强调"利己心"是社会经济发展的"唯一动机"；此外，他还假设出有一种自然法则的存在，"会使得每个人在追求自利的同时，也会达到社会的最高共同利益"。⑦ 孙中山的土地所有权思想，则"主要来源于亨利·乔

---

① 孙中山：《在东京〈民报〉创刊周年庆祝大会的演说》，《孙中山全集》（第1卷），中华书局1981年版，第329页。
② 陈旭麓：《论梁启超的思想》，《陈旭麓学术文集》，上海人民出版社2011年版，第268页。
③ 胡汉民：《斥新民丛报之谬妄》，《胡汉民先生文集》（第一辑），（台北）"中国国民党中央委员会党史委员会"1978年版，第220—221页。
④ 梁启超：《生计学学说小史》，《饮冰室合集·文集之十二》，中华书局1989年版，第28—61页。
⑤ 梁启超：《驳某报之土地国有论》，《饮冰室合集·文集之十八》，中华书局1989年版，第22页。
⑥ 同上书，第22—23页。
⑦ 赖建诚：《亚当史密斯与严复：〈国富论〉与中国》，三民书局2002年版，第26页。

治和约翰·穆勒的土地国有主张"①，其中又以受亨利·乔治土地学说的影响为主。他早年因阅读《万国公报》，接触并深入了解亨利·乔治及其土地国有学说，尔后在游历欧美的过程中，最终形成其民生主义思想。② 诚如他在1912年4月的一次公开演讲中所强调的，"单税论者亨利·乔治的学说，将成为我们改革纲领的基础"。③ 后来，尽管其将"耕者有其田"与近代农民及农业生产紧密相结合，但是，土地国有思想的性质并未发生改变。在西方经济理论发展史中，亚当·斯密的经济学说产生于资本主义兴起之时，为促进资本主义经济发展而竭力强调保护私有产权。亨利·乔治土地国有学说虽源于约翰·穆勒④，但二者倡导土地国有的基本目的一致，都是为促进资本主义的进一步发展，而强调彻底清除地主土地所有制的阻碍。马克思曾就此指出，这些土地国有论是产业资本家仇视地主的一种公开表现，因为在他们看来，地主在整个资本主义生产中已是一个无用累赘。⑤ 而需特别注意的是，亨利·乔治的土地国有学说，还有针对资本主义发展起来之后"城市地主"垄断土地导致社会贫富悬隔、社会矛盾丛生的一面。他的这一出于化解社会危机之考虑，被认为是"企图挽救资本主义制度的一个最后的办法"。⑥ 因此，梁启超、孙中山的土地所有权思想在西学渊源上的差异，致使两者一个主张土地私有，而另一个则主张土地国有。

正因西学渊源的不同，梁启超与孙中山土地所有权思想的基本关怀也出现歧异。梁启超的土地所有权思想，关注的是当下经济的发展。他认识到私有产权对近代经济发展的基础性作用，试图通过保护与发展私有产权来促进经济的发展，因而在土地所有权方面主张私有。在他看来，近代中国积贫积弱，发展经济是居于第一位的任务，"今日中国所急当研究者，乃生产问题"。并且，这一任务在西方资本—帝国主义的入侵下尤其紧迫——

---

① 王宏斌：《西方土地国有思想的早期输入》，《近代史研究》2000年第6期，第184页。
② 夏良才：《论孙中山与亨利·乔治》，《近代史研究》1986年第6期，第38—55页。
③ H. H. Rosenthel. *SunYat-Sen and Henry George: A Reassessment. Sino-American Relation.* 1985. 11 (2) p. 37. 转引自夏良才《论孙中山与亨利·乔治》，《近代史研究》1986年第6期，第39页。
④ 参见夏良才：《亨利·乔治的单税论在中国》，《近代史研究》1986年第6期，第249页。
⑤ 《马克思恩格斯文集》（第1卷），人民出版社2009年版，第645页。
⑥ ［德］马克思、恩格斯：《马克思恩格斯给美国人的信》，翼如译，人民出版社1958年版，第149页。

"生产问题能解决否,则国家之存亡系焉。"① 而与梁启超迥然有异的是,孙中山土地国有思想的基本关怀,乃是"未来"中国在资本主义发展过程中的"经济公平"问题。他指出,在解决土地私有之弊这一问题上,欧美国家"积重难返",中国则"受病未深,而去之易";土地私有制对西方国家而言是"既往之陈迹",但对于中国则是"方来之大患",是故"要为缮吾群所有事,则不可不并时而弛张之"。② 至于为什么要解决土地问题以及实行土地国有,乃是因为"天下万事万物无不为平均而设"③,而"文明之福祉,国民平等以享之"④,因此要"永绝""少数富人把持垄断的弊窦"。⑤ 后来他将"耕者有其田"与"农民"具体对应起来,也是基于其对近代地主与农民在土地占有上的不公平,以及因此而滋生的农产品占有不公平等问题所进行的思考。在他看来,无地、少地的农民因租种地主土地,致使"自己得到手的几乎不能够自养",这"很不公平";⑥ 俄国"让耕者有其田","是一种最公平的办法"⑦,中国也须仿效这一办法。更重要的是,"经济公平"是孙中山终其一生都在孜孜以求的经济理想,也是其民生主义之实质,如他强调"民生主义即均贫富,不能以富者压制贫者是也"。⑧ 当然,对于有着丰富经济发展思想的孙中山来说⑨,这里并非要刻意抹去其土地所有权思想中注重经济发展的一面,而仅仅是因其侧重于"经济公平"的特点更为突出。"经济发展"是西方国家在现代化初期所孜孜以求的基本

---

① 梁启超:《杂答某报》,夏晓虹辑:《〈饮冰室合集〉集外文》(上),北京大学出版社2005年版,第423页。
② 孙中山:《〈民报〉发刊词》,《孙中山全集》(第1卷),中华书局1981年版,第288页。
③ 孙中山:《复某友人函》,《孙中山全集》(第1卷),中华书局1981年版,第228页。
④ 孙中山:《中国同盟会革命方略》,《孙中山全集》(第1卷),中华书局1981年版,第297页。
⑤ 孙中山:《在东京〈民报〉创刊周年庆祝大会的演说》,《孙中山全集》(第1卷),中华书局1981年版,第329页。
⑥ 孙中山:《民生主义(第三讲)》,《孙中山全集》(第9卷),中华书局1986年版,第399—400页。
⑦ 孙中山:《耕者有其田才算是彻底革命》,《孙文选集》(下册),广东人民出版社2006年版,第525页。
⑧ 孙中山:《欲改造新国家当实行三民主义》,《孙中山全书》(第3册),广益书局1929年版,第132页。
⑨ 赵靖:《孙中山和中国发展之路》,《赵靖文集》,北京大学出版社2002年版,第490—513页。

目标;而在经济发展起来之后,随着贫富分化加剧及其所导致的社会危机,西方国家又不得不开始反思现代化之弊,其中便包含如何实现"经济公平"的问题。近代中国在借鉴西方经验、实现自身现代化的过程中,西方国家在早期现代化中谋求"经济发展"的经验,以及后来为挽救社会危机而对"经济公平"的探索,都为中国先进人物所注意。因此,体现在近代土地所有权思想之中,便是梁启超主张土地私有与孙中山倡导土地国有的对立。

二 土地国有论者的反击与梁启超的再次诘难

针对梁启超的诘难,革命党人不甘示弱、奋起反击。革命派掀起新一轮论战之后,梁启超也不罢休,针对革命党人的反驳,展开对土地国有论的全面诘难。

1. 胡汉民反驳梁启超对土地国有论之诘难

针对梁启超的诘难,胡汉民从土地问题是社会危机产生的根源、以土地国有扶植国家资本主义等方面进行了反驳。

（1）土地问题是社会危机产生的根源

胡汉民分析了美国的历史。他指出,美国无漫长历史,工业革命之前社会状况优良:无贵族制度,亦无长子继承制,也没有贵族、教会压迫,没有苛捐与剥削,"故我国所视为良因以造良果而傲视欧洲者,美皆不我让";且作为"新立之国","自由土地之多,既不感过渡之困难,复能调剂竞争之压迫,则非我国现时所望"。[①] 但后来仍然发生严重的社会危机,究其根源,则是地主土地私有制之弊。"全美土地在少数人之手,故全美资本亦在少数人之手也"。[②] 这一认识与梁启超恰好相反,梁启超强调先是资本被少数人垄断,而后土地被垄断;而在胡汉民看来,是先有大地主,而后产生大资本家,是土地控制资本,而非资本控制土地。"美之先固无封建贵族制度矣！而以有天然独占性之土地,放任于私有,且以国家奖励资本家之故,而复多所滥与"。[③] 他以美国西部修筑铁路为例指出,"其敷设时,特由国家奖励,而与之以轨道两旁各六十英里至于百余英里之地,如是之类,

---

① 胡汉民:《告非难民生主义者（驳新民丛报第十四号社会主义论）》,《胡汉民先生文集》（第一册）,（台北）"中国国民党中央委员会党史委员会"1978年版,第302—303页。

② 同上书,第303页。

③ 同上。

故美之土地亦入于少数人之手,而资本亦附属焉"。①

胡汉民指出,美国大地主与欧洲大地主的区别是,后者以贵族资格成为大地主,而美国则以平民资格晋身为大地主;但二者在垄断土地导致贫富悬隔、激化社会矛盾等方面,则基本一致。② 因此,要解决社会问题,必先解决土地问题;而解决土地问题,则不外实行土地国有,使土地不被少数人所垄断;"然后不至陷于欧美今日之穷境,此所谓先患而预防也"。③

对于欧美社会问题的产生与"土地"之间的关系,胡汉民强调,"欧洲受病之源,在封建贵族之制度",社会隐患在工业革命前已"植其基";直接原因"则由于土地在少数人之手,使资本家亦自然归之,而齐民无立锥地,所谓旧社会之孕育为之也"。④ 因此,促成欧洲社会危机的因素,还是在于土地;若早前土地不归少数人垄断,"则贵族不为患也"。又以美国来看,最初并无贵族制度,但因推行土地私有制且奖励资本家,导致土地被少数人垄断,酿成严峻的社会危机。胡汉民总结说,"土地问题决为社会问题之源"。⑤

(2) 以土地国有扶植国家资本主义

胡汉民指出,实行土地国有,能迅速促使"国家"成为一国之最大资本家,这样,自然就能在世界经济竞争中获胜,并有效抵御外资入侵。

> 夫以国家之资力足以开放一国之重要利源,此必谈经济政策者所乐闻也。既有开发一国重要利源及经营一般独占事业之能力,则国富必骤进,而生产事业日增,此又经济界必然之趋势也。然国家之资力果何自而来乎?则惟用土地国有主义使全国土地归于国有,即全国大资本亦归于国有。⑥

并且,"国家"迅速变成大资本家之后,进而促成其他方面的快速发

---

① 胡汉民:《告非难民生主义者(驳新民丛报第十四号社会主义论)》,《胡汉民先生文集》(第一册),(台北)"中国国民党中央委员会党史委员会"1978年版,第303页。
② 同上书,第303—304页。
③ 同上书,第304页。
④ 同上书,第307页。
⑤ 同上书,第307—308页。
⑥ 同上书,第314页。

展。"盖用吾人之政策,则不必奖励资本家,尤不必望国中绝大之资本家出现,惟以国家为大地主,即以国家为大资本家,其足以造福种种于全体国民者不待言,而于国中有经营大事业之能力亦其一也,此非虚言以相蒙也"。① 胡汉民还具体对土地税收总额进行了预计。他指出,即便是在当时的社会条件下,地税仍有四千万之多,"夫今日之中国所谋于民之地税,为其租之二十分之一而已。其取诸民而达诸中央政府,不知经几度之吞食偷减,而中央政府每岁收入犹有四千万之总额。英人赫德有言:中国倘能经理有力,则不必加额为赋而几可得四万万"。② 因此,他指出:

> 然则中国地租之总额为八十万万也,经国家核定其价额之后,以新中国文明发达之趋势,则不待十年,而全国之土地,其地代(即租)进率必不止一倍,而此一倍八十万之加增,实为国有。③

征收上来的巨额地租,可以用来兴办各种事业。并且,随着新国家的建立,社会经济逐渐发展,地价还会不断上涨,国家资本自然会更加发达。这样,不仅巩固了国家财政,还能摆脱对外债的依赖,"富源广辟","自身之资本弥满充实于全国而有余",不再需要利用外资来补助本国资本之不足。国家财政这一"以自然之进步为之","非恃奖励资本家政策所能望"。④ 他还指出,梁启超奖励国内资本家以抵制外资输入的主张,结果是不仅不能抵制外资入侵,反而导致社会贫富悬隔,造成大资本家危害社会的局面。以国家作为一国之大地主、大资本家,这样输入外资亦"有利而无损"。⑤ 因此,"奖励资本家牺牲他部人之下策,以与其绝对赞成之学说为反对?是真不智也!"⑥ 胡汉民还指出,"梁氏既忧吾国资本之力不足以经营一切重大之事业;又颇主张铁道等事业之归国有公有,则正宜崇拜吾人所

---

① 胡汉民:《告非难民生主义者(驳新民丛报第十四号社会主义论)》,《胡汉民先生文集》(第一册),(台北)"中国国民党中央委员会党史委员会"1978年版,第314页。
② 同上书,第315页。
③ 同上。
④ 同上。
⑤ 同上。
⑥ 同上书,第316页。

主张社会主义之不遑"。① 事实上，胡汉民所主张的是实行美国式的资本主义，而梁启超主张的是德国式资本主义发展之路。两者这一对未来资本主义道路设计的差别，正是他们发生论战的重要原因。

梁启超还认为中国面临的主要问题是发展问题，而不是类似于土地所有权等分配层面上的问题。对此，胡汉民指出，"梁氏重视生产问题而轻分配问题，又以二者为不相容也。故于其论分配问题时，崇拜社会主义；而于其论生产问题时，则反对之，此其所以为大矛盾也。"② 他接着论述了"分配"与"生产"两者之间的关系，"近世经济学者且每以分配问题为重要，故分配含有二义：其一为关于个人财产贫富之问题，其二为庸银与租息赢之问题。二者皆为社会主义学者所重，使租庸息赢之问题不解决，则生产亦为之不遂；而个人财产贫富之问题不解决，而生产虽多而无益"。③ 他以欧美等国为例指出，在发展生产的时候，也必须要重视分配问题；欧美国家正是因为一心只顾生产问题，忽视了分配问题，最终导致产生了严重的社会问题。

胡汉民指出，"生产问题之解决易，而分配问题之解决难，社会主义者勿论，即夫当世经济大家，其所郑重研究者，皆分配问题而非生产问题也"。④ 在他看来，"生产问题大半可任自然的趋势，而分配问题，则不可不维持之以人为的政策"。⑤ 因此，他强调分配问题应引起重视。

> 以视欧美今日分配问题其于社会之解决，孰难孰易乎？而况乎以兴利除弊解决生产问题者，固与社会主义无丝毫之反对也。按土地国有之制行，国中之生产业必大进，何者？既无坐食分利之地主，而无业废耕者，国家又不令其久拥虚地，则皆尽力于生产事业也。⑥

胡汉民还重申革命党所言之"社会主义"，是指土地国有与大资本国

---

① 胡汉民：《告非难民生主义者（驳新民丛报第十四号社会主义论）》，《胡汉民先生文集》（第一册），（台北）"中国国民党中央委员会党史委员会"1978年版，第315页。
② 同上书，第316页。
③ 同上书，第317页。
④ 同上书，第323页。
⑤ 同上。
⑥ 同上。

有。国家作为唯一的地主，以"地代"之收入同时成为国家最大资本家；在此基础上，将一切具有垄断性质的事业收归经营，其他方面允许私人经营。他强调，"社会主义者"并非憎恶"人民之富"，而是憎恶财富掌握在少数人手中，及因此产生的"社会不平之阶级"。① 虽然，中国社会贫富悬隔"虽未大着"，但"土地已在私人之手"，而"循其私有之制不改"，则在不远之将来"少数之地主而兼有资本家之资格者"，将"垄断社会之富"。② 总的讲来，推行土地、大资本国有制度，其"可期分配之趋均者有六事焉"③：

> 土地既不能私有，则社会中将无有为地主者，以坐食土地之利占优势于生产界，一也；资本家不能持双利器以制劳动者之命，则资本之势力为之大杀，二也；无土地私有之制。则资本皆用于生利事业，而不用于分利的事业，社会之资本日益增，无供不应求之患，三也；（以土地投机者实为分利的，无益于社会者也。土地国有后，则可使其皆用于生利之事业，而社会资本日多。）具独占之性质者土地为大，土地国有，其余独占事业亦随之，其可竞争的事业，则任私人经营，既无他障碍之因，而一视其企业之才为得利之厚薄，社会自无不平之感，四也；劳动者有田可耕，于工业之供给，无过多之虑，则资本家益不能制劳动者之命，五也；小民之恒情视自耕为乐，而工役为苦，故庸银亦不得视耕者所获为绌，其他劳动者之利益皆准于是，六也。④

对于土地与大资本归诸国有的政策，胡汉民极为自信。他认为，即便是"当世之热于极端社会主义者"，"亦只能言土地国有与大部分资本国有而已"；但革命党人之民生主义，"则土地国有而外，以独占的事业为限，而社会资本亦大部分归于国有"。⑤ 两者之间的差别是，"极端社会主义者"

---

① 胡汉民：《告非难民生主义者（驳新民丛报第十四号社会主义论）》，《胡汉民先生文集》（第一册），（台北）"中国国民党中央委员会党史委员会"1978年版，第333页。
② 同上。
③ 同上书，第333—334页。
④ 同上。
⑤ 同上书，第334页。

"于竞争的事业禁私人经营","而吾人则容许之耳"。① 由此可见,在胡汉民看来,革命党鼓吹的民生主义,也即是强调将土地收归国有。至于发展到平均地权与节制资本并重,那是后来的事情。他还强调,"极端社会主义"因过度干预而发生种种问题,并令人怀疑其可行性。民生主义则不仅消除了不平等竞争,使分配趋于平均,且不作过度干涉。这样,"自由竞争绝而进化将滞"、"报酬平等遏绝劳动动机"等问题,"皆以不起"。② 因此,土地国有制对于中国来说,"最宜适当"。

(3) 驳斥"体段圆满方能实行土地国有"之说

对于梁启超质疑中国不具备实行"圆满"社会革命之条件,胡汉民驳斥道:"以圆满之社会革命非中国所能行,又以吾人所主张为非圆满之社会革命也。夫以欧美所不能者,即谓中国无足论,是真徒识崇拜欧美而不识社会主义者也"。③ 他指出,"近世社会主义学者,恒承认一国社会主义之能实行与否,与其文明之进步成反比例";"然则欧美之不能者,固不害为我国所能也"。④ 在胡汉民看来,欧美国家未能实现土地国有与"社会主义",并不代表中国也不能实现。他在质问梁启超何谓"体段圆满"的基础上,驳斥这种论调根本不能成立。

> 以社会主义之争鸣于今世,其派别主张,言人人殊,由其是丹非素之见,则甲可以不圆满者加诸乙,乙亦可以不圆满者反诸甲,有第三说之丙出,则并得举甲乙而短之,其或以条件之多少为圆满否之程序乎?则是使持论者必走于极端,而不容有折中之说也,是皆不通之论也。⑤

胡汉民还强调,欧美国家不能解决社会问题,正是因为未能解决土地问题、实行土地国有制之故。"谓土地问题为之梗,不解决其重要者,则无

---

① 胡汉民:《告非难民生主义者(驳新民丛报第十四号社会主义论)》,《胡汉民先生文集》(第一册),(台北)"中国国民党中央委员会党史委员会"1978年版,第334页。
② 同上。
③ 同上书,第326页。
④ 同上。
⑤ 同上。

能为役也，非谓土地问题之外无问题也"。①

梁启超曾认为西欧国家在社会危机发生之前，土地早已集中在少数人之手，社会危机的出现是在工业革命爆发之后。对此，胡汉民驳斥道，"然则欧美社会问题，以其国富量在于少数人之手而起，其富量所以在少数人之手，又以土地为少数人独占而起"。② 他指出，欧美国家在工业革命前即已埋下社会危机的隐患，社会上的土地已集中在少数人手中。工业革命爆发后，生产迅猛发展，社会问题遂逐渐激剧。客观来讲，梁启超强调工业革命前欧洲国家土地集中却无社会危机，值得商榷。英国资本主义在其资本原始积累阶段采取的圈地运动，致使农民与土地分开。在当时的社会历史条件下，资本主义固然代表社会的发展与进步，但若说没有地主与农民之间的对立，没有社会矛盾与社会问题，则显然与历史事实不符。胡汉民强调欧美国家早期的土地集中，是后来社会问题发生的基本原因，有一定道理。亨利·乔治土地国有论的产生，正是为应对资本主义发展过程中出现的土地问题。

胡汉民还指出，梁启超强调"体段圆满"会导致走上极端的危险。"夫如是，则凡持议者惟走极端，而后当圆满之名言社会主义，则一切生产机关皆为国有，而不容私有，不言社会主义，则一切生产机关皆当为私有，而不容国有，更无介乎其间之第三说而后可"。③ 他以"劳力"为例指出，"劳力"作为个体的一种从事生产的特殊能力，是无法做到公有的；因此，生产机关中三者之一无法实现国有，而按照梁启超之"必举一切生产机关皆归诸国有"论调，则不能实现国有主义。再就"资本"来看，胡汉民指出，强调资本国有主义者，"则今之最能以资本论警动一世者，莫如马尔喀及烟格尔士"。④ 这里的"马尔喀及烟格尔士"，即是马克思、恩格斯。胡汉民指出，"二氏不惟认许自用资本之私有，即农夫及手工业者之资本私有，亦认许之"。⑤ 因此，揆诸胡汉民言下之意，即便是世界上"最警醒"的社会主义者对于资本私有，亦是赞许的。胡汉民还援引了日本学者对资本公

---

① 胡汉民：《告非难民生主义者（驳新民丛报第十四号社会主义论）》，《胡汉民先生文集》（第一册），（台北）"中国国民党中央委员会党史委员会"1978年版，第326页。
② 同上书，第326—327页。
③ 同上书，第332—333页。
④ 同上书，第333页。
⑤ 同上。

有与私有的看法，对此进行佐证：

> 日本河上学士曰："社会主义者往往慢言，凡资本以为公有，禁其私有，故世人惊之，识者笑之。若夫拘墟之学者，则喋喋其不能实行，以为覆斯主义之根本"。又谓安部矶雄及幸德秋水所论资本国有，其曰："悉曰：'凡实为用语不当盖即最极端之社会主义，亦不能言一切资本国有'。"①

胡汉民重申革命党的土地国有主张，"非使将来之中国损富者以益贫，乃从吾人之政策而富者愈富，贫者亦富也"；而仅强调"土地"国有，是因为中国没有大资本家，只有地主；并且日后也不能有大资本家，为防患于未然计，故采取土地国有制，国家成为最大的地主，并最终发展成为最大的资本家。② 这样，既能起到发展资本的作用，也能防止未来社会上发生社会危机。

> 吾人将来之中国，土地国有，大资本国有，土地国有者法定而归诸国有者也。大资本国有者，土地为国家所有，资本亦自然为国家所有也。何以言土地而不及资本？以土地现时已在私人手，而资本家未出世也。何以土地必法定而尽归诸国有，资本不必然者？以土地有独占的性质，而资本不如是也。③

在胡汉民看来，未来中国必定是资本、土地皆归诸国有。现今不言资本国有，则是因为在实现土地国有之后，大资本自然也就归诸国有。并且，中国的资本尚未发达，暂且不须考虑其所有权问题。

（4）重申土地垄断能支配资本

胡汉民指出，"惟人工与土地合而后生资本，此一般经济学者所以认土地为福之源也。梁氏谓资本为主动力，吾人则以土地为资本之原动力，土地既生资本，而人用之更得助地力之发达，比之无资本者其生产较多。然

---

① 胡汉民：《告非难民生主义者（驳新民丛报第十四号社会主义论）》，《胡汉民先生文集》（第一册），（台北）"中国国民党中央委员会党史委员会" 1978 年版，第 333 页。

② 同上书，第 334—335 页。

③ 同上书，第 335 页。

即大有资本者亦不能离土地以言生产，故资本实始终缘附于土地，其势力不得相抗"。① 他以纽约、伦敦为例指出，地主将土地贷给建筑商，每年收取租金，等土地契约期满后，不论建筑物造价若干，悉数归地主所有。因此，地主有左右资本家的实力，而资本家则不能不仰地主之鼻息。并且，随着社会进步、经济发展，地主支配资本家的局面更为明显："文明时之时代，地之为需要愈甚，则地主之势力愈横，而资本家亦愈非其敌"。② 在胡汉民看来，地主要比资本家更加跋扈，也即占有土地较之拥有资本要更有优势，质言之即是土地支配资本，而非资本支配土地。

胡汉民指出，土地具有垄断性质。缺少资本的人不能与有资本的人竞争，没有土地的人亦不能与有土地的人竞争。并且，地价腾涨，若说仅是资本作祟"则大不然"，其中至少有三个方面的原因，"资本之势力不与焉"：一是土地的性质，"肥腴之地与硗确之地，其使用收益不同，则其价值不同也"；二是土地的位置，"便于交通者贵，其不便于交通者贱"；三是人口因素，"地广人稀，则土地之供给浮于需要；地狭人稠，而土地之需要强于供给，而价值亦因之为贵贱也"。③ 因此，与其说地价上涨是资本作用的结果，"则无宁以为土地本体之力"；且人口增加与土地相关，至于土地的性质与区位，则更是直接影响地价。④ 胡汉民清楚阐释出土地价格随着社会经济的发展而不断上涨的原因，并据此以说明土地的独占性与垄断性质，有其合理之处。土地是具有自身特性的一种生产资料。美国土地经济学者伊利、莫尔豪斯就指出："土地的具有经济意义的主要自然特性是不动性"；"第二个重要的自然特性是土地在它的肥沃程度和位置优劣方面有很大的差异。土地肥瘠程度对农地特别重要，而位置优劣之分对于市地特别重要"。⑤ 因此，胡汉民强调地价上涨的这三大因素，有其正确之处。此外，从上述言论中还可得知，革命党人所关注"土地问题"中之"土地"，不专指农村"土地"，也不专指城市"土地"；而是未来资本主义发展中的"土地"，未来经济发展、城市化进程中的"土地"问题。

---

① 胡汉民：《告非难民生主义者（驳新民丛报第十四号社会主义论）》，《胡汉民先生文集》（第一册），（台北）"中国国民党中央委员会党史委员会"1978年版，第327—328页。

② 同上书，第328页。

③ 同上。

④ 同上。

⑤ [美]伊利、莫尔豪斯：《土地经济学》，滕维藻译，商务印书馆1982年版，第21页。

对于城市土地垄断问题，胡汉民指出，"欲知都会膨胀所由来，宜先知都会之所由成立"。① 胡汉民引用亨利·乔治关于城市兴起的论述对之进行了阐释。

> 以一人而耕于荒野，自食其力，所资为养生之具，必不能给，故以十日治田，而必中废一日以达与人易所需，然是时用力虽多，其所得仍不免于缺憾。假而有十人聚居其地，则纵皆业耕，而十人者各更番任以粟易器之劳，其用力比较少，而所得较备，继而弄之耕者愈多，其所需亦盛，则由不业耕而以农之需为业者。若布匹农器之属，是时必农之需要与业是者之供给为相当，然后能双方交利，故日中为市，必其地便。交易者先兴焉！以其便交易也，人益趋之久而不废，乃成都会。②

在胡汉民看来，地价上涨是都市人口集中的结果。都市形成则因交通便利之故，而交通便利"最先之原因"，"则以农地之发达也"。并且，他还强调，农地兴盛，都市亦随之繁荣；否则，都市亦受影响。在亨利·乔治看来，城市兴起的原因是交换的产生以及商品经济的发展。胡汉民据此强调，城市发展及扩大，最初原因是农地兴盛，相继随着"交通"之发达与便利，城市发展愈加迅猛。他还指出，梁启超强调都市发达是资本膨胀的结果，却不曾考虑资本为什么趋于都市。其言下之意，是资本向城市集中因"土地"之故。并且，"夫所谓必有天然之利而后人力因之者，其在地味则由报酬递减之法则，亦经济家所恒道矣"。③ 他分析了文明时代较之野蛮时代土地价格不同的原因：一是人口激增；二是生产方法的改变。随着人口激增，土地需求膨胀，自不待言！生产方法改变后，随着生产的需要，"昔之以为不可用，与用之无利，今乃为人所争取"；这也即是社会主义学者所言之"地主者食文明之赐"。④

胡汉民指出，梁启超诘难革命者仅强调将土地国有，且意识到资本家

---

① 胡汉民：《告非难民生主义者（驳新民丛报第十四号社会主义论）》，《胡汉民先生文集》（第一册），（台北）"中国国民党中央委员会党史委员会"1978年版，第329页。

② 同上。

③ 同上书，第330页。

④ 同上书，第330—331页。

能"两收其利";但却不知道革命派的土地国有主张,"即虑是两收其利者为不平之竞争,以酿成社会问题而已"。① 他指出,"土地、资本、劳力三者并立为生产之要素,交相待而后成";在土地私有制下,"资本家兼为地主","劳动者有其一以敌其二,斯所以恒败而不可救"。② 因此,梁启超虽然意识到"资本家有两收其利之弊",却未能找到解决办法,反而诘难土地国有论。胡汉民还指出,"经济学家无有不以工场、道具(机器)为资本者。而此云资本之附属,然则梁氏将认之为资本耶?抑不认之为资本耶?"③ 梁启超强调工场、道具"与土地性质相近",胡汉民驳斥道,"夫工场、道具属资本,土地属自然,二者绝不相同,无可相比,梁氏欲言土地附属于资本,求其说而不得,乃强认工场、道具为资本附属,而又谓其性质与土地相近焉"。④ 在胡汉民看来,"性质相近,勉强传会之词也;曰资本之附属,模糊影像之语也"。⑤ 因此,梁启超是"以勉强传会模糊影响之说为证而衡以论理,则又只字不通";"昔人有言:'可怜无益费精神',梁氏当之矣"。⑥

(5) 垄断土地所有权可以滋生暴利

胡汉民还强调,"若就私人言,则地主拥有其土地,地租日腾,地价日贵,一社会人所极力经营以成此文明之社会者,其利实彼坐获之,安在其不可以日富也?"⑦ 并且,"夫今日中国资本家尚未出现,孙先生演说词及之,梁氏亦承认之,惟虽无资本家,而已有地主,则虑以文明进步之结果,而使少数之地主独成其莫大之富量宜也"。⑧ 因此,他反问道:

> 梁氏欲驳此言,则必谓地主所有土地虽涨价,而其他地主不能以富,则此说始破,而梁氏徒举资本家以相吓何也?梁氏而真不信有土地为致富之原因耶?则其云全欧土地在少数人之手,全欧资本亦在少

---

① 胡汉民:《告非难民生主义者(驳新民丛报第十四号社会主义论)》,《胡汉民先生文集》(第一册),(台北)"中国国民党中央委员会党史委员会"1978年版,第331页。
② 同上。
③ 同上书,第332页。
④ 同上。
⑤ 同上。
⑥ 同上。
⑦ 同上书,第336页。
⑧ 同上。

数人之手,梁氏亦何指也。即如英国大地主威斯敏士打公爵有敌国之富,梁氏断断然争为资本之结果,然就威公爵言之,能谓其不由土地致富耶?凡此皆坐不知个人的土地与社会的资本之区别也。①

在胡汉民看来,随着社会经济发展,地价自然上涨,地主自然就能成为巨富,社会贫富由此分化。对于依靠土地所有权致富的方式,胡汉民将其分为四种,"英威公爵则坐守其封地以富者也;其余有以资本家买贱价之地,而两收其利者;又有并非资本家,但用诈术渔猎土地以富者"。②他还以美国为例,指出,"如美之林业,其始为国有而保存,则垂涎而莫利,及法令有阙,则猾者乘之,而数十亿之富量,入于一人之手,然则土地问题与资本问题孰轻孰重亦可知矣"。③梁启超曾强调上海、广州等的地价上涨是外资作用的结果,胡汉民驳斥道:

> 梁氏屡震惊于外资之输入,吾意彼以商工业为重,则尚成问题,今其乃言曰:"黄埔滩地,每亩值百数十万元,除税关及招商局两片地外,更无尺寸为我国人所有权。"然则梁氏之深痛大恨者,乃外国人之夺我土地所有权,而使我国人不得享地主之利耳。若土地国有,不能一味买卖之品,则彼外人何自而得我土地所有权者?④

梁启超借上海租界这一特例来强调外资对中国的经济侵略,有其合理之处;但藉此强调是"资本"对"土地"的支配,尤其是"资本"对"土地所有权"的支配,则不免牵强。胡汉民则认为假若土地全部收归国有,则租界这类地方就不可能落入外人之手,这显然也站不住脚。双方在对帝国主义侵略中国领土主权认识上的不足,由此也可见一斑。

(6)土地定价收买具有可行性

针对梁启超诘难孙中山的照价收买办法,胡汉民亦予以反驳。"夫谓物之不可交换无价格可言者,非谓不可买卖者,即无价格之可言也。土地归

---

① 胡汉民:《告非难民生主义者(驳新民丛报第十四号社会主义论)》,《胡汉民先生文集》(第一册),(台北)"中国国民党中央委员会党史委员会"1978年版,第336页。

② 同上书,第337页。

③ 同上书,第339页。

④ 同上。

诸国有，定价后诚不可买卖，然非禁人之租借利用也。有其租借利用者，则必有地代（租），地代者，对于土地使用之对价也"。① 在胡汉民看来，土地国有之后，土地固然不能买卖，但这并不意味着租借一并禁止。租借必然会产生地租，涨价部分就是租金减去土地原有价格之部分。胡汉民的反驳表明：革命党人土地国有论之核心内涵就是要将土地所有权收归国家，然后将土地使用权分配给私人，政府征收地代。因此，革命党人的土地国有思想，实质上是一种所有权与使用权分离的政策，集中所有权而分散使用权。

梁启超曾诘难实行土地国有制后，农民向国家缴纳租税与交给地主并无二致，对此胡汉民指出，"夫国家者何？国民之团体人格也"。② 事实上，胡汉民早已强调专制国家与立宪民主国家并不一样。梁启超所言之国家是指专制国家，其土地国家所有与地主所有自然没有差别；革命党人所将建立的是立宪民主国家，并将少数地主曾垄断的利益移归国家，租税也最终用之于民。这时，农民纳税于国家与纳租于地主，性质根本不一样。

胡汉民还就立宪民主国家下之租用政府土地者与土地所有制下之地主进行了区别。他指出，地主与租地者不可同日而语。首先，地主坐食社会发展之利，"不须费何等之经营"；但租地者则先须纳租于国家，"继后须除赁银利子之额，然后为其所得，则其经营不得少懈"。③ 其次，地主不论占有多少土地，非国家强制收买或自愿出售，他人不能动其毫末；但是，租地者则会受国家限制，如其承租土地而不加以利用，政府可以收回另租他人；且即便是"永小作人"，也有年限。因此，立宪民主国家虽有租地者，却没有私人垄断之患。第三，地主坐享地利，并且囤积居奇左右资本家与劳动者，但"租地者则断无牺牲多数之金钱拥旷地而不经营之理，而国家又得禁其转贷于人者，则永绝居奇之弊"。④ 在胡汉民看来，实行土地国有后，国家将土地租给经营性农场主，租借者有使用权，这样便不会出现垄断与囤积居奇的现象，且租地者必然竭力发展生产。这样，较之于地主土地所有制下，地主垄断土地却不经营，也不改良，则要优良许多。

---

① 胡汉民：《告非难民生主义者（驳新民丛报第十四号社会主义论）》，《胡汉民先生文集》（第一册），（台北）"中国国民党中央委员会党史委员会" 1978 年版，第 342 页。
② 同上书，第 345 页。
③ 同上。
④ 同上书，第 345—346 页。

这一资产阶级性质的土地国有制，确实要优于地主土地所有制。列宁就曾讲到，资本主义土地国有制度的一个最根本的胜利，就是摧毁地主土地所有制。并且，资本主义生产方式作为一种集约型规模经营之路，它采取大机器作业，必须要实现所有权之集中，克服分散经营之弊。地主土地所有制下，地主集中土地所有权，却采取分散经营方式，将土地承租给佃农，自己变成为"不在地主"，住进城里，依靠地租度日。① 因此，地主土地所有制下，土地所有权集中而经营权分散，并以此维系一种自给自足的小农经济模式，它与商品经济的发展以及更高阶段的资本主义生产方式就构成了一对不可调和的矛盾。随着社会生产之发展，资本主义性质的土地国有制必然要替代地主土地所有制。

梁启超曾诘难实行土地国有制之后土地租赁不好操作，如租种位置、面积大小等难以处理，并指责孙中山不能"率一国之民而尽农"。胡汉民对此反驳道，土地国有"非谓苟能耕者即必授以田，又非谓凡人皆必授以田而使之耕也"。② 至于如何出租土地，他强调引入价格机制，对于一块土地出价最高者得之。政府作为唯一地主，若人们都不想租借土地或能成为政府所担忧的事情；而"若人人欲得，则政府亦视其能出租最高者贷与之私已耳"。③

综合来看，胡汉民对梁启超的反驳文字非常多，在《告非难民生主义者（驳新民丛报第十四号社会主义论）》一文中，就有将近110来页，每页近千余字，粗略计算有十万余言。胡汉民对梁启超的反驳，都是经过孙中山首肯的，如《告非难民生主义者（驳新民丛报第十四号社会主义论）》一文中就写道："稿成，就正于孙先生，先生阅至此，莞尔笑曰……"④ 因此，这既有效地回击了梁启超对土地国有论的诘难，也捍卫了孙中山的土地国有主张，对于宣传与发展早期革命党人的土地国有思想，不无裨益。

---

① 费孝通：《雇工自营的农田经营方式》，《内地农村》，生活书店1946年版，第14页。
② 胡汉民：《告非难民生主义者（驳新民丛报第十四号社会主义论）》，《胡汉民先生文集》（第一册），（台北）"中国国民党中央委员会党史委员会"1978年版，第349页。
③ 同上书，第350页。
④ 同上书，第358页。

2. 梁启超从财政、经济、社会问题等方面再次展开对土地国有论的诘难

针对胡汉民的反驳,梁启超接连发表《驳某报之土地国有论》[①]、《再驳某报之土地国有论(补)》[②] 等长篇大论,他分别从财政、经济、社会问题等三大方面,对土地国有论展开诘难。

(1)实行土地国有会产生财政危机

梁启超首先抨击单税制,并以此诘难实行土地国有会导致财政困难。他早前即已指出,单税制还仅仅是一种税制学说,具体效果如何还未经实践检验。这里,他先是对单税制与复税制进行简单区分,"单税者,惟课一种之租税,而其他尽皆蠲除也;复税者,则课多种项目之租税以相挹注也";两者孰利孰弊"实为其一问题",其中单税制度,"今各国惟地方自治团体多行之"。[③] 对于革命派提倡单税制,梁启超驳斥是"此其于财政上原则一无所知,且与事实上大相刺谬"。[④] 在他看来,中国行单税制,会造成财政混乱。

在梁启超看来,一国财政当以收支平衡为原则,中国若行单税制,将"不能完满以达国家岁费之目的"。[⑤] 他以英国财政收入为例,指出:英国在人口、地域等方面不及中国,但是经济发展程度却远胜于中国,而财政开支又比中国少,因此若实行单税制将不足以支撑政府之正常支出。此外,中国当时只有沿海部分地区的地价上涨较快,有一定价值;大部分地区的地价,尚待很长一段时间后才能见涨。因此,若依靠地价来支撑整个国家财政并不可行。并且,地价未涨之前,"抑何以支?恐财政基础先已紊乱,不可收拾矣"。[⑥] 梁启超对推行单税制后中国财政总收入,进行了大致推算:"吾所测算,谓国家现在所征田赋,为地代价格十分之一。现在田赋总额三千万,其地代总额三万万。约当英国地代价格十分之一。此数当不甚远。即曰所征者有不实不尽。更益以十八省以外之地代,充其量能将此数增加

---

① 梁启超:《驳某报之土地国有论》,《饮冰室合集·文集之十八》,中华书局1989年版,第1—59页。
② 梁启超:《再驳某报之土地国有论(补)》,夏晓虹辑:《〈饮冰室合集〉集外文》(上),北京大学出版社2005年版,第449—459页。
③ 梁启超:《驳某报之土地国有论》,《饮冰室合集·文集之十八》,中华书局1989年版,第2页。
④ 同上。
⑤ 同上书,第3页。
⑥ 同上书,第4页。

一倍，则亦六万万极矣"。① 这么一个数目，在他看来难以支撑政府开支。"土地国有论实行后，将此数全归政府，则其所入亦不过与现时日本之预算案相等。其不足以供此庞然大国自维持自发达之费用明矣"。②

梁启超还指出，按照惯例，一国财政分中央财政与地方财政。革命党人所言之土地单税论，是否包括地方税，还是仅指国税？若征收地方税，则自相矛盾；若不征地方税，这一税额尚不足以敷国用，哪有余力支撑地方财政开支，且地方财政一旦依赖中央，势必重蹈专制覆辙。因此，"土地单税，果足称为善良之税制乎，此又一疑问也"。③ 如前所述，他指出健全的财政制度，就是"收支适合"，也即是常说的收支平衡。各国为实现这一目标，"故其租税必选择有弹力性之财源以征之，盖政府收入其在平时不欲有急剧之增减也"。④ 要实现财政平稳，有两种方法：一是"常设数种之租税"，这样在此种租税额度不足之时，彼种租税可以补阙；二是"租税必须随税率之增加，而收入可以增加"，也即是浮动税率。必须具备这两个条件，才有可能实现收支之适合。而就单税制来看，"无论其何种⑤，其弹力性皆不免微弱。土地单税则其尤甚者也"。⑥ 这是因为，国家将土地出租给"小作人"，以土地税为唯一财源，国家与"小作人"之间是平等的契约关系，相互间的权利、义务属于私法而不是属于公法。对于租率高低，国家没有权利规定而须双方协调，这就与租税精神相悖逆。并且，国家收入"纯为经济上自由竞争供求相剂之原则所束缚"，经济景气时，人民争相租地，求过于供，地价上涨；反之，则供过于求，地价低落。⑦ 涨落全非政府所能控制，收入无法确定，致使国家不能作出预算，财政基础随之崩溃。另外，单税制就应付国家紧急开支方面，也多有不便之处：国家或遇战事

---

① 梁启超：《驳某报之土地国有论》，《饮冰室合集·文集之十八》，中华书局1989年版，第7页。

② 同上。

③ 同上书，第8页。

④ 同上。

⑤ 此前，梁启超曾将"单税制"分为四种："一曰消费单税论者，二曰财产单税论者，三曰所得单税论者，四曰土地单税论者。"参见梁启超：《驳某报之土地国有论》，《饮冰室合集·文集之十八》，中华书局1989年版，第2页。

⑥ 梁启超：《驳某报之土地国有论》，《饮冰室合集·文集之十八》，中华书局1989年版，第8页。

⑦ 同上书，第8—9页。

等有不时之需时，政府不能强行增加税率，否则立废契约，以致想租地的人裹足不前，这样国家不仅不能增加收入，反而因租地者犹豫而减少，致使财政全盘崩坏。①

此外，梁启超指出，单税制还存在其他诸多弊端，如实行过程中滋生各种腐败现象。西方国家尽管有精密的法律，在征收所得税、营业税中以多报少、中饱私囊等现象却"无术以为防"，遑论草创之"共和政府"。因此，即便有稽核，地主串通"小作人"作弊，以多报少，"政府终不能有所得矣"；以后无论地价涨到什么地步，都可用此法欺骗政府，政府即使知道也毫无办法，"是故政府永不能享文明进步地价腾涨之利益"。② 再就土地利用来看，有直接使用与间接使用两者，单税制将加重直接使用者如农民的负担，却对间接利用者如工业生产者影响甚微，而间接使用者所得利益往往比直接使用者多。因此单税制，"则农民负担其十之八九，而农民以外之负担者不得一二也"。③ 这不仅加重农民痛苦，且与革命派所鼓吹社会革命之目的相违背；且租税仅仅来源于农民，也会造成总额小，这与政府财政大为增加之论又发生矛盾。

（2）实行土地国有会妨害经济发展

梁启超首先指出，土地私有制是历史的产物，且私有制是经济发展的根本动力。"谓土地本当属于社会者，根据自然法以立言，而谓土地私有制度背反于自然法也。此实蔑视历史之妄言也。……所谓规律，所谓公正，不过社会变迁直接之结果，而非如自然法家所云，别有规律公正其物者，万古不易也。即如土地私有制度，实亦历史之产物"。④ 并且，土地私有制度代替土地公有制，是历史之进步。"其在太古，土地虽属人类公有，及经济上社会上几许变迁，为增进社会一般幸福起见，驯致认私有制度之必要。"⑤ 因此，土地公有制度嬗递为私有制度，实有历史的理由，不可污蔑鄙弃。

对于私有制度，梁启超认为，如果"以研究现经济社会进化之动机，

---

① 梁启超：《驳某报之土地国有论》，《饮冰室合集·文集之十八》，中华书局1989年版，第9页。
② 同上书，第16页。
③ 同上书，第17页。
④ 同上书，第21页。
⑤ 同上。

则私有制度（即以法律承认私人所有权之制度）虽谓为现社会——一切文明之源泉可也"。① 他援引亚当·斯密的经济理论指出"盖经济之最大动机，实起于人类之利己心"；"人类以有欲望之故，而种种之经济行为生焉。而所谓经济上之欲望，则使财物归于自己支配之欲望是也。惟归于自己之支配，得自由消费之、使用之、移转之"。② 具体到"所有权"层面上，"今日一切经济行为，殆无不以所有权为基础，而活动于其上，人人以欲获得所有权，或扩张所有权"。③ 并且，以所有权之争夺为内核之私有制，是促使经济发展之重要推力，没有此推力，经济发展将受阻碍。"若将所有权之一观念除去，使人人为正义而劳动，或仅为满足直接消费之欲望而劳动。则以今日人类之性质，能无消减其勤勉赴功之心，而致国民经济全体酿成大不利之结果乎"。④

至于土地所有权，梁启超认为只是诸多所有权中之一种。并且，"其性质与他之所有权无甚差异，皆以先占、劳力、节约之三者得之，而在现今之社会组织，当认为适于正义之权利者也"。⑤ 因此，如果否定一切所有权，土地所有权亦可以否定，而仅强调废除土地所有权，"则无论若何迂回其说，而根本观念总不免于冲突也"。⑥ 针对革命党人所宣传的"土地为造化主之生产物，其价格腾贵，食社会之赐，非个人所宜独占"这一观点，他指出，若以此而论，"充类至尽"，则社会其他一切财富，"何一非造化主之生产物，何一非社会之赐者，宁独土地"；"质而言之，则社会中无复一物可以私有而已"。⑦

在梁启超看来，"当私有与不当私有，此自然法上之问题；而许私有与不许私有，其于现今经济组织孰利，此事实上之问题也"。⑧ 革命党畅言土地国有，却忽视了土地国有事实上将产生的弊病。并且，仅仅主张将土地收归国有，与"圆满之社会革命"相违背。"彼报侈虚理而忘事实，既不能

---

① 梁启超：《驳某报之土地国有论》，《饮冰室合集·文集之十八》，中华书局1989年版，第22页。
② 同上。
③ 同上书，第23页。
④ 同上。
⑤ 同上书，第22页。
⑥ 同上。
⑦ 同上。
⑧ 同上书，第24页。

取现在经济组织翻根柢而一新之,而乃取现今经济组织之基础,破坏其重要之一角,牵一发以动全身,则其紊乱社会秩序之影响,必有不可思议者。"① 其后果是:

> 在现今交易的经济组织之下,人人皆以欲得财产所有权为目的。既共向此目的以进行,则汲汲自殖其富量,而国民富量即随之增进焉。而财产所有仅,则不动产较诸动产,尤确实而易保守,而土地又不动产中之最主要者也。今一旦剥夺个人之土地所有权,是即将其财产所有权最重要之部分而剥夺之,而个人勤勉殖富之动机将减去泰半。故在圆满之社会主义,绝对不承认财产私有权,而求经济动机于他方面者,固可行之。若犹利用此动机为国民经济发达之媒,而偏采此沮遏此动机之制度,则所谓两败俱伤者也。②

其次,梁启超指出,土地大多为所有者自营,依靠土地榨取劳动成果的现象并不多见,且土地集中远不如工商业资本集中显著。再就农民一般的心理来看,不仅不希望废除土地私有制,反而希望有更多土地;并且,农村土地的独占性质亦不明显,故无须废止私有。他将土地分为邑地、野地,对此作了进一步说明。"邑地"即指"都会之地",也即城市土地;"野地"即指"郊鄙之地",也即农村土地。"无论何国,邑地少而居野多";革命派的土地国有论,仅适用于城市土地而不适用于农村土地。③ 梁启超分析了农村土地的"非独占性质",具有独占性质的东西,必须具备无可替代性,而农村土地并不具这种性质。"合全国或全世界以观之,农产物之需要,必非仅优等地所产者能满足之,故劣等地所产者,虽所提供之价较昂,而不忧无购买者,优等地之地主,欲以贬价之故,倒毙劣等地之地主,以垄断其利,势固不能,徒自丧其地代耳"。④ 但是,工业生产中,很多东西往往拥有绝对优势地位,它们在扑灭对手后囤积居奇,形成垄断后,消费者无可奈何,惟有听任其坐地抬价、肆意剥削。因此,具有独占性之城市

---

① 梁启超:《驳某报之土地国有论》,《饮冰室合集·文集之十八》,中华书局1989年版,第24页。
② 同上。
③ 同上书,第24—25页。
④ 同上书,第25页。

土地，收归国有则可；而不具独占性之农村土地，却要求将其收归国有，则不妥当。①

并且，即便是将农村土地收归国有，也需注意自由地与有主地的区别。在梁启超看来，自由地按照惯例应收归国有；但是，普通有主野地，在人们拥有所有权的前提下，国家不仅不能侵犯，且应当全力保护。东三省、内蒙古、西藏等未开发之自由地，土旷人稀，且农业以游牧为主，对于土地所有权的观念极其淡薄；故可采取移民政策。但是，在推行这一政策前，"必先清丈此等自由地悉取而归诸国有，毋使桀黠者得窃殊惠以行兼并"。②这些自由地收归国有后，并非永远国有，处置政策有三种："国家自营"、"以地租的形式出租"、"直接出卖"。③梁启超在比较三者利弊以及借鉴其他国家处置自由地的政策基础上，最终"则仍以售地于民为主"；"第一策第二策不过其手段耳"。④ 因此，即便是无主的野地，"则是国有土地，亦不终于国有也"；"吾对于将来中国处置土地之政策，非惟本属私有者，不宜收归国有而已；即本属国有者，亦当渐散而归诸私有，除模范农场及森林地之外，国家皆不必永保持其所有权以为贵也"。⑤

具体到中国农村而言，梁启超认为土地集中程度并不如英美国家那般严重。"现今地球各国土地权集中最甚者，莫如爱尔兰，次则英伦苏格兰之一部，普国之东部，奥国之上部等。次则俄国、美国，自余其他各国，皆比较的小地主多而大地主少"；并且，这些"土地所有权集中之国，大率有其历史上特别之理由。苟无此理由者，则此现象之发生盖不易"。⑥ 我国并不如上述这些国家严重。"汉魏时患土地兼并最甚，而其后则递减，逮今日而几复无此患"。⑦ 这是因为，尽管历史上豪强地主肆意侵占农民土地，农民因避免沉重的赋税负担而将土地"投给"大户；"然此所有权虽一度集中，而缘买卖及相续之故，旋即均散"。⑧ 并且，豪强衰败以及财产继承制

---

① 梁启超：《驳某报之土地国有论》，《饮冰室合集·文集之十八》，中华书局1989年版，第26页。

② 同上书，第32页。

③ 同上。

④ 同上。

⑤ 同上书，第33页。

⑥ 同上书，第27页。

⑦ 同上书，第28页。

⑧ 同上。

度，田产历经一、二代之后四散开来，促成了土地的分散。因此，"我国农业上用地，决不虑其集中过甚，而以怵豪强兼并之故，乃侣土地国有论者，实杞人忧天也"。①

对于地主土地所有权的由来，梁启超认为是，"大率以勤俭贮蓄之结果"。"质而言之，则虽小农之本无田者，往往勤劳数年，即能进为田主，既进为田主之后，而仍自耕其田者，盖大多数也"。② 因此，以后"地代之岁进，实为其前此及现在之勤劳所应享之报酬，国家一旦剥夺其所有权，是无异给其臂以夺其勤劳之结果也"。③ 国家剥夺土地所有者享受地代上涨之权利，这与"掠夺其勤劳之结果"无异。并且，"就地主自耕其地者之一方面观之，则是明明以分内应享之利益之一部分，被朘削于政府也"；他们作为"一国之石民"，损害其利益，"使此辈失其独立之地位，则不惟经济上蒙莫大之损害，即政治上之危险且随之矣"。④

梁启超比较了"铁路"与"土地"两者在独占性上的区别。铁路属于"独占事业"，常能以少量资本而获巨大利益，但土地则相反。因此，对于铁路股东，在其饱吸过当利益后，将其收归公有亦不为过。而农村土地，地租并非"过当"利益，政府收归国有，"斯为厉民也"。因此，若要讲求公平，则不仅要偿还地主的原本，还要补偿"其将来之利"。因为百姓勤俭、节约所置下的产业，目的是求以后的利益。⑤ 这样，国家若收买土地，又将背负沉重的债务。"夫国债者，非徒派息而已足也，又必须予为清偿元本之计划焉。如彼报之计划，则非俟全国地代平均涨至三四倍，而此项国债，清还永无期"。⑥ 因此，土地收归国有不仅损害小农，而且也极大地影响到政府财政，不具可行性。

梁启超指出，城市土地"与其国有，毋宁市有"。他也看到城市土地所有者把持土地，独享地价上涨之利。城市地主独享过当之利益，"与铁路邮

---

① 梁启超：《驳某报之土地国有论》，《饮冰室合集·文集之十八》，中华书局1989年版，第28页。
② 同上。
③ 同上书，第28—29页。
④ 同上书，第29页。
⑤ 同上书，第30页。
⑥ 同上书，第31页。

电自来水等之性质正同"。① 并且，城市土地所占面积不多，购买时价格低廉，将来地价上涨速度也极其迅速，远非农村土地涨价那样迟缓，故即使用公债购买，也不致亏空国库。并且，从道义上看，都市发达乃因全国交通发达所致，并非一市之力所能致，将土地上过当之利益收归诸国有是合理的；但从其他方面来看，城市上涨之地价，具体则是市民的功劳，故市民也应得到报酬，这样将土地价格上涨部分归诸市有，亦是合理的。市地市有，能增加城市财政收入，促使市政改良，这较之中央政府主导完成为善。城市发展之后，国家还可利用市债实现土地国有，这样不致为财政所累。② 但是，若如革命派所言，将全国土地不论城市与农村皆收归国有，农村土地因涨价迟缓，就会导致政府财政亏空，产生经济负担。③

第三，梁启超强调，土地收归国有后如何经营，也将面临困难。他首先诘难了革命派的"年期小作法"。若实行这一做法，政府在买收全国土地后三四十年内，因地价上涨无望，必然会导致国家收入无法增加。政府将土地出租给"小作人"后，不能任意增加地代。"政府以百元买入之土地，而亘三四十年间，由此土地所得之收入，岁不过六元，而此百元之债息，已岁费其五元，则不及数年，而政府固已破产矣，宁能待小作之期满耶？"④对于农民来说，"就国民经济一方面观之，其害更有不可胜穷者"。他指出"年期小作法"存着严重不足。"小作人以所用者非自己之土地故，则于小作期内，往往枯竭地力，无所爱惜。"⑤ 他看到了农民对土地所有权的要求，也认识到土地所有权对于农民生产积极性的调动作用等。

第四，若将土地收归国有，会使政府遭遇经济危机，以致发行外债亦难实行。他针对革命派的举政治、经济革命毕其功于一役的观点指出，不论革命成功与否，革命党人都要承担巨额经济开支。这就不得不仰赖国债或者外债来度过危机。但这种国债、外债，因风险极大，不靠高额利息难以发行。并且，战争刚结束，疮痍未复之时，全国经济都处于破败之中，即便有极好之财政政策，亦难逞一时之效。这时，又需巨款来收买全国土

---

① 梁启超：《驳某报之土地国有论》，《饮冰室合集·文集之十八》，中华书局1989年版，第34页。
② 同上。
③ 同上。
④ 同上书，第35页。
⑤ 同上书，第36页。

地，国民经济之困窘自不待言。①

实行土地国有制，还会损害国内的市场消费能力，不利于企业发展以及国民经济增长。梁启超指出，企业利润来源于两个方面：一是"生产费廉"；二是"国民消费力大"。其中，"国民消费力"之强大与否取决于"各种阶级之人，其所得皆岁进是已"；生产费之廉，"资本供给之源厚，利率不昂，实其重要之一原因也"。② 收买土地，政府突然背负如此巨额之公债，"吸取全国之流动资本，抑退全国人之消费力，则全国企业之衰颓，实属避无可避之现象"。③ 并且，在企业衰败的情况之下，"地代有日退而无日进"，国家虽有土地，但"所得恒不足以敷国债费之用"，这样若停付或减少债息，则政府信誉扫地。若在土地单税制之外，开征其他税收，则又与土地国有论违背，并且增加国民负担，会影响到购买力；故"彼之土地国有案，无论从何方面观之，皆不外国家自杀之政略"。④

(3) 实行土地国有不能解决社会危机

首先，梁启超指出，"夫兼并土地，诚为贫富阶级悬绝之一因，然绝不能谓舍此无其他之原因也"；资本家租借地主土地，"纳地代于地主，借其地以营业，而未尝不可以致大富"。⑤ 因此，间接利用土地、掌握大量社会财富的资本家也应是解决社会问题所要考虑的对象。但是，按照革命党人"简单的"土地国有论，对于间接利用土地者来说，"土地制度之变革，其影响于彼辈者甚微弱"。⑥ 他以"工业者"为例，对此作出了深入阐释。"故知凡从事于制造的工业者，皆不过间接利用土地"；土地对于他们来说，"不过以供给其所需之原料而已。彼即不自有土地，曾不患原料之不能供给。而况乎今后之经济界，实混全世界为一大市场。彼大企业家拥此大资本，自能使国外最廉价之原料，滚滚以应其求"。⑦ 因此，"仅持国内之土地

---

① 梁启超：《驳某报之土地国有论》，《饮冰室合集·文集之十八》，中华书局1989年版，第44页。

② 同上书，第49页。

③ 同上。

④ 同上书，第49—50页。

⑤ 梁启超：《再驳某报之土地国有论（补）》，夏晓虹辑：《〈饮冰室合集〉集外文》（上），北京大学出版社2005年版，第450页。

⑥ 同上书，第452页。

⑦ 同上。

国有制，遂能抑彼专横，使毋与贫之一阶级相悬绝，不亦谬乎？"① 梁启超的结论是：

> 凡以证明一切工商业，（除铁路外）皆可租地以从事。而其竞争之剧兼并之烈，与在土地私有制之下，毫无所异。而谓持简单偏狭的土地国有政策，遂足以挽此狂澜，实梦呓之言也。②

推行土地国有，对于工商业者影响甚微，但对于农民等则影响极大。"彼所持之土地国有论，与土地单税论相缘，一国之负担，全责诸直接利用土地之农民，则一切原料，其生产费皆甚巨，而万不能与他国所产者竞争"。③ 在原料费用高昂的情况下，企业家不能从国内获得廉价原料，转而求之于国外。本国价格高之原料，国内市场都不能消化，遑论销于国际市场。④ 因此，"土地国有制，一方面对于富者，未尝能节其丝毫之专横；一方面对于贫者，反使之蒙邱山之损害"。⑤

其次，梁启超认为，实行土地国有制并不能达到消除社会贫富悬隔的目的。革命党所言"社会革命"，"不过欲均少数人之富于多数人而已"；若真能将少数人垄断的财富分配给多数人，则能达到目的；但"若虽出于少数者之手，而终不能入多数者之手，则为是扰扰何为也！"⑥ 他认为，实行土地国有之后，企业家所减少的利润，并非归劳动者所得。他以面粉公司为例指出，假如面粉公司拥有土地、雇人耕种，每亩产二十元，雇人须花十三四元，则此剩余六七元则为公司所得；实行土地国有制后，小农直接受地于国家，总产二十元，除去政府所征地代二三元、肥料以及农具损耗一元、转运费、保存费一元，或遇上天灾人祸、或粮食价格下跌，此时其所得却不如从前。因此，实行土地国有，农民收入并不能"逾于前"；其"所异者，则地代一项之分配，前此则地主享之，而土地国有后，则国家享

---

① 梁启超：《再驳某报之土地国有论（补）》，夏晓虹辑：《〈饮冰室合集〉集外文》（上），北京大学出版社2005年版，第452页。
② 同上书，第454页。
③ 同上书，第455页。
④ 同上。
⑤ 同上。
⑥ 同上。

之耳";"劳动者一方面观之,实无丝毫增加之利益"。①

实行土地国有不但不能增加劳动者的收入,反而会使其经济状况恶化,无法达到解决社会问题的目的。梁启超指出,在现今各文明国家中,"诸种租税,同时并行"。② 这样,以使国内各个阶层的人都能根据自身经济状况承担一定的赋税,"愈富者则负担愈多,贫者则负担递减以至于无";"然后总其所收入者,以施设各种公益事业,使国中无贫无富,悉食其利。此则于均利益多数人之旨,洵有合矣"。③ 但是,若如革命党所言,推行土地国有之后,"除土地外一切租税皆可免",这时营业税、所得税、消费税、遗产相续税都尽皆免除,"而惟彼锄禾当午汗滴田土之农夫,常须纳其所入五分之一"。④ 是故,"土地国有政策,果不能得损富益贫之结果,而惟反得损贫益富之结果也"。⑤

最后,梁启超还重申土地面积有限,而人口自然增长无限,这对矛盾无法调和,实行土地国有制亦无能为力。"一国之土地,在今日供一国人之耕而见为有余者,越数十年而将不见其有余;在今日见为仅足者,越数十年而将见为不足。此至浅之理也。"⑥ 要解决这一矛盾,"惟有广开间接利用土地之途,务变形以增殖富量,其不能仅恃直接利用土地之业明矣"。⑦ 因此,若如革命派所主张的土地国有,"则能得耕地者,亦不过半数人已耳;其余半数,不能得如故也",遑论日后自然增加人口之所需土地。⑧ 他总结道:土地面积有限的前提下,不论私有还是国有,都无法解决耕地不足的问题。"虽日取土地制度而一变之,终不能增其量以给人求"。⑨ 因此,"欲求庸银之有增无减,宜别有道焉以善导之;否则不揣其本而齐其末,终无当也"。⑩

---

① 梁启超:《再驳某报之土地国有论(补)》,夏晓虹辑:《〈饮冰室合集〉集外文》(上),北京大学出版社2005年版,第456页。

② 同上。
③ 同上。
④ 同上。
⑤ 同上书,第457页。
⑥ 同上书,第458页。
⑦ 同上。
⑧ 同上书,第459页。
⑨ 同上。
⑩ 同上。

总观梁启超对土地国有论的诘难，可以知道：梁启超初期言辞尚且温和，对于土地国有论也只是从推行条件以及实现手段上进行诘难。然而，在这一阶段，面对革命党人咄咄逼人的气势，终于如同"被匕首指其胸而坚拒"，对土地国有论展开全面诘难。有学者指出：

> 在梁氏论战文字中，驳土地国有论的文字占有特别地位。一则此部分文字非常之多，几占全部论争文字2/5。二则此部分文字极带感情色彩，言词特别激烈，其激烈之程度不但远过于关于君主立宪与共和立宪之争，亦远过于关于满汉关系之争。这表明，革命党的具有社会主义色彩的经济政策，大大触动了梁启超作为新生的资产者的代言人的神经中枢。他觉得在别方面犹可让步，在此一问题上必寸步不让，即以匕首指其胸，亦必坚拒之。①

梁启超对土地国有论诘难的不断深入，既反映出其面对革命派土地国有论的一种紧张与自然应对，同时更是论战逐渐深入的重要表征。

三 革命党人对土地国有主张的最后申论

1907年7月，《新民丛报》停刊，梁启超对土地国有论的诘难也就此停止。但是，革命党人并未就此善罢甘休，他们再次集聚力量，针对梁启超的诘难进行了最后申论。

1. 朱执信强调实行土地国有制不会削弱国家财政收入

在1905—1907年的大论战中，朱执信②撰写了一系列文章，积极参与论战。其中，不少就是宣传与捍卫土地国有论的论战文章。1906年，他在

---

① 耿云志：《从革命党与立宪派的论战看双方民主思想的准备》，《近代史研究》2001年第6期，第6页。
② 朱执信（1885—1920），原名大符，笔名蛰伸、县解，广东番禺人。1902年，入教会学校学习，开始萌生民主革命思想。1904年进入京师大学堂预科班，后赴日留学，由此结识孙中山、廖仲恺等革命党人。1905年加入中国同盟会。1906年回国，先后任广东高等学堂、法政学堂及方言学堂等校教员，秘密进行革命活动。1911年参加黄花岗起义，失败后避居香港。新文化运动开始后，积极参加新文化运动，提倡白话文，思想激进。"五四"运动后，主编《建设》、《民国日报》等，坚持革命。1920年被桂系军阀杀害。著有《朱执信集》。

《民报》上连续刊发其翻译的《德意志社会革命家列传》、《共产党宣言》、《资本论》等，介绍马克思、恩格斯及其社会主义；并撰写了《社会革命当与政治革命并行》等文章，积极应对梁启超的诘难。1907年7月，在改良派停战后，朱执信发表《土地国有与财政》这一长文，针对梁启超"就财政上正土地国有论之误谬"进行了反驳。

朱执信归纳了梁启超就财政上诘难土地国有论的几个要点，"（一）、以英国田租之额不足供国用证中国地租不足供国用；（二）、中国地租不得有八十万万故不足供国用复分为三：（甲）田赋岁入不足四千万，（乙）不加额不得四万万，（丙）地租不过六万万；（三）、以土地单税非租税制度之良策。"①朱执信进而就这三个方面展开反驳。

首先，朱执信指出，梁启超驳斥土地单一税论主要引用麦洛克氏②的学说；但麦洛克氏，"纯任自然之进化论者也，其主说大致谓社会进化当以一部分人为牺牲。据之以排斥社会主义者所主张，以为劳动者大多数之阶级，当为少数资本家牺牲，不必为谋亦不能为谋也，其持论偏颇如是，则其排斥土地单税政策自无足怪"。③他指出了这一理论之不足，并藉此反驳梁启超对土地国有论的诘难。在朱执信看来，"麦洛克氏"之理论，也即人们通称的"社会达尔文主义"，即认为人类社会各种经济、政治关系亦遵循进化论，这实质上是一种为资本主义压榨本国劳动群众、帝国主义侵略弱小国家辩护的学说。朱执信指出这一理论存在的偏颇，进而批判基于这一理论而阐发的税制主张，指陈梁启超据此诘难土地国有论之不正确。

朱执信接着从英国具体的赋税数额入手，从其财政收入与支出两方面，驳斥梁启超对单税制的诘难有误。他指出，麦洛克氏对英国地租的统计并不精确，梁启超据此强调"以英国田租额不足以供国用"来诘难中国不可行单税制，是存在谬误的。朱执信还强调，革命党"所以主张以土地为国有者，其主之目的全在宅地，此可征于前后之论以明也"；"而麦氏之说，准证耕作地之地租不足供国用，未尝论及宅地租只字。岂以宅地为无租耶，

---

① 朱执信：《土地国有与财政》，《民报》（第十五号），《中国近代期刊丛刊》（第二辑），中华书局2006年版，第2464—2465页。

② "麦洛克氏"，初步考证应是指"赫伯特·斯宾塞"（Herbert Spencer），即人所共知的"社会达尔文主义之父"。

③ 朱执信：《土地国有与财政》，《民报》（第十五号），《中国近代期刊丛刊》（第二辑），中华书局2006年版，第2465页。

实欲以统计二字迷世人之目,而执耕作地租即田租以概一切地租。此其舞文之术,足以为梁氏师矣"。① 他最后强调,"夫中国地租虽不倍于英,而决不下之";以中国之国土之广,人口之多,地租自然不会少于英国。并且,以麦洛克氏之说,"不能为英之土地单税论,尤断不能以之推倒土地单税论之根据";至于梁启超借助麦洛克氏之理论,来证明中国推行单税制后将面临财政危机,"则尤谬之谬也"。②

其次,朱执信驳斥了梁启超的"中国田赋岁征不及四千万之说"。他指出,梁启超论中国田赋的数字来源并不科学,"赋额则独不引官书,而据外人所调查";虽然,"近世赋额为官书所不载,而干嘉赋额则官纂之书类载之";因此斥责梁启超是"为欺读者为无知而以谩语进也,是则其心术不可闻也"。③

他还强调,革命党所言"土地国有",是"指全土地而言,而尤重宅地";并且,"抑凡言地租地税者,有田租有山林矿地租有宅地租,三者之外,若池沼溪涧之地,皆可有地租也"。④ 强调注重"宅地",表明朱执信亦是将"土地"置于资本主义发展过程中来考虑的。在他看来,随着资本主义的发展,必然会引起城市地价的上涨,宅地的租税自然将成为一笔很大的收入。当今社会流行的"土地财政"之说,也即是城市化进程中"宅地"价格上涨及其在政府财政收入中所占比例之重的反映。朱执信通过对清朝乾隆以来的田赋总额进行考察后指出,田赋"加余诸税则其额当为六千万两弱也。而依下所论,此实收不能如额之由,实在官吏之种种侵蚀,非土地之不能负担此税也"。⑤

对于"中国地税不加额不可得四万万之说",朱执信也进行了驳斥。他指出,"梁氏此论其贯于始终之巨谬,有一不知田赋与地税内容之有差别是也。以地税即为田赋故也。审其说,然则除田以外,无地也"。⑥ 他反问梁

---

① 朱执信:《土地国有与财政》,《民报》(第十五号),《中国近代期刊丛刊》(第二辑),中华书局2006年版,第2471页。
② 同上书,第2474—2475页。
③ 同上书,第2477—2478页。
④ 同上书,第2478页。
⑤ 同上书,第2482页。
⑥ 同上书,第2482页。

启超,"今者田赋以外,房捐为各省岁入之一大宗,论者亦知之否乎"?① 这里的"房捐",即是指城市的房产税。因此,从这一论述来看,朱执信土地国有思想的中"土地"已经具体化为城市土地与农村土地;也即是土地国有后实行的土地单税制中,征税对象既包括农村土地上缴之田赋,亦包括城市土地所应上缴之税。事实上,梁启超也关注到了城市土地,只是将土地税的重点放到农村土地上。他指出,具体到"地租总额"而言,其总额即便是加上城市土地税,将"不足六万万"。朱执信指出梁启超的这一谬论,第一是"不知田赋以外有地税";第二是"不知田有隐匿不报者";第三是"以租税之比例为划一不动"。②

最后,针对梁启超的"土地收入不足以供国用之说",朱执信则强调,革命派所指的地租,是推行土地国有制后,地租上涨的那部分,"不言本来之地租与增加之地租皆为政府之收入也"。③ 梁启超从财政上诘难土地国有制之不行包含两个错误:其一是"武断吾辈之国有方法,为以公债买收;又以消费的国债拟此买收国债,而不以起业国债拟此买收国债也";其二是"武断吾辈之国有方法,为以公债买收;又以消费的国债拟此买收国债,而不以起业国债拟此买收国债也"。④

朱执信先就"第二之误谬"进行了驳斥。他指出,革命党人此前论述土地国有时,没有论述实现土地国有的具体手段与方法。一般来说,"财产之为国有"常以买收之法;但是,土地"决不能以单纯一时收买之方法为满足"。⑤ 这是因为,"既已明知土地之将来增价可至数倍,而此数倍之增价,由社会之进化以生,不由劳力资本。则取其将来之增价,补偿现在所有土地者之损失,而此地价增加之益,遂归于国家,则可以胜于一时收买之无谋"。⑥ 他提出了一个"相辅而生之两方法":"先给国债券,而后偿还";以及"划定价值后,有增价悉以归官,然后随时依价收买"。⑦ 这两种

---

① 朱执信:《土地国有与财政》,《民报》(第十五号),《中国近代期刊丛刊》(第二辑),中华书局 2006 年版,第 2482 页。
② 同上书,第 2495 页。
③ 同上书,第 2563 页。
④ 同上书,第 2564 页。
⑤ 同上书,第 2564—2565 页。
⑥ 同上书,第 2565 页。
⑦ 同上。

方法可以并行不悖,第二种方法尤其便利。朱执信强调,革命党人如何实现土地国有,还是在于收买;但收买土地,又非一时收买之方法。即划定当前土地之地价,待日后社会发展,地价上涨,国家再来取其增加的部分。

> 所以先定地价,则土地之买卖必频繁者。凡地主之吝卖其土地者,一惧损失,二希厚利也。既划定地价矣,地主不患不得售其本价,又无从希额外之利得,故苟有欲买者,虽以国家之力强制之可也。藉令其不欲卖而自纳其增价之额,亦可也。要之,有地价可增加之事实,则必有欲求苦者。而无论其买卖之成立否,国家皆受其增价之益。而地主初不抗拒。其不抗拒非为势抑而然,亦自计其利而已。故一方用国债买收之策,一方用此策,则买收之财源决不患其乏也。①

在朱执信看来,划定地价后,地主占有的土地被明码标价。这样,地主既不失去土地,也不能从土地中获得更多利益,因为地价上涨后增加的部分皆归国家。这样,土地买卖也会自行停止,社会分化、阶级悬隔的现象得到消除,政府同时能从中获得巨大收入。

此外,朱执信还指出,划定地价后,国家征收"增额"。在这一方法下,地主只能占有现时所有之地价,并且由政府给予,地主无以拒绝。在这种情况之下,地主将土地卖给政府,而得公债或者现金,不问时价如何,"皆得同价",则其"无不利也";买地者,"纳价于官,官取所增而以定价与原主,其不足官为补足之,则买者亦无不利也"。② 然则,随着社会进步、生产发展,地价上涨是必然趋势,这样,"政府尤得收其厚利";并且,"此厚利之源,非夺之民,乃以社会之进步而有者也"。③ 这样,随着政府收入的增加,"即以之渐买收其土地,及土地尽归国有,而后土地国有政策之完成"。④

至于收买的资金来源,朱执信强调依赖发行国债。至于发行公债是否会影响财政,他认为关键要看公债是否具有"生产的性质"。他指出,公债

---

① 朱执信:《土地国有与财政(续第十五号)》,《民报》(第十六号),《中国近代期刊丛刊》(第二辑),中华书局2006年版,第2565—2566页。
② 同上书,第2574页。
③ 同上书,第2575页。
④ 同上。

分为消费性与生产性两种，其中前者因"其病民所以见诟也"，如战争公债等；后者如收买土地之公债，"绝殊于是，其偿还之源，始措勿论，第言其利息，则就其土地所收之益出之，固已足矣，然则于财政有何不巩固而劳论者为之忧也"。①

在逐渐将土地买收归国有的同时，"并不废别种之收入"；土地收归国有后，"非尽于买收之顷刻完了，而于土地价格既增加如所预期得以与国家以充足岁入时始完了者也"。② 这样，就不会出现如梁启超所诘难的那样，会出现财政困难的情况。因此，朱执信强调，梁启超从财政上诘难土地国有论之推行是不能成立的。

2. 太邱对土地国有制下之单税制的辩护

太邱③重点就"土地国有政策与土地单税论之善异"进行了探讨，以驳斥梁启超对单税制的诘难。他首先区分了"经济革命"与"政治革命"的不同内涵。其中，欧美贵族与平民斗争激剧，由是发生"政治革命"；而"富族与贫民相柞栎，遂生社会革命"。并且，"社会革命"之目的，乃是"使经济趋于平等"。

太邱对土地单一税制的阐发，从介绍其的起源开始。它"肇自十八世纪，法国重农学派所唱道"。土地单一税制的基本内容是：

> 凡财产中土地实唯一之富源，生纯收入之财产，独土地惟然耳。若他之生产业只有对于资本与劳力之报酬，此外不生余剩也。而土地之耕作（即农业），通常除去资本之利子（息）与计给劳力之赁银（庸）外，尚生余裕，此余裕即纯收入。得此纯收入之财产，舍土地莫能致也。此余裕虽因土地之生产力，而其高下有差，然凡土地而不生此余裕者，殆无有也。故政府课税当以课于唯一土地之地租。④

但是，在太邱看来，重农学派的"土地单税论"与革命党的土地国有

---

① 朱执信：《土地国有与财政（续第十五号）》，《民报》（第十六号），《中国近代期刊丛刊》（第二辑），中华书局2006年版，第2566页。
② 同上书，第2577页。
③ "太邱"，真实姓名、身份不详，本文且沿用这一笔名，也不作人物简介。
④ 太邱：《斥新民丛报驳土地国有之谬》，《民报》（第十七号），《中国近代期刊丛刊》（第二辑），中华书局2006年版，第2734—2735页。

论"殊非同物"。重农学派"以租税全额责诸地租",革命党"则以租税全额取诸地代";重农学派将地租当作全部税收的来源,革命党则只将"地代"征缴上来。① 重农学派土地单税制的弊病是"以租税全额责于地主之负担",地主不能将"税转嫁于消费者",因此,"是独苦地主,至生不公正之结果也";即便是地主想将租税转嫁于消费者,但是外来输入品价格低廉,地主"仍不得不负担新税,亦不公正也"。② 太邱指出,推行重农政策的国家,其输入的外国商品价格之所以低廉,"则以内国之税重故也"。这一认识基本上符合重农学派强调重征商业税的主张。土地国有制则不同,"其租税全额非取诸地税,而实取诸地代"。因此,国家作为一国之地主,"取其地代,以抵一国之租税全额,是国中悉无租税矣"。③ 推行土地国有制后,采取土地单一税制,将土地价格上涨的部分——地代抵充全国租税总额,取消其他税种。工商业产品等的国际竞争能力自然就得到加强,就不惧怕外来输入品的竞争了。梁启超以重农学派的"土地单税制理论"来诘难革命党的土地国有主张,"岂非谬以千里焉"。④

太邱还指出,重农学派的单税制之所以难以推行,主要有两个方面的原因:一是"不普及不公平";二是"不能充巨大之经费"。⑤ 他在分析重农学派的土地单税制论的基础上指出,其是"以抵诸般租税是为无偿",而且"独则地主以负担"。但是,革命派的土地国有论是主张"定价买收",是有偿的;而且,推行土地国有制,不仅可以"免地主以外之人之负担,并免地主之负担"。⑥ 他特别对第二点进行了详细说明,"夫国家既以定价买收其土地,是所有者并其权义移转于国家",国家成为地主后,利益风险皆由国家承担,则一国之中没有纳税人。国家既无纳税人,则单税制之"普及不普及之问题,无自而生,国家取其地代以抵诸般租税是国中悉无赋税之事矣"。既然不存在征收赋税,"则负担公平不公平之问题,亦无自生"。⑦

---

① 太邱:《斥新民丛报驳土地国有之谬》,《民报》(第十七号),《中国近代期刊丛刊》(第二辑),中华书局2006年版,第2735页。
② 同上书,第2741—2742页。
③ 同上书,第2742页。
④ 同上书,第2743页。
⑤ 同上书,第2752—2753页。
⑥ 同上书,第2753页。
⑦ 同上。

在太邱看来，革命党的土地国有论是公平的，这也是与重农学派的土地单税论之最大区别所在。并且，革命党的土地国有论不仅没有弊病，"而且有其利"。"昔以课其税而沮其生产力者，今以免税，故交易悉同，民无所沮，生产渐繁，物价趋贱，又可计日而待矣"。①

　　太邱的这篇文章并未写完，后来也未见其有续论。因此，他对于第一条之"不能充巨大之经费"，并未作出详细阐述，只是概括性地指出，中国在实行土地国有制后，"断言无不能充巨大经费之患"。并且，他在将日本、普鲁士等国的税收情况与中国进行简略比较的基础上强调，梁启超认为实行土地国有制后会出现政府财政入不敷出的局面，是在故意颠倒错乱，"匿多报少，增少为多"，用错误的数据等诘难革命党人的土地单税制，进而否定土地国有论。②

四　土地国有论战之评析

　　革命派主张土地国有，是要为发展资本主义扫清障碍，铲除地主对土地所有权的垄断，实现土地国有化；梁启超对土地国有论地诘难，也是强调要发展资本主义。两者都意识到事先预防社会危机的必要性，只是梁启超主张以改良手段，在保存既有生产方式的前提下，吸取欧美国家教训，强调在发展之中逐渐解决社会问题；革命党人则主张举政治革命、社会革命毕其功于一役。因此，综合来看，两者之间并不存在根本性分歧，只是一方主张用"革命"手段来发展资本主义；另一方则强调用"改良"手段来发展资本主义。综合来看，这场土地所有权思想论战，在近代土地所有权思想发展演变中有着重要意义。

　　1. 土地国有论战构成1905—1907年大论战的主体部分

　　1905—1907年，以《民报》与《新民丛报》为中心阵地，资产阶级革命派与改良派进行的大论战围绕民族、民权、民生三大主义展开。学术界曾将民主问题作为这场论战的中心，后来被推翻。③ 目前来看，学术界或认

---

① 太邱：《斥新民丛报驳土地国有之谬》，《民报》（第十七号），《中国近代期刊丛刊》（第二辑），中华书局2006年版，第2753页。

② 同上书，第2743页。

③ 参见耿云志：《从革命党与立宪派的论战看双方民主思想的准备》，《近代史研究》2001年第6期。

可民族主义是大论战的中心,或不再讨论大论战中三大部分的轻重问题。①但不可否认的是,对于民生主义在论战中的地位,学术界一直缺乏清晰认识;作为民生主义论战基本内涵的土地国有之争,也未得到足够重视。② 从上文分析来看,以土地国有为核心的民生主义论战,在整场论战之中占有重要地位。

首先,从内容上看,土地国有论战在1905—1907年的论战中有着举足轻重的地位。一般认为,"平均地权、节制资本"是民生主义的核心内容;但在1905—1907年的论战中,"节制资本"尚未提出、丝毫无涉。台湾学者张玉法指出,"在孙中山提出民生主义之后,冯自由首先给予民生主义较为完整的界定,即土地国有以及铁路、矿山、邮政和其他公共设施国营。其他《民报》作者似乎只阐扬孙中山所提到的土地国有";"因此,梁启超批评民生主义集中在土地国有上,而《民报》作者们为反驳梁启超,亦集中在土地国有上"。③ 此时革命派民生主义的主体内容是"土地国有",并以此作为社会革命之号召。

其次,从双方的论战文章以及文章篇幅来看,土地国有论战在整场论战中有着重要地位。据初步统计,革命派严肃的论战文章计有46篇。④ 梁启超的全部论战文章则有:《开明专制论》、《申论种族革命与政治革命之得失》、《暴动与外国干涉》、《答某报第四号对于〈新民丛报〉之驳论》、《杂答某报》、《中国不亡论》、《现政府与革命党》、《驳某报之土地国有论》、《再驳某报之土地国有论(补)》。⑤ 具体到土地国有论战的文章数量来看,革命派方面,据粗略统计,全部论战文章中关于民生主义的计有17篇,占

---

① 张海鹏、李细珠:《中国近代通史:新政、立宪与辛亥革命》,江苏人民出版社2006年版,第180—187页。

② 胡寄窗曾对土地国有论战的地位评价说,"土地国有论战是此次大论战的核心,其他争论性问题大都由此派生出来的"(参见胡寄窗:《中国近代经济思想史大纲》,中国社会科学出版社1984年版,第351页)。但是,他的这一评价也只是将土地国有论战置于"民生主义论战"部分来考察的,并不是将其置于1905—1907年整场大论战中进行考察。并且,胡寄窗也并未对这一说法作出具体解释。

③ 张玉法:《西方社会主义对辛亥革命的影响》,《张玉法自选集》,中国社会科学出版社2011年版,第77页。

④ 数据具体根据《中国近代期刊丛刊》(第二辑)《民报》影印本(中华书局2006年版)统计得出。

⑤ 根据《饮冰室合集》、《〈饮冰室合集〉集外文》(上)两书整理而成。

全部论战文字的近37%。① 在这些文章中,有15篇是直接论述土地国有的文章,约占"民生主义"论战全部文章近90%,占大论战总文章数33%。因此,土地国有之争既是大论战中民生主义部分的主体,又是大论战的重要组成部分。② 梁启超的全部论战文章中,诘难土地国有论的文章有:《杂答某报》、《驳某报之土地国有论》、《再驳某报之土地国有论(补)》等。这些文章篇幅极长、字数极多。"在梁氏论战文字中,驳土地国有论的文字占有特别地位","此部分文字非常之多,几占全部论争文字2/5"。③ 其中,《杂答某报》中诘难土地国有论的文字就有两万多,《驳某报之土地国有论》、《再驳某报之土地国有论(补)》两文计有五万余字。因此,梁启超在这场论战中诘难土地国有论的文字达七万余,足见其对土地国有论战之投入与专注。除去诘难土地国有论部分的2/5,其余3/5是驳斥民族主义与民权主义。④

---

① 数据具体根据《中国近代期刊丛刊》(第二辑)《民报》影印本(中华书局2006年版)统计得出。

② 简略介绍一下这场论战中有关"民权主义"、"民族主义"论战的比重。先看关于"民权主义"论战部分的比重情况:在革命派的全部论战文章中,仅有数篇谈及民权主义部分。其中,正面讨论民权问题的只有《论中国宜改创民主政体》一文;《民族的国民》一文涉及民权问题,但"此文真正谈及民主的部分,只占全文1/8的篇幅"(参见耿云志:《从革命党与立宪派的论战看双方民主思想的准备》,《近代史研究》2001年第6期,第6页)。《〈民报〉之六大主义》一文中,阐述民权问题的部分不到1/6;《驳新民丛报最近之非革命论》一文比较多地谈到民权的内容,而《希望满洲立宪者盍听诸》、《再驳〈新民丛报〉之政治革命论》、《满洲立宪与国民革命》也略微谈及了民权问题。因此,民权问题不是革命派论述的中心。再来看"民族主义"论战的比重,总体上看,这场论战中论述"反满"革命的文章则有很多,粗略统计有29篇,并且篇幅长,字数多。可以说,"反满"问题基本上是革命派在大论战中着力论述的重心。因此,综合革命派这一边情况来看。在论战中,民权问题不是申述的重点。"反满"的民族主义是革命派着重论述的重心,而以"土地国有"为基本内容的"民生主义"论战与"反满"的"民族主义"论战一并组成这场论战的主体部分。

③ 耿云志:《从革命党与立宪派的论战看双方民主思想的准备》,《近代史研究》2001年第6期,第6页。

④ 梁启超关于民权主义论战的部分,比重也很小。《开明专制论》是一篇长文,主旨在论述当时中国不但不宜于共和立宪,亦且不能实行君主立宪,只能实行开明专制以为实行宪政之过渡,该文第八章专论此旨。文章讨论民主问题的部分只占全部文字的1/8;此外,《申论种族革命与政治革命之得失》一文,较多涉及民主制度的问题;《驳某报第四号对于〈新民丛报〉之驳论》对民主政治亦有所涉及;《杂答某报》由五部分组成,但只有第三部分涉及民主问题,而分量也只占全篇的1/10多一点。

此外，从大论战的结束时间来看，一般认为论战以《民报》创刊为起始，而以《新民丛报》停刊为结束标志。"1907年7月，几乎由梁启超独立支撑的'独夫'杂志《新民丛报》在困境中停刊，标志着为时将近两年的革命派与改良派的思想大论战基本结束"。① 然而，土地国有论战却并未因《新民丛报》停刊而结束，其持续时间在整场大论战结束之后。1907年7月，《新民丛报》停刊后，《民报》接连于9月、10月刊出第十六、十七期，登载《土地国有与财政（续第十五号）》、《斥新民丛报驳土地国有之谬论》等文，对梁启超的诘难进行最后反击。当然，土地国有论战的开始时间，可以1905年10月20日孙中山《〈民报〉发刊词》的发表。"经济问题继政治问题之后，则民生主义跃跃然动，二十世纪不得不为民生主义之擅场时代也。"② 是年5月，孙中山在访问国际社会党执行局的谈话中，"扼要地解释了中国社会主义者的目标"。其中，关于民生主义且涉及土地所有权问题的部分是，强调"土地全部或大部为公共所有，就是说很少或没有大的地主，但是土地由公社按一定章程租给农民"。③ 因此，土地国有论战的持续时间，比学术界目前一般认可的整场大论战的持续时间要长。

综合上述分析，可以知道：土地国有论战是与民族革命问题一并构成1905—1907年资产阶级革命派与立宪派大论战的另一重要组成部分。

2. 土地国有思想的不成熟与梁启超相对灵活的诘难

革命党人对中国国情的把握并不深入，且接受亨利·乔治土地国有思想的时间不长，尚未将之完全消化。因此，他们在论战中就明显带有机械化、教条化色彩。相反，梁启超作为近代中国传统文化之集大成者，熟稔中国实情，且又饱受西学影响，中西贯通的广博的知识结构，使其在诘难土地国有论时往往能游刃有余而鞭辟入里。

（1）革命党人的土地国有思想并不成熟

革命党人土地国有思想的不成熟，首先体现在它内部不统一。结合上文分析来看，胡汉民首倡土地国有，冯自由继续阐扬。但是，就两者土地国有思想的内涵与实质上看，却又显然有别。孙中山的土地国有思想，是

---

① 张海鹏、李细珠：《中国近代通史：新政、立宪与辛亥革命》，江苏人民出版社2006年版，第186页。
② 孙中山：《〈民报〉发刊词》，《孙中山全集》（第1卷），中华书局1981年版，第288页。
③ 孙中山：《访问国际社会党执行局的谈话报道》，《孙中山全集》（第1卷），中华书局1981年版，第273页。

受亨利·乔治及其学说影响的结果。胡汉民的土地国有思想，大致与孙中山一致。但冯自由在阐扬其土地国有思想时，却是将之置于"民生主义"下考虑的。"冯直接用'民生主义'而不用'社会主义'，虽然在革命党人看来，二词有着相同的意义"；但是，这与胡汉民、孙中山等在阐发自身土地国有思想时往往比附为"社会主义"是存在差异的。事实上，冯自由土地国有思想的内涵，更多的是主张实现德国的国家社会主义，即实现土地国有与大企业国营，因而不完全是继承亨利·乔治土地国有思想的结果。

其次，土地国有思想的不成熟之处，还在于它仅仅确立起一个大致框架，缺少完整的体系。孙中山提出"划定地价、照价征税、照价收买、涨价归公"的基本方案，强调实行土地单一税制。但是，它对于一个地区差异极大、经济体制落后的农业国家来说，难以付诸实践。就"划定地价"来看，土地价格之制定，如何依据土地类别、区位因素、人地比例等，都需深入具体探索，诸此等等。尤其是对于单税制，革命派只是强调要推行这一制度，至于如何推行，完全没有说明。这也无怪乎梁启超诘难这还仅是一种学说，是否可行尚待研究。

最后，土地国有思想的不成熟还体现对亨利·乔治土地所有权思想接受的教条化与机械化。他们在援引土地国有论鼓吹社会革命时，鲜有将其与中国社会结合起来探讨土地问题。亨利·乔治的土地国有思想，是在资本主义发展过程中产生的，其目的也是为解决资本主义发展过程中的问题。这一特点也被革命党完整吸收，并一成不变地运用到土地国有论战之中。虽然，他们也强调土地国有思想旨在防患于未然，但当时的中国诚如梁启超所强调的，迫切需要解决的不是防患发展之后所带来的社会危机，而是要全力谋划如何发展的问题。换句话说，近代中国所亟须解决的不是去防患未来社会将出现的"后现代化"问题，而是要解决"现代化"问题。

(2) 梁启超相对灵活的诘难

与土地国有思想的并不成熟相对应的是，梁启超的诘难则显得相对灵活。并且，可以认为，他诘难土地国有论的诸多观点是对土地国有论的完善。

首先，从具体内容上看，梁启超对土地国有论的诘难从财政、经济、社会等诸多方面全面展开，并且他结合古今中外土地私有权的存在状况，旁征博引，充分发挥他那"饱含感情色彩"之笔，指出革命党土地国有思想的种种不足。后来孙中山等的土地所有权思想之中，承认土地私有，强调要避免引起地主的激烈反抗；以及20世纪30年代萧铮公然诘难土地国有论等，无疑都与其或多或少存在关联。

其次，梁启超诘难土地国有思想的灵活性体现在紧扣近代中国实际。这无疑击中了土地国有论者们的死穴。他认识到中国农民渴求土地的普遍心理，强调农民"不徒不希望土地私有制之废止，宁望其保存而确立者为多"；[1] 针对革命党人鼓吹的土地国有论，梁启超指出，若实现这一土地所有制受损最大的是农民群体。梁启超对中国农民习性的这一认识，无疑是极其深刻的。但可惜的是，他并未就如何去解决近代农民渴求土地的问题展开探索。此外，对于革命党人着眼于解决未来社会问题的思想特点，梁启超更是强调"经济发展"的紧迫性。在他看来，近代中国积贫积弱，发展经济是居于第一位的任务，"今日中国所急当研究者，乃生产问题"。并且，在西方资本—帝国主义入侵的背景之下，这一任务尤其显得紧迫——"生产问题能解决否，则国家之存亡系焉"。[2] 梁启超对"发展"这一主题的认识，无疑是极其深刻的。

台湾学者张朋园曾指出，"任公博引当时风行的德国经济学派理论以佐其学说，行云流水，咄咄逼人。如果说在此辩论中任公有略占上风之处，便是他的土地政策论"。[3] 当然，梁启超对土地国有论的诘难，在另一层面上，是在为地主土地所有制辩护。陈旭麓曾指出，梁启超"是一个由地主阶级向资产阶级转化的人，一个半殖民地半封建社会的资产阶级改良主义者，在他的身上，也就必然保留着浓厚的封建阶级色彩"。[4]

3. 论战推动了土地所有权思想发展

土地国有论战，有力地推动了近代土地所有权思想的发展。这主要体现在两个方面：第一，它完善了土地公有思想，推动土地公有思想的继续传播；第二，在论战中革命党人土地国有思想受到诘难，为后来革命党人

---

[1] 梁启超：《驳某报之土地国有论》，《饮冰室合集·文集之十八》，中华书局1989年版，第25页。

[2] 梁启超：《杂答某报》，夏晓虹辑：《〈饮冰室合集〉集外文》（上），北京大学出版社2005年版，第423页。

[3] 张朋园：《梁启超与清季革命》，吉林出版集团有限责任公司2007年版，第167页。

[4] 陈旭麓：《论梁启超的思想》，《陈旭麓学术文集》，上海人民出版社2011年版，第268页。

土地"农有"思想形成埋下伏笔。

(1) 完善了土地公有思想并推动其的继续传播

尽管革命党人的土地国有思想存在不足，但历经这场论战，革命派的影响却在社会上广泛传播开来。诚如《新民丛报》在停刊前发文所说，"数年以来，革命论盛行于国中"，"下至贩夫走卒，莫不口谈革命，而身行破坏"。[①] 在这一情势之下，土地国有思想亦随之扩散开来。并且，革命党人在与梁启超辩论的过程中，为民生主义建立了深广的基础。经历这场论战，《民报》的作者们虽对土地国有的宣扬有不同论调，却为土地国有论建立起理论基础；历经这场论战，也促进了革命党人土地国有思想的丰富与完善，这尤以胡汉民为代表。此外，梁启超对土地国有论的诘难，与革命党人的宣传殊途同归，促成了这一地权思想的深入阐发。梁启超从诸多方面展开的诘难，正是革命派思考不全面、不深入的地方，如革命派过于注重城市土地所有制问题，实现土地国有的手段问题等等。梁启超的诘难没有对革命派的土地国有思想有所损伤；并且，革命派在为土地国有论的论辩中，使得土地国有论更为加强。因此，不论从梁启超的诘难，还是革命派的应战，都促进了土地国有思想的发展。

土地国有论战推动了土地公有思想的继续传播，还体现它将打破地主土地所有制与近代革命结合起来。土地国有论的提出，是为避免将来资本主义发展过程中的土地兼并与垄断问题，以及由此出现的社会危机。革命派指出，欧美国家严重的社会危机，以及一触即发的社会革命，是土地私有制积弊至深所致。因此，强调中国革命要举政治、社会革命等"毕其功于一役"，提出以土地国有为核心的"社会革命"主张。这样，土地国有思想就作为近代史上反对地主土地所有制的思想武器被首次公开阐释出来。此后，社会上再起之革命思潮，就不能没有反对地主土地私有制的公有思想。

革命党人在西方土地国有思想影响下，第一次公开提出土地国有思想，并且竭尽才智为之而辩护。这一思想虽未具体落实到中国社会的实际，但反对地主土地私有权的指向确是极其明显的。因此，这自然就要比梁启超所竭力捍卫的地主土地所有制更有吸引力。它无疑也是促使"革命论盛行于国中"的重要因素之一。并且，因在反对地主土地所有制上一致，这场

[①] 与之：《论中国现在之党派及将来之政党》，《新民丛报》1907年第92号，第1页。

论战中也有无政府主义者的参与。刘师培撰写《悲佃篇》，黄侃写《哀贫民》等分别发表在1907年《民报》"第十五号"、"第十七号"上。革命党人的土地国有思想渐趋沉寂之后，无政府主义者继续鼓吹反对地主土地私有制，传播土地公有思想。

（2）为后来革命党人土地所有权思想的变化埋下伏笔

革命党的土地国有思想，在论战之后，并未继续得到深入阐发。但是，孙中山在其晚年提出"耕者有其田"的思想，强调农民要耕种自己的土地，给予农民土地使用权。比照土地国有思想与"耕者有其田"思想，不难发现两者之间存在着逐渐深入的关系。

孙中山的"耕者有其田"思想，是一种将土地所有权收归国家，而将土地使用权分散给农民的土地所有权思想。因此，就其实质上看，与这一时期所鼓吹的土地国有论在性质上基本上一致。但是，"耕者有其田"却较土地国有论更为具体与深入。这是因为，"耕者有其田"已经注意到近代农民土地问题，它不再如论战中革命派那般强调是要解决未来的土地问题。然而，孙中山土地所有权思想发生这一变化的原因，一个可能的解释是，在历经这场论战后，吸纳了梁启超诘难土地国有论中的某些观点，开始将土地所有权思想与国情结合起来，形成一种相对契合近代中国社会的土地所有权思想。张朋园就指出，"革命党日后之不强调土地国有，是否受到这次辩论的影响，固无法肯定，但土地国有政策之转趋温和，则为事实"。[①]因此，可以认为，土地国有论战为后来革命党人土地所有权思想的变化埋下了伏笔。

[①] 张朋园：《梁启超与清季革命》，吉林出版集团有限公司2007年版，第167页。

第三章 土地公有思想的演变与土地"农有"主张的提出

土地国有论战之后,"梁启超忙于立宪运动的事务,不再与革命派论辩,民生主义即无进一步的发挥。在这种情形下,无政府共产主义乘虚而入,主导了革命派的社会主义思想"。① 此后直至辛亥革命爆发,革命党并未对土地国有论继续进行阐发。无政府主义者刘师培,开始宣传土地公有。稍后,刘师复将无政府主义土地公有思想进一步传播开来。辛亥革命前后,以江亢虎为代表的中国社会党人,标榜社会主义,也提出土地公有的思想。② 民初以还,革命党的土地国有思想出现分化与演变:章太炎对土地国有论不再认可;孙中山则进一步完善土地国有思想,将其与农民土地问题结合,提出"耕者有其田"③ 的思想。

---

① 张玉法:《西方社会主义对辛亥革命的影响》,《张玉法自选集》,中国社会科学出版社2011年版,第52页。

② 有学者曾将中国社会党归结为无政府主义性质的政党,"中国社会党基本上是一个无政府主义者的结社",参见夏良才:《试论民国初年的中国社会党》,《历史教学》1980年第4期,第43页。也有学者将之归结为"中国社会党是民国初年的一个进步的党派,是具有中国特点的第二国际社会民主主义政党"。参见汪佩伟:《民初中国社会党性质新论》,《华中理工大学学报》(社会科学版),1997年第4期,第26页。本文不拟对此展开探讨,且本研究中将社会党作为一个独立的分析对象,将其土地所有权思想单独列出,探讨其土地所有权思想。至于其思想性质属于无政府主义还是社会民主主义等,将根据其具体的思想内涵、特点、渊源等在文章中另作分析、界定。

③ 对于孙中山的"耕者有其田"思想,人们有着不同的理解,有强调这是一种土地私有思想,即耕者有土地所有权,如毛泽东在《新民主主义论》中就强调耕者有其田是要"把土地变成农民的私产"(《毛泽东选集》(第2卷),人民出版社1991年版,第678页);也有认为这是一种土地公有思想,即耕者只有土地使用权。如孙中山之后的胡汉民、吴尚鹰等的理解,这在后文中会有详论。本书赞成第二种观点。

一 土地公有思想的继续阐发

土地公有思想的继续发展,主要以无政府主义者刘师培、刘师复等为代表。此外,江亢虎对"社会主义"的阐述,亦涉及对土地公有问题的思考。

1. 刘师培的土地所有权思想

刘师培土地所有权思想的基本内容,是对地主土地私有制的控诉,以及在此基础上阐发土地公有的思想。

(1) 控诉地主土地私有权之罪恶

刘师培指出,自古迄今,"授田之法,均属失平"[1],近代尤甚。"不独满人食汉民之粟也,即富民之役佃人,亦与明代无异"。[2] 在地主的残酷兼并之下,农村佃农极多,"百倍于佣工"。他们遭到地主的残酷剥削,"田主之于佃人也,以十分取五分为恒例"。[3] 他以淮北一带为例,刻画出一幅悲惨的图景:

> 则田至为一乡之长,而附近居民,宅其宅而田其田,名为佃人,实则僮隶之不若,奉彼之命,有若帝天,俯首欠身,莫敢正视,生杀与夺,唯所欲为,或视为定分。至于禾谷既熟,按户索租,肆求无艺,以扰其民,若输税逾期,则鞭棰之惨,无异于公廷,甚至夺其田庐,使之不得践彼土,稍拂其意,则讼之于官,官吏畏田主之势,必惩痛其身,或荡产倾家而后止。[4]

在刘师培看来,地主对无地农民之欺压与掠夺,究其根源,乃是"地权失平"。"土地者,一国之所共有也,一国之地当散之一国之民";但"同为一国之民,乃所得之田,有多寡之殊,兼有无田有田之别,是为地权之失平。"[5] 何为地权失平,即土地占有上的"多寡"之别、有无之别。土地

---

[1] 刘师培:《悲佃篇》,李妙根编:《刘师培文选》,远东出版社2011年版,第164页。
[2] 同上。
[3] 同上。
[4] 同上。
[5] 同上。

占有不平等，造成农民无田耕作的悲惨命运，最终导致人权失平。"劳动之人，义务既重，权利转轻，徒手坐食之人，义务既薄，权利转优，而劳动之人，转制于徒手坐食者之下，是为人权之失平。"[1] 农民失去土地，进而丧失人权，刘师培这一观点颇有见地。土地作为农民生活生产所需的基本生产资料，失去后生活无所依靠，不得不颠沛流离，出卖苦力成为佃农，或荫附于地主等等，生存尚且困难，谈何人权？

刘师培指出，土地私有制积弊重重。因此，"畴昔之人，亦知此制之失公，力筹挽救之策"。[2] 他列举了顾炎武、颜习斋以及王昆绳等对地主土地所有制的抨击，来强调这一观点。如顾炎武认为，应"禁限私租"，"使贫者渐富，然此特姁煦之仁"。[3] 颜习斋则强调，"天地间川，宜天地间人共享之"；并且人性是自私、贪婪的，若顺从这一本性，"即尽万人之产给一人，亦所不厌"；并针对土地占有不均的状况提出了"复井田之法"，以"使田有定分"。[4] 再如颜习斋的弟子王昆绳在继承乃师土地所有权思想的基础上，又有所发展，提出"欲制民产，当仿行收田之法"。[5] 王昆绳的"收田之法"，具体指："清官地"、"收闲田"、"没贼产"、献田、买田等；且又强调，"有田者必自耕，毋募人以代耕，自耕者为农，无得更为土为工为商。土工商不为农，不为农则无田。官无大小，皆不可以有田"。[6] 按诸刘师培对王昆绳土地主张的这些论述，可以说，王昆绳的土地所有权思想，是近代"耕者有其田"思想的雏形。

然而，在刘师培看来，即便是王昆绳的土地分配方案，也不能达到公平分配土地的目的。以"户"为单位，而不以"人口"为标准，这样一户之中因人口多寡就存在差别；且在"受田之数则无异"的情况下，"名为均贫富，实质生贫富之差"。[7] 并且，王昆绳的土地分配方案，实质"不过仅复井田之制"；恢复井田制，在刘师培看来远远达不到地权均平的目的。"处今之世，非复行井即足郅治也，必尽破贵贱之级，没豪富之田，以土地

---

[1] 刘师培：《悲佃篇》，李妙根编：《刘师培文选》，远东出版社2011年版，第164页。
[2] 同上。
[3] 同上。
[4] 同上书，第165页。
[5] 同上。
[6] 同上。
[7] 同上。

为国民所共有,斯能真合于至公"。① 还需打破贵贱等级制度,没收"豪富"的田地,实现土地公有,方能达到"至公"之世。

刘师培还从政治选举方面对剥夺"豪富"田地的必要性进行了阐释。他指出,若不打破豪富对地权的垄断,"异日光复禹域,实行普通选举"之时,佃农仍受田主控制,"屈于田主一人之下","不仅衣食,系于田畴,而田畴与夺之权,又操于田主",这时"佃人欲保其田,势必曲意逢迎",在政治上迎合地主心意,这无疑使得政治选举徒有其名,"实则失选举自由之柄"。② 这也即是他前面指出的,人权会随土地所有权丧失而丧失。"豪富"的田地必须没收,办法就是发动农民革命。"夫今之田主,均大盗也,始也操蕴利之术,以殖其财,财盈则用以市田,田多则恃以攘利,民受其厄,与暴君同。今也夺其所有,以共之于民,使人人之田,均有定额,此则仁术之至大者也。"③ 在刘师培看来,"豪富"、大地主等凭借手中的土地所有权,残酷剥削佃农,无异于暴君。因此,剥夺其地权,进而"共之于民",实现"大仁"之理想社会。

刘师培还对田主、"豪富"的罪恶进行了具体分析。"农奴制度与重农制度相伴而生。"④ 因此,在"重农"社会农奴制必然兴盛。"民间以田多为富,欲垄断多数之土地,不能不使役多数之农民,而田主、佃民之阶级遂一成而不可易。"⑤ 中国的农奴制,又颇有自身特色。除东三省、直隶一带的旗庄略与俄、日封建领主制相同外,其他地区皆不属此类。古代虽也流行过君主赠与臣民土地之风,但到清代初期,这一制度逐渐消失。自清以来,"数百年中,凡属汉人,鲜有赐田之典,虽位列五等者,亦无实封之土,则土地私有之制,非政治上之关系,乃由于社会间之自由兼并者也"。⑥ 这样,地主与农民之间形成主、仆关系。"若现今各省之佃民,对于田主均称为老爷。中国老爷之称,本包含权力阶级、资本阶级、上流阶级各意义,……,则佃民以田主为上级而已,身甘处于奴仆明矣。"⑦ 在刘师培看

---

① 刘师培:《悲佃篇》,李妙根编:《刘师培文选》,远东出版社2011年版,第165页。
② 同上。
③ 同上书,第166页。
④ 同上书,第282页。
⑤ 同上。
⑥ 同上。
⑦ 同上。

来，自清以来土地私有制形成，地权关系不再具有政治"分封"性质。这是"自由兼并"作用的结果。并且，伴随着地权关系的变化，农民与地主的等级、身份关系也发生变化。

　　土地兼并的原因，刘师培也作了具体分析。大地主中之"土豪"，大多以"力田"起家，稍有积蓄，"则为债主"，以高利贷的方式，"贷钱于贫民"，"及贫民无款偿还，则迫之以田作抵债"；久而久之，"阖村之田于无形之中易为己产，而以田作抵之人，遂降为佃民"。① 至于"乡宦"，大多"作吏贪酷，赃银甚富"，返回乡里之后，"欲置田宅贻子孙"，于是"复逞其威力向民硬买，或以廉值得良田。若售主不从，则交通守令，讼之于官，迫之出售，或仅出半价。因此之故，而膏腴之产遂为绅士所私有"。② 而投机者，"大抵乘丧乱之余，因以为利"。③ 小地主可分为"非业农者之小地主"与"佃民中之小地主"。④ 其中，前者"恒产甚微，或先世所贻仅薄田数十亩，或由教读、经商，稍有积蓄，出以购田，然所购不过百余亩，少者或仅数十亩，募民耕种，而己则兼营他业"；⑤ 后者，"本系大地主之佃民，惟以所贷之田较多，非一族所能耕，乃努授他项佃民，使之耕作，盖此乃佃民之佃民也"。⑥

　　刘师培指出，在大、小地主的压榨、剥削之下，佃农所遭受的苦痛有：第一，诛求之苦。所谓"诛求"，是指需索、强制征收。如佃民需预先交纳"押佃银"，湖北、四川及北方一些省份推行此制。第二，供张之苦。地主收租时，佃农须承担其居住饮食等，有的甚至"淫其妻女，或犯其粮谷，虽所带仆役，亦必供张备至"；稍有不妥之处，"则加以诟骂，或从事于鞭挞"。⑦ 第三，役使之苦。佃农在纳租之余，还需要承担地主摊派下来的劳役。第四，贡献之苦。正租之外，佃农需要向地主"献肉，献鱼，献鸡，献卵，献蔬"等，这被"视为恒例"。⑧ 第五，刑罚之苦。佃民常遭受地主

---

①　刘师培：《论中国田主之罪恶》，李妙根编：《刘师培文选》，远东出版社 2011 年版，第 282—283 页。

②　同上书，第 283 页。

③　同上。

④　同上。

⑤　同上。

⑥　同上。

⑦　同上书，第 285 页。

⑧　同上书，第 284 页。

之随意惩罚，甚至剥夺其性命。第六，诉讼之苦，佃农纳租时若有迟滞，地主将勾结官吏，对佃农进行恶意惩罚。"其凶暴不啻盗贼"，"差役所索之费，又不下于纳租，势必倾家荡产以为偿"。① 第七，撤佃之苦。佃农还须时刻担心撤佃，地主一旦撤佃，佃农将被迫四处迁徙，流离失所而或饿死。因此，佃农的生命财产之权，"均操于田主"，与其称为佃农，实则无异于农奴。"故凡贷田于大小地主者，均不啻居于奴隶之地位。"② 因此，刘师培强调，对农民危害最大者就是田主。自耕农降为佃农，是"因生计艰难，必售田于富室"。③ 农民土地被兼并，生活日益困顿。这一局势若得不到改善，"故知异日中国之田，必悉操于大地主之手"；因此，"非实行农民革命，废灭土地私有制，则佃民所罹之苦岂有涯乎！"④ 刘师培再次提出要发动"农民革命"，这与其此前在《悲佃篇》中号召农民起来反抗地主的压榨与剥削相呼应。

强调以"农人革命"的形式，没收"富豪"、大地主之土地，是有着重大意义的。无政府主义者主张消除一切不平等，主张一切生产资料诸如土地、森林、矿山等"共有"、"公有"。虽然革命派也主张土地国有，但无政府主义者显然要更激进。他们主张激烈的社会变革。刘师培甚至还有鼓动农民革命、推翻地主土地私有制之意。并且，刘师培的"藉豪富之田"和"农人革命"的主张，已然具体到了农民土地问题层面。

（2）阐发土地公有的理想

刘师培在抨击地主土地私有制的基础上，深入阐发了无政府主义的共产、公产思想。

他指出，无政府主义所强调的共产主义，乃是"欲扫荡权力，不设政府，以田地为公共之物，以资本为社会之公产，使人人作工，人人劳动"。⑤ 强调田地为公共之物，实为强调土地所有权公共所有，这是一种土地公有思想。在土地公有制之下，"人人苦乐平均，无所差别，则必人人不以为

---

① 刘师培：《论中国田主之罪恶》，李妙根编：《刘师培文选》，远东出版社2011年版，第285页。
② 同上。
③ 同上书，第287页。
④ 同上书，第288页。
⑤ 申叔：《人类均力说》，葛懋春、蒋俊、李兴芝编：《无政府主义思想资料选》（上），北京大学出版社1984年版，第66页。

苦，人自以为苦，均引他人之乐者互相比较。若人人均苦，必不自以为苦矣。而不平之心不生，则争端不作，而人类永保其和平"。① 刘师培这里强调在"苦乐平均"的前提下，人们内心处之"平等"能使"争端不起"，而"永保和平"。这实际上还是对中国传统社会里的"不患寡而患不均、不患贫而患不安"思想的继承。刘师培还强调"平等"的重要性，"独立自由二权，以个人为本位，而平等之权必合人类全体而后见，故为人类全体谋幸福，当以平等之权为尤重"。②

对于土地私有制的起源，刘师培指出，"彼拥富饶之土地非一己之力所开拓也，亦非以巨金购之他人也"；而是因昔日战争之征服，"各占其土地为私有"，或者"因有功君主，赐以多数之土田"；至于美、澳各洲，乃是"由殖民之初，斥逐蛮民，各占其土田为私产"；然而，"今日所谓土地私有者，均强者对弱者之掠夺耳"。③ 地主占有土地，藉此剥削农民，不仅占有他们的劳动成果，甚至剥夺其生命。"富民之财悉出于佣上之所赐。使无佣工之劳力，则富民无由殖其财，今乃忘彼大德，妄肆暴威，既夺其财，兼役其身，非为夺其财产权也，并且夺其生命之权，此非不道德之极端耶"。④ 此外，地主还凭借财富享有特权，影响国家政治进步。

> 财产既盈，国家欲从事争战，不得不索之富民，致国会议院，均以有财产者充其选。而财产愈丰者，其行贿之金亦最巨，故一国贵显之职，咸属于少数之富民。名曰普通选举。实则多数之贫民，屈于地主一人之下，贫民衣食，系于土田，而土田与夺之权，操于地主，及选举届期，贫民欲保其土田，势必曲意逢迎，咸以地主应其举。故富豪不啻世袭之职员，而多数之贫民，虽有选举之名，实则失选举自由之柄。岂非天地间之一大隐痛耶！⑤

---

① 申叔：《人类均力说》，葛懋春、蒋俊、李兴芝编：《无政府主义思想资料选》（上），北京大学出版社1984年版，第69页。

② 申叔：《无政府主义之平等观》，葛懋春、蒋俊、李兴芝编：《无政府主义思想资料选》（上），北京大学出版社1984年版，第72—73页。

③ 同上书，第81页。

④ 同上书，第82页。

⑤ 同上。

刘师培大声疾呼,"贫富不平等,至今日而达于极端。蔽以一言,则今日之世界均富民之世界也"。① 因此,无政府主义必须要创立一个新世界、新社会。在这一社会里,"人人均平等"、"人人均自由"。② 在这一社会制度下,"实行公产,使人人不以财物自私,则相侵相害之事将绝迹于世界。然徒曰公产,而不行均力之说,一任作工之自由,则物之不备者必众,及无以给人类之求,则争端又作。若均力之制,则物无匮之虞,而纷争尽弭"。③ 在此,刘师培构建了一个没有私有权的公有制理想社会。

刘师培对正处于被侵略与欺凌的亚洲国家的社会发展形势亦作了阐述。一些亚洲国家虽遭到列强的侵略与压迫,但其内部却正发生变化:一是人们开始要求独立;二是开始接受"社会主义";三是"渐明大同主义"。刘师培指出,"独立之念"主要指民族主义兴起;"大同主义"则指亚洲国家的联合,共同反对"白种人"的侵略与压迫。他将日本也排除在外,其理由是:"若夫日本各政党创为日清,日韩日印各协会,各公司,无非以己国扩张势力为目的,乃吾辈之公敌,与大同主义不同。"④ 至于开始接受"社会主义",则是指被侵略的亚洲国家,"一切财源悉为强种所吸收,以至民生日困,陷于阨穷之境。及人民无以为生,势不得不趋于社会主义"。⑤

需要注意的是,刘师培所指的"社会主义"并不是马克思的社会主义。他也对无政府主义与马克思主义作了区分。"彼之所谓共产者,系民主制之共产,非无政府制之共产也。故共产主义渐融于集产主义中,则以既认国家之组织,致财产支配不得不归之中心也。"⑥ 并且,他强调共产制很容易在中国推行,"由无政府而生共产制,由共产制而至无政府"。⑦ 其理由是,

---

① 申叔:《无政府主义之平等观》,葛懋春、蒋俊、李兴芝编:《无政府主义思想资料选》(上),北京大学出版社1984年版,第82页。

② 同上书,第85页。

③ 何震、申叔:《论种族革命与无政府主义之得失》,葛懋春、蒋俊、李兴芝编:《无政府主义思想资料选》(上),北京大学出版社1984年版,第90页。

④ 申叔:《亚洲现势论》,葛懋春、蒋俊、李兴芝编:《无政府主义思想资料选》(上),北京大学出版社1984年版,第125页。

⑤ 同上书,第124页。

⑥ 申叔:《〈共产党宣言〉序》,葛懋春、蒋俊、李兴芝编:《无政府主义思想资料选》(上),北京大学出版社1984年版,第138页。

⑦ 《论共产制易行于中国》,葛懋春、蒋俊、李兴芝编:《无政府主义思想资料选》(上),北京大学出版社1984年版,第139页。

中国自古以来就存在着共产制度,并且"确然有征"。

> 盖上古之制,确为共产,故孔丘据以告子游,非尽属于理想之谈也。自此以降,则东汉之时,张鲁据汉中,诸祭酒各起义舍于路间之亭传,县置米肉以给行旅,食者量腹取足,此亦共产制之行于一方者。①

并且,近代以来"共产之制犹有存者"。他的依据是:

> 近今城市之民虽多同族异财者,然乡镇之地以及岩邑退陬,则同族之民恒环村而居,多者千余户,少者数百户,于各户私有财产而外,均有公产为一族所共有(如古代义庄义田之制),阖族之民,无论亲疏贵贱,凡婚嫁丧祭之费均取给于兹,而鳏寡孤独亦分此财以为养,下逮应试之费、入塾之费亦均取财于公。②

将农村"义仓"制度、"义田"制度等比附为共产制,是值得商榷的。"义仓"制度、"义田"制度是在宗族制度的基础上构建起来农村互助制度,根本不是共产制。

刘师培还比较了中国与欧美两种不同社会状态,指出欧美法律重视私有产权,但是中国"则以异财分居为薄俗",如"同族之中有身跻贵显者,则宗族均沾其惠;若乡里贫民对于同姓之殷室,岁时伏腊均可索财自给,而舆论不以为非。又乡僻各村落,一家有急,则阖村之民互相周恤"。③ 因此,"以观欧美之风俗,实有过之,盖共产制度未尽脱离,而财产私有制度亦未尽发达也"。④ 所以,中国实行共产制,较之欧美国家相对要容易。

> 欧美各国共同劳动之团体日以发达,故由共同之劳动进而为共同之享受,对于资本家实行收用政策,则共产制可见之实行。中国欲行

---

① 《论共产制易行于中国》,葛懋春、蒋俊、李兴芝编:《无政府主义思想资料选》(上),北京大学出版社1984年版,第140页。
② 同上。
③ 同上书,第141页。
④ 同上。

此制。必先行之于一乡一邑中，将田主所有之田，官吏所存之产（如仓库），官商所蓄之财（每乡富民均有蓄藏，又典当各业多为富民所开设），均取为共有。以为共产之滥觞。若各境之民互相效法，则此制可立见施行。此制既行，复改良物质，图生产力之发达，使民生日用之物足供全社会人民之使用，则争端不起，而共产制度亦可永远保存。①

刘师培还认为，古代"国有制度"深有其弊，"施行国有政策者，罔不病民"。② 在这一制度下，土地国有制也存在诸多弊端。首先，虽然在百姓之间实现了贫富均衡，"然在上之人均以禄代耕，所入之谷或百倍于农，或千倍于农"，他们以剥削农民而生活，垄断一国土地且掌握支配大权，"主治被治之分将一成而不可易"。③ 因此，"土地国有说易为扩张国权者所利用"，且在这一制度下，"人人均为仆隶"。④ 刘师培曾在评价王昆绳的土地所有权思想时，强调即使回归上古的井田制，也难以实现"公平"。这里他对井田制弊病之揭露，与此前其对王昆绳恢复井田制的评价遥相呼应。至于"均田制"，百姓"所领之田均属旷土"，且到一定年限之后须上交国家；而"贵族兼并之田则不闻收为公有"，并且"晋、隋之制，一切职官各以贵贱占田，而所占或百顷，均为永业"。⑤ 因此，所谓土地国有者，"均与贵职以殊利者也"。⑥ 唐中叶时，在"民田"之外设置"公田"，也"即国家之田"，并租佃给农民耕种；但是，农民缴纳的地租，其额度与向田主缴纳的私租无异，甚至更重，这一状况持续到清末。⑦ 因此，土地归诸国有之后，税额却较地主土地所有制时为重，"土地国有之病民，较田主病民为尤甚"。⑧ 当然，刘师培这里的"土地国有制"，并不是近代意义上的土地国有制，它是一种旧地主阶级联合所有制，事实上也是一种私有制，属于地主

---

① 《论共产制易行于中国》，葛懋春、蒋俊、李兴芝编：《无政府主义思想资料选》（上），北京大学出版社1984年版，第141页。

② 刘师培：《论中国古代财政国有之弊》，李妙根编：《刘师培文选》，远东出版社2011年版，第294页。

③ 同上。

④ 同上。

⑤ 同上。

⑥ 同上。

⑦ 同上。

⑧ 同上书，第295页。

私有制的一个变种。

刘师培看到了地主土地所有制下农民的悲惨景况，"失业之民，境屯而躬佚，今则操业鲜休，瘁躬胼体，而艰屯之况若昔"。[①] 并且，他也认识到农民大众力量之强大。"世变之生，率以劳力之民为功首，夫奚英杰之足云。"[②] 因此，他强调，一切革命均由经济革命而起，而经济革命则又因"劳民团体"而发生，在这一社会发展趋势下，中国革命"首冀劳民之革命"。[③] 刘师培认识到农民的困苦，也认识到农民力量之强大，故而强调解除农民苦痛，发动"劳民革命"，实现土地公有。

2. 刘师复的土地公有思想

继刘师培之后，继续传播无政府主义继续并将其不断发展的是刘师复。[④] 他对无政府主义的传播在辛亥革命前即已开始，只因这一时期主要从事暗杀活动，故影响不大；[⑤] 民初以降，则开始大力宣传无政府主义。在他的努力下，"形成了中国无政府主义的典型形态——师复主义"；[⑥] 并且，他对土地所有权问题也进行了颇具价值的思考。

（1）私有制度弊端丛生

在刘师复看来，私有制下社会矛盾重重。因此，他主张废除"私有主义"，推行共产主义。

> 人之生也，必求满生活之欲望，生活之欲望在衣食住，衣食住赖

---

① 刘师培：《〈总同盟罢工〉：序》，葛懋春、蒋俊、李兴芝编：《无政府主义思想资料选》（上），北京大学出版社1984年版，第119页。

② 同上。

③ 刘师培：《论中国宜组织劳民协会》，李妙根编：《刘师培文选》，远东出版社2011年版，第264页。

④ 刘师复（1883—1914），又名刘思复、刘光汉。广东香山人。1902年曾在家乡创设演说社，提倡改革。1904年留日，次年加入同盟会。居日时受无政府主义影响，热衷暗杀，曾向俄国虚无党人学习制造炸药。1906年回国从事革命活动，谋刺广东水师提督李准，以所携炸弹事前意外爆炸，被捕下狱。1909年经同志营救后获释。广东光复前后，曾赴香山运动新军反正。1906年任香港《东方报》编撰。1908年革命党人在香山创办《香山旬报》，他在狱中化名为该报撰稿，所作《粤语解》、《寥斋笔记》等，在该报连载，揭露了清廷伪立宪的真面目，很受读者欢迎。辛亥革命后，他创设无政府主义团体晦鸣学舍和心社，出版机关刊物《晦鸣录》。1913年受龙济光迫害，逃至上海继续出版《民声》杂志，宣传无政府主义。著有《师复文存》。

⑤ 徐善广、柳剑平：《中国无政府主义史》，湖北人民出版社1989年版，第44页。

⑥ 蒋俊、李兴芝：《中国近代的无政府主义思想》，山东人民出版社1991年版，第5—6页。

乎物产,物产者土地生之而人力成之者也。故论正当之道理,凡能出力以致此生产者,当然能满足其生活之欲望。乃事实则不然。社会之私产制度既成,有金钱者斯得最高之生活,而不必为出力生产之人。人见金钱之万能也,于是相率而金钱是争,纷纭扰攘,孳孳屹屹,无或出此。①

刘师复认为,人之生存必然要求满足其基本需求,这是情理之中的事情。但是,私有制之下,人们并不满足于对生活必需品的追求,而是穷奢极欲以致剥削他人劳动成果。大地主、大资本家骄奢淫逸,"视同类为牛马",并且为攫取财富,"由是诈伪、卖身、卖力、娟妓、劫掠等等滋生"。②社会上这些丑陋现象的产生,"私产制度为之阶",即便是制定出各种法律,亦无济于事。因此,无政府主义,"则剿灭私产制度,实行共产主义,人人各尽所能,各取所需。贫富之阶级既乎,金钱之竞争自绝。此时生活平等,工作自由,争夺之社会一变而为协爱,既无所可争,又何扰乱之足虑哉!"③因此,刘师复的社会理想,就是要消灭私有制度,实行"共产主义",没有阶级与贫富悬隔,自由、平等等。并且,在这一制度下,土地等基本生产资料归诸公有,人人可得以自由使用。

(2) 对社会主义土地公有制的辨析

何谓"社会主义"?刘师复认为,"社会主义者,反对私有财产,主张以生产机关(土地器械等)及其产物(衣食房屋等)归之社会共有之谓也"。④ 其理由是,作为人类生活所必需的衣、食、住三者,均与土地有密切的关系。但是,土地作为"天然之物",要为人类提供衣、食、住,还需加以人类劳动,且既为"天然之物",自然不能为个人所私有,"故以正理论之,凡劳动者当得衣食住"。⑤但是,在"资本制度之社会",土地为地主所垄断,工厂器械为资本家所独有,大多数平民被地主与大资本家所劳役,

---

① 刘师复:《无政府浅说》,葛懋春、蒋俊、李兴芝编:《无政府主义思想资料选》(上),北京大学出版社1984年版,第271—272页。

② 同上书,第272页。

③ 同上。

④ 刘师复:《孙逸仙江亢虎之社会主义》,葛懋春、蒋俊、李兴芝编:《无政府主义思想资料选》(上),北京大学出版社1984年版,第283页。

⑤ 同上。

辛勤劳作而生产出来的东西大部分被他们夺走，而仅得到微薄的工资。"终岁勤动，曾不足以赡其生"，"地主与资本家则深居大厦，坐享最高之幸福"，"其不平孰甚于斯"。① 因此，欲救其弊，只有从地主、资本家手中，夺回土地、器械等，收归公共所有，"由劳动者自作之自用之"；人人共同工作、共同生活，"夫然后可谓之平"，"此即社会主义之原理也"。② 因此，刘师复强调，主张以生产机关公有，"此为凡言社会主义者所公认，无有异辞"；③ 质而言之，"社会主义，则凡社会之物，皆当属之公有，而不能复容个人之私有权"。④ 对于孙中山的民生主义，刘师复认为它只是一种社会政策，而非社会主义。

　　孙氏本政治革命家，社会主义非其专治。惟心醉亨利佐治之学说（即单一税论），欲实施之于中国，故同盟会会纲有"平均地权"之语，即此物也。然亨利氏之单一税论，乃一种之社会政策，而非社会主义。⑤

他认为社会主义分为"共产"与"集产"两种，但是无论是"共产"还是"集产"，必须将一切土地、器械收归公有，使社会上不再有地主与资本家。单一税制仅仅是对大地主进行限制，稍微削减其势力，不是从根本上消灭。"盖大地主固不患地税之增长者，以彼将间接取偿于劳动家故也。以社会主义之根本理论言之，土地为天然之物，固不容有所谓地主，即亦不应更有所谓赋税矣。"⑥ 并且，"单税论之所由来，即以惮于改革，惧社会主义所倡向地主取回土地之说之不易行，乃代以单税之法，期稍杀地主之势力"。⑦ 因此，孙中山的民生主义，并不是社会主义。

此外，刘师复指出，社会主义强调资本公有，"即生产机关操之直接生

---

① 刘师复：《孙逸仙江亢虎之社会主义》，葛懋春、蒋俊、李兴芝编：《无政府主义思想资料选》（上），北京大学出版社1984年版，第283页。
② 同上。
③ 同上。
④ 同上书，第284页。
⑤ 同上。
⑥ 同上。
⑦ 同上书，第285页。

产者之手之谓，使资本之势力无可表见者也"。① 而孙中山主张"国有营业，则仍藉生产机关以剥夺劳动者之利益，而资本势力反益膨胀者也"；至于强调"铁道及生利事业收为国有即为解决资本问题，即认为无异公有"等主张，这是"直不知'资本'之意义者耳"。② 他反问道："然则满清与现在之政府均尝哗叫铁道国有矣，亦可谓为社会主义否乎?"③ 在刘师复看来，亨利·乔治之单税论，"纯为枝枝节节之社会政策"；孙中山以其与马克思之"资本论"并举，"尤为不伦"。④

> 马氏虽但言资本公有，然土地实可包括于其中，土地亦生产机关之一，凡集产家无有不主张土地公有者也。且其所谓公有，实以土地归之直接生产者之手，单一税则但由地主之手分润其税金，不但不能名为土地公有，并且不能名为国有，只可名为政府与地主分有耳。而孙氏乃以为能解决土地问题，是又不知所谓公有之意义者矣。⑤

在刘师复看来，孙中山的土地国有主张及单税制，并不能实现土地公有的目的，而仅仅是"地主与政府"分享土地收益而已。因此，"孙氏之所谓社会主义，不过国有营业专征地税之两种社会政策而已，曾何社会主义之足云"。⑥

至于江亢虎所鼓吹之"社会主义"，刘师复也对其进行了辨析。他指出，社会主义虽然有诸多派别，但有一个共同点就是决然反对私有制。因此，无论共产主义、集产主义，都主张将土地、器械等收归公有。但是，江亢虎"主张营业自由财产独立，曰营业，曰财产，明明有私产无疑；曰自由，曰独立，更明明保护私产无疑，且中国社会党亦仅以专征地税为党纲，而未尝主张生产机关公有，与孙氏政策如出一辙，其稍异于今世之资

---

① 刘师复：《孙逸仙江亢虎之社会主义》，葛懋春、蒋俊、李兴芝编：《无政府主义思想资料选》（上），北京大学出版社1984年版，第283页。
② 同上书，第286页。
③ 同上。
④ 同上书，第287页。
⑤ 同上。
⑥ 同上。

本制度者，特遗产归公一事耳"。① 因此，江亢虎"矢口言社会主义，乃于社会主义之根本思想尚且茫然，反谓'虽有私产以有生为断，共产之真精神亦不外乎是'"。②

对于孙中山、江亢虎两人所鼓吹的"社会主义"之区别，刘师培指出，"孙氏于社会主义之派别，尚厘然能辨。江氏则忽而推崇共产主义，忽而排斥共产主义，忽而以集产主义为共产主义，忽而以遗产归公为共产之真精神，颠倒瞀乱尤难究诘"。③ 并且，孙中山对于其所自称的"社会政策""未尝讳饰"，其领导下的革命党"亦有采用社会政策之党纲"，因此除混淆社会政策与社会主义这一错误外，"尚不失为宗旨一贯"；但江亢虎则"模棱两可，饰说欺人，至是而极，是则比孙氏抑尤下矣"。④

刘师复强调社会主义的基本原则是一切生产资料归诸公有，并且分析了马克思的资本论与亨利·乔治的单税论两者之间的区别，是切中肯綮的。他对孙中山、江亢虎两人的"社会主义"的分析，也有一定的道理。这为人们接受真正的社会主义，以及认识清楚当时社会上流行的各种"社会主义"思想，无疑是有意义的。刘师复自己也强调，他之所以要对两者的"社会主义"主张进行辨析，乃是为了让人们接受真正的社会主义。

> 今日一般人之心目中，以为中国言社会主义者有二人焉：即孙逸仙与江亢虎是也。是二人之有志提倡，记者未尝不感之；顾其所言究足为真正的社会主义否？吾人有不容不研究者。近世学子，耳食者，众震于总统党领之名义，不暇论列是非，辄盲信为社会主义之真相，其结果有反足为社会主义之大障者。⑤

（3）对无政府主义土地公有思想的阐释

刘师复提出，无政府共产主义"主张灭除资本制度，改造共产社会，

---

① 刘师复：《孙逸仙江亢虎之社会主义》，葛懋春、蒋俊、李兴芝编：《无政府主义思想资料选》（上），北京大学出版社1984年版，第288页。
② 同上书，第288—289页。
③ 同上书，第289页。
④ 同上。
⑤ 同上书，第283页。

且不用政府统治者也。质言之，即求经济上及政治上之绝对自由也"。① 在他看来，"资本制度者，平民第一之仇敌，而社会罪恶之源泉也"。② 刘师复这里所提的"资本制度"，即"是指私人财产制度"。③ "资本制度"之下，土地、资本、器械均操纵在不劳动之地主、资本家手中，平民如同奴隶一样，劳动成果被剥夺，以致在生产进步的情况下反而穷困不堪，社会的一切罪恶也由此发生。因此，他"主张废除包括生产、生活资料在内的一切财产的私有，各尽所能，各取所需"。④ 从所有权的角度来看，这确是一种公有制度；而且土地作为基本的生产资料，土地公有也是应有之义。但是，强调自由生产与自由支配劳动成果，又带有典型的无政府主义性质。

他强调，"一切生产要件如田地、矿山、工厂、耕具、机器等等，悉数取还。归之社会公有，废绝财产私有权，同时废去钱币。"⑤ 这实质上是要实现生产资料公有制，废除私有制度。集中起来的生产资料，又该如何分配呢？"一切生产要件均为社会公物，惟生产家得自由取用之"；"例如耕者自由使用田地及耕具，而不必如今日之纳税于地主或受雇于耕主；工业者自由使用工厂之机器原料以制造物品，而不必如今日之受雇工厂主。"⑥ 耕者自由使用土地，工人自由使用机器，而没有固定的制度与约束，自然就决定了刘师复这一社会理想只能是空想。并且，他还强调，"无资本家与劳动家之阶级，人人皆当从事于劳动，惟各视其性之所近，与力之所能，自由工作，而无强迫与限制"。⑦ 对应于这些关于"生产资料"方面的论述，在"生活资料"方面，"劳动所得之结果如食物、衣服、房屋以及一切用品，亦均为社会公物，人人皆得自由取用之，一切幸福，人人皆得同享受之"。⑧ 衣服店的衣服，都是"吾人之衣服"，"可往取之"；粮店之粮食，

---

① 刘师复：《无政府共产主义同志社宣言书》，葛懋春、蒋俊、李兴芝编：《无政府主义思想资料选》（上），北京大学出版社1984年版，第304页。

② 同上。

③ 张九海：《执着的乌托邦追求——刘师复无政府主义研究》，中国社会科学出版社2011年版，第85页。

④ 同上。

⑤ 《无政府共产党之目的与手段》，葛懋春、蒋俊、李兴芝编：《无政府主义思想资料选》（上），北京大学出版社1984年版，第315页。

⑥ 同上。

⑦ 同上。

⑧ 同上。

均乃"吾人之粮食","可纵食之"。① 括而言之，他主要是要营造这样一个乌托邦社会："盍由四郊而入城中乎？进大商店中，各取汝所悦之衣履，衣之御之，其毋惧。"② 显然，这种无政府状态下的自由占取生产资料、自由生产劳动、自由支配劳动产品，是无法实现的。

民国初年，无政府主义在中国取得了巨大的发展，这主要归功于刘师复的大力宣传。但是，他英年早逝。此后，黄凌霜、区声白、郑太朴等担负起传播无政府主义的任务，他们继续鼓吹无政府共产主义，强调土地公有等。

3. 江亢虎的土地公有思想

中国社会党的创始人江亢虎③，民初以来积极鼓吹"社会主义"，宣传土地公有，并强调这是"社会主义"的一个重要组成部分。

（1）遗产归公、地产归公以及单一税制

在中国社会党成立大会上发表的《中国社会党宣告》（以下简称《宣告》）中，江亢虎从消除社会贫富悬隔、贵贱分化这一目的出发，提出"废除世袭遗产制度"。"贵贱贫富各阶级，皆由世袭遗产制度而生，此实人间世一切罪恶之源泉也"；因此，"凡完全个人，准自由营业，惟其财产支配权，当以有生为断，死则悉数充公，有均产共产之利，而无其弊家庭制度予以破除焉"。④ 他强调遗产归公，实现均产、共产。

---

① 刘师复：《答悟尘》，《师复文存》，革新书局1927年版，第170页。
② 刘师复：《平民之钟》，《师复文存》，革新书局1927年版，"译述部分"第45页。
③ 江亢虎（1883—1954），原名绍铨，江西弋阳人。1901年春，东渡日本考察政治。回国后，被聘为北洋编译局总办和《北洋官报》总纂，后任刑部主事、京师大学堂教习等职。1910年春，经日本到欧洲旅游，鼓吹无政府主义，宣称无宗教、无国家、无家庭的"三无主义"，抵制马克思主义、三民主义。辛亥革命爆发后，成立中国社会党，并被推为上海本部部长。袁世凯当权后，中国社会党被改造为御用工具。1921年，游历苏俄，以中国社会党旗号，混入共产国际第三次代表大会，并受到列宁接见。回国后，杜撰《新俄旅记》攻击十月革命。1922年9月，在上海创办南方大学，自任校长。1924年国民党"一大"召开后，反对国民党接受苏俄援助，并乞求溥仪出来"救亡"，从此声名狼藉。1927年夏，解散新社会民主党，逃亡美国、加拿大，任加拿大大学中国文学院院长及汉学教授。1928年，投奔蒋介石。抗战爆发后，避居香港。1939年，应汪精卫之邀回到上海，发表《双十节对时局宣言》，鼓吹建立"东亚新秩序"。1940年，出任汪精卫伪国民政府委员和考试院院长。抗战胜利后，被国民党政府抓获。新中国成立后，因汉奸罪入狱。1954年病死狱中，遗有《洪水集》、《江亢虎文存初稿》。
④ 中国第二历史档案馆编：《中国无政府主义和中国社会党》，江苏人民出版社1981年版，第175—176页。

这一"遗产归公"主张,曾招致刘师复的驳难。"只主张遗产归公,而不主张土地资本公有,又批评共产集产以为均不可行,而仍赞成自由竞争,此则视社会民主党为尤下者也。"① 对此,江亢虎解释道,"本党意谓世袭遗产制度为社会至不平等事,实一切罪恶苦恼之根源,必须先破除之,至自身劳动所得,则不妨仍属个人私有权,但以有生为断,死则仍归之公共社会中"。② 在传统社会,土地作为不动产往往世袭传给子孙。遗产归公,因而也是一种主张财产归公的思想。江亢虎后来也解释说,"遗产归公,似乎仍许私有财产之存在,而不知鄙人本有土地资本机器公有之说";这一政策,"在土地资本机器未尽公有以前,则假此为破除一切私产制度之简便手术"。③ 因为,"政治运动,军武革命、模范殖民三事,皆须旷日持久";但是,遗产归公制度,"随地随时人可自由行之。无流血之惨变,无外界之干涉"。④ 在他看来,遗产归公的最终目的是要实现公有制度,且是以不流血的温和方式来实现。他还强调,将遗产归公制度之实践,作为实现社会主义之先声。"盖若遗产归公,则而既归公者,自不更归私。此管理遗产之公共机关即将来共产社会之实地试验场。"⑤ 此外,生产资料归诸公有后,"个人生活享乐之费用对象,无论其由何种分配方法得来,若积之太多,传之甚久,则必又称为一种私有之财产矣,惟注定遗产归公"。⑥ 这样,"财产及家族之恶弊可以断绝根株,永无萌蘖"。⑦ 因此,江亢虎总结说,遗产归公,是"未共产时代为共产制一种进行法";所谓"遗产","即含有土地资本机器之私有财产也";并且这一制度,"既共产时代为共产之一种补助法"。⑧

这一《宣告》虽未直接强调土地公有,但是在其后续制定的一些规章制度以及公开的演说中,渐渐涉及土地所有权层面。1912年,中华民国建立。社会党人极为乐观,认为政治革命业已完成,进而积极谋求社会建设。

---

① 刘师复:《致无政府党万国大会书》,葛懋春、蒋俊、李兴芝编:《无政府主义思想资料选》(上),北京大学出版社1984年版,第301页。
② 江亢虎:《中国社会党略史》,《江亢虎文存初编》,江亢虎博士丛书编印委员会1944年版,第115页。
③ 同上书,第99页。
④ 同上。
⑤ 同上。
⑥ 同上。
⑦ 同上。
⑧ 同上。

"共和告成,蜕专制而为民主,由破坏而谋建设,云者非徒更张于政治上形式一方面也,又当于社会上实质一方面,一一改造而为积极之进行,此本党之所以发生,而社会主义潮流所以澎湃鼓荡于东亚之大陆。"① 在江亢虎看来,鼓吹与实行社会主义,"本不必有所先后",但是"判然为二时期"。② 对于中国而言,"社会主义之仅能鼓吹于今日者多矣,其可以见诸实行而不容稍缓者,则共产主义是"。③ 他以为民国建立,民主共和制已经确立,到了须要推行共产主义的时候。至于共产主义从何入手? 江亢虎指出,"曷言之共产主义之入手办法? 以地产归公为第一义"。④ 他还结合当时经济建设形势,指出在各项建设尚不发达的条件下,"全国人民之公产未尽入于富者之手,故实行较易,而设施不难"。⑤ 因此需要牢牢抓住机会,"及今不图,而贻异日豪强兼并贫民无告之祸,夫岂吾党所忍言哉"。⑥ 江亢虎这一认识,与当时革命党人尤其是孙中山等对中国革命的认识大致类似。孙中山强调政治革命、社会革命毕其功于一役,其理由也是中国资本主义发展程度低,容易推行社会革命。

实现土地归公的具体办法,江亢虎指出,依据社会条件"将欲强全国私人之产而入于社会,则事理有所不能;将欲使全国之土地一一购置,则资财何所筹措?"因此,"唯有先以国家固有之公产,辟社会公共之利源,财力既充,效力斯大,由是移资以购办私产,则私产化而为公,移资以兴办学校,则教育可以平等,于是贫富无不均之虞,共产臻大同之盛"。⑦ 他提出通过发展国营经济,在国家财政实力强大的前提下,来实行土地国有。并且,基于对发展经济的认识,他又将社会党的主张与发展实业紧密结合起来。

此本党进行之方法,所以不可不以实业为前提也。然而实业问题

---

① 《中国社会党实业团宣言》,章伯锋、李宗一编:《北洋军阀(1912—1928)》(第一卷),武汉出版社 1990 年版,第 268—269 页。

② 同上。

③ 同上。

④ 同上。

⑤ 同上。

⑥ 同上。

⑦ 同上。

者,实利主义也。实利主义之事业,以实力为张本,以生产为究竟,于此而欲求美满之效果,是非具精深之智识,绝大之资本,正确之经验,无以抵其成。然欲求智识、资本、经验三者俱备,又非群策群力不可。①

在江亢虎看来,必先发展生产以积累资金,一俟经济条件成熟,即行收买之策。对于经济生产问题,中国社会党颇为重视,在其成立《宣告》中有关经济生产尤其是农业生产等有着诸多规定。如强调农业是"直接生利之事业",应当使之振兴起来,"奖励劳动家、劳动者,神圣也";并且,"农工各业,生命攸关,虽世不能无间接生利之人,而人必勉为直接生利之事。资本公诸社会,而劳动普及。个人有分业,无等级,通功易事,各尽所能,此善之善者"。② 1913年,在中国社会党天津部成立大会上,更是公开鼓吹"纯粹的共产社会主义",积极"谋生产制度之改革,促共和政治之进行"。③ 而所谓"共产社会主义",具体到土地所有权上便是主张土地公有。

江亢虎在鼓吹实行土地公有、共有的同时,还强调推行单一税制,这在中国社会党的《宣告》中也有提及。它颇类似于革命党人早前鼓吹的"单税制"主张,基本内容是,"专征地税,罢免一切税"。④

  凡人力所生者,皆不应征税以困之。宜专征惟一之实地价税。每年按时估计,约当二十而一,以杀富豪兼并之势,而开游堕归农之途。公共用费,即取资焉。至于人畜、建筑物、种植物、制造品,所有就地关津一切税,除对外者暂缓,余宜概予罢免。⑤

比照江亢虎与早前革命党两者所提的单一税主张,便会发现江亢虎所

---

① 《中国社会党实业团宣言》,章伯锋、李宗一编:《北洋军阀(1912—1928)》(第一卷),武汉出版社1990年版,第268—269页。
② 中国第二历史档案馆编:《中国无政府主义和中国社会党》,江苏人民出版社1981年版,第175—176页。
③ 同上书,第190页。
④ 同上书,第175—176页。
⑤ 同上。

鼓吹的土地国有论，与革命党早前宣传的土地国有论基本无异。尽管江亢虎宣称其主张的是土地公有，而非革命党的土地国有论。后来，江亢虎解释这一思想来源于亨利·乔治时，更印证了这一点。1912 年，中国社会党针对土地税问题专门成立"地税研究会"。江亢虎在对"地税研究会"成立原因的介绍中指出，西方社会学说，"立术发论，愈究益精"，"而自土地国有盛倡以后，群趋一鹄，多所发明"，其中尤以美亨利·乔治的"地税归公论"为甚。① 他强调中国欲实现土地公有，应该积极借鉴这一理论。

> 本党同人不揣绵薄，拟设地税研究会，一以究地税之原理，一以察本地之情形，俾以崇为试验者，得有所预备，而他日主张者，或竟实行亦不致仓皇无措。惟兹事体大，决非少数人所能效力，尚祈中外名彦，合邑父老，不吝金玉，相与赞成，并示方针，藉匡不逮，则吾崇幸甚，吾国幸甚。②

（2）"共产主义"下的土地公有思想

江亢虎认为，社会主义与集产主义基本相同，都主张生产资料归公共所有，但从生产资料、生活资料等的分配来看，则人言人殊。"一平均法，通称均产，其说最旧；一需要法，即无政府共产主义所谓各取所需，社会主义未始不用之，而多数则主用各取所作为之说。"③ 这里，他认为"社会主义"制度下，对于生活资料是"各取所需"，显然又与刘师复的无政府共产主义颇为暗合。

中国社会党在性质上是社会主义还是无政府主义？江亢虎对此亦作了说明。"鄙人本自附于社会主义，其于无政府主义非反对亦非主张，惟尝创为三无之说。无宗教、无国家、无家庭。而对政治经济之意见，则明白宣布土地资本机器三者当归公有，教育实业交通三者当归公营。"④ 江亢虎不反对无政府主义是真，而不赞成无政府主义则是假。实质上，他亦属于无

---

① 《创办地税研究会缘起》，章伯锋、李宗一编：《北洋军阀（1912—1928）》（第一卷），武汉出版社 1990 年版，第 275—276 页。

② 同上。

③ 江亢虎：《社会主义学说》，《江亢虎文存初编》，江亢虎博士丛书编印委员会 1944 年版，第 93 页。

④ 同上书，第 98 页。

政府主义者,这从他的"三无论"中可以窥见一斑;并且,他还宣称是"社会主义者",强调"土地"等生产资料公有等。

1920年,江亢虎在山西大学进行演讲。在第一次演讲中,他对"公产主义"进行了具体阐述。"公产主义,这是社会主义最重要的元素,不能做到公产,就不能达到社会主义的目的。我用公字,也有个意义。因为社会主义,有集产、共产、均产等派别,把他总括起来,都是要讲社会上的财产,公同享用,不能由私人独占。对着私有说公有,不论他集在国家,共诸大众,均给个人,没有不是公的性质。"① 这里的"公产主义",与"合作主义"、"民主主义"、"大同主义"三者一并构成江亢虎所认可的"真正的社会主义"。在他看来,所谓"公产",就土地这一生产资料而言,其在所有权上应归诸公有、共有。因之,在此前提下,其使用权也应是公有、共有,即人人有使用权。江亢虎这一土地所有权思想,跟第一章中所述洪秀全的土地所有权思想,颇有契合之处。在第三次演讲中,江亢虎进一步强调"天产公有"的思想。他指出,社会主义虽有多种派别,但"各派社会主义,都不能没有公产这一条"。②"公产"的具体对象,"照着正规讲起来,一切产业,都应该公有。不过要现在办得到,只好就天产一部分着手"。③ 这里,江亢虎的所谓"社会主义"就暴露出其本质了。马克思的科学社会主义强调一切生产资料公有,并以此实现社会化大生产。显然,江亢虎的"社会主义",虽然也强调公有,但却是一种有所折扣的公有制度。

江亢虎在强调"天产"归公的基础上,提出土地公有的思想。"土地是大宗,以外的空气、日光、水……都不是人工造出来的,天然就有,人人有份,不应该有'所有权'。就这种天产,占做私有,劳力的只得三分之一,不劳力的反得三分之二,是悖理的、未发的、不正当的、不自然的,必须从根本上废除。天产是劳力者共同使用的器具,而土地公有,在中国古代,早已实行。"④ 在他看来,土地公有合乎情理,应该将之付诸实践,但却不能一蹴而就。与孙中山一样,他认识到既有地权关系难以撼动,强制推行土地公有会引起地主不满、甚至反抗,产生社会矛盾。"现在占有土

---

① 江亢虎:《社会主义之今昔·第一次·名词与通义》,《江亢虎博士演讲录》,南方大学出版部1923年版,第53页。

② 同上书,第67页。

③ 同上。

④ 同上。

地的人，不必尽是巧取强夺，或者是劳力和遗产得来，忽然取消他的所有权，未免令人难受，恐怕有些难以实行。"① 对此，江亢虎提出三种方案："激烈办法"、"比较的和平方法"、"和平办法"。② 所谓"激烈办法"，即是苏俄推行的社会主义土地政策。"认为土地所有权极不正当，都是割据和侵占得来的，须一律没收，归国家所有。……俄国，就是这样的办法。"③ 其次，"比较和平的办法"，"就是对于地主，用累进的税率收税。虽然不把他的土地没收，也渐渐有这种趋向。美国亨利卓慈氏创'单一税'说，他以为国家的租税，别样都可以不用，只要有地租就可以了。至于农夫劳力的结果，仍一律免税。换句话说，就是照低价课税，不照地产课税。有人不认为他是社会主义家，又有人承认这是由私有时代变成公有的过渡"。④ 至于"和平"的办法，即"地价由地主自定，报到政府，就他的数目抽税，这里和'单一税'相仿，不过没有多大的变动，照样能做到公有的地步"。⑤ 这三种方法，"有缓有急，总之能使土地公有"。此外，"天产"中的水、空气、日光等，都要公有。"大家能平均使用，共同快乐，共同享受。才算是公平，才算是社会上的幸福，不公有就办不到了。"⑥

从这些论述来看，江亢虎的"社会主义"并不是真正意义上的科学社会主义。它是一种"有所折扣"的社会主义。这一特点，在20世纪20年代逐渐明显。如他认为，推翻资本主义，并不是将资本主义所建设的东西完全推翻，"像将一座老房子完全牵倒，重新再建设起来一个新的房子"；"改造社会，不能够如此的"。⑦ 资本主义里"也有善的"，"我们固然应该将坏的推翻，但是好的，也应该保存的"；"对于社会之改革，不必步新俄之后尘，将资本主义所遗留的，一概——不论好坏——推翻，我们只要将罪的所有权先为转移就好了"。⑧ 江亢虎强调，实现公有制度，不必推翻资本主义，而只要实现所有权的转移即可。他所谓的"所有权转移"，即是指

---

① 江亢虎：《社会主义之今昔·第一次·名词与通义》，《江亢虎博士演讲录》，南方大学出版部1923年版，第68页。

② 同上书，第68—70页。

③ 同上书，第68页。

④ 同上书，第70页。

⑤ 同上书，第69页。

⑥ 同上书，第70页。

⑦ 江亢虎：《社会问题》，《江亢虎博士演讲录》，南方大学出版部1923年版，第18页。

⑧ 同上。

"将私人的资产作为社会资产"。其中,"所有者是社会之全体,就是社会之全体,做具有资产的资本家,是抽象的资本家。在社会里的个人,是这个资本家之劳工,都为这个抽象的资本家效劳,从总干事以至夫役,都是劳工,所不同的就是劳心劳力罢了。这样,便在同一个阶级里了"。① 因此,他实质上是在主张资产阶级的联合统治,实质上仍然是资本主义。他所强调的"所有权转移",在本质上看,也就"没有任何转移"。江亢虎阐发这一思想是在1922年,正值社会主义论战后马克思主义在中国的广泛传播;孙中山的民生主义思想此时也渐臻完善,具体阐释出节制资本、平均地权的思想。因此,江亢虎的公有、共有思想,也涉及了资本问题。"资产不能为私人公司……所私有,应为社会所公有。资本家是空空洞洞,无个人具体的代表,是抽象的市政府、乡政府,……这种抽象的空洞的地方团体是资本家。人们都是劳工。一国、从元首至庶民,都是国政府这个抽象资本家的劳工,那么,就实在只有一个阶级了。"②

江亢虎的资本公有思想,以及土地公有思想并没有多大特色,实质上是糅合几种社会思想的产物。从江亢虎的社会思想中,既可以看到无政府主义的影子,也可发现亨利·乔治的土地国有论、单税制的踪迹;并且,在20世纪20年代,他又糅合了马克思主义的社会思想,如他强调"全民属于同一个阶级","阶级"这一说法无疑来自马克思主义。因此,江亢虎的社会变革思想,以及他的土地所有权思想,是一个各种土地所有权思想的综合体。

其实,早在1914年,江亢虎即开始对其社会思想进行反省。"鄙人从前之学说,今日自己观之,亦有不尽人意之处。一则切磋无人,读书太少。趋于理想而忽于实情。二则输入伊始,阻碍万端。为便宜说法计,而附会古人及迁就时事之弊。皆不免焉。"③ 这些词句难免不是江亢虎的自谦之词,但是具体地检省却颇为肯綮。"趋于理想而忽于实情",以及新思想初入中国所遇阻力等,确如其所说那般,是其思想的特点。但是,在认识到这些不足后,他却鲜有改进。20世纪20年代,他再组中国社会党时,尽管对"社会主义"学说作了新的阐释,但在思想上却并无多大进步。

---

① 江亢虎:《社会问题》,《江亢虎博士演讲录》,南方大学出版部1923年版,第19页。
② 同上书,第27页。
③ 江亢虎:《社会主义学说》,《江亢虎文存初编》,江亢虎博士丛书编印委员会1944年版,第98页。

二 土地国有思想的分化与"耕者有其田"思想的提出

革命党土地所有权思想的分化，自土地国有论战后逐渐开始，主要以章太炎等为代表。然而，孙中山的土地国有思想却在不断发展，由"平均地权"最终发展到"耕者有其田"的提出。

1. 章太炎对土地国有思想的不再赞同

民初以降，章太炎[①]由先前主张土地国有，转而开始反对土地国有，提出"均田"的思想。自清末而民初，章太炎的土地思想有一个明显的变化过程。宏观上看，他先前关注土地分配，民初转而关注土地生产问题。微观上而言，早年主张土地国有，赞同孙中山的"平均地权"主张，民初却开始反对土地国有。

1902年春，章太炎在与孙中山讨论土地和赋税制度改革时赞成土地国有，把土地所有权以及地租都交给历经资产阶级革命后建立起来的国家，"不稼者不得有尺寸耕土"，铲除地主剥削农民的基本手段。[②] 此外，他还认为，"后王视生民之版，与九州岛地域广轮之数，而衰赋税，大臧则充"。[③] 强调只要划定百姓户籍，给予土地，在此基础上征收赋税，国库自然就能充实。对于孙中山所言"兼并不塞而言定赋税，则治其末已"，章太炎深表赞同。他指出，土地分配不均，虽然厘定赋税，但"民不乐其生，终之发难，有帑廥而不足以养民也"。[④] 因此，即便政府国库充足，亦难使百姓安

[①] 章太炎（1869—1936），名炳麟，字枚叔，后改名绛，别号太炎，浙江余杭人。中国近代著名思想家、早期革命家，并在音韵、训诂、典章制度等方面深有造诣。1895年，甲午中日战争爆发，民族危机加剧，促使他转而投身政治，并在思想上开始学习西方。戊戌变法期间，支持康、梁变法，参与《时务报》编辑出版。变法失败后流亡日本，在此结识孙中山，开始接受资产阶级民主主义思想。《辛丑条约》签订后，章太炎彻底认清了清政府腐朽无能的本质，思想转向民主革命。1903年，因替邹容《革命军》作序及发表《驳康有为论革命书》而被捕入狱。1906年，加入同盟会，出任《民报》主编，积极鼓吹革命。民国年间，章太炎逐渐离开革命，开始尊孔读经。"九一八"事变后，他力主抵抗外侵。1936年逝世。章太炎一生在政治、经济、史学、文学等方面均有涉猎，著有《章氏丛书》、《章氏丛书续编》、《章氏丛书三编》等。

[②] 朱维铮、姜义华：《定版籍·说明》，《章太炎选集》，上海人民出版社1981年版，第264页。

[③] 章太炎：《定版籍第四十二》，《〈訄书〉重订本》，《章太炎全集》（三），上海人民出版社1981年版，第273页。

[④] 同上书，第275页。

居乐业、国家稳定。并且，他还在1904年设计出一个"平均地权"的具体方案：

> 凡土：民有者无得旷。其非岁月所能就者，程以三年。岁输其税什二，视其物色而衰征之；
> 凡露田：不亲耕者使鬻之。不雠者鬻诸有司。诸园圃，有薪木而受之祖父者，虽不亲雍，得有其园圃薪木，无得更买。池沼，如露田法。凡寡妻女子当户者，能耕，耕也；不能耕，即鬻，露田无得佣人；
> 凡草莱：初辟而为露田园池者，多连阡陌，虽不躬耕，得特专利五十年。期尽而鬻之，程以十年；
> 凡诸坑冶：非躬能开浚苦采者，其多寡阔狭，得恣有之，不以露田园池为比。①

从这一方案来看，第一，章太炎强调凡是为百姓所占有的一切土地，不许抛荒，必须用以耕作。一年之内若不能开辟成耕地，则以三年为期，必须在此期限内开垦完毕。并且，将地租与土地税合并，转交给资产阶级国家，年税率为百分之二十，以减轻农民负担。第二，对于露田，不能亲自耕种者必须出售，这旨在打击地主对土地的垄断，也即是说地主不亲自耕种的土地必须出卖。至于住宅周边的附属土地，如果种有树木，且因继承所得，即使不亲自种植，也准许保留这类土地树木，但不允许再行买进，这即是在限制土地私有制。并且，一切耕地都不得雇佣劳工，这就彻底否定了土地佃耕制度。第三，对于尚未开垦的荒地，开垦出来后，用作耕地、园圃、池沼等，尽管数量大，垦荒者不亲自参加生产，也特许他拥有所有权五十年。显然，这是一个"鼓励垦荒"的方案，其所适用的对象是资本主义社会的农业资本家，土地面积大且允许其拥有所有权五十年，是为鼓励大规模集约型生产。第四，对于矿井与矿山，虽不能亲自参与开采、挖掘，但是无论多少，占地无论大小，都准许矿主享有全部所有权，不按照露田园池的规定处理。这一规定彰显出章太炎"平均地权"方案的灵活性。矿山不是仅凭个人之力便能够开发、采掘的，因而不以能否"亲躬"为限。

---

① 章太炎：《定版籍第四十二》，《〈訄书〉重订本》，《章太炎全集》（三），上海人民出版社1981年版，第275—276页。

综合来看，章太炎这些方案都是适合资产阶级的，这也反映出章太炎的土地所有权思想是一种资产阶级的土地国有思想。

章太炎这一均田方案，还有解决农民占田少等问题的目的。他曾结合自身在苏州的经历揭露出地主土地所有制下农民生活的凄惨。"余尝闻苏州圉田，皆在世族，大者连阡陌。农夫占田寡，而为佣耕，其收租税，亩钱三千以上，有缺乏，即束缚诣吏，榜笞与逋赋等。"①"圉田"，即太湖一带的"圩田"。他指出，在圩田区域，地主占有大量土地，农民占有少量、甚至没有土地。他们不得不租种地主土地，沦为佃农，承受繁重的租税，且不能少缴欠缴，否则就送交官府，饱受鞭笞、牢狱之苦。

章太炎要求改变既有不合理地权关系的思想，在他的另外一些文章中也有体现。1907年9月，他在《民报》第十六号上所刊《五无论》一文中就指出，"若夫民族必有国家，国家必有政府，而共和政体于祸害为差轻，固不可得已，而取之矣。爵位废而兼并行，其乱政又无以异于美利坚氏。于是当置法，以节制之"。②"当置""四法"中之一便是，"均配土田，使耕者不为佃奴"。③次年，在《代议然否论》一文中再次强调，"田不自耕植者，不得有"；以及"牧不驱策者，不得有；山林场圃不自树艺者，不得有"等。④章太炎这一均田思想，不免带有小农经济的痕迹。但就当时情况来看，这是革命党人内部与孙中山土地所有权思想相吻合的为数不多者之一。

章太炎基于对近代地权关系不良、土地占有不均而导致农民贫困与国家赋税减少等的认识，强调打破既有土地占有关系，在土地国有的基础上将其平均分配给农民。这样，既能改善农民的生活，又能发展资本主义农业生产，增强国家的经济实力。

民国建立之后，章太炎的土地所有权思想发生变化。他对"土地国有"、"平均地权"不再赞同。这首先体现在《〈訄书〉重订本》与《检论》两书中"定版籍"一文内容的修改与变化。《訄书》是章太炎最为重要的文集之一，自清末而民初，它有三次修改、结集：《〈訄书〉初刻本》、《〈訄

---

① 章太炎：《定版籍第四十二》，《〈訄书〉重订本》，《章太炎全集》（三），上海人民出版社1981年版，第275页。

② 章太炎：《五无论》，《章太炎全集》（四），上海人民出版社1981年版，第430页。

③ 同上。

④ 章太炎：《代议然否论》，《章太炎全集》（四），上海人民出版社1981年版，第307页。

书〉重订本》、《检论》。1914年至1915年间，章太炎重新修订《訄书》，并以《检论》为名出版。在新订文集中，"定版籍"一文较《〈訄书〉重订本》中同题文章明显发生变化。比勘修订前后两文，变化大致如下：

《〈訄书〉重订本》中，"夫贫富斗绝者，革命之媒"① 一句在《检论》中，被修改为，"夫贫富斗绝者，寇盗之媒"。② "贫富斗绝"即指贫富悬隔，章太炎在辛亥革命之前，认为贫富悬隔是社会革命发生的原因；辛亥革命之后，则认为贫富悬隔是贼寇作乱之原因。章太炎这一由"革命"而"盗贼"之变化，表明其思想上有倒退倾向。在《检论》的"定版籍"一文中，章太炎还增加了一段文字：

> 虽然，中国所包方域，夷夏尽有之。塞下不可虚，其地广莫，量以缏索，而不计步，此不能无业主。内及腹中膏腴之壤，有人耕二亩者矣。是故宽乡宜代田，狭乡宜区田，独宽狭适者，可均田耳。辅自然者重改作。今欲惠佣耕，宜稍稍定租法。③

所谓"代田"，即指轮耕制度，它旨在保养地力，在我国古代北方比较常见。"区田"，则是指一种深耕细作之法，在南方人口密集区较为常见。细读这段文字不难发现，此时章太炎的"均田"方案已经发生变化：首先，他对"宽乡"、"狭乡"耕作方式的区分，表明其开始关心起农业生产问题。其次，"宽狭适者"可"均田"，表明他把在《〈訄书〉重订本》中"均田法"所针对的"田"的范围缩小了。早前，其土地国有主张所针对的是"全部土地"。最后，更为重要的是，在《检论》中"定版籍"删掉了此前其在《〈訄书〉重订本》中所拟定的"均田法"。然而，这个"均田法"，"是章太炎根据他同孙中山的交谈结果"；"设计的'平均地权'方案"，"比较完整地表达了当时资产阶级革命派要求实行土地国有、消灭封建剥削

---

① 章太炎：《定版籍第四十二》，《〈訄书〉重订本》，《章太炎全集》（三），上海人民出版社1981年版，第274页。

② 章太炎：《定版籍》，《检论》，《章太炎全集》（三），上海人民出版社1981年版，第569页。

③ 同上。

的愿望"。① 因此，综合这些变化来看，民初章太炎倡导的"均田制"已然不再是具有资本主义性质的土地国有论了。他删掉类似于"平均地权"的"均田法"，表明对"平均地权"思想的不再认可，自然也就不再赞同孙中山的土地国有论。

此外，值得注意的是，《检论》卷七"通法"一文完全与《〈訄书〉重订本》中"通法第三十一"一文相同。这篇文章中，章太炎通过对我国历史时期均田制进行考察后指出：

> 夫农耕者，因壤而获，巧拙同利。一国之壤，其谷果桑榆有数，虽开草辟土，势不百增。而商工百技，各自以材能致利多寡，其业不形。是故有均田，无均富；有均地著，无均智慧。②

章太炎认为，农业生产以土地为基本生产资料，人们利用土地从事生产，"巧拙同利"。但是，工商业则不同，"各以材能致多寡"。因此，即使均田，亦无法实现"均贫富"，强调均田并不能消除贫富悬隔。③《〈訄书〉重订本》大致完成于1900—1903年间，此时正值革命思想如火如荼传播之时，章太炎也正积极从事于革命活动。因此，尽管认为均田并不能"均贫富"，不能消弭社会危机，但他对孙中山的土地国有、平均地权等主张仍持赞同态度。如何理解章太炎思想上这一悖逆？早期革命党内部对孙中山"民生主义"并非一致赞同，只是在"反满"革命的号召下，对民族、民权主义两者的热情遮蔽了对民生主义之抵牾。因此，在革命之前，即便是只赞同"民族、民权"这"二民主义"者，亦能统一在民族、民权、民生"三民主义"的理论大旗之下，积极从事于革命活动。但是，辛亥革命之后，因理念之不同，革命党人内部开始分化，自是顺理成章。因此，章太炎在《检论》中，对此文并未做一字之修改。可见，这时候他还是坚持其此前的看法，即认为平均分配土地，并不能消除社会的贫富差别，更不能达到消弭社会矛盾的目的。而他一改此前赞成"平均地权"、土地国有的思

---

① 参见姜义华、朱维铮对"均田法"的注解。姜义华、朱维铮：《章太炎选集·注释本》，上海人民出版社1981年版，第270页。

② 章太炎：《检论》卷七《通法》，《章太炎全集》（三），上海人民出版社1981年版，第544页。

③ 同上。

想，也是早年革命党人内部对民生主义思想不统一的延续。

其次，章太炎在1912年1月3日中华民国联合会成立大会上发表的演说中，也表达出对土地国有的不再认可。他指出，"近来对于民生问题，颇有主张纯粹社会主义者"；这一社会主义，"在欧洲国度已高之国，尚不适用，何况中国？"① 他强调，"惟国家社会主义，乃应仿行"。章太炎所谓的国家社会主义，乃是指"一种企图利用国家权力进行社会改良的资产阶级思想"。② 因此，从这一性质看，已然否定了其早前倡导的土地国有论。当然，这一变化也与此时章太炎思想上倾向于改良相符合。针对"国家社会主义"，他还拟定了具体办法：

> 一、限制田产，然不能虚设定数，俟查明现有田产之最高额者，即举此为限。二、行累进税，对于农工商业皆然。三、限制财产相续，凡家主没后，所遗财产，以足资教养子弟及其终身衣食为限，余则收归国家。③

对于"土地国有制"，他指出，"夺富者之田以与贫民，则大悖乎理；照田价而悉由国家买收，则又无此款，故绝对难行"，④ 因此土地国有不可行。这几与早前梁启超诘难土地国有不可行的论调如出一辙。

章太炎土地所有权思想逐渐变化的同时，其关注土地生产的思想却逐渐强化。土地生产与土地分配是土地问题的两个侧面，章太炎此时关注土地生产思想的加强，也从侧面说明其关注土地分配问题的不够。他一直比较关注土地生产问题，在《〈訄书〉初刻本》中就专门辟有《明农》一文，探讨如何发展农业生产。他以西汉大臣桑弘羊与卜式两人之比较，来强调"重农"的重要性。"昔吾尝恨始元文学之与弘羊辩也，不如卜式"。⑤ 其理

---

① 章太炎：《中华民国联合会第一次大会演说辞》，《章太炎政论选集》（下），中华书局1977年版，第533页。
② 陈昭闻：《中国近代经济文选》，上海人民出版社1984年版，第570页。
③ 章太炎：《中华民国联合会第一次大会演说辞》，《章太炎政论选集》（下），中华书局1977年版，第533页。
④ 同上。
⑤ 章太炎：《明农第四十四》，《〈訄书〉初刻本》，《章太炎全集》（三），上海人民出版社1981年版，第94页。

由是，桑弘羊"知商而不知农"；而卜式，"农家也，故导之以衣租食税，以为本议"。① 在他看来，"租税出于谷，谷出于力耕，力耕出于重农，是为知本"。②

　　章太炎重视农业生产的思想，一直贯穿于清末民初。这在他对此文的修改中可见一斑。《〈訄书〉重订本》中，他一字不动地承续"初刻本"中《明农》一文。民国初年，在第三次修改文集时，《明农》一文增加了探讨如何发展农业生产的内容。当然，这一修改有着特定的历史情境。1912年，他被袁世凯任命为东三省筹边使，出巡东北。在对东三省农业深入了解的基础上，对如何发展土地生产，进行了自己的思考，这些思考最终便体现在《检论·明农》中。

　　比勘《訄书》三种修改版，《检论》中《明农》一文有很大变化。章太炎在新修改的《明农》一文中强调，不鼓励发展农业生产，不调动农民生产积极性，就会致使饿殍遍野、粮价暴涨。并且，他比较了明清以来税收与荒地开垦数目之变化，强调鼓励农民积极发展农业生产有着重要意义。其次，他结合亲身经历，揭露出了"农官"之腐败，一些政府组织开垦出的大片土地，却不用于耕作，待到土地价格上涨之时转手卖之。政府虽然三令五申，却收效甚微。在他看来，发展农业生产需要踏实苦干，"土地"落入投机者之手，自然于农业生产无益。因此，他强调，发展农业生产，不尊重"农畯"则难以有所作为。并且，他还将此前两种版本中的"吾以为农官不设，农事不能以大举"；③ 改为"吾以为不尊农畯，农事不能以诚举"。④ "农畯"即是指农夫，由"农官"而"农夫"之转变，表明章太炎对清末民初不良政治的失望。他不再把发展农业、振兴农业生产的希望寄托在政府官员身上，转而强调尊重农民、强调调动农民生产积极性，以促进农业生产。这同时也表明他意识到农民力量强大，强调激发农民的主体

---

　　① 章太炎：《明农第四十四》，《〈訄书〉初刻本》，《章太炎全集》（三），上海人民出版社1981年版，第94页。

　　② 同上。

　　③ 章太炎：《明农第四十四》，《〈訄书〉初刻本》，《章太炎全集》（三），上海人民出版社1981年版，第95页；《明农第四十》，《〈訄书〉重订本》，《章太炎全集》（三），上海人民出版社1981年版，第271页。

　　④ 章太炎：《明农》，《检论》，《章太炎全集》（三），上海人民出版社1981年版，第567页。

积极性。

综合来看，章太炎早年赞同孙中山的土地所有权思想——"土地国有"以及"平均地权"等；民初他的土地所有权思想开始发生变化，对孙中山的土地国有思想开始持否定态度。与其土地所有权思想变化的同时，重视土地生产的思想得以彰显。

章太炎地权思想的变化，与其思想由激进而缓和之变直接相关，并且也可看作是革命党内部思想上不统一的延续。此外，辛亥革命之后，社会上普遍以为共和时代来临，已到需要着重发展生产之时；因此，章太炎的土地思想由分配转向生产之变化，也属情理之中。并且，革命党人地权思想的变化，也并非仅限于章太炎，宋教仁的土地思想亦呈现出此般特点：辛亥革命前他侧重土地分配方面，提倡土地国有；民国建立后，转而关注土地生产，再未提及土地所有权问题。①

2. 孙中山"耕者有其田"思想的内涵及实质

与章太炎地权思想的变化不同，孙中山的土地国有思想却在不断发展，这体现在其"平均地权"思想的逐渐完善——"耕者有其田"主张的提出。

（1）孙中山"耕者有其田"的逐渐形成

孙中山强调要实现土地国有，但是其所探讨的"土地"，并不是特指"农村"土地。后来，随着"耕者有其田"的提出，他逐渐将土地所有权问题与近代农民联系起来，其土地所有权思想自然也就触及"农村土地"了。

早在1902年，孙中山与章太炎的一次谈话中就主张，"不稼者，不得有尺寸耕土"，强调"非耕者"不能拥有耕地。② 后来又提出，"土地全部或大部为公共所有"，然后"按一定章程租给农民"。③ 1906年，他再将土地所有权思想具体阐述为"平均地权"——"核定天下地价"，土地现有地

---

① 宋教仁早前认为，"吾尝谓我国将来之土地政策宜亟师社会主义之意，禁豪强兼并，设增价税，以保护多数国民之利益，使一国经济平均发达"。由此来看，宋教仁土地所有权思想的内涵，是强调"师社会主义之意"，设置"增价税"，这与革命党人的土地国有思想基本一致。但是辛亥革命后，宋教仁对转型时期土地所有权问题再无关注，尤其是出任农林总长后，专管农林建设。对于如何发展土地生产进行了一些探索，但关于土地所有权思想的探讨，未著一词。

② 孙中山：《与章太炎的谈话》，《孙中山全集》（第1卷），中华书局1981年版，第213页。

③ 孙中山：《访问国际社会党执行局的谈话报道》，《孙中山全集》（第1卷），中华书局1981年版，第273页。

价属地主所有，此后因社会经济发展之"增价"则归于国家，"为国民所共享"。① 孙中山这一土地所有权主张，其实是资产阶级性质的土地国有。按照列宁所指出的，孙中山这些"娓娓动听"而又"含糊其辞"的"经济革命"，归结起来"就是把地租转交给国家"，也即是"通过亨利·乔治式的某种单一税来实行土地国有化"，除此之外"决没有其他的东西"；其所强调的"地价"，也即"资本化的地租"；主张将"地产价值的增殖额"变成"人民的财产"，实质就是"把地租即土地所有权交给国家，或者说使土地国有化"，其目的，是为"保证资本主义最迅速的发展"。②

孙中山上述对土地所有权问题的阐述，尽管有"耕土"、"农民"等字眼，然而，其所针对的是中国未来资本主义发展过程中的"土地"；他所要防患于未然的"土地问题"，也即未来资本主义发展过程中将要出现的土地垄断及因此导致的社会贫富悬隔问题。在他看来，西方资本主义国家，大地主垄断土地以及土地价格上涨的收益，以致造成资本集中与社会的贫富悬隔，社会问题、社会危机由此发生。孙中山地权思想的这一特点，也使其对土地问题的上述思考被误以为主要是针对"城市土地"。如有观点认为，"孙中山'平均地权'一说，确是主要针对城市土地问题而言的"。③这一说法在孙中山的相关论述中，似乎也能找到踪迹。如在1919年"双十节"的演讲中，他提出防止私人垄断以及资本专制的具体办法是，凡"天然富源"以及"社会之恩惠"如"城市之土地"、交通要道等"一切垄断性质之事业"，都应收归国有，由国家经营。④ 但是，他又曾强调，"平均地权者，即井田之遗意也"。⑤ 众所周知，"井田制"乃是历史上一种关于"农田"也即农村土地的分配方案。因此，一种合理的解释应该是，孙中山在对土地问题的思考中，并未将"土地"具体分为"城市土地"与"农村土地"，或者说他是将"城市土地"与"农村土地"并置一起总以"土地"

---

① 孙中山：《中国同盟会革命方略》，《孙中山全集》（第1卷），中华书局1981年版，第297页。

② 列宁：《中国的民主主义和民粹主义》，《列宁全集》（第21卷），人民出版社1990年版，第430—431页。

③ 王杰：《孙中山民生思想研究》，首都经济贸易大学出版社2011年版，第97页。

④ 孙中山：《中国实业如何能发展》，《孙中山全集》（第5卷），中华书局1985年版，第135页。

⑤ 孙中山：《三民主义》，《孙中山全集》（第5卷），中华书局1985年版，第193页。

之冠的。

然则，如梁启超后来回忆的那样①，孙中山早期的土地所有权思想中，毕竟包含有"耕者有其田"的内涵。只是，他仅仅提出这一概念却未作相关阐述。后来，随着思想认识的深入，孙中山逐渐将对近代土地问题的探索，具体到"农村"土地上。

孙中山先从城市化发展的角度，指出城市大地主、大资本家对土地的兼并之祸，会逐渐波及"农村"的土地。1924年，他在"民生主义"的演讲中指出，工业城市的地价之增加，"有亩至十（千）百万元者"，地主"承先人之遗业"，不须劳作"而陡成巨富"。他们因土地"增价"变成资本家，进而再"以工业获利而成大地主"。这样，不仅城市土地"尽为此辈所垄断"，而且"附廓之田，亦为之所收买，渐而至于郊外之沃野荒原，亦陆续为此辈占有"，以致贫苦工人"欲退而归农"却已"无田可耕"或"耕亦不能偿其租值"。② 在孙中山看来，地主在工业化、城市化进程中，对土地的控制与垄断，先从"城市"开始，逐渐由市中心到郊区，再由郊区延展至"郊外之沃野荒原"，直至"农村"的耕地甚至是荒地。这一论述表明，孙中山对农村土地问题的关注，并不是直接从农村"地主"对土地的兼并入手的；而是从城市化的角度，强调"城市"地主也即其所言之"大资本家"，对城市周边及其"郊外"农地的吞并入手的。然而，中国作为一个传统农业国，近代土地问题主要是指农村土地问题。更为具体地说，是指农村土地的占有不均问题。孙中山所要积极预防的城市"大资本家"、"大地主"兼并土地的问题，在城市化并不发达的近代中国，并不普遍。因此，这是孙中山地权思想的局限性所在。不过，他对土地所有权问题的思考，至此已具体到"农村"土地了，这为其后来对"耕者有其田"主张的进一步阐发奠定了基础。

随着地权思想与农民土地问题的结合，孙中山正式提出"耕者有其田"的主张。这一思想的切入路径有其独特性。孙中山从保障粮食生产的目的出发，强调给予农民土地使用权之必要性与重要性。这样，他的地权思想便与近代农民的土地问题切实关联起来，且提出了具体的设想。他强调，

---

① 梁启超：《附驳孙文演说中关于社会革命论者》，《〈饮冰室合集〉集外文》（上），中华书局1985年版，第429页。

② 孙中山：《三民主义》，《孙中山全集》（第5卷），中华书局1985年版，第192—193页。

"我们的粮食多是靠植物",且需"经过许多生产方法才可以得到"。因此,粮食问题是一个关乎国计民生的大问题。中国自古以来便"以农立国",农业无疑"是生产粮食的一件大工业";而在生产技术落后的情况下,"从来都是靠人工生产"。① 粮食生产既然要依靠农民,他们"很辛苦勤劳",是故要增加粮食生产,"便要在政治、法律上制出种种规定来保护农民"。② 为什么要保护农民?因为农民占中国总人口"约有八九成",且"有九成都是没有田的",他们大都租种地主土地,"替地主来耕田",致使"所生产的农品大半是被地主夺去了"。③ 农民在丧失土地的情况之下,辛勤劳作的成果被地主剥削殆尽,"自己得到手的几乎不能够自养"。而"照道理来讲",农民"耕出来的农品要归自己所有",不然长此以往,"还有谁人再情愿辛辛苦苦去耕田呢?"一旦农民不乐于耕作,"许多田地便渐成荒芜,不能生产了"。④ 若是农作收获完全归农民所有,农民"一定是更高兴去耕田的"。而生产积极性调动起来了,"便可以多得生产"。因此,要保护甚至激发农民的生产积极性,必须对农民的权利"有一种鼓励、有一种保障,让农民自己可以多得收成"。⑤ 这种"鼓励"、"保障"是什么?孙中山强调,就"是要'耕者有其田'",这不仅意味着"农民问题真是完全解决",也是"对于农民问题的最终结果"。⑥

孙中山上述对农村土地占有关系的认识,以及对地主、农民之间的生产品的分配关系的认识,基本符合历史实际。20 世纪 20 年代中国农村土地的占有情况,根据马扎亚尔的研究⑦,大致如下:

---

① 孙中山:《民生主义(第三讲)》,《孙中山全集》(第 9 卷),中华书局 1986 年版,第 399 页。
② 同上。
③ 同上书,第 399—400 页。
④ 同上书,第 400 页。
⑤ 同上。
⑥ 同上书,第 399 页。
⑦ 马扎亚尔的《中国农村经济研究》一书写成于 1928 年,是作者"在中国经过三四年的实际考察和研究之结果"。因此,书中对近代中国农村土地情况的分析可以较为准确地代表 20 世纪 20 年代初、中期的基本情况。并且,书中分析并强调中国历来统计数字的不准确。作者在意识到已有数据不准确的情况下,其书中所采用的数据应是比较审慎的。[苏联] 马扎亚尔:《中国农村经济研究》,神州国光社 1934 年版。

在广东一千万亩的土地，即全耕地的四分之一强，握于地主之手，而且乡村的统治阶级还只配有占全耕地百分之三十至四十的血族的土地。在湖北大概的计算，整个经济单位的百分之四六、五占有耕地的六分之一，而占整个经济单位约百分之十的大的领土则占有耕地的三分之一。关于湖南毫无夸大的断定：百分之七五的耕地系握于地主之手。我们不晓得在中国是否有三万个或一万个或十万个握有万亩以上的土地的大地主。但是我们晓得几乎在每个县都存有一些千亩以上的地主。或许他们也没有这样多的人，但是从这些研究中，便可看到就中有很多的中小地主。①

（2）"耕者有其田"的实质

孙中山晚年提出的"耕者有其田"主张，其基本内涵、思想实质是什么？要解答这些问题，须回到这一主张阐发的相关情境中去。

1924年8月11日，孙中山在《耕者有其田才算是彻底革命》的演讲中，阐释了"耕者有其田"的思想内涵以及实质。他首先指出，农民占据中国人口的绝大多数，农民"就是中国的一个极大阶级"；如果这一群体不能觉悟起来促成三民主义的实行，"就是我们的革命在一时成了功，还不能说是彻底"；因此，他号召要"到各乡村会宣传"，要把三民主义在一般农民中传播开来，使他们都有觉悟。② 为什么要让农民觉悟？觉悟什么？孙中山强调，是要使这一占据人口绝大多数的"极大阶级"都能领会、觉悟、明白三民主义，并且促成三民主义之实行；只有这样，"我们的革命才是彻底"。③ 至于使农民觉悟的办法，那就是"讲农民本体的利益"，也只有给予农民切实的利益，"农民才注意"。④ 那么，"农民本体的利益"是什么呢？孙中山指出，中国社会向来把人是分成士、农、工、商四大类，这四类人中，"最辛苦的是农民"，"享利益最少的是农民"，而"担负国家义务最重的也是农民"。⑤ 因此，要用"政治力量来提倡农民"不要有忍受苦难的

---

① ［苏联］马扎亚尔：《中国农村经济研究》，神州国光社1934年版，第248—249页。
② 孙中山：《耕者有其田才算是彻底革命》，《孙文选集》（下册），广东人民出版社2006年版，第523页。
③ 同上。
④ 同上。
⑤ 同上书，第524页。

"旧思想",使他们树立起新的思想,都能自觉行动起来解救自身痛苦。①

孙中山比较中俄两国农民的处境后指出,虽然俄国存在大地主和农奴,且二者占有的财富极不平均;而中国没有大地主,只存在小地主和一般农民,两者所占财产相较于俄国地主与农民之间的情形,"还算是很平均";但是,俄国大地主所占有的土地,都是大面积的,"几百方里甚至于几千方里",这样,他们对许多农奴"自然不能精神贯注",因此"待遇农奴自然是很宽大"。然而,中国的小地主"总是孳孳为利",收租时"一升一勺、一文一毫都是要计算","随时随地都是要刻薄农民";因此,比较来看,俄国农奴所遭受的苦难要少,中国农民所遭受的剥削则要严重得多。② 并且,俄国在十月革命之后,彻底解放农民。对此,孙中山强调,俄国改良"农业政治"之后,推翻了大地主,把全国土地分给农民,"让耕者有其田"。"耕者有其田"之后,纳税于国家,"另外便没有地主来收租钱",故"这是一种最公平的办法"。③ 在他看来,苏俄推行的土地制度是"耕者有其田"的制度。因此,仔细比较苏俄的土地所有制与孙中山所强调的"耕者有其田",可以窥见孙中山"耕者有其田"主张的基本内涵及其实质。

十月革命之后,苏俄立即"把土地私有制的废除和禁止土地的买卖、出租、出典或以任何其他方式出让土地联系了起来","强调了任何个人对于土地都不拥有所有权",并规定"土地要平均使用"。④ 在这一规定下,国家集中土地所有权,将土地使用权以"份地"形式分给农民耕种。因此,其实质是一种集中土地所有权、分散经营权(使用权)的做法。孙中山将其认作是"耕者有其田",就说明他的"耕者有其田"主张也即是将土地收归国有,然后再将土地使用权分给农民。孙中山强调,"我们现在革命要仿效俄国这种公平办法,也要耕者有其田,才算是彻底的革命;如果耕者没有田地,每年还是要纳田租,那还是不彻底的革命"。⑤ 因此,孙中山"耕者有其田"思想的实质仍是土地国有,只是强调在土地国有的基础上分散

---

① 孙中山:《耕者有其田才算是彻底革命》,《孙文选集》(下册),广东人民出版社2006年版,第524页。
② 同上书,第524—525页。
③ 同上书,第525页。
④ 闻一:《十月革命与农民、农业问题》,《世界历史》1987年第5期,第86页。
⑤ 孙中山:《耕者有其田才算是彻底革命》,《孙文选集》(下册),广东人民出版社2006年版,第525页。

土地使用权,将土地国有思想的内涵扩大、丰富了。

"耕者有其田"思想的提出,标志着孙中山的地权思想开始与近代中国国情相结合,与广大农民相结合。它是各种因素综合作用的结果,对于近代地权思想影响深远。

三 土地所有权思想由理想转向现实

综合本章分析来看,自 1907 年土地国有论战之后,土地公有思想不断发展变化。从宏观上看,无政府主义土地公有思想与以孙中山为代表的土地国有思想都在不断发展,具体表现为思想内涵逐渐丰富、针对对象更为具体等。就革命党而言,他们早年提倡的土地国有思想的内涵逐渐丰富,且开始与中国社会结合,提出了"耕者有其田"的主张。

1. 土地国有向"农有"转变的原因分析

革命党人土地"农有"思想的形成,与革命党人对农民认识的逐渐深入密切相关。1917 年苏俄十月革命胜利后,孙中山在给苏俄政府的贺信中指出,"俄国革命和中国革命抱有同样的目的,即解放工人并在承认俄中两国伟大的无产阶级利益的基础上建立永久和平"。[①] 其中的"解放工人",说明孙中山对苏俄革命的"工农联合"性质认识不清。契切林在回信中就指出,苏俄政府是"工农联合"性质的政府,"按照我们的理解,这个伟大的任务就是两国劳动阶级团结起来,建立普遍和平,它是人民从资产阶级手中取得政权以来,工农政府全部活动的依据"。[②] 同时,这也表明孙中山此时尚未将中国革命与农民两者之间具体而合理地联系起来。并且,孙中山没有注意到两者间的这层关系,还说明他此时尚未真正认识到近代中国农民问题,遑论与农民关系最为直接、紧迫的土地问题了。

1924 年夏,孙中山在广州接见维经斯基,他通过维经斯基了解苏俄的一些情况,也表达了对苏俄的一些看法。根据维经斯基回忆,孙中山对苏俄的兴趣点发生了变化,开始对"经济如何得到恢复"以及"农民怎样生

[①] 《契切林致孙中山的信》(1918 年 8 月 1 日),《共产国际、联共(布)与中国革命文献资料选辑(1917—1925)》,北京图书馆出版社 1997 年版,第 48 页。

[②] 同上。

活"等问题感兴趣。① 这表明孙中山此时已开始注意到农民问题。

根据前文分析，孙中山对近代土地问题的认识，不是根据近代中国已经出现的社会现象综合分析得出的结果，而是在借鉴西方社会弊病、吸收西方土地理论基础上逐渐形成的。然而，当时西方社会出现的弊病主要是资本家对城市土地的垄断，以及在此基础上出现的贫富分化与社会危机；孙中山所吸收的理论也正是应对与缓解这一危机的土地国有理论。因此，孙中山的土地国有思想，并未具体联系中国的实际，也就没有能具体到当时社会的主体阶层——农民。此外，他所要解决的土地问题，也并不是当时社会上业已出现的农民土地问题。虽然孙中山并未将"土地问题"具体划分为"城市"、"农村"。但是，他考虑的是资本主义发展、城市化进程中的土地问题。因此，这一特点不免致使其土地所有权思想有忽略农村土地问题之嫌。海外就有学者指出：

> 传统的中国农村社会，继续保持未受城市的急剧变革破坏的风气。在20世纪20年代里，中国新型的民族主义领袖，并不是直接从传统的农村社会产生的，也不去着重地关心农民的问题。总之，农村中国是一个广阔的领域，是处于以城市为重心，并受外国激励的革命者所关心的范围和能力之外。②

孙中山论述土地问题的总的前提是将"土地"置于未来社会经济发展过程中来看待的，他曾指出，中国要避免类似欧美社会危机之发生，就要预防资本、土地被少数人垄断。

> 顾思患预防之法为何？即防止少数人之垄断土地、资本二者而已。中国自废井田而后，土地虽归私有，然因向以手工为生产之具，而资本尚未发达，地价亦尚未增加，故尚少大地主，及今而整顿土地，犹易为力。故同盟会之主张，创立民国后，则继之以平均地权，倘能达此目的，则社会问题已解决过半矣。平均地权者，即井田之遗意也。

---

① 维经斯基：《我和孙中山的两次会见》，《共产国际、联共（布）与中国革命文献资料选辑（1917—1925）》，北京图书馆出版社1997年版，第101—102页。
② [美]费正清：《剑桥中华民国史（1912—1949）》（上卷），杨品泉等译，中国社会科学出版社1994年版，第28页。

第三章　土地公有思想的演变与土地"农有"主张的提出

井田之法，既板滞而不可复用，则惟有师其意而已。①

事实上，资本主义在中国的发展，还需以时日。因此，孙中山的土地所有权思想具有理想性与超前性。李泽厚曾评价说：

> 孙中山当时忧虑的是中国未来的资本主义制度下的绝对地租租量的增长危险，是西方资产阶级与无产阶级的变得简单明了的阶级对立和阶级斗争；反而看不见那时中国当前的现实的封建地租问题，看不见在落后的封建生产和等级制度掩盖下，中国社会的比较复杂和比较隐蔽的阶级对抗和阶级斗争。②

因此，至1921年12月，孙中山在桂林军政学七十六团体欢迎会的演说中，仍然强调城市化发展后，城市土地问题的严峻性。"假使自今年起，改良街道，便利交通，到明年之后，一定会影响到土地问题——土地问题就是经济问题中的大要素。因为马路一开，沿马路两旁的地价便涨高起来……"③ 因此，从实质上看，孙中山的土地所有权思想，所关注的只是资本主义发展过程中，城市化进程加剧而出现的土地垄断问题，以及因此而滋生的社会问题。

然而，孙中山最终提出"耕者有其田"的主张，这其中的原因是什么呢？对此，学术界曾将之归因为如下几种：最一般也是最普遍的一种看法便是师法苏俄的结果，即认为孙中山在十月革命之后，尤其是在国共合作之后，逐渐效仿苏俄，实现工农革命，强调解决农民土地问题以调动农民起来参加革命，由此形成了土地"农有"思想。这种观点有其合理之处，但不是很准确。还有观点认为，孙中山素来关心农民，与农村、农民之间存在着"生于斯长于斯"的关系，因此顺理成章地形成土地"农有"的思想。这种观点来源于描述历史上正面人物的一种脸谱化写法。事实上，孙中山彻头彻尾都是一个资产阶级革命家，他出生于中国，却成长、学习于

---

① 孙中山：《三民主义》，《孙中山全集》（第5卷），中华书局1985年版，第193页。
② 李泽厚：《论孙中山的思想》，《中国近代思想史论》，生活·读书·新知三联书店2009年版，第361页。
③ 孙中山：《在桂林军政学七十六团体欢迎会的演说》，《孙中山全集》（第6卷），中华书局1986年版，第7页。

海外，对于近代中国社会尤其是农村社会并非如一般所强调的那么熟悉。诚如海外汉学家们所指出的：

> 1895年以后的一代年轻国民党革命者，都是不熟悉农村的典型城市人。在通过西方化拯救中国的努力中，这些年轻的革命党人掌握了许多方面的西学和西方技术，但常常发现自己于中国的平民百姓已失去了联系。①

综合来看，孙中山土地"农有"思想的提出，是受上述诸多因素等综合作用的结果。

首先，孙中山土地"农有"思想的形成，是借鉴苏俄革命的结果。他认识到苏俄革命是"工、农联合的革命"，而此前他最为担心的，就是在社会贫富严重分化的情况之下，"小农而成小地主"、"小工而成小资本家"这一"民生之路""为万不可能之事"。② 俄国的工农革命取得胜利，解放了农民，这与孙中山的"民生之路"是基本吻合的。

> 若俄国现时之新政府，则有鉴于此，乃以政治革命与社会革命同时并举。所谓劳农政府者，直乃农工兵政府，即以为农、为工、为兵者组织而成之政府也。彼之新政府，不独推翻君主专制，且实行打破资本家专制，是即所谓社会革命，亦即所谓民生问题。③

并且，他认为列宁推行的"新经济政策"，是一种国家资本主义制度。"俄国之新经济政策，早已变更其共产主义，而采用国家资本主义"。④ 这一理解显然促成了其土地"农有"思想的形成。因此，两者交相作用之下，他逐渐提出了土地"农有"主张。

此外，孙中山还认为，苏俄建立的政权是"劳农政权"、"劳农政府"，

---

① [美]费正清：《剑桥中华民国史（1912—1949）》（上卷），杨品泉等译，中国社会科学出版社1994年版，第28页。

② 孙中山：《三民主义》，《孙中山全集》（第5卷），中华书局1985年版，第194—195页。

③ 孙中山：《在桂林对滇赣粤军的演说》，《孙中山全集》（第6卷），中华书局1986年版，第28页。

④ 同上书，第517页。

而这一性质的政府,正是对孙中山社会理想中"天下为公"的"大同世界"的实践。

> 在吾国数千年前,孔子有言曰:"大道之行也,天下为公。"如此,则人人不独亲其亲,人人不独子其子,是为大同世界。大同世界即所谓"天下为公"。要使老者有所养,壮者有所营,幼者有所教,孔子之理想世界,真能实现,然后不见可欲,则民不争,甲兵亦可以不用矣。今日惟俄国新创设之政府,颇与此相似,凡有老者,幼者、废疾者,皆由政府给养,故谓之劳农政府……①

这一"大同世界",是孙中山梦寐以求的理想世界:

> 至于此时,幼者有所教,壮者有所用,老者有所养,孔子之理想的大同世界,真能实现,造成庄严华丽之新中华民国,且将驾欧美而上之。②

孙中山的土地所有权思想渐渐具体到近代中国的"农民群体",还因为他看到工农联合起来新建的苏俄政府成功抵御了外敌入侵。苏俄推行"民生主义"之后,"各国深恐此主义传播其国内,人民受此影响,势将起而效尤,故互相联合,以与俄国战";但是,"迄今四年,仍不能战胜俄国,此则俄国之以主义胜也";"其主义在打破贵族及资本家之专制,因而俄国革命党,乃被各国合攻。然迄今数年,仍不能胜,此即因俄国新政府具有决心,始能贯彻其主义"。③ 孙中山所处的时代,正值中国饱受西方列强侵凌、国势危殆之时,他毕生孜孜以求于国富民强、民族独立。因此,代表工农联合政权的苏俄成功抵御列强的武装干涉,无形之中促使着孙中山去思考近代中国的革命与农民之间的关系问题。

需要注意的是,孙中山之所以能够接受苏俄的土地国有制,并借鉴这一土地制度,主要因为苏俄的土地所有制与其设想中的土地所有制是基本吻合

---

① 孙中山:《在桂林对滇赣粤军的演说》,《孙中山全集》(第6卷),中华书局1986年版,第36页。

② 同上书,第40页。

③ 同上书,第28、36页。

的。如前所述，在孙中山看来，苏俄所推行的是一种"耕者有其田"的制度，这种制度的基本内涵是政府将地主土地没收后集中起来，然后平均地分配给农民。这与孙中山一直以来所坚持的土地国有思想相暗合，并且他晚年也进一步将这一思想发展至"耕者有其田"，提出了分配土地使用权的主张。

当然，孙中山能够借鉴苏俄的土地制度，并形成自己的土地"农有"思想，还在于他认为苏俄成功地实现了"均产主义"，它与洪秀全在太平天国运动中"所行制度"一致，而洪秀全确是孙中山所钦佩且效仿的。

> 民生主义，即贫富均等，不能以富等（者）压制贫者是也。但民生主义在前数十年，已有人行之者。其人为何？即洪秀全是。洪秀全建设太平兵（天）国，所行制度，当时所谓工人为国家管理，货物为国家所有，即完全经济革命主义，亦即俄国之今日均产主义。①

从孙中山对洪秀全土地所有权思想的评价也可以反映出，孙中山的"耕者有其田"思想就其思想本质而言，仍是一种土地国有思想。只是在认识到农民对土地的渴求以及解决农民问题的重要性等的基础上，强调在坚持土地国有前提下，分散土地使用权。

其次，在苏俄的影响下，孙中山开始结合中国国情，将对土地所有权的思考与农民结合，形成了土地"农有"思想。他强调中国的农民群体是全国最大的"阶级"，不发动这一"阶级"起来参与、支持革命，将无法使革命做到彻底，并且也无法取得胜利。因此，这一认识就促使他对土地所有权的思考由未来土地而具体到"当下"的农村土地、农民土地。

2. 土地公有思想的不断完善

这一时期，土地国有思想开始与国情相结合，开始与现实需要结合，表现为土地"农有"思想的形成。土地所有权思想由"国有"而"农有"之转化，其实质是土地公有思想的发展。

首先，土地公有思想的不断完善，体现在土地公有思想具体内涵的不断丰富与具体。如前所述，刘师培着重阐述了土地私有制下农民生活的困苦，并且也强调农民力量之大。因此，他号召发动农民革命以实现土地公

---

① 孙中山：《在桂林广东同乡会欢迎会的演说》，《孙中山全集》（第6卷），中华书局1986年版，第56页。

有，建立"人人平等"的理想社会。辛亥革命前后，江亢虎所鼓吹的土地公有思想，较之刘师培又有新的发展。江亢虎将土地公有思想置于"社会主义"的大背景下进行阐发。并且，他对土地公有主张的宣传，也值得注意。他建立起第一个自我标榜为"社会主义"的政党——中国社会党，并以撰文、演讲、上疏等形式，对下层百姓以及政治上层竭力鼓吹"社会主义"。此外，江亢虎还将社会民主主义掺入到无政府主义之中，这些都是其不断完善无政府主义土地公有思想的表现。继刘师培、江亢虎之后，刘师复的土地公有思想又有更大进步。刘师复不仅对无政府主义进行了正名，而且深入辨别了江亢虎的"社会主义"与孙中山的"民生主义"。他认为孙中山的"民生主义"只是一种社会政策，并指出江亢虎"社会主义"及其土地公有思想之不足，提出"废绝私有财产倾覆一切强权以成共产大同之社会"[①]。因此，综合来看，土地公有思想不论是在思想内涵上，还是思想的内在理路上，都呈现出逐步发展与完善的态势。

其次，十月革命后，苏俄的土地国有制度以及所持奉的马克思列宁主义，开始对中国发生影响。社会上的土地公有思想，开始借鉴与吸纳马克思主义关于生产资料公有制的主张。此前革命党人鼓吹的土地国有论，以及无政府主义者传播的土地公有思想等，为中国社会迅速接受马克思主义土地所有权思想提供了前提条件与思想准备。事实上也确实如此，随着师法苏俄思潮的兴起，马克思主义土地公有思想经由苏俄传到中国，并在此生根、发芽。

再次，更为重要的是，孙中山的土地国有思想继续得以发展。"耕者有其田"思想的提出，乃是对土地国有思想的丰富与发展。它是一种强调土地公有制基础上，分散土地经营权的思想。之所以说它标志着土地公有思想的发展，一是就其内涵上看，"耕者有其田"丰富了土地国有思想的内涵；二是从土地国有思想与近代中国社会的关系来看，它标志着土地公有思想开始与国情相结合，这标志着革命党人土地所有权思想一改此前的机械化与教条化特点，开始紧扣社会实际，着眼于解决最真实与最迫切的问题。

近代中国，农民是占人口最多的群体，农村经济构成国民经济的主要组成部分。"土地"这一基本生产资料，在农业国是与农民生存状况、农业

---

① 刘师复：《答凡夫书》，《师复文存》，革新书局1927年版，第144页。

经济形式、农村面貌等休戚相关的。因此,不论土地占有状况均衡与否,土地所有权思想落实到"农民"这一主体之上,就标志着土地所有权思想开始与农业国这一实际相结合,开始与近代中国国情结合。这是近代土地所有权思想的一大飞跃。

此外,土地"农有"思想的形成,还是人们对农民土地问题逐渐重视的结果。毛泽东曾说,"农民问题乃国民革命的中心问题"。① 基于近代乃至现代中国的独特国情,无论是"革命"抑或"建设",调动农民的力量、发展农业经济,释放蕴藏在农村之间、农民身上的巨大能量,都极为必要。因此,"耕者有其田"思想的提出,其最主要的意义就在于它标志着近代土地所有权思想开始回归农民土地问题之"现实需要"。这一土地"农有"思想的提出,还昭示了未来地权探索的新方向。具言之,即是要将对近代土地所有权问题的探索和农民的要求与生存状况紧密结合起来,探索农民土地问题。

当然,这一土地"农有"思想还并不成熟,尤其是在如何实践方面,孙中山仅仅提供了一个基本原则。因此,将土地所有权问题与农民土地问题相结合的进一步探索,还有待后继者的努力。

---

① 毛泽东:《国民革命与农民运动》,《毛泽东文集》(第1卷),人民出版社1993年版,第37页。

第四章　土地国有思想的继承与土地"农有"思想的发展

孙中山逝世之后，国民党继承了其土地所有权思想。这主要体现在1930年《土地法》以及立法院院长胡汉民、《土地法》主要起草人吴尚鹰、中国地政学会发起人萧铮、黄通等的土地所有权思想中。当然，在继承的同时也出现了一些变化，如萧铮就公然诘难"土地国有"。然而，从国民党中脱离出来的"第三党"，以邓演达、谭平山等为代表，他们在继承孙中山晚年提出的土地"农有"思想的基础上，又进一步提出了由土地"农有"发展至土地国有的构想。

一　国民党对土地国有思想的继承

"由于孙中山主要是从发展的角度考虑土地问题，他的平均地权，最初并未明确规定'耕者有其田'的措施"；虽然晚年提出这一主张，但"对实现平均地权的具体措施，也仍然是只提申报地价、征收地价税及土地增值归公，而未提及怎样实现耕者有其田的问题"。[①] 他仅是提供一个基本原则，即强调以"政治的法律的手段"解决土地问题。然则，这一原则为后来的国民党所继承。

1. 1930年《土地法》对孙中山土地所有权思想的继承

1930年6月30日，南京国民政府正式公布《土地法》。[②] 这部《土地法》分为五编：总则、土地登记、土地使用、土地税、土地征收。[③]《土地

[①] 赵靖：《孙中山和中国发展之路》，《经济学家》1995年第2期，第21—22页。
[②] 《国民政府令》，《司法公报》1930年7月20日，第79号，第18页。
[③] 国民政府：《中华民国土地法》，上海法学编译社1930年版，"目录"第1—4页。

法》作为国家大法，其重要性及典型性自然不言而喻。本节拟以这部《土地法》为对象，分析其中所蕴含的地权思想。

(1)《土地法》有关"土地所有权"的直接规定

《土地法》对"土地所有权"的规定，主要在"第二章"。其中，第七条是对"土地所有权"一个原则性规定，"中华民国领域内之土地，属于中华民国国民全体。其经人民依法取得所有权者为私有土地。但附着于土地之矿，不得因取得土地所有权而受影响"。① 第八条则规定具体的"不得私有"的"土地"分类："一、可通运之水道；二、天然形成之湖泽而为公共需用者；三、公共交通道路；四、矿泉地；五、瀑布地；六、公共需用之天然水源地；七、名胜古迹；八、其他法令禁止私有之土地。市镇区域之水道湖泽，其沿岸相当限度内之公有土地，不得变为私有"。②《土地法》对于"公有土地"也作出了规定，其中，第十二条规定，"凡未经人民依法取得所有权之土地，为公有土地"。③ 政府对于公有土地，"除法令别有规定外，有使用及收益之权。前项土地，非经国民政府核准，不得处分，或设定负担，或为超过十年期间之租赁"。④《土地法》还对"私有土地"作出了具体规定：

> 第十四条 地方政府对于私有土地，得斟酌左列情形，分别限制个人或团体所有土地面积之最高额。但应经中央地政机关之核定：一、地方需要，二、土地种类，三、土地性质。
>
> 第十五条 私有土地受前条规定限制时，由主管地政机关规定办法，限令于一定期间内将额外土地分割出卖。不依前项规定分割出卖者，该管地方政府得依本法征收之。
>
> 第十六条 国民政府对于私有土地所有权之移转，设定负担或租赁，认为有妨害国家政策者，得制止之。⑤

《土地法》在原则上强调土地归全国人所有，在此基础上承认土地私有

---

① 国民政府：《中华民国土地法》，上海法学编译社1930年版，第2页。
② 同上。
③ 同上书，第3页。
④ 同上。
⑤ 同上书，第3—5页。

产权。对于涉及公共利益等的土地,《土地法》强调不能私有。私有土地之外的其他土地,均为"公有土地"。对于"公有土地",地方政府不能随意处分。超过规定限额之土地,政府限期分割出卖,或强制征收。对于土地买卖(所有权之移转)、租赁等有危害国家政策者,政府依法制止。

《土地法》没有明确提及农民土地问题,但是强调保障一定面积的公有土地;并且,它对大地主所占土地有所限制,强调超额部分须分割出卖,否则强制征收。此外,对于土地买卖、租赁等的规定,都有保护农民土地权益的一面。

(2)《土地法》有关"农地使用"的规定

《土地法》对"农地使用"亦进行了规定。首先,对于佃农租种的土地,若租种期限已到,"除出租人收回自耕外,如承租人继续耕作,视为不定期限继续契约"。① 并且,第一百七十三条规定,"出租人出卖耕地时,承租人依同样条件有优先承买之权"。② 这即是强调佃农对于土地有优先购买权。《土地法》还限制土地使用权的二次出租。第一百七十四条规定"承租人纵经出租人承诺,仍不得将耕地全部或一部转租于他人";并且,租种土地持续十年及以上,且其所有者为不在地主时,"承租人得依法请求征收其耕地"。③

在"农地使用"的规定中,《土地法》还对"土地改良"做了界定。第一百七十六条规定:"于保持耕地原有性质及效能外,以增加劳力、资本之结果致增加耕地生产力或耕作便利者,为耕地特别改良";并且,土地改良"承租人自由为之","但特别改良费之数额,应即通知出租人"。④ 对地租进行具体规定,是《土地法》的重要内容之一,它基本上沿袭了"二五减租"的相关规定。

> 第一百七十七条 地租不得超过耕地正产物收获总额千分之三百七十五,约定地租超过千分之三百七十五者,应减为千分之三百七十五,不及千分之三百七十五者,依其约定。⑤

---

① 国民政府:《中华民国土地法》,上海法学编译社1930年版,第44页。
② 同上。
③ 同上。
④ 同上。
⑤ 同上。

并且,"出租人不得预收地租,并不得收取押租";至于耕地的"地价税","由承租人代付者,应于地租内扣除之"。① 这也即是强调地价税应由土地所有者承担。对于地租,第一百七十九条还强调,"承租人不能按期支付应交地租之全部,而先以一部支付时,出租人不得拒绝收受,承租人亦不得因其收受而推定为减租之承诺"。② 对于佃农的承包权,《土地法》规定不得随意终止。这体现在第一百八十条中:

依不定期限租用耕地之契约,仅得于有下列情形之一时终止之。一、承租人死亡而无继承人时。二、承租人抛弃其耕作权利时。三、出租人收回自耕时。四、耕地依法变更其使用时。五、违反民法第四百三十二条及第四百六十二条第(二)项之规定时。六、违反第一百七十四条之规定时。七、地租积欠达二年之总额时。③

但是,佃农要终止租佃土地时,"应于三个月前向出租人以意思表示为之";且"非因不可抗力继续一年不为耕作者,视为抛弃耕作权利";若是出租人要收回自耕,则须"于一年前通知承租人"。④

对于土地所有者收回的土地,若是再行出租时,"原承租人有优先承租之权";并且,"自收回自耕之日起未满一年而再出租时,原承租人得以原租用条件承租"。⑤ 土地所有者收回土地时,不得侵犯"承租人耕作上必需之农具、牲畜、肥料及其农产物"。⑥ 此外,若是因上文《土地法》"第一百八十六条"中之"第二、第三、第五、第六各款契约终止,返还耕地时";"承租人得向出租人要求偿还其所支出第一百七十六条第二项耕地特别改良费";但"以其未失效能部分之价值为限"。⑦ 对于改良费存在纠纷,"当事人不能协议或协议不成立时","得请求地方法定调解委员会调解之";

---

① 国民政府:《中华民国土地法》,上海法学编译社 1930 年版,第 45 页。
② 同上。
③ 同上。
④ 同上书,第 46 页。
⑤ 同上。
⑥ 同上。
⑦ 同上。

"若地方法院调解亦不成时，得请求主管地政机关决定之，其决定为最终之决定"。①

《土地法》关于"农地使用"的具体规定，旨在保护佃农的耕作权益，并且也有保护佃农购买土地的成分，如优先购买权等。此外，对于"不在地主"也有具体规定：以十年为期，之后承租人可依法获得其耕地。更为重要的是，它规定了"地租"不得超过耕地正产物收获总额千分之三百七十五，并明令禁止预收地租、押租。这些措施的实质，都在于保护佃农，缓解与改善农村中的租佃关系。并且，地主撤佃时应补偿佃农的土地改良费用。

《土地法》还对"荒地使用"作出如下规定：首先，"第一百八十八条"规定，公有荒地，适合耕种者，"除经政府保留或指定为他种使用外，应由地政机关于一定期间内勘测完竣，分划地段，编为垦荒区。并规定道路沟渠及其他耕作必需之公共用地"；且在垦荒区，"应预留相当面积之宅地，分配于承垦人"。② 垦荒区内的土地，"由地方政府定期招垦"；承垦人则"以自为耕作之中华民国人民为限"。③ 对于"承垦人"，《土地法》进行了具体界定。第一百九十一条规定，承垦人分为两种：农户、农业合作社。其中，农户主要"为家属在十口以下之农民"；而"农业合作社"，则"为三个以上农户共同经营农业之组合"；"承垦人请领荒地时，应具承颁书呈由主管地政机关核准"。④

这一垦荒规定，明显体现出南京国民政府推行土地国有的政策。在荒地国有的基础上，招垦自耕农以及农业合作社耕种，这是一种土地国有制下分配土地使用权给农民的做法。并且，结合《土地法》对"公有土地"的处理来看，南京国民政府强调保障一定的公有土地，也应是为分配给农民之用。

(3)《土地法》对"土地税"的规定

孙中山"平均地权"的具体办法之一"照价征税"，也即征收土地税。《土地法》对"土地税"也作了相应的规定。

第四编"土地税"的"通则"有如下规定："土地及改良物，除依本法

---

① 国民政府：《中华民国土地法》，上海法学编译社 1930 年版，第 46—47 页。
② 同上书，第 47—48 页。
③ 同上。
④ 同上。

规定外，不得用任何名目征收或附加税款。但因改良地区就其土地享受改良利益之程度特别征费者，不在此限"；土地税，"除法律别有规定外，向所有权人征收之"。① 这两条"通则"，一是废除了附加在"土地"上的各种苛捐杂税；二是强调只向"地主"也即土地所有者征税。苛捐杂税的废除与征税对象的明确，无疑能改善佃农的经济境遇。对于农村土地改良后征税的规定，表明《土地法》切实贯彻了"平均地权"的基本精神——即土地因社会进步、文明发达所上涨的利益，应由全社会共享。

"土地税"具体分"一、地价税；二、土地增值税"。其中，对"地价税"的具体规定是："地价税照估定地价按年征收之"；地价税"得由主管地政机关核准、分期缴纳。但不得过四期，并各分期相距之时间不得互有差别"。② 对于"土地增值税"，《土地法》则作了十分具体而详细的规定。首先，"土地增值税，照土地增值之实数额计算，于土地所有权移转或于十五年届满土地所有权无移转时，征收之"；但"乡地所有权人之自住地及自耕地，于十五年届满无移转时，不征收土地增值税"。③ 这就明确了征税的基本对象是"城市土地"。"乡地所有权人之自主地及自耕地"乃是指农民的宅基地以及农田，它们均不在征税之列。第二百八十八条还规定，若土地所有权永久出卖时，增值税向出卖人征收；若"移转为遗产继承或无偿赠与或法院判决者"，则"其增值税向继承人或受赠人或因判决而取得所有权人征收之"。④ 这也即是强调土地流转时，所有者需要缴纳一次增值税。新的土地所有者，自拥有土地时起十五年后开始缴纳地价税。这在第二百八十条中有明确规定："依本法为第一次所有权登记之土地，关于前条规定之十五年期间，自本法公布之日起计算。其已登记而移转之土地，自移转登记完毕之日起计算"。⑤

对于政府征收的土地，《土地法》规定："土地所有权因征收而移转者，杜为绝卖"；并且，"土地所有权因依法令整理土地而移转者，不视为移转"。⑥ 但是，土地所有者新增的"土地"，其纳税期限的计算，"应以距十

---

① 国民政府：《中华民国土地法》，上海法学编译社1930年版，第56页。
② 同上书，第66页。
③ 同上。
④ 同上书，第67页。
⑤ 同上书，第66—67页。
⑥ 同上书，第67页。

第四章　土地国有思想的继承与土地"农有"思想的发展

五年届满较近之地段为准"。① 至于"市地","市改良地之地价税，以其估定地价数额千分之十至千分之二十为税率"；"市未改良地之地价税，以其估定地价数额千分之十五至于千分之三十为税率"；而"市荒地之地价税，以其估定地价数额千分之三十至千分之一百为税率"。② 因此，从征税额度来看，政府旨在通过征收土地税的形式来鼓励市地改良。对于农村土地改良后的税收，《土地法》规定：

　　第二百九十四条　乡改良地之地价税，以其估定地价数额千分之十为税率。
　　第二百九十五条　乡未改良地之地价税，以共估定地价数额千分之十二至千分之十五为税率。
　　第二百九十六条　乡荒地之地价税，以其估定地价数额千分之十五至千分之一百为税率。③

对于农村土地与城市土地，《土地法》规定，"于自住或自耕期内，其地价税，按应纳税额八成征收之"。④ 其中，若自住地之一部分出租时，"出租部分之地价税，仍照应纳税率征收之"；而"自耕地地价税之八成征收，不因自耕人雇用助理工人，致受影响"。⑤ 这也即是说，农民手中的耕地以及城市市民的宅基地，在征税时以"八折"征收。这一规定体现出对"民生"之关注。但是，城市宅基地出租时，出租部分按原价征税；农村土地之八折征税，则不因自耕人雇佣帮手而受影响。这体现出《土地法》征税的灵活性以及对农村土地税收的倾斜与照顾。此外，这一规定还体现出《土地法》在鼓励"自耕农"耕作的同时，又适当鼓励与扶植规模经营。

此外，第三百零三条还规定，"地价税"的税率范围可由地方政府依法定程序斟酌征收："地方财政之需要"与"社会经济之需要"。对于"土地增值总数额的标准"，《土地法》规定：

---

① 国民政府：《中华民国土地法》，上海法学编译社 1930 年版，第 67 页。
② 同上。
③ 同上书，第 67—68 页。
④ 同上书，第 68 页。
⑤ 同上。

一、申报地价后，未经过移转之土地，于绝卖移转时，以现卖价超过申报地价之数额为标准。二、申报地价后，未经过移转之土地，于继承或赠与移转时，以移转时之估定地价超过申报地价之数额为标准。三、申报地价后，未经过移转之土地，于十五年届满时，以估定地价超过申报地价之数额为标准。四、申报地价后，曾经过移转之土地，于下次移转或于十五年届满无移转时，以现卖价或估定地价超过前次移转时之卖价或估定地价为标准。①

《土地法》还对"原地价数额"进行了界定。"申报地价数额及第四款之前次移转时卖价或估定地价之数额，称为原地价数额"。② 土地改良后的地价，第三百零七条规定："土地及其改良物之价额混合为一数额时，应依其各别价值之申报或估定数额为别计算。但因改良物现状变更，得由主管地政机关从新估定其价值"。③ 对于土地增值税总额，《土地法》第三百零八条规定：

市地在其原地价数额百分之十五以内，乡地在其原地价数额百分之二十以内者，不征收土地增值税。其超过者，只就其超过之数额，征收土地增益税。依前项规定计算所得之超过数额，为土地增值之实数额。④

至于"土地增值税之税率"，《土地法》第三百零九条作了十分详细地规定：

一、土地增值之实数额，为其原地价数额百分之五十或在百分之五十以内者，征收其增值实数额百分之二十。二、土地增值之实数额，超过其原地价数额百分之五十者，就其未超过百分之五十部分依前款规定征收百分之二十，就共已超过百分之五十部分，征收百分之四十。三、土地增值之实数额，超过其原地价数额百分之一百者，除照前款规定分别征收外，就其已超过百分之一百部分，征收其百分之六十。

---

① 国民政府：《中华民国土地法》，上海法学编译社1930年版，第69页。
② 同上书，第70页。
③ 同上。
④ 同上。

四、土地增值之实数额,超过其原地价数额百分之二百者,除照前款规定分别征收外,就其已超过百分之二百部分,征收其百分之八十五土地增值之实数额,超过其原地价数额百分之三百者,除照前款规定分别征收外,就其已超过百分之三百部分,完全征收。①

《土地法》中关于"土地增值税"的规定,不仅强调对城市土地征税,对农村耕地亦征收"土地增值税",这是对孙中山"平均地权"思想完整地继承。诚如吴景超评论说:"平均地权的理论,在土地法第四编土地税中,已得到充分的表示"。②

此外,《土地法》制定了对"不在地主"征税的规定。所谓"不在地主",第三百二十九条规定,"土地所有权人,有下列情形之一者,称为不在地主":

一、土地所有权人及其家属,离开其土地所在地之市县,连续满三年者。二、共有土地,其共有人全体离开其土地所在地之市县,继续满一年者。三、营业组合所有土地,其组合于其土地所在地之市县停止营业,继续满一年者。③

第三百三十条还对此作了进一步说明,"土地所有权人因兵役、学业或公职,离开其土地所在地之市县者,不适用前条之规定"。这也即是要保护这一类暂时离开"土地"的所有者的土地所有权。对于"不在地主"征税的细则,基本如下:

第三百三十一条 不在地主之土地,除改良物外,得由主管地政机关按其应纳地价税率,递年增高之。前项增高税率,不得超过该土地应纳税率之一倍。

第三百三十二条 土地增值税缴纳时之土地,所有权人为不在地主者,按其应缴税额加倍征收之。但不得超过其增值之实数额。

---

① 国民政府:《中华民国土地法》,上海法学编译社 1930 年版,第 71 页。
② 吴景超:《土地法与土地政策》,《独立评论》1935 年第 191 期,第 13 页。
③ 国民政府:《中华民国土地法》,上海法学编译社 1930 年版,第 75 页。

第三百三十三条　土地所有权人，为不在地主时，应于次期缴税前，呈报主管地政机关，逾期不报者，按其应缴税额加倍征收之。

第三百三十四条　土地所有权人，于其不在地主情形消灭时，应呈报主管地政机关。①

随着农村与城镇之间金融关系的逐渐密切②，地主往往离开土地住进离村不远的城镇；或是城镇有钱人投资农村土地，购买农村土地的"田底所有权"，由此形成"不在地主"。因此，《土地法》规定"不在地主"也与一般地主一样，需要上缴土地税，并且税额还要重些。这无疑有迫使"不在地主"自耕之意。

这部《土地法》基本继承了孙中山的地权思想。"平均地权"、"耕者有其田"等在《土地法》中都有体现。并且，在承认土地私有产权的同时，对于地主土地强调分割出卖或强制征收，规定佃农有优先购买之权，这确是在以法律形式实现彻底的土地农民所有权形式。因此，这又是与孙中山地权思想所不相同的地方。当时有学者对此批评说，政府若无相应的金融政策，"恐怕无田的耕者也买不起"。这主要是因为：

我们都知道，像丹麦、爱尔兰、英吉利，以及革命前的俄国，佃户购地时，可以得到政府金融上的帮助。中国的佃户，只有比那些国家的佃户还穷，假如政府不给他们以金融上的帮助，那么大地主即使把额外的土地分割出卖，来买这些土地的人，一定是别种资本家，而不是佃户。结果是佃户的主人换了，但佃户的身份并没有改变。③

但是，《土地法》对于限制地主土地所有制，甚至在一定程度上瓦解地主土地所有制，是有其积极意义的。它旨在以法律手段，调整农村租佃关系，改善农民的生活状况。尽管存在很大的保守性，但对地主土地所有制作出种种限制。并且，减租、废除苛捐杂税、明确征税对象——地主、保护佃耕权等等，都表明《土地法》继承了孙中山"用政治和法律来解决"

---

① 国民政府：《中华民国土地法》，上海法学编译社1930年版，第75—76页。
② 费孝通：《江村经济》，戴可景译，北京大学出版社2012年版，第162—170页。
③ 吴景超：《土地法与土地政策》，《独立评论》1935年第191期，第14—15页。

第四章 土地国有思想的继承与土地"农有"思想的发展　　175

农村土地占有"不公平"的遗志。此外，规定对农村、城市土地征收地价税，实行涨价归公，无疑又是对"平均地权"、"土地国有"思想的继承。这部《土地法》的价值，从海外汉学家的评价中即可见一斑：

> 1930年，新成立的国民政府颁布了一个土地法，它非常进步和实际，以至于共产党人在新民主主义革命时期基本上未加改变地采用了它，它还为20世纪50年代初台湾的土地改革纲领提供了样本。①

然而，可惜的是，这部《土地法》却迟迟未得以实施。究其原因，第一，《土地法施行法》迟迟未颁布。《土地法》第五条明确规定，"本法之施行法，另定之"；第六条又规定："本法各编施行之日期及区域以命令定之"。② 然而，"土地法没有施行法，等于人没有足是不能行的"。③ 第二，在《土地法施行法》出台之后，具体的实施日期与区域也迟迟未出台相关规定。1935年，《土地法》颁布五年后，有评论指出：

> 国民政府关于土地的法规，重要的共有两种：一为土地法，于民国十九年六月三十日公布，共五编。三百九十七条；一为土地法施行法，于民国二十四年四月五日公布，也是五编，共九十一条。这两种法规各编的施行日期及区域，依法是要由国民政府分别以命令定之，但一直到现在，我们还没有听到施行的日期。④

第三，依据当时的社会条件，即使有《土地法施行法》，《土地法》也难得以实施。萧铮晚年回忆说，"我们当时的基本意见，认为即有施行法，土地政策还是不易实行。因为照本法的规定，土地未经测量登记是什么都不能办的"。⑤ 第四，更为根本的是，"固然法的本身有疏漏；而最大的原

---

① [美] 易劳逸：《毁灭的种子：战争与革命中的国民党中国（1937—1949）》，江苏人民出版社2009年版，第69页。
② 国民政府：《中华民国土地法》，上海法学编译社1930年版，第1、2页。
③ 萧铮：《土地改革五十年——萧铮回忆录》，（台北）"中国地政研究所"1980年版，第116页。
④ 吴景超：《土地法与土地政策》，《独立评论》1935年第191期，第12页。
⑤ 萧铮：《土地改革五十年——萧铮回忆录》，（台北）"中国地政研究所"1980年版，第116页。

因，还是缺乏实行的决心和能力，以致虽公布却不能实施"。① 这一认识显然是深刻的。"国民政府在它对大陆统治的绝大部分时期内，并没有履行它对农民的允诺"；这"正如蒋介石在1946年所承认的，因为'没有足够的行政推动力'，土地改革未能实行。尽管他没有这样说，但缺少推动力的一个原因就是他本人总是把农村问题置于次要的位置上"。② 因此，这部《土地法》只能是一纸具文，对于近代土地问题的解决并未起到多大作用。

《土地法》颁布后，以萧铮为首的中国地政学会，掀起了一轮"修改土地法"运动。但是，《土地法》修改方案以及修改后的《土地法》，因当时的社会条件，以及南京国民政府缺乏执行的勇气与决心，一直未能得到切实有效的实施。1946年，当国民政府内部一批研究土地问题的学者再次掀起修改"土地法"运动，并且颁布新的《土地法》时，国共之间的政治较量激剧化为武装战争。在战争状态下，《土地法》自然更没有实践的社会条件与环境。因此，国民党政府颁布的诸种《土地法》在1949年前的中国大陆，均未能得以实践。

2. 胡汉民对《土地法》的阐释

1930年《土地法》正式颁布前夕，立法院院长胡汉民对其进行了详细阐释。通过这些解释，可以管窥胡汉民对孙中山地权思想的继承与演变。学术界对胡汉民的研究硕果累累，有关其立法等的研究也建树颇多。③ 但对其土地立法思想及尤其是土地所有权思想的研究，尚不多见。

(1) 对"耕者有其田"思想的继承

胡汉民首先阐发了对孙中山"民生主义"的理解。"总理的民生主义绝

---

① 萧铮：《土地改革五十年——萧铮回忆录》，（台北）"中国地政研究所"1980年版，第72页。

② [美] 易劳逸：《毁灭的种子：战争与革命中的国民党中国（1937—1949）》，江苏人民出版社2009年版，第69页。

③ 如赵金康则指出，胡汉民作为首任立法院院长，其立法用人思想以及对立法指导思想、原则、方针、目标、内容等的阐释，奠定了国民政府的法制基础（参见赵金康：《胡汉民立法思想述论》，《史学月刊》2002年第12期）；郑素一探讨了胡汉民的立法思想及其立法实践，认为胡汉民在任期间，以孙中山"遗教"代言人身份，以旧三民主义为指导，制定了一系列法制法规，为南京国民政府六法体系的形成及中国近代法律体系的完备作了建设性的贡献（参见郑素一：《胡汉民的立法思想与立法实践》，《史学集刊》2004年第4期）；韩久龙则分析了胡汉民的民法思想，指出南京国民政府时期是中国民法近代化的重要阶段，胡汉民作为第一任立法院院长，对民法制定工作极为重视；不但督率立法院同仁高效工作，而且适应近代世界民事立法潮流，阐述了一系列民事立法思想，对中国民法的近代化产生了重要影响（参见韩久龙：《论胡汉民的民法思想》，《贵州社会科学》2008年第9期）等。

对不是改良的资本产主义,也绝对不是改良共产主义,乃是以平均地权,节制资本为骨干的民生主义"。①

"平均地权"思想的具体内涵,是"由国家规定土地法,土地征收法,及地价税法。私人所有土地,由地主估价,呈报政府。国家就价征税,并于必要时得依报价收买之"。②胡汉民强调,"平均地权"是"主张",土地国有是实现这一主张的办法。他指出,土地问题"至少要属于三个方面":即"处分权"、"使用权"与"享受(收益)权"。"总理的意思,要把所有土地的处分权通通归于国家,而使用权则由国家授予那些要以土地去生产的人民;使用土地的人以其收入的一部分纳给国家,其余则收归自有"。③在胡汉民看来,孙中山的土地国有思想,即是国家集中土地所有权,而将土地使用权分散给农民。

> 在这一个原则之下,使用土地的人——地主——如果占了土地不去生产,或将土地给人家使用而从中取利,国家就得征收极重的税去限制他。为达到上述的目的起见,必须将土地确定价格,由国家按价抽税。这个价格,由地主自定,呈报政府。如果地主以多报少,政府可以收回其使用权,将土地收买;如果以少报多,则政府照他所报的价抽税,地主便将大大的吃亏。此后如果地价增长,一切利益应归国家,由国家用以办理公共事业,增进社会的福利。因为地价的增长每由于社会的改良和工商业的进步,并不是使用土地者、地主一人的力量所能做到的。④

因此,胡汉民总结道:"平均地权的目的在使地尽其用,并使全体人民都享受到使用土地的权利;而土地国有的目的在使国家充分地获得土地处

---

① 胡汉民:《平均地权的真义和土地法原则的来源——十七年十二月三十日立法院纪念周报告词》,《胡汉民先生文集》(第三册),(台北)"中国国民党中央委员会党史委员会"1978年版,第111—112页。
② 同上书,第112页。
③ 同上。
④ 同上书,第112—113页。

分权，以求平均地权的实现"。① 这一理解，有其合理之处。"平均地权的基本精神，是为着实现资产阶级土地国有制，消除封建主义土地私有制，使土地分配合理，土地利用得体，促进社会生产力发展，有利于国计民生、'国利民福'"。②

胡汉民强调《土地法》的初衷是实现"人人都应有土地"，"人人有土地的权"中"权"的意义，究竟应指土地使用权，还是土地所有权呢？按照他对孙中山土地国有思想的理解来看，应该是指土地使用权。

1930年，胡汉民在《民法物权编的精神》的演讲中强调，"我们将采用登记要件主义"，"使将来的土地登记法增加力量，以便将中国的许多土地关系都弄好。我们是准备由这一步起，根据总理的土地政策，逐渐做到平均地权、耕者有其田、土地国有等等的目的"。③ 他认为，孙中山的土地政策，有三个逐步发展的阶段：即从"平均地权"做起，逐渐到"耕者有其田"，最终实现"土地国有"。结合孙中山的土地所有权思想来看，在这三个阶段土地国有的基本精神应是不变的。至于第三个阶段"土地国有"，应是在集中土地所有权、分散土地经营权之后的另一阶段——土地国有国营阶段，只是孙中山、胡汉民等都未对此作出阐释。

胡汉民曾指出，"土地法之目的，在使地尽其利，并使人民有平等享受使用土地之权利"。④ 因此，"平等享有使用土地之权利"表明他对"耕者有其田"思想的理解与继承。事实上，胡汉民对"耕者有其田"的阐发，是与"有地者须自耕"并提的。"承总理平均地权之精意，为而本法之制定。故欲使地尽其利，即土地所有者，应为社会之利益而使用其土地，不能任便旷废也，故土地法不在地主征税及因公共事业征收土地之规定"。⑤ 胡汉民指出，因强调"耕者有其田"，《土地法》对"荒地使用"以及"土地的不当买卖"亦作了相关规定：

---

① 胡汉民：《平均地权的真义和土地法原则的来源——十七年十二月三十日立法院纪念周报告词》，《胡汉民先生文集》（第三册），（台北）"中国国民党中央委员会党史委员会"1978年版，第113页。

② 金德群：《中国国民党土地政策研究（1905—1949）》，海洋出版社1999年版，第105页。

③ 胡汉民：《民法物权编的精神——十八年十二月二日立法院总理纪念周演讲词》，《胡汉民先生文集》（第四册），（台北）"中国国民党中央委员会党史委员会"1978年版，第887页。

④ 同上书，第803页。

⑤ 同上。

第四章 土地国有思想的继承与土地"农有"思想的发展

欲使人民有平等使用土地之权,故土地法对于私有荒地逾限不开垦者,需用土地人得请求征收之规定。至于制止有妨碍国家政策之土地买卖与租赁,所以防垄断土地也。对于不因施以劳力或资本之地价增价赋税,所以绝其不劳而获也。①

胡汉民认为,这些都是对孙中山地权思想的继承。"凡此种种,皆本平均地权之精意,而为土地法之制度"。② 他也一直强调,"总理对于土地的主张,是平均地权"。③

(2) 辨别孙中山的土地国有思想

胡汉民在辛亥革命前竭力鼓吹与捍卫土地国有论,并且也服膺孙中山的民生主义等,因此他在继承孙中山"耕者有其田"思想的同时,还对土地国有论进行了辨别。他强调,孙中山所要实现的土地国有制与苏俄的土地国有制度不同。

胡汉民指出,苏俄的土地制度是一种"承认私人有土地所有权"的土地国有制度。他对苏联土地所有制的认识,经历了一个逐渐深入的过程。早前,他认为苏俄"不承认私人有土地所有权"的做法,"完全只有表面而没有事实"。④ "土地所有权,是由处分、使用、收益三种权合成的";"俄罗斯对于人民的使用土地,及收益于土地,都已完全承认了。还能说否认了人民的土地所有权吗?"⑤ 他认为,苏联政府将土地分配给农民耕种,乃是赋予人民土地使用权;"政府其始使人民以劳苦所得,都归公有,事实上做不到。于是允许人民凡归公之后,尚有余裕的,可以卖给别人,这就是承认人民对于土地有收益权"。⑥ 并且,苏俄土地国有制跟我国古代的井田制差不多。"至于他们主张土地收归国有,正如我国古时的一句话:'普天之下,莫非王土'。他们不过把'王'字改为'国'字罢了"。⑦

---

① 胡汉民:《社会生活之进化与三民主义的立法》,《胡汉民先生文集》(第四册),(台北)"中国国民党中央委员会党史委员会"1978年版,第803页。

② 同上。

③ 胡汉民:《土地法的内容——十九年六月九日中央党部总理纪念周演讲词》,《胡汉民先生文集》(第四册),(台北)"中国国民党中央委员会党史委员会"1978年版,第887页。

④ 同上书,第888页。

⑤ 同上。

⑥ 同上。

⑦ 同上。

胡汉民指出，土地国有制作为一种完美的制度，该如何实现呢？与苏俄土地国有制度相类似的井田制度，"现在已做不到"；"古时土广人稀，划分起来，不会有争执冲突；现在不然了"。① 苏俄土地国有制的具体实践效果，他也"觉得非常滑稽"。因为，把全国的土地没收归公后，再划成为多少份交由人民去分，这种办法难以付诸实践。"这样划分土地，便会平均么？有的地方地广人稀，有的地方人稠，地权如何会均一。而且各地人口时有增减，如果由人民随便区分，这土地官司，怕要打不清了。"② 并且，"照他们这样的办法，从全部看来，地广人稀的地方每人所得的田便很多；而人稠地窄的地方每人所得的田便很少；终于是很不平均"。③ 胡汉民根据对苏联的观察与研究，亦发现苏俄的土地官司"确是打不清"："俄国人民为分土地而打官司的真多，法庭中挤满了这类打官司的人，有的等了几个月，还轮不着审理"。④ 因此，苏俄的土地"永远分不平均"，故土地官司永远解决不清。⑤ "所谓国有土地的方法，实在已经失败了。"⑥ 对于苏俄的土地国有制，胡汉民的总评价是：

  初期他们本想从平地一个筋斗打上楼的，现在跌了下来，知道非慢慢地一层一层爬上楼不可了。所以目前已一反从前的办法，力求和别国的土地政策接近，可是还不见得怎样好！不过他们于土地方面，确有些与他国不同，即如农奴，他们已废除了四十多年，去实现土地国有的主张，比较他国要容易些。如果有好的方法，是会比别国先做到那一步的。⑦

---

① 胡汉民：《土地法的内容——十九年六月九日中央党部总理纪念周演讲词》，《胡汉民先生文集》（第四册），（台北）"中国国民党中央委员会党史委员会"1978年版，第888页。
② 同上。
③ 胡汉民：《平均地权的真义和土地法原则的来源——十七年十二月三十日立法院纪念周报告词》，《胡汉民先生文集》（第三册），（台北）"中国国民党中央委员会党史委员会"1978年版，第113页。
④ 胡汉民：《土地法的内容——十九年六月九日中央党部总理纪念周演讲词》，《胡汉民先生文集》（第四册），（台北）"中国国民党中央委员会党史委员会"1978年版，第889页。
⑤ 同上。
⑥ 同上。
⑦ 同上。

第四章　土地国有思想的继承与土地"农有"思想的发展　　181

胡汉民将苏俄土地国有制的实践，比之为"平地上翻筋斗"，指责没有脚踏实地"一层一层爬上楼"。孙中山提出"耕者有其田"，却"还没有具备剥夺地主土地的认识"，① 或说没有具备剥夺地主土地的勇气。如他曾强调，若立即实现"耕者有其田"，把地主的田地拿来交给农民，农民固然是获得利益，但"失地的田主便要受损失"，且"小地主一定是起来反抗"②，因而主张用政治的、法律的手段来实现"耕者有其田"。胡汉民反对苏俄激进的"一步登天"的做法，表明他继承了孙中山地权思想的上述内容。并且，他认为孙中山设想的土地国有制要优于苏俄土地国有制，没有苏俄土地国有制"方法中的毛病"。③

（3）赞同、认可土地私有制

胡汉民还对土地私有制存在的合理性，发表了看法。他指出，《土地法》是"以总理的主张为原则，而参酌国内素来的好习惯，和经济的实际情形，起草一部土地法"。④ "参酌国内素来的好习惯"以及遵照"经济的实际情形"，可从正、反两个方面理解：第一，它表明胡汉民摆脱了早年离开中国实际空谈救国救民理论的机械化、教条化特点，这是其土地所有权思想的一种进步；第二，胡汉民开始具有捍卫既有地权关系之意。因为所谓"参酌素有的好习惯"与"经济的实际情形"，是否就是参酌一直以来的地主土地所有制，照顾地主土地私有制呢？

按照胡汉民对孙中山地权思想的理解，以赋税的手段限制地主土地所有制，而不是直接将地主的土地分给农民。

　　总理的意思，要把所有土地的处分权通通归于国家，而使用权则由国家授予那些要以土地去生产的人民；使用土地的人以其收入的一部分纳给国家，其余则收归自有。在这一原则之下，使用土地的人——地主！如果占了土地不去生产，或将土地给人家使用而从中取

---

① 钟祥财：《中国土地思想史稿》，上海社会科学院出版社 1995 年版，第 295 页。
② 孙中山：《在广州农民运动讲习所第一届毕业典礼上的演说》，《孙中山全集》（第 10 卷），中华书局 1986 年版，第 556—558 页。
③ 胡汉民：《土地法的内容——十九年六月九日中央党部总理纪念周演讲词》，《胡汉民先生文集》（第四册），（台北）"中国国民党中央委员会党史委员会" 1978 年版，第 889 页。
④ 同上书，第 889—890 页。

利,国家就得征收极重的税去限制他。①

胡汉民的这一理解是准确的,孙中山土地国有思想确实要求"划定地价、照价收税、照价收买"等。因此,接下来他对土地私有制进行了肯定。胡汉民指出,全国土地本应属于全国人民所有,但若得到法律许可,也可以承认土地私有,"这是我们土地法中所已确定的。"② 这一解释也表明,胡汉民与孙中山认可"中小地主存在"一样,认为土地私有制度在一定程度上具有合理性。此外,胡汉民还强调,"本来公与私的界限,很难分清"。③他从汉字的起源来说明"公"与"私"之间的关系。"公字就是在厶字上加一个八字,这个八字,并非违背的意思,而是相对的意思。与厶相对,就是公。所以公未必与私相反;不过与私相对而已。"④ 因此,"可知私有权,是不能且不必禁绝的"。他以茶为例,进一步阐述了自己的"公、私"观念:

  现在这张桌上,放了一杯茶。试问这杯茶到底是公的呢?还是私的呢?若说是公的,即摆到报告人面前,他人便不能处分它,使用它,真似已属私有了。等一会这杯茶被呷到口中,咽到腹内,更不能公有了。不过公私既是相对的,公既不能绝私,私也不能妨公。比方这杯茶本属公家所有,人人可以喝的,但这时因为报告人口渴,才拿到这里来,只给报告的一个人喝。这样做,于公共并没有妨害,那就不妨承认这杯茶为私有。如果不管报告人和非报告人,也不管这一杯茶和其余的茶,统通由一人去占有,是其余口渴者,无从解渴。这种私有,当然不行。但把一切茶都保持公有,不许拿到各个人面前去,更不许喝道各个人肚里去,那就有茶等于无茶,公有变为无有了,当然也

---

① 胡汉民:《平均地权的真义和土地法原则的来源——十七年十二月三十日立法院纪念周报告词》,《胡汉民先生文集》(第三册),(台北)"中国国民党中央委员会党史委员会"1978年版,第112页。
② 胡汉民:《土地法的内容——十九年六月九日中央党部总理纪念周演讲词》,《胡汉民先生文集》(第四册),(台北)"中国国民党中央委员会党史委员会"1978年版,第890页。
③ 同上。
④ 同上。

不对。①

胡汉民强调公有与私有是相对的,并且"公有"不能灭绝"私有","私有"也不能妨害"公有";若是"私有"妨害了公共所有,"当然不行";而绝对的全部"公有",就相当于"无有",即是"没有",这也不好。因此,"我们土地法中,承认人民有土地所有权,便和口渴者可以以茶解渴一般"。② 在胡汉民看来,只要不妨害他人拥有土地,土地私有制是可以存在的。

胡汉民强调土地私有制存在的合理性,同时又强调对其进行限制。"所有权中所包括的使用、处分、收益三种,应各有相当的限制。人民只能在相当的范围以内,去使用土地,处分土地,收益土地;如果越出范围,那就不行。"③ 并且,"这一个相当的范围,并非立法院几十个委员所能臆造,乃完全根据于总理的遗教,参照人民向来的习惯,以及社会上一切实际情形而定的"。④ 胡汉民承认土地私有,并以法律法规的形式作出规定,而仅是强调对其进行限制。并且,尽管如此,胡汉民还再三解释这是根据孙中山遗教而来,以为《土地法》的顺利出台与被接受减轻阻碍。这也从侧面体现出政府推行土地改革所遇阻力之大。

胡汉民对《土地法》的阐释,还表露出对土地私有制要有限制而又不敢过于限制之意。"我们在定法之中,也要以社会的实情及需要为根据,不能凭理想去多所苛求。社会逐渐进步,法律也跟着逐渐提高标准,不能一下子高到使社会跟不上,而致法律等于虚设。"⑤ 这即是强调,《土地法》的制定不能过于背离社会既有的地权形式,"不能凭理想去多所苛求";换言之即是不能仿效苏俄那样,采取没收地主土地然后分配给农民的办法,而应以政治、法律手段缓进解决。由此可见,他是要以立法的形式来实现孙中山订立之"土地农有"也即"耕者有其田"的主张,这当然就与孙中山关于解决近代农民土地问题的旨趣基本相符合。

---

① 胡汉民:《土地法的内容——十九年六月九日中央党部总理纪念周演讲词》,《胡汉民先生文集》(第四册),(台北)"中国国民党中央委员会党史委员会"1978年版,第890页。
② 同上。
③ 同上书,第891页。
④ 同上。
⑤ 同上。

那么《土地法》如何才能跟当时的社会相协调呢？胡汉民指出，第一，"有些地方，因真有困难，经自治团体或政治机关的请求，也可以将已定的法律保留到若干时候后施行"。① 而"必须取缔的，是任意荒搁土地，或垄断居奇"；其中，"凡是不用又不卖的，我们当重征抽税额。现在必须奖励的，是改良土地，真能尽土地之利"；② "如能奖励人民去改良土地，善用土地，并不违反总理平均地权的主张"。③ 第二，对于土地登记问题，"大概人民对于土地登记，都不愿意。无论政府怎样诚心，人民是始终怀疑的"。④ 因此，《土地法》规定土地登记的具体办法，是采取"登记机关"负责制。"如发现有错误时，短少的应由登记机关赔偿"。⑤ 第三，至于地租问题，胡汉民认为这是一个普遍性的问题，"无一国不感困难"，且"尤其在中国的农村中，更易引起纠纷"。⑥ 因此，"土地法对于确定地租一事，大家煞费心思，差不多经过两天以上严密的讨论，才订下条文"。⑦ 地租条款的制定，"固要顾到有土地的人，同时也要顾到无土地的人"。⑧ 具体而言，"遵照土地理论中最高的原则，地租能够取消最好，但是现在事实上还做不到，中国向来认为佃户不纳地租，是大乱之道，我们只有根据总理的原则——平均地权的办法同时采纳中国向来的习惯，定下一个纳租的标准"。⑨ 这个标准具体是，"以百分之三七、五为标准，就是千分之三百七十五"。⑩ 这也即是历史上的"三七五减租"。这个标准，对于北方佃户来说，似乎有点高，胡汉民强调，"这是最高的限度，若低过于此的，我们且奖励不暇了。"⑪并且，"已经订了较低的契约的，当然不必取消"。第四，对于涨价归公，胡汉民指出，"有些农村土地，所以增价，地主是有力量在内的，所以不能和

---

① 胡汉民：《土地法的内容——十九年六月九日中央党部总理纪念周演讲词》，《胡汉民先生文集》（第四册），（台北）"中国国民党中央委员会党史委员会"1978年版，第891页。
② 同上书，第891—892页。
③ 同上书，第892页。
④ 同上。
⑤ 同上。
⑥ 同上。
⑦ 同上。
⑧ 同上。
⑨ 同上书，第893页。
⑩ 同上。
⑪ 同上。

都市的土地一样过抽重税"。① 他还强调，农村土地的税率要与城市土地的税率有所区别，城市土地的税率不一定要照搬照用于农村土地。

> 农村土地若因为货币的跌落而增价，那不能说地方有什么力量在内，如欧战以后，德国马克骤跌，一亩地的价值若用马克来计算，数目太大了。不过这种情形不常有，为奖励耕农起见，都市所用的地价增高以后的税率，不用诸农村土地。②

并且，"对于农村土地的增价，除出不超过原价百分之二十的不征税，使地主肯将土地逐渐改良而增加生产，那是最要紧的"。③ 在他看来，土地问题的解决关键，就在于促使地主改良土地。这也反映出，胡汉民是从土地利用的角度来思考农村土地问题的解决之策的。

与1905—1907年的土地国有论战中所强调的基本一致，胡汉民认为，人人平等拥有土地是其天然的权利。"盖享受土地利益之权，乃每个人民所应该有的。"④ 孙中山解决土地问题的具体办法是地主报价、照价抽税、涨价归公，胡汉民将其作为制定《土地法》的基本原则：

> 总理所定合于他土地政策的办法，是（一）照地价抽税，（二）不劳而获的土地增价归公有。这种办法，实行以后，土地便不致为少数人所垄断，或掠夺；并可大家有其应有的土地了。这些原则与政策，为一般人的福利所在，不仅社会主义者，民生主义者应该关心，而是人人应该注意到的。⑤

胡汉民认为，"照价抽税、涨价归公"能消除少数地主垄断、掠夺土地之弊，并能使得人们拥有其该有之地。"并可大家有其应有的土地"的说法，也即是孙中山所强调的"耕者有其田"。"总理对于土地最大的目的，

---

① 胡汉民：《土地法的内容——十九年六月九日中央党部总理纪念周演讲词》，《胡汉民先生文集》（第四册），（台北）"中国国民党中央委员会党史委员会" 1978年版，第893页。
② 同上。
③ 同上书，第894页。
④ 同上书，第887页。
⑤ 同上书，第887—888页。

为'耕者有其田'。因此，我们先要使人人有田可耕，和有田者都能自耕，佃户固然要有继续租地契约之权，除佃户违反了法律，或多时不纳地租外，地主不能收回土地。"[①] 胡汉民强调保证佃户的"佃耕权"，也即是保障农民的土地使用权，这也与孙中山"耕者有其田"思想基本相合。并且，他还强调要保护地主的土地使用权：

> 但是也有一个例外，地主若自己要耕，可于一年之前通知佃户，到期收还。我们为奖励耕者起见，地主或佃户去耕都好，只要这一块田不荒芜就行。再者如果地主出外，随便把一块田地搁在那里，那便得抽不在地主税。而且佃户是继续十年承耕的，遇着不在地主，还可请求依法征收，使佃耕人多得有其田的机会。[②]

在胡汉民看来，"土地问题"的解决在于"地尽其利"。因此，只要是积极使用土地者不论是地主还是农民，都将给与土地使用权，这无疑是对"耕者有其田"思想的发展，他将"耕者"的范围扩大，完全从发展土地生产这一角度上来思考土地问题，从经济发展的角度来看，具有积极意义。但是，"地主自耕"在近代中国不是一种普遍现象，沿海一带农村尤其如此。并且，要发展生产，围绕土地占有不均凸显出来的生产关系方面的问题也应着手解决。此外，仅仅给予农民土地使用权，是否真能的够解决近代农民土地问题，也还值得思考。

至于《土地法》的实施问题，胡汉民在上文中就已表明，若在有些地方实施真有困难，可以推迟实行。此外，他还强调，"此法（即1930年《土地法》——引者注）通过以后，恐非在短期间内就能实施"[③]，这主要是因为：

> 即以登记一层论，登记的人才，必须经相当时期，才能养成。其次全国各地的情形，互有不同，施行这么一个有重大关系的法，须详细斟酌，或使各地现有相当的标准，这标准的内容，都依各地的情形

---

① 胡汉民：《土地法的内容——十九年六月九日中央党部总理纪念周演讲词》，《胡汉民先生文集》（第四册），（台北）"中国国民党中央委员会党史委员会"1978年版，第894页。
② 同上。
③ 同上。

而异。土地法全部完成公布以后,各地如何准备,如何准备得快,使此法得以早日实施,那就不仅是立法院的责任,而是大家的责任了。①

胡汉民作为南京国民政府立法院首任院长,主持制定颁布了一系列法令法规,奠定了南京国民政府的法制基础。通过他对《土地法》的相关阐释,可以发掘其对近代土地所有权问题的基本看法,当然也可藉此管窥国民党乃至南京国民政府对《土地法》的基本态度与认识。通过上文分析,可以知道:

第一,胡汉民完整继承了孙中山的土地所有权思想,并且也完整继承了其所订立的"用政治的法律的"手段解决土地问题的基本原则。第二,胡汉民在继承孙中山地权思想的基础上,还就近代土地所有权问题提出了一些颇具特色的看法。如他在强调公有与私有对立、共存的基础上,指出土地私有与土地国有可以并存;并将"地尽其利"作为思考土地所有权问题的最终归宿,认为不论土地是私有还是国有,只要能使地尽其利,能最大限度地促进社会经济的发展皆可采用等等。第三,胡汉民作为立法院院长,他对土地所有权问题的思考,必然要考虑综合平衡社会各方面的利益关系,以保障社会经济、政治秩序的平稳。因此,这就决定他在继承孙中山"耕者有其田"思想的同时,又有很大的保留,甚至是倒退。质言之,即有捍卫地主土地所有制之嫌了。他曾说,"立法这件事,除参酌历史的事实以外,还须顾及时代的情形,斟酌损益,以求适应社会的需要"。② 并且,"三民主义的立法,是以社会的公共福利为目标,而今后立法的方针,即可依是而定。以我们中国经历长期纷乱之际,社会之安定,为立法之第一方针;经济事业之保养发展,为第二方针;社会各种现实利益之调节平衡,为第三方针"。③ 强调维护社会稳定为第一方针;发展经济为第二方针,应是出于对土地"农有"立法会危及构成国民党统治基础之一的广大中、小

---

① 胡汉民:《土地法的内容——十九年六月九日中央党部总理纪念周演讲词》,《胡汉民先生文集》(第四册),(台北)"中国国民党中央委员会党史委员会"1978年版,第894页。
② 胡汉民:《今后立法的严与速——十七年十二月五日在国民政府立法院院长人员就职典礼答词》,《胡汉民先生文集》(第四册),(台北)"中国国民党中央委员会党史委员会"1978年版,第771—772页。
③ 胡汉民:《三民主义之立法精义与立法方针》,《胡汉民先生文集》(第四册),(台北)"中国国民党中央委员会党史委员会"1978年版,第790—791页。

地主的利益而引起社会变乱担心。① 当然，他又指出，"这并不是说中国除了这几项就没有其他的社会需要，不过我们必须如上节所说的，要先认清社会的利益，何者于目前为最要，何者为次要，因而决定各种问题立法之先后，始为合理"。② 这似乎又为以后时机成熟，社会、经济、政治秩序稳定之后，再行土地农有改革留有余地。

3. 吴尚鹰的土地所有权思想

吴尚鹰③是1930年《土地法》的主要起草人，学术界对其的研究极为薄弱。除一些人物介绍性成果中，略有涉及其生平事迹外，其他成果甚为少见。④ 他自1928年考察西方国家的地政回国，至1949年移居美国，这一时期主掌南京国民政府地政事务，主持起草土地法规、制定土地政策，影响重大；并且笔耕不辍，就三四十年代的土地问题进行了积极探索，发表一系列研究文章与著作。他兼政府要员及学者双重身份，其土地所有权思想极具代表性。

（1）土地私有制是土地问题发生之根源

吴尚鹰认为，土地问题是"生活的基本问题"⑤，它历久弥新、影响深远，需着力研究、解决。"国家治乱，都是以土地问题能否有适当的解决为

---

① 国民党的土地改革措施一直未能彻底地执行，很大程度上源自于内部的阻力。根据萧铮的回忆，1927年在浙江推行"二五减租"时，就因触犯了高层张静江的利益，招致其竭力反对，最终不了了之。参见萧铮：《土地改革五十年——萧铮回忆录》，（台北）"中国地政研究所"1980年版，第27—29页。

② 胡汉民：《三民主义之立法精义与立法方针》，《胡汉民先生文集》（第四册），（台北）"中国国民党中央委员会党史委员会"1978年版，第790—791页。

③ 吴尚鹰（1892—1980），字一飞，广东开平人。民国时期国民政府要员之一。他自幼赴美国、加拿大留学，美国奥瑞根州立大学经济学专业毕业。1920年起，担任广州市政府秘书长、财政局局长等职；1924年，出任广州市政港务局局长、建设委员会常务委员；1928年，奉蒋介石派遣，赴欧、美考察土地行政制度，回国后出任南京国民政府立法院成员、土地法起草委员会主席，并起草了1930年《土地法》；1931年起，吴尚鹰出任中央土地局主任、立法院经济委员会主席等职；1948年，任地政部部长。

④ 刘国铭：《中国国民党百年人物全书》（上册），团结出版社2005年版，第1042页；杨宝筠主编：《华侨华人百科全书·人物传》，中国华侨出版社2001年版，第540页；廖盖隆：《现代中国政界要人传略大全》，中国广播电视出版社1993年版，第391页；开平县政协文史组：《开平文史·第20辑·开平名人录·第一辑·华侨俊彦》，开平县政协文史资料征集研究委员会1988年版，第15—16页。

⑤ 吴尚鹰：《论土地问题》，《中国农民》1942年第1卷第1—2期合刊，第11页。

断。我们考察中外几千年的历史,国家变乱的原因,都是由于土地问题而发生纠纷。"① 并且,"中国数千年来,土地问题尚未能完满解决,即世界上也没有哪个国家真能办到。这个问题虽然繁重,我们更不可不研究它"。②

关于"土地问题"发生的原因,吴尚鹰认为是土地私有所致。随着"人口繁殖与社会进步",土地渐趋升值;加之"人口日臻繁殖,与人类生活需要日趋复杂",使得"土地由自由财富变为经济财富","土地变为有价值之商品";而其价值,"又随着人口繁殖与社会进步日趋高涨"。③ 土地此种"价值","系社会的价值",是"由人口增加使之然",及"社会进步与政治改良之结果",④ 与土地所有者之间关系不大,故"绝不应为私人所有";⑤ 而"应该还诸社会以为公用",但在土地私有制下"为私人所享有",土地问题由此发生。⑥ 吴尚鹰这一认识,是与亨利·乔治、孙中山等一脉相承的,即认为土地财富的增加,不是土地私有者的功劳,而是社会进步、全体社会成员共同创造的结果。亨利·乔治曾指出,"人口的密度所赐给于这块土地的生产之力等于以百或千的倍数,乘他原来的沃度";"人口的增加强有力的影响地租的增加"。⑦ 孙中山承袭了亨利·乔治的这一土地思想,"土地价值之能够增加的理由,是由于众人的功劳,众人的力量";"众人改良那块土地,争用那块土地,地价才是增长"。⑧

吴尚鹰进而指出,在土地私有制下,土地的社会价值"为私人所得",导致"富者连阡陌,贫者无立锥"的局面,"农业社会固如此,在工业社会亦如此",这是极不公平的事情。⑨ 并且,"一部分人有土地,一部分人自然没有土地,……,便发生许多矛盾现象";且致使"土地的利用不能合理化,于是形成社会财富不平均的现象"。⑩ 此外,它还使社会上产生"衣食税的特殊阶级",流弊所至,不仅使人们生活堕落腐化,此外还导致专横恶

---

① 吴尚鹰:《实行平均地权的步骤》,《新建设·土地问题特辑》1940 年第 9 期,第 15 页。
② 吴尚鹰:《平均地权》,《时事类编·特刊》1939 年第 37 期,第 14 页。
③ 吴尚鹰:《论土地问题》,《中国农民》1942 年第 1 卷第 1—2 期合刊,第 11、14 页。
④ 同上。
⑤ 吴尚鹰:《平均地权》,《时事类编·特刊》1939 年第 37 期,第 15 页。
⑥ 吴尚鹰:《论土地问题》,《中国农民》1942 年第 1 卷第 1—2 期合刊,第 11 页。
⑦ [美]亨利·乔治:《进步与贫困》(三),樊弘译,商务印书馆 1930 年版,第 19、20 页。
⑧ 孙中山:《三民主义》,(民生主义第二讲),中央图书局 1927 年版,第 31 页。
⑨ 吴尚鹰:《论土地问题》,《中国农民》1942 年第 1 卷第 1—2 期合刊,第 14 页。
⑩ 同上书,第 15、16 页。

劣势力的形成，成为影响社会进步与人民幸福的障碍；更有甚者，土地私有制下，大地主不仅操纵商业，影响社会经济发展，而且还逐渐涉及政治，"以至整个政权也落在少数人手中"；因此，不解决土地问题，就不能实现经济平等，而且民权主义也没法实现。①

吴尚鹰的地权思想，受到孙中山地权思想的影响；而孙中山的地权思想又是受亨利·乔治影响的结果。亨利·乔治土地学说研究的对象，是历经第一次产业革命后，工业与城市迅速发展的美国社会。因此，其土地学说针对的自然是城市土地问题，即美国早期工业化、城市化过程中城市土地所有权问题，以及由此产生的社会问题。此外，20世纪初孙中山吸纳亨利·乔治的土地思想，也出于对19世纪末20世纪初欧美国家极为严峻的社会危机的检省。这一时期，正值欧美国家城市化过程中，城市土地分配问题凸显、社会矛盾激剧之时。因此，孙中山的土地国有思想，其着眼点也是未来社会发展中的土地问题。显然，吴尚鹰继承了这一特点，这在他的关于土地私有之弊的分析中有所体现。

吴尚鹰仅是从宽泛层面对土地私有之弊进行分析，并未着重探讨近代农村土地问题。近代农村人口占据全国人口的绝大多数，据南京国民政府实业部1934年统计，农村人口占全国总人口数的80%以上。② 吴尚鹰俨然也认识到农村、农民对于整个国家的重要性。"农户实居百分之七十四而强"，③ 并强调农村之"荣瘁"与"国运之兴衰"紧密相连。但他在继承孙中山地权思想的同时，并未将其具体到农村土地问题，遑论注意到20世纪30年代以来农村土地集中的趋势。④

（2）对"平均地权"的继承与发展

吴尚鹰对孙中山"平均地权"的继承与发展，首先体现在他对这一地权主张的解释中。"采用按照地价征税之方法，使土地非因施以劳力资本所生之利益，完全归为公有。结果则土地之地租，即所谓经济的地代，已变

---

① 吴尚鹰：《论土地问题》，《中国农民》1942年第1卷第1—2期合刊，第15、16页。
② 实业部中央农业实验所农业经济科编：《民国二十三年农情报告》，实业部中央农业实验所1936年印行，第49页。
③ 吴尚鹰：《农村衰败之原因及复兴要策》，《地政月刊》1933年第1卷第12期，第1781页。
④ 刘克祥：《20世纪30年代土地阶级分配状况的整体考察和数量估计——20世纪30年代土地问题研究之三》，《中国经济史研究》2002年第2期，第19页。

第四章 土地国有思想的继承与土地"农有"思想的发展

为地税,由国家收入国库"。① 孙中山曾对"平均地权"有如下解释:政府照地价收税、收买,地价由地主规定后报告政府,税率大概是值百抽一。②

吴尚鹰对孙中山"平均地权"思想的继承,还体现于对"平均地权"的目的与"实现形式"这对矛盾的解释。他指出,平均地权的目的是"扫除土地私有制度",但"实现形式"上却"维持了私有制度",两者貌似相反,实则相成、并不矛盾。其原因是:首先,"三民主义里面,并没有取消土地私有制度的主张,可以说三民主义是容许土地私有制度存在的";其次,地价归公,"实无异全国土地利益,属于全体国民所共有",故"不必将全国土地面积平均划分,以之分配于全体国民。此固事实上所不能,亦施行上可不必"。③ 再次,保存土地私有制度,"是为适合中国的环境,为便利推行土地制度的改革";"虽然未提出取消土地私有制度,以避免社会的巨变,而实际上已将土地因人口增加政治改良与社会进步所有的涨价,用租税的方式归诸国家",只是"在名义上保存了私人的所有权"。④ 因此,只要采取按照地价征税,"实无异全国土地利益,属于全体国民所共有","虽维持土地私有制度之存在,仍不背平均地权之原则"。⑤

吴尚鹰对"平均地权"具体实践的思考,亦是其对"平均地权"思想发展的一个重要标志。他指出,关于"平均地权"具体实践的各项原则以及具体办法,应以国民政府所颁布的《土地法》为总纲领。"我国现行土地法,为实行平均地权之整个方案。"⑥ "于土地私有权存在之范围内,如何可以实现吾党之平均地权政策,此皆为土地法所应有之事,可于土地法中求矣。"⑦ 至于具体步骤,应该分期次第展开,先从大都市着手,地政机关成立起来后,在几个大都市设立地方地政机关,开始在都市举行测量、登记等。待大都市的土地登记完竣之后,依次向中小城镇推广,最终在全国范

---

① 吴尚鹰:《土地问题与土地法·续》,《中华法学杂志》1930年第1卷第4号,第19—20页。
② 孙中山:《三民主义》,中央图书局1927年版,第30页。
③ 吴尚鹰:《土地问题与土地法·续》,《中华法学杂志》1930年第1卷第4号,第19—20页。
④ 吴尚鹰:《平均地权》,《时事类编·特刊》1939年第37期,第17页。
⑤ 吴尚鹰:《土地问题与土地法·续》,《中华法学杂志》1930年第1卷第4号,第19—20页。
⑥ 吴尚鹰:《论土地问题》,《中国农民》1942年第1卷第1—2期合刊,第15页。
⑦ 吴尚鹰:《土地问题与土地法·续》,《中华法学杂志》1930年第1卷第3号,第19页。

围内铺展开。"第一期将大都市的地政办理完善,第二期及于较小的市镇,然后再及于县,一等县,二等县,以至三等县,如此,就可容易把全国土地行政经过有系统的整理,以后修订各种方案,就可容易推动了。"① 之所以从大城市着手,是因为,"中国幅员太大,不易同时推动到全国,而都市的范围较小,人民知识比较开通,而且经济也比较充裕,土地行政易于推动"。② 平均地权首先从大都市开始,有出于对农村经济凋敝这一现实的考虑。吴尚鹰强调实现平均地权,有两大问题,"一是人才问题、二是经济问题"。③ 在具体实践过程中,应注意训练专门人才,以及其中的经济问题。他强调,征收地价税不能操之过急,实践"平均地权"不能急功近利。土地税只是一种手段,真正目的在于实践平均地权,而不完全是在方便征税。最后,平均地权的执行手续,必须简单化。"大家都是行政长官,应该知道一般民众的头脑是很简单的,复杂的条文,已不容易弄清楚,若再加以麻烦手续,必致阻碍进行。"④ 吴尚鹰这一考虑,是基于自身对"平均地权"实践的"实事求是"态度。他一再强调,"本人深以为平均地权的办法,是国家的百年大计,是革命大业。要实行起来,并非做几篇文章空口说白话便可以完事的,应该实事求是,埋头苦干"。⑤

吴尚鹰完整继承了孙中山"平均地权"的思想。这诚如其所一再强调的,"我们国民政府对于如何解决土地问题,就是以总理所昭示的平均地权主张为最高原则"。⑥ 他也是针对宽泛意义上的土地问题,在一种广义基础上来探索解决之策,并未具体就农村土地问题进行探索。至于如何实现"平均地权",他则强调要以《土地法》为准则,认为这是解决土地问题的基本纲领。

---

① 吴尚鹰:《平均地权·续完》,《时事类编·特刊》1939年第38期,第17页。
② 同上。
③ 同上书,第18页。
④ 同上。
⑤ 同上。
⑥ 吴尚鹰:《实行平均地权的步骤》,《新建设·土地问题特辑》1940年第9期,第15页。

4. 萧铮的土地所有权思想

萧铮①是中国近现代著名的土地问题专家，毕生致力于地政改革与土地问题的探索，并形成了颇具特色的土地所有权思想。1931年，他游历欧洲归国，开始其研究土地问题的一生。萧铮的地权思想，在20世纪30年代侧重于对"平均地权"的解释与捍卫，并对"土地国有"、"耕者有其田"、"计口授田"等进行了批判。

（1）对"平均地权"的解释

20世纪30年代萧铮的地权思想，以对"平均地权"的解释为起点。他强调，"总理平均地权论乃中国国民党对土地问题之主张，亦即国民政府所悬持之土地政策。其性质如何，解释如何，关系于国民党之全部政纲及国计民生甚巨"。②

孙中山逝世后，社会上对于"平均地权"有着各种各样的解释。萧铮指出，这些并不确切的解释，严重地妨害了土地问题的解决。他将这些解释归结为以下三点，"一、认平均地权论乃以土地私有制为前提，而主张采租税政策，以去其私有之弊"；"二、认平均地权纯为土地国有论，惟其所采用之手段较为平和而适合中国之国情"；"三、认平均地权论乃综合前二者之说，而主张'由农有到国有'，坊间所出之讨论中国土地问题诸书，大多不脱此窠臼"。③ 这三种论述各有依据，但不确切。他在"校读""总理全部关于土地问题之言论"的基础上，对"平均地权"作出自己的解释：

> 平均地权论之核心，在使"地尽其利"
>
> 平均地权之目的，在使土地因社会进步所生之报酬（即土地未来价格），平均为众人所享有，防止少数垄断利益或其他恶滥使用土地。
>
> 平均地权之办法为（一）定地价（由地主自报），（二）征地价

---

① 萧铮（1904—?），字青萍，浙江永嘉人。德国柏林大学毕业，南京国民政府中央政治学校地政学院主任。1932年创建中国地政学会，组织出版《地政月刊》等。1940年组建中国地政研究所，出任所长。1947年将地政学会发展为"中国土地改革协会"，积极推进土地改革，出版《土地改革》等杂志。1948年当选为第一届立法委员。历任经济专门委员会副主任委员、经济部政务次长。去台湾后，担任台湾土地银行董事长、亚洲土地改革及农村发展中心董事长、积极推行台湾地区的土地改革。著有《平均地权本义》、《平均地权之理论体系》、《土地改革六十年——萧铮回忆录》、《中华地政史》、《土地与经济论文集》等。

② 萧铮：《平均地权真诠》，《地政月刊》1933年第1卷第1期，第3—5页。

③ 同上。

税，(三) 土地增价归公，(四) 照价征收。

平均地权之办法，宜行之于工商业尚未十分发展之今日中国。

平均地权不仅可图民生之繁荣，兼足求国用之富足。

平均地权之性质，为国家对土地有最高之支配管理权，人民有使用收益权。

平均地权非古代不科学的均田限田制。

承认土地公有论之原理，但中国不必实行此办法。

耕者有其田，非平均地权之目的。①

在萧铮看来，大多持"平均地权"论者，"往往以辞害意"，取字面"平均"之意，"以为平均地权乃土地分配论之一种。其目的即纯在打破社会上之不平，而平均土地所有权"。② 事实上并非如此，"综观总理平生思想之演进，平均地权论之核心，实在'地尽其利'，而不仅为分配"；平均地权，"虽表面似一般社会主义者之偏重分配，而其实则正唯分配不当之足妨碍生产（尽其利），乃为生产而言分配，非为分配而言分配"。③ 萧铮强调"平均地权"思想是从生产的角度来探索分配问题的解决，这是有道理的。近代土地问题虽然主要是分配不均的问题，但不能仅仅着眼于分配问题的解决，而是要最终解放与发展农村生产力。

萧铮还强调，"平均地权之旨，盖与建国方略之实业计划相适合，纯为解决民生问题——人民之衣食住行——而发"。④ 对于"平均地权"与"节制资本"，萧铮强调"均仅为手段，借以促进生产，解决人民衣食住行"。⑤ 在他看来，"任何理想制度之结果，倘仅顾分配之平均，而'地尽其利'反受其害，则决然不取"；"故土地国有论，纵为理想上可赞美之分配制度，然倘因生产手段，社会组织管理分配之技能不足适应，仍未可采"。⑥ 关于平均地权之目的，萧铮指出，"总理讲民生主义，诚十分注意分配，然其欲分配者，非现有极贫乏之'资财'，乃未来由建设新国家所生之国富。故曰

---

① 萧铮：《平均地权真诠》，《地政月刊》1933年第1卷第1期，第16—17页。
② 同上书，第17页。
③ 同上。
④ 同上书，第18页。
⑤ 同上。
⑥ 同上。

第四章 土地国有思想的继承与土地"农有"思想的发展　　195

'共未来的产'";"总理欲于最短时期,使中国完全工业化,则其结果土地与资本之分配问题应运而生"。① 在他看来,"平均地权"乃是针对未来工业化过程中将出现的土地问题,并不是要立即解决土地占有不均的问题。萧铮这一理解颇为肯綮。李泽厚就曾指出,孙中山的平均地权思想,"提出的是未来的问题,而不是当前的问题,是理想的问题而不是现实的问题"。② 萧铮还强调,"平均地权"一是为防患于未然;再则是防微杜渐斯,"防止少数人垄断利益或对土地更为其他滥用使用,如土地荒置,土地投机等等"。③ 因此,"平均地权"既不是"各人平均分配土地所有权或使用权",更不是"限田均地";它仅仅是指"土地之未来价值归公,社会上人人得平均享受之耳"。④

萧铮还援引了1906年孙中山在《军政府宣言》中对"平均地权"的界定:"文明之福祉,国民平等以享之。当改良社会经济组织,核定天下地价。其现有之地价,仍属原主所有;其革命后社会改良进步之增价,则归于国家,为国民所共享。肇造社会的国家,俾家给人足,四海之内无一夫不获其所。敢有垄断以制国民之生命者,与众弃之!"⑤ 据此,他指出,"此寥寥数十字即已揭明平均地权之目的",即"其对目前之土地分配问题,均置而未论。盖总理了然于大贫小贫之现状下,土地分配患在寡而不患不均(土地小分趋势过烈),殊无分配平均与否之足言也"。⑥ 因此,仅仅望文生义,而不根据孙中山原话以及本意,"强为附会,妄指为纯以解决现下之土地分配不均为目的,实属以辞害意也"。⑦ 在明确"平均地权"的目的之后,萧铮指出实现平均地权的办法"首为'定地价'":"核定现下之地价,使未来价格有所计算。换言之,亦即承认现下地主所有土地权利,如今所核定之地价。其未来因国建新建设,社会进步之结果,在土地部分所显示之利得,则当归之公有。"⑧ 因此,"平均地权之办法既如上述,则此办法之特

---

① 萧铮:《平均地权真诠》,《地政月刊》1933年第1卷第1期,第18页。
② 李泽厚:《中国近代思想史论》,生活·读书·新知三联书店2009年版,第359页。
③ 萧铮:《平均地权真诠》,《地政月刊》1933年第1卷第1期,第19页。
④ 同上。
⑤ 孙中山:《军政府宣言(1906年秋冬间)》,《孙中山选集》,中华书局1981年版,第78页。
⑥ 萧铮:《平均地权真诠》,《地政月刊》1933年第1卷第1期,第19页。
⑦ 同上。
⑧ 同上书,第20页。

性，初已至为明显。一言以蔽之，此办法唯有行之于经济革命过程中之中国"。① 他指出，孙中山强调平均地权不能实行于欧美国家，"盖其地价已增涨至相当程度，未来增加不致剧烈，行平均地权法，成为无的放矢而已"；对于普通农业国而言，"其为效亦甚微，盖其地价增高之可能性亦甚微而缓。一般人民，无法希冀享其利益也"。② 然而，"惟经济革命中之今日中国，依总理之企图，欲于最短时期中，为大规模之物质建设，则地价有急剧之变动，所谓文明福祉，乃为巨而著，而人民得平均享有其利矣"。③ 萧铮这一推断是比较中肯的，孙中山将土地问题置于工业化过程中来考虑，其所针对的是城市化进程中的土地增值问题。

萧铮还强调，平均地权"着手点虽为土地，而其着眼点在于一般之国民经济。施行此政策在土地方面所得之结果，亦类同于施行节制私人资本之在资本方面所生之影响"。④ 这是因为，按照平均地权之内涵，土地私有权已受所报地价之限制，并且未来涨价归公，政府随时可以规定其使用权且可以照价收买。因此，土地所有权"已迥异现在之独占的、排他的绝对权"，人们所继续拥有的只是土地使用、收益等权利。"故平均地权之结果，等于国家或个人平均分配所有权之内容，严格而论，已无单独之土地所有权主体之存在"。⑤ 对此，他作了进一步解释：

> 换言之国家之最高支配管理权，须透过个人而及于土地。个人对土地虽有使用权收益权，但须听命于国家之支配管理。土地因个人投施劳资之结果所生之利得，归之于个人，其因公共文明进步之结果及素地部分所生之利得，透过个人，归之于国家。⑥

萧铮对于私有之弊也有深刻认识。"现下经济制度之基点，为私人所有权，一切财产、交易、分配行为均依此为标准。政治法律之一切公私行为，均随之而生。私人所有权制度愈发达，社会上愈显不平。一切强凌弱、侵

---

① 萧铮：《平均地权真诠》，《地政月刊》1933 年第 1 卷第 1 期，第 21 页。
② 同上。
③ 同上。
④ 同上书，第 22—23 页。
⑤ 同上。
⑥ 同上书，第 23 页。

夺榨取之行为，均因是加剧。故近代之社会革命应之而起，率以改良或推翻私人所有权制度为目标"。① 平均地权，则"主张将所有权之内容，分属之国家及个人。无单一之所有权主体，故可名之为'均权论'"。② 实行平均地权后：

> 而其结果现代资本主义社会之私人绝对的所有权被推翻，则无疑义，故总理谓平均地权办到，社会革命已成七八分。而平均地权之结果，已如上论：公家于无形中，获得社会最大生产手段（土地）之支配管理权，因之取得其庞大之增价，以济人民之衣食住行。则民生主义之鹄的自达。故总理决然曰平均地权为民生主义之具体办法，故我人如欲言社会革命或经济革命，求之于平均地权，则所谓道在迩而不在远也。③

但是，平均地权又绝非上古均田制、限田制的近代延续。"检之总理全部遗着，非但从无一字及此，且屡屡说明，平均地权论非不科学之均田。"④ 并且，在他看来，土壤的肥瘠情况、区位因素以及人们的经营能力、生产技术等各不相同，"限田之标准已属万难"；加之经济形态与发展阶段，随时、随地不同，"故并此'一定时期'亦无从划分"，"板滞之面积限制为极不科学之举"。⑤ 地价税制，倘规定合适的税率（累进税率），就能起到限田的作用。因为土地价值大者，税额负担亦大，地主若不积极改善经营能力、走集约生产之路以增加收益，将难以获利，最终不得不出让其土地；土地税制"无限田制窒碍难行之弊"，却能起到限田的效果，"诚为计之至得也"。⑥ 因此，"平均地权论者决不采限田或均田制，可以断言无疑"。⑦

萧铮还强调，"平均地权"不是"土地国有"，也非"耕者有其田"。土地公有的"唯一立场"，"以为土地（素地）为自然物，个人不得而私之；

---

① 萧铮：《平均地权真诠》，《地政月刊》1933 年第 1 卷第 1 期，第 24 页。
② 同上。
③ 同上。
④ 同上书，第 25 页。
⑤ 同上。
⑥ 同上。
⑦ 同上。

因之其素地部分所生之利得，亦无疑应归公有"。① 这是与孙中山的地价论"相符合"的；并且，"尤与其因公共文明进步之结果，所生之土地增价，应行归公之论一致"。② 因此，"总理对土地公有论之原则，显表赞同"；"惟对其办法，则再三申言，吾国不必模仿"。③ 在萧铮看来，土地公有或国有的结果，"仍不能无私人之使用收益权之存在"；国家所得"所有权其名，而管理支配权其实"。④ 因此，这与"平均地权论毫无异致"，"国家又何必为此名义上之所有权，而采不可行之土地没收，或土地征收耶。故世人以为平均地权论之主张为土地国有论或公有论，似是而实非"。⑤

至于"平均地权"与"耕者有其田"的关系，萧铮指出，"平均地权之立论核心，企图目的及其办法，均至为明显。谓平均地权论在防止少数人垄断地利，或对土地为恶滥使用之原则下，因而对农民政策主张'耕者有其田'则有之，谓平均地权之目的即在耕者有其田，则实费解"。⑥ 若强调"耕者有其田"是"平均地权"之目的，则商业用地、工业用地、居民房屋用地等，又该如何处置？并且，"地价论及增价归公之办法，均成为毫无意义"。⑦ 更为重要的是，"近代农业问题及农民问题，非仅耕者有其田，即为问题之解决"。⑧ 他认为，实现"耕者有其田"并不意味着土地问题的解决。并且，孙中山所言之"土地问题"，并不仅限于农民土地问题。"总理所郑重昭示，反复讲解之土地问题，其目的乃仅止于解决农民问题之一小部，则亦未免过于无聊。"⑨ 他认为孙中山并不只是强调解决农民的土地问题，也有其道理。如前所述，孙中山的土地所有权思想，并不是专门针对农民土地问题，而是针对资本主义发展过程中的土地问题。这个"土地"乃是所有土地的总称。因此，萧铮总结道，平均地权的目的，"与耕者有其田截然不同"。⑩

---

① 萧铮：《平均地权真诠》，《地政月刊》1933年第1卷第1期，第26页。
② 同上。
③ 同上。
④ 同上。
⑤ 同上。
⑥ 同上书，第27页。
⑦ 同上书，第26页。
⑧ 同上书，第27页。
⑨ 同上。
⑩ 同上。

第四章　土地国有思想的继承与土地"农有"思想的发展　　199

　　萧铮对"平均地权"的解释，不乏深有见地者。如对孙中山的"平均地权"的解释，个中确有合理之处。他能突破当时社会上以讹传讹的大众化说法，专文对此解释，是值得赞许的，在学理上也有深远意义。在解释"平均地权"后，他接着对所应采取的土地政策进行了思考，这主要表现在两个方面：批判"土地国有论"和"计口授田论"。

　　(2) 诘难土地国有

　　萧铮认为，土地国有制是土地政策的最终归宿。"所期期者，窃以为土地国有论诚或为我人所悬想之土地政策之最终极目的。"① 但是，他又强调，土地国有并不具备可行性。"然于方今中国，能否即遽等而求，殊不敢唯唯。"②

　　第一，他强调土地国有必须"国营"，然而中国不具备土地"国营"的条件。"最理想之土地国有，自须土地国营，于是个人之自由意志，对土地之影响始能降至极低。个人对土地上之法律权利始能消灭净尽，土地始能完全供社会公众之共同利用，而其利得亦始能供社会公众之均等享受。"③并且，土地国营"非无动力，无机器，无精密分工计划，无共同生产习惯之国所能胜，已为固定之事实。而又更非保持自由资本主义之经济组织之国家所可梦想"。④ 以中国的现实情况来看，尚且不谈是否具备自由资本主义之条件，但机器设备缺乏而无法从事机械化、规模化经营等却"无可否认"。因此，"无此必要之大经营工具，如可试行国营，则在原始时代之土地公有制，亦可不至于递嬗而有今日之私有制度发现矣"。⑤

　　至于土地国有之后为什么必须采取国营的形式？萧铮认为，土地国有而若不国营，则"将国有其名，私有其实"。并且，私有土地的权利界限如何确定？若国家保有最高支配权，地主保有使用收益自由，这与"平均地权"无异，"国有之名义，又将焉托？"若实行土地私有制，对土地使用权、收益权进一步限制，"则私有之精神无存"。并且，私人对土地没有权利，甚至或与雇农相同，这样他们又不愿意在土地上投入劳力与资本，不愿意改良土地。再如实行私有之后，国家又需给农民提供资本、农具，而"试

---

① 萧铮：《中国今日应采之土地政策》，《地政月刊》1933年第1卷第11期，第1463页。
② 同上。
③ 同上。
④ 同上。
⑤ 同上。

问今日库空如洗之国家,其力所能胜者究几何耶"?①

在萧铮看来,"国有云者,将保留今日农有之土地权利,而仅为废除地主阶级乎？则首须明地主之限界究如何？地主危害社会之点究何在？"② 他指出,近代中国大地主并不多见,大多为中小地主;并且,"地主"乃是指不亲自参与劳动的土地所有者。"在今日之分工制度下",劳动者亦不仅是指耕种土地的人,"即如计划设计者、营理指导者,均可谓为系劳动者",故"真正地主""除此外人数亦极微";采用土地国有制来取消这一小撮地主,"真所谓割鸡不必用牛刀也"。③ 此外,地主是以土地为工具,来榨取农民劳动成果以及进行投机活动。因此,只要采取完善的租佃制度与防止地主投机的方法,"则有地主之名而无地主之实"。并且,地主若能出资协助农民进行土地改良,则对发展经济将具极大价值。④ 萧铮认为中国不存在大地主而以中小地主居多,这与孙中山是一脉相承的。孙中山曾强调,近代中国处于"小地主时代"。⑤ 此外,萧铮强调制定完善的租佃制度与有效防止地主投机的办法能减少地主土地所有制之弊,这一观点有其合理性;但设想地主作出让步,乃至协同农民改良土地,为国民经济建设出力,则又不免沦入空想之嫌。

第二,从国民经济来看,中国也不具备实行土地国有的条件。"理想之'土地国有'制有统制管理之效,足以符吾国今日之经济政策;但能否增加生产,则为绝大之疑问。"⑥ 我国的自然地理情况,"均利于小农经营,考其集约程度,确已远较理想之大农经营为甚"。⑦ 至于农村经济濒于破产的情况,萧铮认为"系外疫而非内病"。⑧ 具言之,即非农民经营本身不良,而是"受租税及利率之压迫过甚";加之西方列强"不纳税之农产品源源输入","使生产品之市场价格降低,致农家收入不足抵偿所出,而与其经营

---

① 萧铮:《中国今日应采之土地政策》,《地政月刊》1933 年第 1 卷第 11 期,第 1463—1464 页。

② 同上。

③ 同上书,第 1464 页。

④ 同上。

⑤ 孙中山:《民生主义（第一讲）》,《孙中山全集》（第 9 卷）,中华书局 1986 年版,第 382 页。

⑥ 萧铮:《中国今日应采之土地政策》,《地政月刊》1933 年第 1 卷第 11 期,第 1465 页。

⑦ 同上。

⑧ 同上。

之集约程度无关也"。① 在"农民之缺乏知识，且受数千年传统观念之影响"的情形下，"骤使其土地所有权发生动摇，必生极大之反抗，不出于掠夺经营，必出于怠工；结果均使农产降低，必带来国民经济之极大损失"；最终"必致阻碍全部经济生活之健康"。② 再从工业商业方面来看，"今日之私有土地者，乃一般工商业之不变资本用以支柱工商业存在者也。如骤言国有，则工商业必将大受打击而同时不能存在"。③ 萧铮看到了不良租佃制度与高利贷对近代农村经济的恶劣影响，也认识到西方资本主义的入侵对农村经济造成的巨大冲击，这是极其深刻的；认为实行土地国有会动摇既有地权关系而引起土地所有者反抗，进而影响生产积极性乃至危及社会稳定，也符合社会运行的一般规律。此外，强调土地作为动产与不变资本是支撑工商业的支柱，表明他意识到近代土地与工商业之间的关系，也值得肯定。但需要指出的是，近代工商业不发达的一个重要原因，恰恰也是地主土地所有制的存在。地主凭借手中的土地，依靠不良的租佃关系，剥夺农民的劳动成果，导致农民生产积极性下降与农业生产凋敝，直接影响到工业生产发展所需原料的供应；农民在不良租佃关系下普遍贫困化，也影响市场的购买力。此外，地主的钱财往往不是用作生产资本进行扩大再生产，而是买田置地，由此形成一个恶性的"囤地循环"。

第三，萧铮也意识到，实行"土地国有"具有社会变革的意义。"土地国有如谓为系出于国民经济之立场，诚不若谓为出于社会政策之有意义。"④ 在他看来，土地国有制是为克服地主土地私有制之弊而产生；且其含义，一般来讲，"乃简单驱逐地主阶级，兼借以扶持自耕农耳"。但就近代中国而言，地主势力"远不若资本主力量之伟大"，资本家对社会的危害更大。这是因为，政治上"地主已无置喙之余地"，经济上"地主阶级亦日趋于崩溃"。因此，"对如日初升之资本主之操纵金融，危害社会，不言驱除，乃独对将趋崩溃之地主谓非去之不可，实已为不平"。⑤ 虽然"谓地主之来源，较资本主为可恨，地主之危害农村，较资本主为暴烈"，但可"买去或税

---

① 萧铮：《中国今日应采之土地政策》，《地政月刊》1933年第1卷第11期，第1465页。
② 同上。
③ 同上。
④ 同上。
⑤ 同上书，第1465—1466页。

去，（即以征收或租税方法）而非即实行'驱去'之国有策不可"。①并且，即使去除地主，对贫农与无地农民亦无多大益处。更为甚者，"今日之政，纵得其平，其如人口续增不已乎？"因此，从社会政策上看，实行土地国有"无所裨益"；"如因土地国有，而实行土地国营，则今日过剩之劳动力，更将无法消纳，而驯将益引起社会之恐慌与纷乱也"。②萧铮认识到实行土地国有具有社会革命之意义，这是难能可贵的。国民党人在1905—1907年与梁启超的论战中所鼓吹的"社会革命"，其内核就是土地国有。但是，认为"去除地主"与贫农和无地农民没有多大关系，这一观点还值得商榷。近代中国地权关系紧张，租佃制度恶劣。变革土地所有权关系，实行土地国有制，有纾缓农民苦痛、发展农村经济的一面。当然，土地国有的社会变革意义，还体现在其能瓦解建构在既有地权关系基础上的政治关系，实现政治民主化，最终达到解放与发展生产力的目的。

第四，从财政方面来看，土地国有也不可行。萧铮指出，实行土地国有后，理论上讲，被地主所攫取的地租可收归国家，国家财政由此得以充盈。但事实却反是。地主攫取的地租，"乃逾格之榨取，就国有政策之立场而论，故不可更取之于农民。而原由地主所负担之经营资本，则今日反首须出之于国库"；然而"就今日之国库能力言之，又乌足言此"③因此，土地国有后，若归国家经营则"一切生产资本非国力所能负"；而若仍归农民经营，"亦非事实所许可"。④

暂且不论土地国有后，国家有无经济实力从事土地经营与改良。就地主与土地经营方式来看，萧铮忽略了一个重要现象——近代以来尤其是南方农村"不在地主"的广泛形成。费孝通在20世纪30年代的调查报告中写道，"使我十分惊讶的就是这村子里有百分之八十以上是租别人田来耕种的佃户，这村子有一半以上的地权是握在我一个本家的手里，他是住在城里的，连他自己的田在什么地方不晓不得"。⑤费孝通的"本家"，即近代南方农村"不在地主"的典型代表。"不在地主"的出现，表明地主远离农村而开始在城市生活，自然便与农业生产脱节，哪还能关注农业生产，遑论

---

① 萧铮：《中国今日应采之土地政策》，《地政月刊》1933年第1卷第11期，第1466页。
② 同上。
③ 同上。
④ 同上。
⑤ 费孝通：《农村地权的外流》，《内地农村》，生活书店1946年版，第1页。

参与土地改良。诚如西方汉学家们所指出的,"在本世纪(指 20 世纪——引者注)初期的中国,地主不仅减少了对农民的庇护,还增加了对农民的索取。城市的奢华与舒适吸引地主们离开穷山恶水的农村,但他们在城里的花费也随之增大,'这笔费用只能通过提高农民的租金、利息和赋税等来获得'"。①

第五,从国家建设以及经济发展水平来看,土地国有也不具可行性。萧铮指出,土地国有制与平均地权二者"无所轩轾",若说实行土地国有后,对于建设征地可以无偿取得;但将土地收归国有时,补偿给土地所有者的费用,"或较征收土地所费之原价为多也"。②此外,他还强调,土地国有的"唯一立场","以为土地(素地)为自然物,个人不得而私之;因之其素地部分所生之利得,亦无疑应归公有";这与"地价论相符",且"尤与其因公共文明进步之结果,所生之土地增价,应行归公之论一致",故"总理对土地公有论之原则,显表赞同";"惟对其办法,则再三申言,吾国不必模仿"。③ 土地公有或国有的结果,"仍不能无私人之使用收益权之存在";国家得到"所有权其名,而管理支配权其实",④ 这与"平均地权论毫无异致",故不必为追求此名义上之所有权,"而采不可行之土地没收,或土地征收耶"。⑤ 在萧铮看来,土地的收益归公也即是实现了土地社会化,故没有必要去追逐"所谓的所有权";"平均地权"与土地国有实质上一致,没有必要采取"没收"或"征收"等强制手段去实现所谓的"土地国有"。

萧铮还指出,土地国有"绝对不可行于今日之乌托邦"。⑥ 不仅农民的"思想与知识不足言国有",政府又"何尝有执行'国有'之能力"。国有制"系绝对排斥个人自由意志之制度",国家对于一切计划及管理必须十分周密,分工也必须十分精确,否则必将引起社会纷乱。然而,"以吾国官僚阶级之跋扈,社会贪污之弊之深,何可以妄言国有"。因此,"人民既患教

---

① [美] J. 米格代尔:《农民、政治与革命——第三世界政治与社会变革的压力》,李玉琪、袁宁译,中央编译出版社 1996 年版,第 85 页。
② 萧铮:《中国今日应采之土地政策》,《地政月刊》1933 年第 1 卷第 11 期,第 1466—1467 页。
③ 萧铮:《平均地权真诠》,《地政月刊》1933 年第 1 卷第 1 期,第 26 页。
④ 同上。
⑤ 同上。
⑥ 萧铮:《中国今日应采之土地政策》,《地政月刊》1933 年第 1 卷第 11 期,第 1467 页。

育程度之低下，秩序生活之末建树，公德心之缺乏；政府又未有适当之物质设备及经常组织，国有国营均不可妄行尝试"。① 萧铮这一观点并没有什么新意，早前梁启超诘难土地国有论时，也曾以相同的口吻强调土地国有不可行。如梁启超指出，土地国有实行之后，"必以国家为一公司"，"且为独一无二之公司"，这一"公司""取全国人之衣食住"，"乃至所执职业，一切干涉之而负其责任"；然而，这一"公司"性质之"政府"，即使我国人民程度已十分发达，"此等政府，果适于存在否乎？足以任此之人才有之乎？有之，能保其无滥用职权专制以为民病乎？能之，而可以持久而无弊乎？"② 但值得注意的是，萧铮、梁启超强调土地国有的实行与国民素质、政治发展程度紧密相关，这是与新自由主义经济学的相关观点基本暗合的。路德维希·冯·米瑟斯在批判以包括土地在内的一切生产资料公有制为基础的"社会主义"时指出，那些认为"人类不具有社会主义制度下所需要的道德品质"，以及"绝大多数人不会像在生产资料私有制条件下那样竭尽全力地完成每天赋予他的工作任务"等"种种异议是完全有根据的"。③

萧铮对土地国有制的诘难，不乏合理之处。此外，他的这一诘难，与20世纪初梁启超对土地国有制的诘难基本上如出一辙。国民党早年为发动革命，积极鼓吹土地国有论，以发动对地主的打击，建立起资产阶级性质的土地国有制度。但是，在取得政权之后，国民党内部却出现了诘难土地国有的声音，且与当年诘难自己的敌手在论调上如出一辙，历史的吊诡之处即在于此。

(3) 批判"计口授田"

所谓"计口授田"，乃是指按照人口数量平均分配土地。萧铮指出，这一政策的理论依据是，"为人权平等，均各有受地之平等"。④ "计口授田"，"为大变乱后之权宜办法，以土地再为一度分配。若以此为经常国策，其谬有不胜论者"；因此，就这一制度本身而言，"即为一极不科学而又极不合

---

① 萧铮：《中国今日应采之土地政策》，《地政月刊》1933年第1卷第11期，第1467页。
② 梁启超：《杂答某报》，夏晓虹辑：《〈饮冰室合集〉集外文》（上），北京大学出版社2005年版，第425页。
③ [奥]路德维希·冯·米瑟斯：《自由与繁荣的国度》，韩光明等译，中国社会科学出版社1995年版，第106页。
④ 萧铮：《中国今日应采之土地政策》，《地政月刊》1933年第1卷第11期，第1467页。

理之开倒车之政策"。① 他接着从国民经济、社会政策、国家财政、国家建设以及一般政策上对之展开批判。

首先，就国民经济而言，它已迥异于"昔日之纯农业社会"，人民不再以纯粹的农耕为本业。随着经济发展，社会分工逐渐细密，"农业已渐为须专门知识及专门技术之事业，非一般人所能为，亦非一般人所愿为"。② 这样，推行"计口授田"政策，必然导致生产力下降，"受田者无能力经营，能力田者反感受之田之不敷"。③ 并且，"计口授田"，将"使全国极端小农化"，这与工业化相违背。"中国本部方感受土地细分之苦，而此政策却使其愈益细分，其为害于国民经济，诚有不堪言述者"。④ 随着社会经济发展，社会化分工在农业生产中逐渐出现，这是符合社会发展的客观规律的。并且，"计口授田"确是一种将土地分散经营的土地政策，它与社会化的大生产所相违背。从国民经济上强调"计口授田"政策的弊端，有一定的道理，它符合经济学中的一些基本规律。

其次，萧铮从"社会政策"方面论述了"计口授田"不可行。"社会政策"的"主要精神"是追求平等，"平等"的原则是"各尽其能、各取所需"，"计口授田"明显违背了这一精神。这是因为，分田不按劳动力标准，按人数而不顾土壤肥瘠，"不平无以复加"。此外，我国土地广袤、人口众多，要做出精细、准确的调查统计基本不可能。而在缺乏准确调查统计的前提下，"计口授田"就无法做到公平。不仅如此，"人口之增加，代代无几，田地之量固定，肥瘠之数亦无多变，则后之繁殖者，又将如何计而授之耶？"⑤并且，"计口授田"还会导致兼并盛行。"不愿有土地者感土地之多累赘；愿有土地者感土地之不敷，结果反使兼并之风益盛；佃租之榨取益烈，而社会愈纷乱也"。⑥ 并且，"农人之生产工具为土地，则授之田，而工人之生产工具为机器，又何不计口而授之器耶？"⑦

再次，就国家财政而论，"计口授田之利，似在土地上负担之平等，而

---

① 萧铮：《中国今日应采之土地政策》，《地政月刊》1933 年第 1 卷第 11 期，第 1468 页。
② 同上。
③ 同上。
④ 同上。
⑤ 同上。
⑥ 同上书，第 1469 页。
⑦ 同上。

实则土地因经营者能力之差别,利用之方式不同,而价格之差别甚远。地税负担如因受之田为比,则负担且甚为不平矣。至在国家财政之收入上言之,则殊无利弊可云也"。① 在萧铮看来,"计口授田",表面上似乎强调土地租税的平等,但没有考虑到农民个体差异以及利用方式差异对土地价格产生的影响。

最后,就国家建设方面来看,"计口授田"会影响到国家建设用地的需要。授予百姓的土地,在国家需要征收时,若"无田以补偿之","将甚为不公平",因此建设用地"必不能充分供给";更有甚者,土地征归国有并进行建设之后的收益,如何分配也会发生困难。②

因此,"计口授田"不可行。"'计口'与'计田'兼须计其等比之方法,已非今日行政能力所许可。且一次'计之'之后,其变迁剧烈,续计续授,均非可能"。③ 中国历史上"计口授田"之失败,以及日本班田制之破产,均是实例。"况现代文化之进展,一日千里;经营之方法,朝夕百变,又如何可得而行耶?"④ 萧铮这里对"计口授田"的批判,实质上是批判"耕者有其田"这一"土地农有"方案。

在对土地国有与"计口授田"进行驳难后,萧铮重申了"平均地权"的主张:

> 吾国今日之大患,在好为异议,而不顾实际之情况如何。不愿对一主义或政策为忠实之力行,而好为修正改变。故议论盈庭,而无一政策能有澈底之执行,以利国福民。常此以往,必至因循延误,陷国家民族于万劫不复。平均地权为我国唯一之优良土地政策。乃政府既缺乏澈底力行之决定;且于立法决策时,往往好为修改割裂,反致弊多利少,贻人时议。造乱者遂有所凭藉,假借歧说,以破坏政坛,以破坏善良政策之信仰。国步艰难,世变方剧。窃愿有定识卓见者,不轻为人所动摇,而能出其至诚,力行唯一适合国情之土地政策。成效一着,歧说自息,止乱戡乱之道固在我之积极建树也。⑤

---

① 萧铮:《中国今日应采之土地政策》,《地政月刊》1933 年第 1 卷第 11 期,第 1469 页。
② 同上。
③ 同上。
④ 同上。
⑤ 同上书,第 1470 页。

萧铮对土地国有论的诘难，个中观点有其合理之处。如他对土地私有产权在社会经济发展中的作用的认识等，是与自由主义经济学的相关观点基本一致的。因此，他有基于"经济发展"的考虑而诘难土地国有。但是，他对土地国有的诘难，更多的还是出于"政治需要"的考量。此时，国民党已是执政党，因此，与前文所述胡汉民一样，萧铮对土地所有权的思考，尤其是对土地国有论的诘难，很大程度是出于"政治需要"的目的。20 世纪 30 年代初，国民党政权的根基还极不稳固。仅就对孙中山的继承来看，它就遭受到来自"第三党"的强烈冲击。邓演达等为首的"第三党"，以孙中山的正统继承者自居，且鼓吹"土地国有"。而与国民党分道扬镳的中国共产党，在根据地内开始了轰轰烈烈的土地革命，影响颇大。作为执政党的国民党，自然在土地改革中要发出自己的呼声。萧铮作为国民政府土地改革的代表人物，完整继承了孙中山的"平均地权"主张，强调"划定地价、照价征税、涨价归公、照价征收"。而孙中山这一主张，实质就是亨利·乔治所鼓吹的"土地国有论"。因此，萧铮借助"土地国有论"而诘难"土地国有论"，其合理的解释应是，其所诘难的只是土地国有论的实现方法——"没收"、"收买"等方法，并且反对实现一切土地收归国家所有。因此，这也正是萧铮基于"政治需要"而诘难土地国有论的一个绝好注脚。当然，萧铮理想中的土地国有制度，其可行性如何？比照前文对 1930 年《土地法》之不可行的分析，便可知晓了。

5. 黄通对"平均地权"思想的继承

黄通[①]是地政学会主要领导人之一，他对近代土地所有权问题进行了深入思索，形成了其颇具特色的地权思想。

（1）从土地分配切入近代土地问题

20 世纪 30 年代，农村经济问题极其严峻，社会上盛传"复兴农村"的口号。对于这一现象，黄通指出：

---

① 黄通（1900—?），字君特，浙江平阳人。近现代著名农业经济学家、金融家。早年毕业于日本盛冈高等农林学校、早稻田大学，后入英国牛津大学、德国波昂大学进修。历任浙江大学农学院、中央政治学校地政学院及上海法学院教授。1941 年出任中国农民银行土地金融处处长。1945 年来到台湾，将日本在台劝业银行改组为台湾土地银行，出任首任总经理。1954 年出任"中国农民银行"总经理，后任国民党中央评议委员，参加《实施耕者有其田条例》、《台湾省实物土地债券条例》之拟订，对近现代土地改革多有贡献。译著有《经济史概论》、《近代经济学说新解》、《土地政策原论》、《土地金融论》、《农业金融论》等。

中国正在产业革命过程之中，经济基础，犹建筑在农业之上；社会结构，亦尚以农村为最大支柱。农业衰落和农村崩溃，真是治乱存亡的关键，毋怪"农村复兴"的口号，要此唱彼和，盛极一时了。①

如何振兴农业经济、复兴农村，黄通认为，"其道多端，就中以土地问题，尤为紧要"。② 他已然意识到"土地问题"在农业经济中的作用。并且，他所强调的"土地"，专指"农村土地"。"土地可别为市地与乡地"，"市地问题，既系宅地问题，如能办到照价抽税，涨价归公，便可解决了大事。可是农地问题，并不这样简单，所以我拟将本案的土地问题，作农地问题解"。③

在黄通看来，土地问题一般来说，主要有两个方面："其一、为土地生产问题，其二、为土地分配问题"。④ 其中，土地生产问题，诸如"耕地扩张，耕地重划，地类变异，地力改良等，大半属于农业技术方面"；土地分配问题，"即地权的归属，经营的大小等，换句话说，便是土地制度问题"。⑤ 并且，要振兴农业，不仅要改进生产技术，"还需整备其组织"；"土地既为农业基础，所以要整备农业的组织，首宜改善土地制度"。⑥ 因此，在他看来，要发展土地生产，宜先改善"土地制度"，也即先解决土地分配的问题。"土地分配的不善，乃各国共通的事实，尤其是中国，土地制度，向非完备，佃地的立法，农民的保障，可称全无，甚至今日的田赋制度，犹是千百年前的旧习，言之寒心。"⑦

黄通还批评了不注重土地制度的解决，而一味强调"地尽其利"的观点。他指出，地尽其利"必赖资本劳力之投下"。其中，资本"为地尽其利之最切要条件"；"如何使农民得享其耕作成果，尤为地尽其利之先决条

---

① 黄通：《农村复兴与耕者有其田》，《地政月刊》1933 年第 1 卷第 12 期，第 1661 页。
② 同上。
③ 黄通：《目前中国土地问题的重心》（1934 年 1 月），中国第二历史档案馆编：《中华民国史档案资料汇编·第五辑第一编·财政经济（七）》，江苏古籍出版社 1994 年版，第 114 页。
④ 黄通：《农村复兴与耕者有其田》，《地政月刊》1933 年第 1 卷第 12 期，第 1661 页。
⑤ 同上。
⑥ 同上。
⑦ 黄通：《土地问题》，中华书局 1930 年版，第 1—2 页。

件"。① 农民因剥削过重,生产积极性并不高,"地难尽其利"。也有观点以为,"土地问题的症结,不在于地主与佃户间的如何分配,而在于人口与耕地的关系";因此强调,"(1) 将狭乡的农民迁到宽乡;(2) 将乡村人口移往城市;(3) 打破宗祧观念,节制生育"。② 对此,黄通指出,我国的民族工业在帝国主义压迫下,已经奄奄一息,大量的失业无法解决,哪有余力来吸收乡村的过剩人口;并且,将农业衰落与农民贫困,归咎于农村人口过多,"这是否认一部分民众的生存权,俨然马尔萨斯的口吻"。③ 他还强调,"小农如能利用合作社的组织,通田而耕;一方振兴农村副业,以调剂农家劳力,资助农民生活,则人口稍密;亦无大碍"。④ 在他看来,土地问题的重心在于"乡村土地关系的改善"。

> 土地关系的改善,并非单纯的地租之分配;而在于为产生地租之基础的地权之平均。换句话说,并非如何分配黄金之蛋;而为如何分配产黄金之蛋的母鸡。平均地权第一步是要耕者有其田。申言之,便是耕者毋须耕他人之田,以致辛勤所得,为不劳者攫取而去,使土地与耕者,发生极密切的关系。然后利用、生产,以及地尽其利诸题方谈得到。⑤

黄通认为,改善土地关系必须实现"平均地权",保障耕者的劳动成果,"不为不劳者攫取",进而使"土地"与"耕者"发生密切关系,进而实现"地尽其利",彻底解决土地问题。这样,他就从"土地关系"的角度切入对土地问题的探讨。

他指出,一般来讲,土地问题可以分为四个方面:"(一) 地权分配问题;(二) 租佃问题;(三) 地价问题;(四) 地租归属问题。"⑥ 其中,地权分配不均、土地兼并,导致"富者连阡陌,贫者欲耕无地"的局面;大

---

① 黄通:《目前中国土地问题的重心》,中国第二历史档案馆编:《中华民国史档案资料汇编·第五辑第一编·财政经济(七)》,江苏古籍出版社1994年版,第115页。
② 同上。
③ 同上书,第115—116页。
④ 同上书,第116页。
⑤ 同上。
⑥ 同上书,第118页。

地主将剥削所得消费在大都市,对于土地改良与发展地力,毫无贡献;"这无疑的是一种莫大的罪恶"。① 并且,"地权既被一部分人兼并,自生农业上过大经营与更低散碎之弊,尤其是我国,耕地散碎奇零,为世界所仅见"。②他指出,租佃问题主要有农业生产方面与农村社会方面两种。其中,农业生产方面的租佃问题,"只大经营的企业租佃之国能见之,问题的核心在于地力之保存,并非业佃之对立";中国的租佃问题,主要是"小经营的分地租佃,佃农资力薄的,购买力低,以致挨饿取地主压榨,严重的社会问题,因而产生"。③ 至于地价之跌涨,黄通认为也是农地问题的一个重要方面。地价上涨是常态,而下跌则是变态。"农地价格上涨势必引起地租数额之抬高,并使小农民愈难备价购地,进为独立的自耕者"。④ 至于地租的归属问题,"经济地租,乃是基于自然力而来,地主坐享其成,无非叨天之功,益以人口有渐增趋势,粮食之需要越急,价格越高,以致地主之不劳得利越丰,是定事理之平,所以,地租之如何归属,成为严重的社会问题"。⑤

此外,黄通还指出,土地问题还具有三个特殊性质:社会性、联系性、时空性。他认为,各种土地问题,一言以蔽之,"其根源在于现代的土地私有制度"。⑥ 土地私有制之精髓,不是人与物的关系,是人与人的关系。"是人们以土地为对象的一种排他的独占",实质上是以土地为对象的一种社会关系。⑦ 再就"联系性"来看,土地私有制度,只是私有财产制度一个方面,而私有财产制度构成资本主义的经济基础。因此要了解与解决土地问题,不能仅从土地问题本身上着眼,须通盘考察整个资本主义社会体系。⑧ 所谓"时空性",他分"时间性"与"空间性"做了说明。从"时间性"上看,指"某一阶段的社会,有某一阶段的社会体系,在不同的社会体系下,自产生不同的土地问题";而"空间性",乃是指各国土地问题不同,

---

① 黄通:《中国现阶段的土地问题》,中国第二历史档案馆编:《中华民国史档案资料汇编·第五辑第一编·财政经济(七)》,江苏古籍出版社1994年版,第118页。
② 同上。
③ 同上。
④ 同上。
⑤ 同上。
⑥ 同上。
⑦ 同上。
⑧ 同上书,第119页。

采取的土地政策亦不相同。①

至于近代中国土地问题的基本情况，黄通指出，农村经济还停滞在半封建的生产关系下，"佃农与半佃农约占全体农户的50%"，他们的生活毫无保障，"呻吟于租期无定、租额奇重的压迫之下"。② 地租的构成，一部分来源于佃农的工资。这种土地关系若不得以有效改善，佃农欲摆脱贫困亦不可得，遑论改良农业、增加生产，实现地尽其利、地保其力等目的。③ 因此，黄通强调亟须改善佃农的经济状况，恢复与发展农村经济。

（2）"平均地权"

黄通指出，农民约占全国总人口的3/4，佃农又占据全农户的50%左右，因此租佃问题能否得到解决，不仅影响农村的安危，"抑将攸关国族命脉"。④ 在他看来，佃农问题实质是土地分配不均的问题。这一认识有其合理性，土地分配不均是导致佃农产生的直接原因，也是根本原因。他还指出，"农村社会问题的租佃问题，主因租佃条件所引起的业佃对立是一种严重的社会问题。此种租佃问题之发生，必先有物质的与精神的前提条件。物质条件有三：（一）佃农数量较多；（二）佃农类属贫户；以及（三）租佃制度之不合理。精神条件，则为（四）佃农有斗争的意识"。⑤ 黄通认识到，佃农不仅数量庞大，而且在不合理的租佃制下生活极其贫困；在这种情况下，他们的斗争意识一旦被激发，必然会产生严重的社会危机。

黄通接下来就如何解决租佃问题进行了思考。他指出，"解决租佃问题，不外三条路线：（一）废止土地私有制度，铲除地主阶级；（二）变佃耕地为自耕地，消灭耕地的企业形态；以及（三）颁布租佃法规，限制自由契约。换言之，即（一）土地国有；（二）自耕农创设；以及（三）佃制改革"。⑥ 对于土地私有制度，他认为，"既系历史演变的结果，当然包藏着许多优点"。⑦ 但是，随着人类社会、经济的向前发展，土地私有权也日

---

① 黄通：《中国现阶段的土地问题》，中国第二历史档案馆编：《中华民国史档案资料汇编·第五辑第一编·财政经济（七）》，江苏古籍出版社1994年版，第119页。
② 同上书，第120页。
③ 同上。
④ 黄通：《中国租佃问题及其解决方案》，《地政月刊》1936年第4—5期合刊，第60页。
⑤ 同上书，第57页。
⑥ 同上。
⑦ 黄通：《土地国有运动概观》，《地政月刊》1933年第1卷第11期，第1481页。

益露出其弊端。"历史之不息的演变,复令私有制度,暴露出许多劣点,而且这种劣点,随时日增进,有愈趋深刻的倾向。于是主张土地制度的变革,如土地国有论等,应运而出。"① 在他看来,土地私有制会随着社会经济的向前发展,逐渐成为社会进步的障碍,于是土地国有制应运而生。"主张土地移归国有,换句话说,就是剥夺土地所有者关于土地独占的特权,以排除私有时所产生的弊害为目的。"②

但是,黄通又强调,中国并不具备实现土地国有的条件。实行土地国有"当然是最彻底的手段","只可惜'言之非艰,行之维艰'"。③ 实现土地国有,有三个办法:"(一)无偿没收土地,所谓'踢去地主';(二)征收地价税,所谓'税去地主';与(三)补偿征收土地,所谓'买去地主'。"④ 第一,无偿没收土地在理论上是否恰当,"暂置勿论","但在现代社会体系之下,欲以和平手段,推行没收政策,事实上是不可能的";第二,征收地价税,以课税的方法消灭地主,"理论上乃以'地租课税,不能转嫁'为基础","但据现代经济学者研究,地租课税,有时亦能转嫁,而且要以课税办法征取全部地租,结果等于没收,如不能全部征收,则地主仍可存在的";第三,补偿征收土地,乃是承认"今后孳生之地租,乃地主的既得权",这不仅在"理论上很不彻底",而且实行起来,国家在财政上"要有莫大负担,是否所得足偿所失,殊属疑问"。⑤

在分析土地国有不可行之后,黄通再对创设自耕农进行了思考。扶植自耕农,"乃推进佃农为自耕农,绝灭佃耕的企业形态,与土地国有论,适成正反对,是要维持私有的原则,而发挥其优点的"。⑥ 并且,"如果彻底的推行,则不劳地主的权利,自在打破之列,现存土地制度,须有根本的变革,绝非如常人所揣摸的那样稳和的方案"。⑦ 这表明黄通认识到"创设自耕农"是对佃制问题的彻底解决,以及对地主土地所有制的颠覆。并且,

---

① 黄通:《土地国有运动概观》,《地政月刊》1933 年第 1 卷第 11 期,第 1481—1482 页。
② 同上书,第 1482 页。
③ 黄通:《中国租佃问题及其解决方案》,《地政月刊》1936 年第 1 卷第 4—5 期合刊,第 60—61 页。
④ 同上。
⑤ 同上书,第 61 页。
⑥ 黄通:《农村复兴与耕者有其田》,《地政月刊》1933 年第 1 卷第 12 期,第 1662 页。
⑦ 同上。

这里的"自耕农"是拥有土地所有权的农民。因此,黄通所谓的"创设自耕农",即是要实现土地农民所有。这诚如其所自述的,"自耕农的扶植,是将佃耕地的所有权,由地主之手移于佃农之手;换句话说,便是变佃耕地为自耕地的政策。其结果,农企业之法律的形态,当然变更;但农业经营的规模,是依据无恙的"。①

他接着指出,扶植"自耕农"必须具备三个前提条件:第一,佃农数量较多;第二,一般农业经营,规模狭小;第三,可供开垦的余地很少。之所以强调这三个条件是因为,"其一,如果佃农的数量不多,国家对于自耕农的扶植,无须讲求特别的政策。其二,如农业经营规模较大,则名虽佃耕;实系资本的经营,从社会经济上看,无推进为自耕农的必要。其三,如开垦的余地很多,与其扶植自耕农,宁以奖励移垦为得策"。② 至于我国的情况,他根据1918年第七次农商统计数据以及1932年四月国民政府主计处的统计数据综合比较指出,"我国农民,多为小农;而此种小农,又多为佃农"。③ 因此,扶植"自耕农"对于振兴农村经济、缓和农村社会矛盾,将有着重要的意义。

如何"扶植自耕农",黄通指出,从形式上看,扶植"自耕农"可以分为两种:"其一、国家或其他公共团体,自行购进土地,分割为适当的面积,用分年付款法,售给农民。二、土地的售购,一任业佃间直接交易,国家或其他公共团体,对于农民,仅贷以低利摊还的购地资金,以促进之。前者系国际自行直接的设定,可谓直接设定主义;后者仅为间接的促进,可谓间接设定主义。"④ 从实质上看,直接设定主义,又可分为两种:"即一、国家或其他团体,依照自由契约,向地主收购土地,转售于农民;二、国家对于有一定面积以上的地主,不问其意思如何,强制地收买其全部或大部的土地,分售于农民。"⑤ 这两种方式,前者较为温和;后者则要激进。"前者,国家展转买卖土地,以图自耕农之逐步的增多;后者,国家用强制力,收用大地主的土地,拟打破大地主,一举而扶植自耕农。"⑥ 间接设定

---

① 黄通:《农村复兴与耕者有其田》,《地政月刊》1933年第1卷第12期,第1664页。
② 同上。
③ 同上。
④ 同上书,第1666页。
⑤ 同上。
⑥ 同上。

主义，"亦可别为自由的与强制的二种。自由的，则国家当地主与佃户之间，成立了土地售购契约时，对于佃户，贷以购地的资金而已；至于土地出售与否，全任地主的自由，不加强制。反之，强制的，则除贷款外，还用一定手段，间接的强制地主售地"。① 因此，从黄通的这些论述中，不难发现，不论是直接创设"自耕农"还是间接创设'自耕农"，都有激进和缓和两种方法。这两种方法，"从理论上说：直接主义，适于内地殖民；而自耕农地设定，则以间接主义为尚。至于自由与强制的得失，要看实际上所行政策的规模大小与需要程度而决，未可一概而论。如拟大规模的推行，而且依照农村社会的情状，土地改革，急不容缓时，自宜采取强制的手段"。② 中国能否采取扶植"自耕农"政策，实现土地农有呢？黄通指出，依中国情况来看，耕者有其田也会招致地主反对，难以实行。并且，结合日寇入侵、民族危难的危急形势来看："中国处兹国难严重的关头，强邻压境，财政艰窘，要用激烈的或迅速的手段，推行土地国有或创设自耕农的政策，事实上是不容易行得通。同时，农地问题，不过农村经济之一部分，而农村经济问题，又系整个的社会经济之一环，所以要求土地问题之解决，还须从整个社会经济上着想。"③

在强调土地国有与"耕者有其田"均不可行之后，黄通阐述了对地权问题的看法。"中山先生的平均地权，是解决中国土地问题之当前的目标，而民生主义之完成乃是中国土地政策之最高的理想。"④ 他指出，"平均地权，乃是从土地私有制达到土地公有制之折中的办法，即从资本主义达到社会主义之过渡的政策"⑤。这一政策，并不同于列宁式的土地政策，也不同于亨利·乔治式的土地政策；而是"综合各家关于土地问题的理想及政策而完成，切合于中国实际的经济情况之自成系统的学理"。⑥ 至于如何实现"平均地权"？则须依据孙中山早前提出的采用"政治的法律的手段"，按照如下四个方面进行："（一）照价抽税照价收买"、"（二）更换地契"、

---

① 黄通：《农村复兴与耕者有其田》，《地政月刊》1933 年第 1 卷第 12 期，第 1666—1667 页。
② 同上书，第 1667 页。
③ 黄通：《中国现阶段的土地问题》，中国第二历史档案馆编：《中华民国史档案资料汇编·第五辑第一编·财政经济（七）》，江苏古籍出版社 1994 年版，第 825 页。
④ 同上书，第 120 页。
⑤ 黄通：《土地问题》，中华书局 1930 年版，第 103 页。
⑥ 同上。

"（三）涨价归公"、"（四）实施的准备"。① 所谓"更换地契"，在黄通看来，"地税由地价而定，但欲图地税与地价之精确不偏，非先行更换地契不为功"。② 所谓"实施的准备"，"第一步即以农民之组织与训练为入手，农民有了领导有了信仰，即有自动的推进之力量"；第二步，"农民既有觉悟，要求政府，政府对于土地，尤要先下一番整理的功夫，如地面之测量，户口之调查等等，藉知土地分配失均之实际上的情形。然后临之以积极的法律的政治的手段，则虽如麻的地制，一遇快刀，迎刃而解矣"。③

综合来讲，黄通既认识到近代中国土地问题之重心在于分配，又对土地国有与扶植"自耕农"两者进行了的深入思考，并最终选择"平均地权"的办法。他还指出，"一方所定地价，虽仍归地主所有；而一方土地所生的利益，则归之社会。从此涨价归公，限制占田，以渐达耕者有其田，土地公有制最高目的；则土地问题完全解决，民生主义，自然实现。世界大同，天下为公，其庶几乎"。④ 这表明他将"土地问题的完全解决"，作为"民生主义"的"自然实现"。而土地问题"完全解决"的步骤是："涨价归公、限制占田"—耕者有其田—土地公有。土地公有实现之后，就进入"世界大同、天下为公"的理想境地。他将"土地问题"看作是社会发展中一个极其重要的问题，而解决这一问题的"平均地权"之法则是实现土地农有，最终实现"大同"、"天下为公"理想社会的基本办法。

黄通从分配入手，强调土地占有不均是土地问题的重心；强调解决土地分配问题对于缓和社会矛盾、消弭社会危机等方面有着积极的作用。他还意识到土地私有制对社会化大生产的阻碍，故从克服土地私有之弊的角度出发，提出土地国有与土地农有等主张。并且，在内忧外患的形势之下，他将土地问题与民族问题结合起来，强调结合社会经济各方面的条件等来思考土地问题。这些都是值得肯定的。他在继承孙中山"平均地权"思想的同时，又做出了自己的理解：他的土地国有主张，是一种比较急进与彻底的土地国有主张；并且，他的"耕者有其田"思想强调给予农民土地所有权，这与孙中山的"耕者有其田"也有着根本区别。

---

① 黄通：《土地问题》，中华书局1930年版，第104—108页。
② 同上书，第106页。
③ 同上书，第109页。
④ 同上。

二 "第三党"对"耕者有其田"思想的继承与发展

"第三党"是从国民党内逐渐分化出来的一个政党,主要发起人是邓演达、谭平山、章伯钧等。"第三党"的土地所有权思想,主要以邓演达、谭平山为典型。

1. 邓演达的土地所有权思想

邓演达①主张通过给予农民土地,减轻赋税,减轻农民的痛苦,依靠农民的力量,实现"平民革命"。他的土地思想来源于对中国国情的把握,内涵丰富。在现今看来,仍有着重要的现实意义。

（1）土地问题是解决民族问题、社会问题之锁钥

邓演达从"革命"的角度强调解决土地问题的重要性。他指出,"中国革命的对象有两个",分别是:"'对帝国主义是整个的民族要求解放,所以叫做国民革命';'对国内封建势力,要工农联合起来才能把封建的反动势力推翻,才能造成民工政治,然而工农是社会的下层成分,是社会的多数,所以工农联合对封建势力的革命是社会革命'"。②中国革命的目的,是"肃清帝国主义在华势力,取消一切不平等条约,使中国民族完全解放;推翻千余年来的官僚统治及军阀统治,由人民行使政权;发展产业,并使产业组织化社会化"。③

在明确了革命的对象与目的之后,他还强调革命的力量是广大农民。

---

① 邓演达（1895—1931）,字择生,广东惠阳人。1909年,入广东陆军小学学习,深为邓铿赏识,后加入同盟会。武昌起义爆发后,随军北伐,崭露头角。1916年,入保定军官学校。1920年,任粤军第一师师部参谋兼步兵独立营营长,并自此成为孙中山的忠实追随者。1923年,参与讨伐沈鸿英、陈炯明等。第一次国共合作期间,积极拥护孙中山"联俄、联共、扶助农工"三大政策。1924年,黄埔军校建立后,任教练部副主任兼学生总队长。1925年,游历欧洲。次年,国民党"二大"上被选为候补中央执行委员。1927年,与吴玉章、徐谦等在武汉组成行动委员会,在汉口召开的国民党二届三中全会上当选为中央执行委员、中央政治委员会委员等。大革命失败后,邓演达在苏联与宋庆龄等发表宣言,指责蒋汪之流,提出继承总理遗志,实现革命的三民主义。1930年,组建"中国国民党临时行动委员会"（中国农工民主党前身）。1931年,被秘密杀害于南京,时年36岁。

② 邓演达:《中国革命的新阶段与国民革命的新使命》,《邓演达文集新编》,广东人民出版社2000年版,第103页。

③ 邓演达:《中国国民党临时行动委员会对时局宣言》,《邓演达文集新编》,广东人民出版社2000年版,第277页。

邓演达指出，农民群体力量之强大，反抗压迫之心情极其剧烈。农民受帝国主义、军阀、地主等三重剥削，已经极其困苦，谋求解放的心情十分迫切。① "封建地主阶级，乃直接剥削农民最厉害的一个特殊阶级，一切帝国主义、军阀、贪官污吏对于农民的剥削，都凭附这个特殊阶级才能达到目的。"② 解决农民土地问题，在推翻地主统治的同时，还能打倒依附在这一群体上的帝国主义。

动员农民起来参与、支持革命，基本前提就是解决他们的土地问题。这主要是因为，在地主土地所有制下农民生活极其悲惨。邓演达指出，近代中国地权的分配很不均匀，"地主的土地与佃户的土地为14%与86%之比"。③ 占全国总人口80%以上的农民，无地可耕或者终年耕作而食不果腹。④ 广大农民缺地、少地，不得不向地主租种土地。地主便凭借土地所有权，以收租方式残酷剥削农民的劳动成果。"重租所佃之土地，其生产所得之余，亦为劫夺征取殆尽。因此颠沛流离，无以为生，或过着地狱界的非人生活。"⑤ 佃农须要交纳"生产品50%以上"给地主，"这是农民根本的痛苦，农民要根本解除痛苦，须不纳地租给地主，即是要得到土地"。⑥ 因此，打破地主对农民的剥削与压榨，就必须打破农村中土地占有不均的状态，使得农民拥有自己的土地，实现孙中山的"耕者有其田"主张。

（2）由"耕者有其田"而"土地国有"的地权方案

邓演达强调，解决农民土地问题对近代中国革命有着重要意义。至于具体解决方案，他认为是要由暂时性的土地"农有"而最终向"土地国有"转变。

近代中国，农民对于土地的渴求极其迫切。因此，首先需要实现耕地

---

① 邓演达：《中国国民党第二届中执行委员会第三次全体会议对农民宣言》，《邓演达文集新编》，广东人民出版社2000年版，第88—89页。

② 同上书，第89页。

③ 邓演达：《土地问题的各方面》，《邓演达文集新编》，广东人民出版社2000年版，第143页。

④ 邓演达：《中国国民党临时行动委员会对时局宣言》，《邓演达文集新编》，广东人民出版社2000年版，第278页。

⑤ 邓演达：《对中国及世界革命民众宣言》，《邓演达文集新编》，广东人民出版社2000年版，第207页。

⑥ 邓演达：《土地问题的各方面》，《邓演达文集新编》，广东人民出版社2000年版，第141页。

"农有"。在缓解农民的土地渴求的基础上,调动农民起来参与、支援革命,实现国家独立与国家民主。这是邓演达土地所有权构想中的第一步。

1927年3月,他在《中国国民党第二届中执行委员会第三次全体会议对农民宣言》中指出,"农民最后要求为获得土地"。并且,还提出要解决农民资金问题,"设立条件极低之贷款机关,以解决农民资本问题"。① 这一"对农宣言"有两个值得注意的地方:第一,邓演达认识到农民的"最后要求"也即根本要求是获得土地;第二,他强调资金问题也是影响农民生活、生存的一大问题,并且与土地问题存在着关联。邓演达认为,"资本集中和聚中的缘故,使多数农民保不住固有耕地,所以才不能不离村别求生路"。② 农民丧失土地这一基本生产资料,就会危及其生活与生存。1929年10月,他在《我们对现在中国时局的宣言》中提出给予农民土地的四点具体办法:第一,没收一切军阀、官僚、政客以及反革命地主、豪绅、买办等的财产为公有;第二,规定每农户占有耕地不能超过一百亩,超过此数之土地再行分配给其他农民。一百亩之内,因特殊原因,可以采取佃耕形式,但租税不能超过产量的20%;第三,所有庙产、祠产、学田,以及其他所有公共团体的土地,重新分配给农民;第四,废止一切厘金、杂税,并重新制定合法税税律。③

邓演达强调,解决农民土地问题,首先需要经历一个土地"农有"的必经阶段:

> 根据现时事实的要求,因为应付封建残余及前期资本主义时代的整个生产关系,故首先使土地的占有和劳作的矛盾和限制生产发展的障碍——即高度佃租、农民无地或耕地不足的问题——得到解决。这就是"耕地农有"或"耕者有其田"的原则。④

---

① 邓演达:《中国国民党第二届中执行委员会第三次全体会议对农民宣言》,《邓演达文集新编》,广东人民出版社2000年版,第89页。

② 邓演达:《中国国民党临时行动委员会政治主张》,《邓演达文集新编》,广东人民出版社2000年版,第255页。

③ 邓演达:《我们对现在中国时局的宣言》,《邓演达文集新编》,广东人民出版社2000年版,第211页。

④ 邓演达:《怎样去复兴中国革命——平民革命?》,《邓演达文集新编》,广东人民出版社2000年版,第407—408页。

第四章　土地国有思想的继承与土地"农有"思想的发展　　219

但是，给予农民土地，并不意味着土地问题的最终解决。"我们为着建设社会主义的基础必须达到土地国有的目的。"① 耕地"农有"，只是一个阶段性的政策。他从现阶段土地国有理想的不可行性，来强调这一"分步走"方案的合理性：

> 在目前的阶段如果立刻普遍的实行土地国有，则不但容易引起农民的反感，妨碍革命的进行，而且必然的因为生产技术落后的缘故，管理及经营均发生困难，以致农民不能安心改良土地，生产力低落，甚至使农地荒废。这样不但不是提高农业生产的方法，而且会更加增加农民的痛苦，使农民离村的倾向，比欧洲资本主义国家中所发生的为更甚。所有我们在原则上主张土地国有，而用耕者有其田为过渡的办法。②

邓演达强调作为过渡性的"耕者有其田"有其必要性，还与他认识到土地"农有"这一地权形式对于恢复和发展生产有着至关重要的作用紧密相关。他指出，"把封建的经济基础推翻"后，"再进一步使农业生产的方法，进步的生产力提高"。③ 换而言之，就是打破地主对土地的垄断，在此基础上发展农业生产。此外，邓演达这一设想，还是基于对土地问题"政治的经济的解决"思考的结果。他强调，"目前是不能像俄国十月革命立即宣布土地国有"，因此"分两个步骤"来解决土地问题；"我们在原则上是'平均地权'，'耕者有其田'，以至'土地国有'"；"但办法应分两个步骤，即第一步政治的解决，第二步经济的解决"。④ 他对之进行了详细地说明：

> 因为经济的解决，在旧社会势力尚十分巩固的情况下，骤然施行"土地国有"，必起极大反抗。现在我们并没有没收的口号发出，已经

---

① 邓演达：《在总政治部农民问题讨论委员会招待湖北农民代表会议上的讲话》，《邓演达文集新编》，广东人民出版社 2000 年版，第 76 页。
② 同上。
③ 邓演达：《现在大家应该注意的是什么？》，《邓演达文集新编》，广东人民出版社 2000 年版，第 46 页。
④ 邓演达：《土地问题的各方面》，《邓演达文集新编》，广东人民出版社 2000 年版，第 147—148 页。

有了种种谣言，说我们要共产了。如果有了妨害土豪劣绅特殊利益的没收土地口号，必更惹起大反抗。农民因为要在政治上得到解放，组织农民协会，已经受土豪劣绅严酷的压迫，如果在经济上没收土豪劣绅大地主的土地，损害他们的特殊利益，就更不用说了。①

因此，解决土地问题的"第一步"，即把政治上的仇敌扑灭，"把他们经济上的特殊利益打毁"，然后实现最终目的——土地国有。邓演达强调"应该时时刻刻适应革命的要求"，第一步用政治的解决，并不是退缩与害怕；这"是革命应取的步骤"，且是完全符合农民的迫切要求，"使联合战线不受危害的"；"将来革命到了相当的发展，再行'耕者有其田'以至'土地国有'"。②

邓演达强调最终要实现土地国有，是与他一直将土地分配问题与生产问题紧密结合起来考虑土地问题相关的。"中国革命之结果，其政权主要的掌握在工农为中心的平民群众手上，其经济建设，必超越资本主义之毒害向社会主义前进。"③ 在他看来，"社会主义"的基本要求，就是"土地国有"。我们为奠定实现社会主义的基础，"必须达到土地国有的目的"。④

(3) 邓演达土地所有权思想之平议

美国学者马若孟指出，"20世纪20年代和30年代确是知识界骚动和学术研究充满活力的20年。革命者和学者都开始意识到农村与城市之间的差异，并把他们的注意力集中到粮食生产短缺、土地分配不均和农民的困境上面"。⑤ 邓演达的土地思想，正是产生于这一大背景之下。他作为一位革命家，强调土地分配不均和农民生活生产的困顿，主张进行"土地革命"，由"耕者有其田"而最终过渡到"土地国有"；在调动农民起来参与革命、实现"平民革命"的基础上，最终实现农业的机械化与现代化。

---

① 邓演达：《土地问题的各方面》，《邓演达文集新编》，广东人民出版社2000年版，第147—148页。

② 同上。

③ 邓演达：《对中国及世界革命民众宣言》，《邓演达文集新编》，广东人民出版社2000年版，第207页。

④ 邓演达：《中国国民党临时行动委员会政治主张》，《邓演达文集新编》，广东人民出版社2000年版，第254页。

⑤ [美] 马若孟：《中国农民经济》，史建云译，江苏人民出版社1999年版，第13页。

第一,邓演达的土地所有权思想,是与近代中国的国情紧密结合的。他看到了农民对土地的渴求,更为重要的是,他还意识到农民在地主、军阀、列强的压迫之下,具有起来进行武装斗争的愿望。这些关于农民、土地与革命之间的卓远见识,为后来中国共产党的实践所证实。周恩来就曾回忆邓演达说,"他是小资产阶级的激进的代表,赞成土地革命";"虽然他在思想上是反对我们的,应该批评斗争,但在策略上应该同他联合";"一九三〇年邓演达回国后,曾找我们谈判合作反对蒋介石,可是我们没有理睬他,这是不对的"。[①]

第二,邓演达的土地思想,既有出于政治需要的目的,也有发展经济的考量。在他看来,经济落后是因农民问题没有解决之故,他们无法提高生产力。因此,"要解决农民问题来造成新局面,使农民增高他的购买力,加大他生活的要求,这是发展国民生产惟一方法,解决中国政治、经济问题的要旨"。[②] 并且,"农民除了政治上要求解放之外,再进一步要求经济的解放,经济的解放便是解决土地问题"。[③] 这也表明,邓演达对土地问题的思考,虽从政治目的出发,但最终落脚点却在经济的发展与生产力的提高。他也强调,"以农工为中心的平民群众能夺取政权,则必能立即运用国家力量,进行国营及公营的大规模产业建设,防止私人资本主义的弊害,发展生产,为产业社会化的基础,向着社会主义前进"。[④]

第三,邓演达的土地思想,具有务实的特点。这首先体现他对土地问题的研究层面,他也曾指出,"土地问题的解决,不止是凭诸学理,在房子内研究所能得到结果的,同时需要看看行动和事实的"。[⑤] 更为重要的是,这种"务实"还体现在他强调要实现农民切身的利益,满足农民的土地要求。

[①] 周恩来:《周恩来同志谈邓演达》,中国农工民主党中央委员会编:《邓演达》,文史资料出版社1985年版,第1、2页。

[②] 邓演达:《最近中国农民运动状况及国民党关于农运之计划》,《邓演达文集新编》,广东人民出版社2000年版,第126页。

[③] 邓演达:《土地问题的各方面》,《邓演达文集新编》,广东人民出版社2000年版,第140页。

[④] 邓演达:《中国国民党临时行动委员会政治主张》,《邓演达文集新编》,广东人民出版社2000年版,第239—240页。

[⑤] 邓演达:《土地问题的各方面》,《邓演达文集新编》,广东人民出版社2000年版,第143页。

但是，需要注意的是，邓演达所强调的"耕者有其田"，这个"有"只是拥有"使用权"，而不是将土地所有权也交给农民。这种"耕地农有"方式，仍是一种分散经营的方式，国家作为最大的地主，将土地出租给农民。然而，农民所要求的也不仅限于土地使用权，还有土地所有权。1928年，中国共产党在井冈山根据地颁布的《土地法》中规定，"一切土地，经苏维埃政府没收并分配后，禁止买卖"。① 这一土地分配方案招致农民的反对，最终不得不给予农民土地所有权，实现彻底的土地农有。毛泽东后来对这部《土地法》检讨说，"这个土地法有几个错误"，其中第二条便是，"土地所有权属政府而不是属农民，农民只有使用权"；并且，"这些都是原则错误，后来都改正了"。②

邓演达强调最终要实现土地国有，是出于发展生产力的考虑，出于对未来农业机械化、现代化之考虑。这是邓演达土地所有权思想中极为闪光的部分。同时，将土地所有权问题与中国实际以及广大农民群众联系起来，落实到农村土地层面，也值得肯定。邓演达在继承孙中山"耕者有其田"思想的基础上，又对未来土地国有国营阶段提出了设想，这是对孙中山土地所有权思想的发展。

2. 谭平山的土地所有权思想

谭平山（1886—1956），字鸣谦，又名聘山，广东高鹤人。我国近现代史上一位重要的历史人物，在中国共产党早年历史，以及国民党、民主党派的历史上都有着重要影响。③ 谭平山的地权思想来源于对近代国情的把

---

① 毛泽东：《土地法》，《毛泽东文集》（第1卷），人民出版社1993年版，第49页。

② 同上书，第51页。

③ 谭平山于1909年加入同盟会。1919年，五四运动爆发，他积极参与其中，并加入李大钊等组织的马克思主义研究会，思想上开始接受马克思主义。1920年，他与谭植棠、陈公博等创建广东共产主义小组。1923年，中共"三大"上当选为中央委员。1924年，国民党"一大"召开，谭平山当选为中央执行委员会委员，并被推选为中央执行委员会常务委员，出任国民党中央组织部部长，成为国民党内举足轻重的人物。1926年，国民党"二大"上，谭平山再次当选为中央执行委员，并担任国民党中央组织部部长和秘书长。并在中共"四大"、"五大"上，当选为中央委员。大革命失败后，积极投入武装反抗国民党的斗争，领导发动了南昌起义。1927年，中共中央在"左"倾盲动主义指导下，将谭平山开除出党。此后，谭平山在上海组建"中华革命党"。抗战期间，担任国民政府军事委员会政治部指导委员、国民参政会参议员等职。1943年，发起组织三民主义同志联合会，公开抨击蒋介石的独裁统治。1947年，受蒋介石逼迫出走香港，翌年在香港发起组织中国国民党革命委员会，并积极响应、参与筹备中共的新政协会议。新中国成立后，历任中央人民政府委员、政务院委员、人民监察委员会主任、民革中央副主席、全国人大常委员等。1956年病逝。

握。他对农业国国情以及对农村经济破败、农民生活贫困等的认识是其地权思想之逻辑起点；在此基础上，强调解决农民土地问题之紧迫，提出"耕者有其田"的构想。但是，出于对未来社会化大生产及革命的社会主义前途之考虑，他强调地权设计最终要实现国有国营。20世纪40年代，出于维护民主统一战线，他转而支持给予农民土地所有权，土地所有权思想实现了土地国有向土地农有的转变。

(1) 地权思想发轫于对近代农业国国情的认识与阶级分析

谭平山指出，中国自古以来即是一个农业国家，这一国情在近代并未发生变化。在这样一个长期以农业为主的国家里，"土地"作为基本生产资料一直是社会关注的重心。因此，围绕土地所有权发生的"土地问题"，成为社会的基本问题。"我国自建国以来，都是注重农业，故国人常常称说'以农立国'这句话。但这里是历史上很长远的事实"。[①] 这一国情延续至近代，"农业生产占全国生产百分之九十，农民数量占全国人口百分之八十"。[②] 谭平山强调，"我国今日工业未发达，仍然在农业国的地位，无足讳，亦不必讳。"[③]

农业生产离不开"土地"，"土地"也因其在经济生活中的重要地位，土地所有权问题就成为社会关注的焦点，并构成土地问题之核心。谭平山对近代围绕地权关系产生的土地问题，亦有深刻认识。他认识到土地具有不可独占性，并强调土地生产的社会性。"土地是一种天然物，与太阳，空气，水是一样的东西，这种东西本来无论谁都不能占有。"[④] "土地"本身并不具备"生产"的功能，土地生产是社会劳动之结果，"土地是天然物，他的生产，是社会劳动的结果，如一块地方要使他由荒地而变为可耕的土地，必先靠社会的劳动力以为开垦"。[⑤]

至于近代中国的土地占有情况，谭平山从阶级斗争学说的立场对其作了分析。他指出："中国大多数土地，集中于少数地主之手，而无地的农

---

① 谭平山：《我之改造农村的主张》，《谭平山文集》，人民出版社1986年版，第115页。
② 谭平山：《中华革命党宣言草案》，《谭平山文集》，人民出版社1986年版，第451—452页。
③ 谭平山：《我之改造农村的主张》，《谭平山文集》，人民出版社1986年版，第113页。
④ 谭平山：《农村的政治斗争》（上），《谭平山文集》，人民出版社1986年版，第351页。
⑤ 同上书，第352页。

民——雇农佃农及失业农民,遍于全国。"① 土地集中的趋势,"实出乎一般人所意料之外":"十亩未满之农户,占全国农户数百分之四十四,而所占农田面积不过百分之七,百亩以上之农户,不过占全国农户数百分之四,而所占农田面积竟多至百分之三十八。"② 并且,这一状况呈现愈演愈烈的趋势。"土地集中的现象,是日趋于(一)有土地者不耕,(二)耕者没有土地。"③

土地集中导致"有土地者不耕"以及"耕者没有土地"。地主占有土地却不参与耕作,以租佃的形式,将土地分配给农民耕种,并藉此剥削农民。地主剥夺了农民的劳动成果,直接导致农民生活的贫困,且还使农民缺乏资本改良土地与农业生产技术,这无疑阻碍农业生产的发展。农民劳动成果大半被剥夺,还直接损害了其生产积极性。这样,农业生产率自然极低,农村经济也必然凋敝。在以农业经济为基础的社会,农村经济的破败直接导致国民经济的衰败。因此,地主土地所有制不仅直接造成农民生活的贫困,还阻碍农业经济乃至整个国民经济的发展。并且,就这种经营模式本身来说,它因属于分散经营,故不利于农业生产的机械化与现代化。对此,谭平山一针见血地指出,近代中国"都是以一家族成员为劳动,没有大农场,没有大耕作农,依然是封建社会时代的农业生产"。④ 因此,农业生产极其凋敝。谭平山痛心疾首地指出,"中国号称农业国,而一年内农产进口总值竟多至四万万元(十五年度)"。⑤ 地主残酷地剥削农民,形成严厉的经济控制,这一控制还逐渐上升至政治层面。"农村统治者是地主阶级,地主阶级统治农民,在各农村里虽没有一律的机关,亦没有设立什么政府,但是他们在农村里对于农民的权威比之政府有过之而无不及"。⑥

谭平山指出,土地问题在帝国主义入侵后更加严峻。首先,列强入侵促成农村中新兴地主的产生。外资入侵下,"农村中发生了商业资本家,和

---

① 谭平山:《中华革命党宣言草案》,《谭平山文集》,人民出版社1986年版,第452页。
② 同上书,第451—452页。
③ 同上。
④ 同上书,第458页。
⑤ 同上书,第452页。
⑥ 谭平山:《农村的政治斗争》(上),《谭平山文集》,人民出版社1986年版,第354页。

新地主"。① "一小部分受外资豢养出来的人,他便乘此机会——农村特别封建社会崩坏的时候,回到农村里去收买土地,如是农村的土地便行集中起来,而成为新兴的地主阶级。"② 新兴地主与旧地主两者经济利益相同,便"结合起来,在农村中便得以狼狈为奸,以向农民压迫";并且,新地主因"是受外资余荫以豢养出来的,所以他与帝国主义自然有特别的关系"。③ 而旧地主同时也是军阀的代言人,这样军阀与帝国主义也便结成了同盟,共同压榨农民。其次,外资入侵促使农村的阶级对立更加明显,农民与地主的矛盾表面化、激剧化。"自从外资侵入把特殊的封建社会破坏后,新兴的地主与旧地主既把土地集中在少数人管理之下,如是农村阶级的分化也便由复杂而趋于简单,把整个农村止分为两个阶级——地主阶级和农民阶级";"农民在地主压迫下,终年劳碌,尽归地主,但往往这样还不能满足地主的欲望,有时仍要把农身体的自由限制起来"。④ 更为重要的是,列强入侵还直接摧残了农村经济并导致农民生活的贫困化。"自从外国资本侵入以后,因新式交通的便利,农村经济很快的被工业品的输入和大规模的原料品的榨取所破坏了,穷困和阶级的分化,是一天甚似一天,在农村中发生了商业资本家,和新地主,经过长久时期的军阀们破坏的战争,和在极残酷的政治,以及经济的压迫之下,整个的农业,已被完全的毁坏了。"⑤

在中、外反动势力的联合压迫之下,近代农民所受到政治压迫与经济掠夺"比任何人而特甚","故要求解放之心比任何人而特加迫切","耕者有其田"就"是中国农民普遍而迫切的要求"。⑥ 因此,谭平山强调,"今日中国农民的要求,不仅在乎口惠而实未至的二五减租,而在乎耕者有其田的实现"。⑦

(2) 以土地"农有"为基础向土地国有过渡

谭平山指出,地主土地所有制下,农民遭受到政治、经济的双重压迫,

---

① 谭平山:《中国农村经济状况——土地分配情形之报告》,《谭平山文集》,人民出版社1986年版,第432页。

② 谭平山:《农村的政治斗争》(上),《谭平山文集》,人民出版社1986年版,第348页。

③ 同上。

④ 同上书,第351页。

⑤ 谭平山:《中国农村经济状况——土地分配情形之报告》,《谭平山文集》,人民出版社1986年版,第432页。

⑥ 谭平山:《中华革命党宣言草案》,《谭平山文集》,人民出版社1986年版,第452页。

⑦ 同上。

农业生产率极其低下；因此，"欲救此危机，只有（一）不耕者不得有地，（二）土地归诸耕者"。① 这也即是强调，要打破地主土地所有制，实现"耕者有其田"。

谭平山以阶级斗争学说为基础，强调实现"耕者有其田"的具体实现手段，是开展"土地革命"。他指出，中国革命的一个特质，"是土地革命，是以农民组织的力量，集中农村里的民主势力，铲除豪绅的封建式的统治建设农民地方政权，变更土地私有制度，由耕者有其田而达于土地国有，根本解决土地问题的革命"。② 这一论述还表明，谭平山的"耕者有其田"、土地国有主张都是变更土地私有制的结果；且土地国有是建立在"耕者有其田"基础上的更高级阶段，是从根本上解决土地问题的阶段。

谭平山强调，"土地革命第一个意义，是提高农民的经济能力，改良农业生产工具，增加农业生产，发展农村经济"。③ 非但如此，土地革命还能促进工商业乃至整个国民经济的发展。"土地革命，是中国革命唯一正当的轨道，是全中国被压迫民众共同的而利益，并非农民褊狭的要求。举凡社会一切重要的问题，如失业问题及兵匪问题，因土地问题解决而复为社会生产之一员，小商人因土地问题解决农民购买力增加，商业自然兴盛，小手工业者与手工业工人因土地问题解决资本集中，国有生产机关发达，而共同于社会的生产，以及革命政权之巩固，经济财政政策之确立，都于土地革命中而得到完满的解决。故中国革命，是土地革命，实涵如斯重大的意义。"④ 此外，开展土地革命实现"耕者有其田"，还能在政治上获得农民支持，建立起革命统一战线，确保革命的最终胜利。他指出，"中国的情况是这样的，土地逐渐集中到一小撮地主手中，农民所受的压迫日甚一日，贫困化在加剧，由此乃产生农业衰败，农村阶级斗争尖锐化。在这种情况下，我们就应当在土地关系和吸收广大农民群众参加政治斗争的问题方面，作出相应的决定。否则，我们不仅不能将中国革命进行到底，而且也必定不能保持和巩固最近我们已经取得的那些成就"。⑤ 因此，"必须发展中国农

---

① 谭平山：《中华革命党宣言草案》，《谭平山文集》，人民出版社1986年版，第452页。
② 同上书，第451页。
③ 同上书，第452页。
④ 同上书，第454页。
⑤ 谭平山：《在共产国际执行委员会第七次扩大全会上的报告》，《谭平山文集》，人民出版社1986年版，第376—377页。

民运动，同时还要保持各阶层人民为摆脱帝国主义枷锁而开展的民族革命运动的统一战线"。①

然则，"耕者有其田"却不是谭平山土地所有权思想的最终归宿，土地所有权最终要实现国有形式。

谭平山的土地国有理想，主要体现在两个方面：第一，他的"耕者有其田"主张中之"有"，也只是强调给予农民土地使用权。"农民对于土地，只有使用权，不得转移"。②因此，"耕者有其田"思想，从性质上看也是一种土地国有思想，它只是将土地使用权分散给农民。第二，谭平山的最终社会理想是要实现一切生产资料归诸国有的社会主义，因此，土地所有权的最终形态也无疑是国家所有。"中国革命终究的目的，不是在乎发展资本主义，而在乎达到社会主义的建设。"③对于社会主义，谭平山也进行了阐述："劳动平民阶级的民生主义，简单言之，就是废止私有财产，自然是大生产机关、交通机关、土地、矿山、森林、银行等均归国有，故劳动平民阶级的民生主义，就是社会主义。"④

谭平山的土地国有理想，与其对土地私有之弊的深刻认识紧密相关。他认为，封建社会的土地私有制是地主剥削农民之凭藉；而在资本主义社会，土地私有制亦是资本家剥削劳动人民的依据。"到封建社会崩坏，如是土地始由专有变为私有。再进而到资本主义发达的时代，工商业的资本家兼并土地，实行农业的工业化，如是便在私有制度下集中于少数人之手。"⑤并且，资本主义制度下，土地私有之弊更加激剧，土地问题也更加严峻，"土地"也变成为资本家剥削农民、无产阶级的工具。"土地私有的制度，也是资产阶级剥削无产阶级的一种办法"；"因为土地私有的缘故，资产阶级管理土地，如是农民生产的结果，尽遭剥夺，使农民得不到一点的报酬。工业资本家剥削工人，是将工人大部分的劳动价值夺为己有，但是仍给一部分的劳动价值与劳动者以维持其能继续生产。农业资本家之剥削农民，

---

① 谭平山：《在共产国际执行委员会第七次扩大全会上的报告》，《谭平山文集》，人民出版社1986年版，第377页。

② 谭平山：《中华革命党宣言草案》，《谭平山文集》，人民出版社1986年版，第483页。

③ 同上书，第453页。

④ 同上书，第480页。

⑤ 谭平山：《农村的政治斗争》（上），《谭平山文集》，人民出版社1986年版，第351—352页。

则不但没有给以一小部分的劳动价值以维持其继续生产，而且常常使之无法以维持生活，迫之离开生产机关，较工业资本家实更加残酷"。①

需要指出的是，"耕者有其田"与土地国有在性质上一致，那又如何理解谭平山前文中强调的土地所有权形式要从"耕者有其田"过渡到土地国有？二者作为不同的地权发展阶段，其差异性又在哪儿？这可以从以下两个方面来看：第一，从"耕者有其田"这一主张来看，它并不是建立在一切土地归诸国有的基础之上。谭平山曾强调，"小自耕农之土地不没收"、"现役军人的土地不没收"。② 这也即是说，"耕者有其田"阶段，是允许土地私有权存在的，它是一种国有与私有二者并存的阶段。第二，再从土地国有阶段来看，谭平山曾指出，"大生产机关"、土地、矿山、森林等都收归国有，这也即是强调一切土地均收归国有。这一阶段的土地所有权形态，结合他对土地私有制弊病的分析与痛斥，应是彻底废除私有制的纯粹的土地国家所有形式。并且，从经营模式上看，谭平山曾指出小农经营的分散性，以及它不利于农业生产与国民经济的长足发展；因此，土地国有阶段的经营模式，也应是与农业生产机械化与现代化相适应的。

（3）土地农有

谭平山的"耕者有其田"主张与土地国有的理想两者在性质上一致，都是土地所有权归国家所有的思想。但是，在20世纪40年代，他的地权思想发生了本质变化。谭平山热情拥护中国共产党的土地改革，赞成中国共产党给予农民土地所有权的政策，这标志着他的地权思想实现了由土地国有向土地农有的转变。

早前，他对"土地革命"与工商业发展之间的关系就已作出颇具价值的阐述。1948年，中国共产党颁布《中国土地法大纲》，引起工商业者的恐慌。对此，谭平山再次进行了深入、细致地解释。"在土地法大纲上明明不是废除私有财产，而是把地主占有的土地分给农民，为农民所有，并且准其自由买卖……事实上实行土地改革不独不会影响到工商业者的利益，反而会保护工商业者的利益，发展工商业，使工商业获得发展的前途，也是显而易见的事实。"③ 并且，他再次强调土地改革对于工商业发展有着巨大

---

① 谭平山：《农村的政治斗争》（上），《谭平山文集》，人民出版社1986年版，第352页。
② 谭平山：《中华革命党宣言草案》，《谭平山文集》，人民出版社1986年版，第483、484页。
③ 谭平山：《土地改革与统一战线》，《谭平山文集》，人民出版社1986年版，第504页。

意义：第一，地主土地所有制下，农民遭受盘剥，致使农业发展受阻、农村经济凋敝以及农民购买力极其微弱，工商业因之纷纷破产，实行"耕者有其田"之后，农民身上的剥削被解除，生产能力迅速提高、生活也随之改善，这样就逐渐构成了"资本主义发展的基础"；第二，农民获得土地后，生产力将迅速提升，农民购买力增强，这不仅为工商业发展提供了销售市场，同时也为工商业发展提供其所需要的原料；第三，实行土改之后，工商业者的正当财产，是受保护的。① 因此，若是一个头脑清醒且不怀成见的工商业者，不独不会被谣言所吓跑，"而且应该坚决拥护土地改革，坚决靠拢到民主统一战线中来，共同努力于土地改革之实现，以达到工商业发展的光明大道"。② 谭平山赞同中国共产党的土地改革主张，表明其认可土地农有制。

事实上，如前所述，谭平山是反对土地私有制的。他曾强调说，土地作为一种"天然物"，与太阳、空气、水等一样，"无论谁都不能占有"。那么，促使他的土地所有权思想转向的原因又是什么呢？

谭平山认为，中国共产党此时的土地改革与孙中山的"耕者有其田"在原则上基本一致。"其实这个大纲，在原则上没有超过国民党总理孙中山先生'耕者有其田'的主张，不过把孙中山先生的主张，更加予以具体化而实践罢了。"③ 孙中山为解决民生问题，"主张把土地由地主手里转移到农民手里"，这与《土地法大纲》的原则"不谋而合"；并且，反过来看，"中山先生主张'平均地权、节制资本'也是和中国共产党主张新民主主义经济一致的"。④ 他指出，这个"大纲"不仅是中国共产党的要求，更是全国大多数人的共同要求，"我们为这要完成实现孙中山先生的主张及其手定政策，是表衷心的赞同与积极共同执行的"。⑤ 谭平山这一理解，是与毛泽东在《新民主主义论》中的阐释一致的："这个共和国将采取某种必要的方法，没收地主的土地，分配给无地和少地的农民，实行中山先生'耕者有其田'的口号，扫除农村中的封建关系，把土地变为农民的私产。"⑥ 事实

---

① 谭平山：《土地改革与统一战线》，《谭平山文集》，人民出版社1986年版，第504页。
② 同上。
③ 同上书，第497页。
④ 谭平山：《土地改革与农民统一战线》，《谭平山文集》，人民出版社1986年版，第498页。
⑤ 同上书，第497页。
⑥ 毛泽东：《新民主主义论》，《毛泽东选集》（第2卷），人民出版社1991年版，第678页。

上,孙中山的"耕者有其田"思想,在性质上与谭平山早前的"耕者有其田"主张是一致的,都属于土地国有制下分配土地使用权的思想。谭平山一反此前对"耕者有其田"思想的理解,而强调它是一种给予农民土地所有权的思想,其出发点也应是与毛泽东一致的,即出于维护民主统一战线的需要。事实上也确是如此。谭平山在意识到近代革命与农民之间存在密切关系的基础上强调,"当前我们坚决赞同土地改革,并不是无的放矢,而是为着完成民主革命的历史任务,必须解放占全国人口百分之八十以上的农民,翻开中国过去的革命运动史,没有一次不是与农民要求解放土地问题有关的"。① 故为建设民主、共和的新中国,为巩固民主统一战线,仅仅口头高唱民主难收其效,表面上赞成反美、反蒋亦于事无补,必须形成一个"共同的原则";这个"共同原则",就是建立在广大群众利益基础上的进行彻底地反美、反蒋活动;而彻底的反美、反蒋活动,"就必须执行挖蒋根的土地改革";"只有执行这种共同原则,才符合中国大多数人民的要求,才能够巩固民主统一战线"。②

当然,谭平山转而支持中国共产党的土地农有改革,也还与其土地所有权思想的不断进步有关。事实上,农民所要求的并不仅限于土地使用权,而是土地所有权。中国共产党的土地所有权政策经历了由给予使用权到给予所有权之转变,其合理性在实践得到了检验。谭平山由"耕者有其田"的土地"农有"向给予农民土地所有权的土地农有思想之转变,是受中国共产党土地改革影响的产物,更是其土地所有权思想发展的结果。

谭平山早前主张"耕者有其田"——给予农民土地使用权,并以此为过渡最终实现彻底的土地国有(国营);后来又转而强调给予农民土地所有权。因此,谭平山的土地所有权思想发生了由土地国有向土地农有的实质性转变。

通过上述对谭平山地权思想的分析,不难发现:第一,他对近代土地所有权问题的思考,一直是紧扣近代中国的实际的,并且其思想内涵也随着对近代国情认识的深入而不断变化。这正如他所强调的,"想改造社会,非和社会时时接近不可,又非向着实际的社会下手不可"。③ 第二,谭平山

---

① 谭平山:《土地改革与农民统一战线》,《谭平山文集》,人民出版社1986年版,第499页。
② 同上书,第503页。
③ 谭平山:《我之改造农村的主张》,《谭平山文集》,人民出版社1986年版,第107页。

的地权思想还折射出其对近代农民生活、农村经济乃至整个农业发展的深切关怀。他亦曾自述："我不是生长在什么名都巨镇的地方，……在少年时代，已觉得各地的农村，已非常窳败，非设法改善不可。后来虽离开原居，然因为少年时代的印象，深入脑海，……遂发生近日所谓改造农村那个动机。"① 并且，在认识到中国共产党的土地革命能解决近代农民土地问题的基础上，他一反曾坚持的土地国有主张，转而赞成土地农有。第三，谭平山早前提出的"耕者有其田"，发轫于对中国近代社会的阶级分析，主要强调其与"革命"的密切联系；后来对土地国有的构想，则是为适应与实现未来农村经济的现代化乃至整个国民经济现代化。因此，谭平山的土地所有权思想兼顾到政治、经济两大方面，并将现实与理想结合，既着眼于解决当下的土地问题，又顾及未来经济的长足发展。第四，谭平山的地权思想中要求打破地主土地所有制以及对如何打破这一土地所有制的构想，乃至其分析近代农村土地所有权问题的方法论等均是与中国共产党基本一致的，这都表明谭平山的土地所有权思想在很大程度上与中国共产党一致且保持了一致，他无愧于中国共产党历史上的重要革命伙伴与同盟者。

三 土地国有思想继承与发展的结果及影响

孙中山逝世之后，后继承者如胡汉民、吴尚鹰、萧铮、黄通等，在思考近代土地所有权问题时，无不以"平均地权"的主张为宏旨，并且在论述如何实现土地所有权的变革时，都主张用政治与法律的温和手段。并且，国民党对孙中山土地所有权思想的继承，还清晰地体现在 1930 年颁布的《土地法》之中。并且，《土地法》也是国民党实践孙中山"以政治的法律的手段"解决近代土地问题的一个重要结果。与国民党对土地国有思想的继承相并存的是，"第三党"提出了由"耕者有其田"这一土地"农有"阶段过渡到土地农有的构想。

1. 土地"农有"与土地农有辨析

孙中山的"耕者有其田"思想，如前所述，是要把土地分配给缺地、少地的农民耕作，分配土地使用权。他强调对地主按照地价征收土地税，若地主拒绝纳税，则将其土地拿来充公；在土地国有的基础上，实现"耕

---

① 谭平山：《我之改造农村的主张》，《谭平山文集》，人民出版社1986年版，第107页。

者有其田",使农民的地租转纳于国家。因此,孙中山土地"农有"主张的本质,是要将地主土地所有权收归国家所有,然后国家将土地使用权分配给农民,农民向国家纳税,实质属于资本主义土地国有政策,与革命党人在1905—1907年所捍卫的土地国有论基本一致,只是增加土地"农有"这一实现形式。当然,土地"农有"并非"土地农民所有制"之意,而是指"农民""拥有"土地使用权,这也是文中对其加引号的原因。因此,"孙中山的'平均地权'、'耕者有其田'的土地纲领无论前后有什么发展变化,但始终坚持一个基本原则,即在资产阶级土地国有下的'平均地权'、'耕者有其田'"。①

孙中山的这一土地所有权思想的形成,是借鉴苏俄的结果,且与中国共产党的土地纲领相接近,于是有了第一次国共合作的开展。这里有一个疑问是,一般所认为的中国共产党推行的土地农有政策,是一种彻底给予农民土地所有权的政策,本质上是一种土地私有制,这为什么会与孙中山的资本主义土地国有制相接近呢?中国共产党正式接受"耕者有其田"的思想,并将其作为党的政策,从"五大"开始。并且,中国共产党的"耕者有其田"主张,"最初的最本源的意思是承袭孙中山的土地国有原则";如在《中国共产党第五次全国代表大会决议案》中"土地问题议决案"部分提道,"必须要在平均享用地权的原则之下,澈底将土地再行分配,方能使土地问题解决,欲实现此步骤必须土地国有。共产党将领导农民从事于平均地权的斗争,向着土地国有,取消土地私有制度的方向,而努力进行。土地国有确系共产党对于农民问题的党纲上的基本原则"。② 并且,如前所述,1928年的《井冈山土地法》仍然采取土地所有权属于政府而农民只有土地使用权的政策。因此,中国共产党早年的土地所有权思想基本上是与孙中山一致的。只是在20世纪30年代初期,中国共产党才转变为给予农民土地所有权,实现向土地农有的转变。1931年2月27日,毛泽东明确提出农民土地所有权的思想,指出土地分给农民后,即归农民私有,可以租借、买卖等。自此,孙中山的土地"农有"思想与中国共产党的土地农有思想就有了本质上的区别。

---

① 贾晓慧、刘宝桢:《孙中山的"耕者有其田"与中共的土地革命纲领的再认识》,侯杰编:《"孙中山与中华民族崛起"国际学术研讨会论文集》,天津人民出版社2006年版,第184页。

② 《中国共产党第五次全国代表大会决议案》,中共中央书记处:《六大以前党的历史材料》,人民出版社1980年版,第833页。

2. 国民党继承了孙中山"和平"解决土地所有权问题的基本原则

孙中山提出了"耕者有其田"的主张,但却没有来得及作进一步思考。并且,他还强调要以"政治和法律的""和平"方式解决近代土地问题。他虽不乏对劳动群众的同情和怜悯之心,民生主义归根结底也是要为民众谋福利。但是,必须指出的是,"'平均地权'、'耕者有其田',并不意味着赞成农民以急风暴雨般的方式夺取地主土地";"他是希望将群众运动控制在自己所允许的范围内,希望以和平的方式、循序渐进地进行政治、经济和社会方面的变革"。① 因此,孙中山的地权思想,就其具体实现方式上看,要比中国共产党的土地革命平缓很多,也自然为"主张阶级斗争的共产党人自然是不能接受"。②

后继的国民党完整继承了孙中山地权思想中这一温和的"原则"。因此,尽管国民党在20世纪30年代制定出比较完善的《土地法》,但在具体实践上却缺乏"足够的行政推动力",导致即便是给予农民土地使用权的允诺也未能得到实现。这一状况,在中国共产党的深受根据地农民欢迎的土地改革面前,在近代"大地主普遍地更加富裕与大多数农民生活水准的下跌"③ 的情况下,国民党的农村土地政策饱受诟病,并且对国民党产生了影响深远。"最后,国民党在农民中的失败——当局无能力保证农民的土地、安全和食物——极大地削弱了农民对政府所持有的尊敬。这就意味着政府正失去合法性";"国民政府在获得广大农村民众的支持和合作方面的无能严重地影响了它的生存力,对1949年的政治和军事结局产生了重要作用"。④

3. "第三党"将土地"农有"与土地国有相结合的思考

综合前文分析来看,这一时期土地所有权思想的一个重要特点是将土地"农有"与土地国有思想结合起来探索近代土地所有制的出路。

邓演达的土地所有权思想,从内涵上看,强调在打破地主土地所有制之后,将土地所有权仍集中于国家,使用权分配给农民;待生产发展到一定阶段后,再将使用权也集中起来,走规模经营之路。谭平山的土地所有权

---

① 姚金果:《解密档案中的孙中山》,东方出版社2011年版,第357页。

② 同上。

③ [美]易劳逸:《毁灭的种子:战争与革命中的国民党中国(1937—1949)》,江苏人民出版社2009年版,第53页。

④ 同上书,第74页。

思想亦是如此，只是在晚年因为维护与巩固民主统一战线，转而赞成中国共产党的土地农有改革，土地所有权思想发生了由土地国有向土地农有的转变。因此，概而言之，"第三党"的土地所有权思想，乃是基于土地公有的原则下，由一定阶段的农民经营过渡到国家经营阶段，最终实现生产的社会化，走上"社会主义"道路。他们就将土地"农有"的阶段性与土地国有的理想结合起来，标志着近代土地所有权思想发展到了一个新的阶段。

"第三党"强调土地"农有"阶段的必要性与紧迫性，首先是对国情深入认识的结果。不论近代中国农村地权集中的程度如何，但在内忧外患、经济凋敝的情势下，农民生活的贫困化确是客观事实。然而，导致农民生活贫困的根本原因，便是地主土地所有制的存在。租佃关系不良、土地兼并激剧以及农村金融枯竭等，迫使广大农民生活困顿、生存艰难。因此，强调解决农民土地问题，实现"耕者有其田"，打破地主土地所有制经济，无疑能够起到复兴农村经济的作用。

另外，农民占据近代中国人口的绝大多数。因此，要取得反侵略、反压迫斗争的胜利，就必须得到这一群体的支持，发掘隐藏在农民身上的潜在力量。"第三党"正是从"革命"的角度，充分考虑到农民对"革命"胜利的保障作用后，阐发出土地"农有"的思想。他们强调以"革命"的方式给予农民土地使用权，动员农民起来参与"革命"，保障"革命"的最后胜利。这一实现土地"农有"的手段，较之孙中山及其后继者吴尚鹰、胡汉民、黄通等强调以法律、政治等"和平"手段的实现土地"农有"，显然要激烈、彻底。并且，谭平山在20世纪40年代逐渐认同中国共产党的土地农有改革，主张给予农民彻底的土地所有权，这无疑是"第三党"的土地所有权思想中颇具特色的部分。

此外，强调土地国有（国营）阶段的必要性，乃是对未来农业发展思考的结果。他们前瞻性地意识到，分散的小农经营是农业停滞不前的主要障碍。未来农业的发展必须走国家资本主义的道路，实现规模经营与现代化作业。因此，在实现土地"农有"这一过渡阶段后，最终要实现国有国营的生产方式。

在现实的迫切需要下，历史时期人们选择土地国有基础上的土地"农有"方式。这一构想是否真能肩负起所被赋予的使命，固然需经历实践的检验。但是，将土地"农有"作为现实阶段，并最终朝着土地国有方向努力，则标志着历史时期人们对土地所有权的探索进入到一个更高的阶段。

第五章 "土地村公有"的提出及其引发的土地所有权问题讨论

"土地村公有"是阎锡山提出的一种土地所有权方案。"土地村公有",顾名思义,即是土地所有权实现"村"共同所有。阎锡山的"土地村公有"主张,是在借鉴孙中山土地国有思想的基础上,对其进行"加工处理"的一种地权主张。这一主张提出后,引起土地公有与私有问题的讨论。

一 阎锡山的"土地村公有"主张

20世纪30年代,是农村问题比较严重的时期,也是社会对农村经济关注与研究较为集中的一个时期。"1931年底,经济萧条冲击了中国最脆弱的部位:农业和手工业。农产品价格下降,信用成本增加、企业和银行的普遍破产引起了难以忍受的农村的苦难。"[①] 在这一情势下,农民颠沛流离的生活景况,以及局部地区开展起来的减租运动、分田运动等,纷纷通过当时的报纸杂志等呈现出来。此前逐步形成的城市对农村的依赖,在农村经济破败的局势下,"城市居民敏锐地意识到,城市在农村落后的汪洋大海中只是一些近代化的小岛";而"这些意识促使学者、革命者和官吏们更近地观察农民,严肃地考虑他们的问题。每一个阶层都感觉到,如果不能找到某种改进农业的方法,中国就永远不能独立和强盛,也将无法发挥其经济发展的潜力"。[②] 阎锡山的"土地村公有"主张,正是这一大背景下的产物。

---

① [美]马若孟:《中国农民经济》,史建云译,江苏人民出版社1999年版,第14页。
② 同上。

1. "土地村公有"的提出及其目的

1935年8月，阎锡山①正式阐发"土地村公有"的主张。据《银行周报》刊载：

> （阎锡山）特于八月廿九日召集晋西沿河二十一县县长及各文武长官，在省开防共联席会议。会议十四日。议决以武力防共、政治防共、思想防共各具体方案。令其切实遵行。惟佥以解决土地问题，为防共釜底抽薪之根本方法。若不急切解决。则所议决之武力防共、政治防共、思想防共等之具体方案。亦将失其效力。但因变更经济制度，且欲由省试办土地村公有制度。②

"土地村公有"，即"土地"归"村"公共所有；而"土地"，意即"土地所有权"。这在阎锡山对"土地村公有"的解释与说明中能体现出来。如人有问："土地公有，是应归国有；如主张归村公有，则主权在村，是否有侵占国家主权之嫌？"③ 阎锡山答曰："土地村公有"是"地权"归公共所有，而将使用权分配给农民；"土地村有，是分配使用问题，不是主权问题"。④ 意即指将土地所有权收归村公共所有，然后再在村内分配土地使用权。

阎锡山"土地村公有"主张产生的具体背景，是中国共产党土地所有权思想逐渐成熟的20世纪30年代上半期。20年代中后期，土地农民所有

---

① 阎锡山（1883—1960），字百（伯）川，号龙池，山西五台县人。1905年，加入同盟会。1911年，武昌起义爆发，阎锡山响应参加山西起义，被公推为大都督。1927年，阎锡山服从南京国民政府"节制"，被任命为军事委员会委员。1928年，被委任为京津卫戍总司令、国民政府内政部长等职。1930年，联合冯玉祥等发动中原大战，失败后通电下野。"九一八"事变后，被任命为国民党中央执行委员。1936年，日军侵占察北、绥远一带，阎锡山积极备战，提出"守土抗战"口号。1937年，出任山西省政府主席等职，面对日寇入侵，提出"民族革命"口号，积极抗日并相继组织指挥了娘子关之战、忻口战役及太原保卫战等。1939年12月，制造"十二月事变"，屠杀共产党员以及进步人士。全面内战爆发后，积极支持蒋介石打内战。1949年，随国民党败退台湾，1960年，病故于台北。

② 《国内要闻·晋阎呈请实施土地村有》，《银行周报》1935年第2期，第1页。

③ 阎锡山：《土地村公有案办法大纲及问难解答》，《土地村公有言论集》（第一辑），土地村公有实施办法讨论会1935年编印，第11页。

④ 同上。

权思想在中国共产党的党纲、政纲中开始被公开阐释出来；大革命失败后，中国共产党逐渐将之付诸实践，开展土地革命，逐渐摸索出一套成熟的土地农有理论，并在实践中经受住了检验：即由最初给予农民土地使用权到给予土地所有权之转变。中国共产党的土改运动，不仅使自身在强大的国民党军队包围中艰难地生存下来，而且土改运动本身也开始对国民党发生影响。具体而言：一是中国共产党自身实力的壮大，对国民党的统治隐约地构成了威胁；再一就是中国共产党土地改革的显著成效，引起了国民党一些人士的注意。

阎锡山的"土地村公有"思想，是受中国共产党土地改革刺激下的产物。中国共产党在陕北一带成功地进行土地改革，势力逐渐壮大，直接危及阎锡山在山西的统治。"陕晋两省，隔河相望，上下游相距，长至二千余里，地广兵单，封锁不易，共匪无处不可以偷渡，即无处不可以赤化，且转瞬严冬又至，河水结冰，天堑一失，更无屏障。"① 因此，为防止"赤祸蔓延"，阎锡山提出"土地村公有"。并且，他也一再强调，解决农村土地问题是"防共"的"根本办法"。

> 我屡次说过，防共的根本办法，是要废除土地私有权，树立土地村公有制，这是彻底消灭共产党造乱的目标；现在我们如果不解决土地问题，当然是给共产党解决土地问题的机会；共党是为着要达到无产阶级的革命，以平分一切土地取得农民拥护为其革命手段，挑拨农村社会的阶级斗争，激起农民暴动，演出许多残杀的行为，其结果，是使社会普遍的骚动，以至于不可收拾。②

"土地村公有"主张的这一目的，当时的学者也有着清晰认识。萧铮即指出，"阎锡山氏鉴于赤祸蔓延，慨然发表根本防共之方案，主张土地村有"。③《东方杂志》之"东方论坛"亦评价说，"因为陕北的共匪猖獗，山

---

① 阎锡山、徐永昌：《土地村公有办法大纲及说明》，《土地村有问题——各方对土地村有问题意见丛编》，中国地政学会1935年印行，第2页。

② 阎锡山：《防共与解决土地问题》，《土地村公有言论集》（第一辑），土地村公有实施办法讨论会1935年编印，第2页。

③ 萧铮：《评阎锡山氏之土地村有》，《汗血月刊》1936年第6卷第2期，第91页。

西有被侵犯的危险,绥靖主任阎锡山氏召集防共会议,妥善对付的方法"。①

那么阎锡山"防共"为什么选择了土地问题,而且是土地所有权问题呢?

首先,这与阎锡山强调运用"政治力量"瓦解"赤匪"的思想有关。他在呈给蒋介石的阐释"土地村公有"的呈文中讲道,"窃查陕北二十三县,赤匪猖獗,势若燎原,大军围剿,纵挫其势,而不能除其根,如突围而出,则传染益多,更难善后,此剿共所以不能专恃武力,而须注重于政治力量也"。② 在他看来,武力防共将围剿不尽,四处流窜又"传染益多",因此强调在武力进剿之外,还需辅以政治"防共";而解决农村土地问题,是政治解决"共匪作乱"的基本策略。

其次,阎锡山还结合山西土地所有权的分配情况,强调解决土地问题对于防止中国共产党土地改革影响的蔓延有着重要意义。他指出,山西农村经济已经整个破产,自耕农沦为半自耕农,半自耕农沦为佃农、雇农,"以致十村九困,十家九穷","土地集中之趋势,渐次形成";在此种情形之下,不但佃农、雇农最容易受到共产党煽惑,即自耕农、半自耕农,"鉴于自己之经济地位,日趋动摇,亦易受共匪之煽惑"。③ 共产党即"以土地革命为夺取农民心理之要诀",但是,农民只知道要求土地,"并不知道何者为共产主义","则共匪必乘此空隙,激起农民暴动,扩大赤化范围,此防共不得不解决土地问题,以消灭其造乱之目标者"。④

最后,阎锡山还看到了地主土地所有制下,农民生活的悲惨以及反抗意识的强烈。"在今日经济侵略下之农村,无田之耕农,歉岁所分之粮少,不足以供食用;丰年所分之粮贱,不足以易所需;而藉租息生活者,不劳而获,反比一般贫农无论丰年歉岁生活为优。土地私有是为其枷锁,亦为赤化之一大空隙,今欲弥此空隙,不能不解决土地问题。"⑤ 在他看来,农民不论丰年还是荒年,都无法摆脱贫困的命运。究其原因,乃是地主土地私有制度作祟。但是,中国共产党的土地改革,仍然是在推行土地私有制,

---

① 《土地村有制度》,《东方杂志》1935 年第 32 卷第 20 号,第 1 页。
② 阎锡山、徐永昌:《土地村公有办法大纲及说明》,《土地村有问题——各方对土地村有问题意见丛编》,中国地政学会 1935 年印行,第 1 页。
③ 同上书,第 1—2 页。
④ 同上书,第 2 页。
⑤ 同上。

这无疑为自身的毁灭埋下了种子。因此，实行"土地村公有"，消除土地私有制，就能消灭"藉租息生活者"对农民的盘剥，把农民从贫困中解救出来。这样，自然就能得到农民的拥护，"赤匪"问题自然也就能得以解决。

因此，阎锡山"土地村公有"思想的提出，根本原因是为对抗中国共产党成功的土地改革及抑制其势力的发展。当然，这也与阎锡山意识到土地私有之弊有关。如他认识到土地私有制之下，丰年歉岁，农民在都无法摆脱贫困的命运。

2. "土地村公有"的内涵与实质

"土地村公有"主张的基本内涵，体现在阎锡山公布的《土地村公有办法大纲》中。萧铮在《土地改革五十年——萧铮回忆录》一书中，对其作了比较全面的概括："一、土地以公债收归村有；二、就土地之性质划分为各种单位面积，分给农民耕种；三、农民在耕作年龄之起讫时，受田还田；四、以移民调剂宽乡窄乡；五、以各种直接税，偿还收买土地之公债。"[①]

唐启宇则用一幅简图（参见图5-1），完整地概述了"土地村公有"的基本内涵及其内在脉络：[②]

唐启宇指出，"土地村公有"主张以"份地"为骨干，所谓"份地"，也即是图5-1中左上角之"土地"。"'份地'之所从来，则由收买而致"；收买土地所需资金，"由发行无利公债为之。"[③] 以村为单位，将"土地"收买归"村"公共所有，设立"村公所"作为管理与分配土地的机构。

需强调的是，将土地收归"村有"，乃是将土地所有权收归"村有"。在集中土地所有权的基础上，将土地使用权分配给农民。因此，从其本质上看，这颇类似于孙中山的土地国有思想。《中国经济评论》曾一针见血地指出，"土地村有的最终目的，是谋土地使用权的平均分配，收买全村土地为村公有，无非藉此以产生土地使用权之再分配而已。"[④] 阎锡山的"土地村公有"主张，就其性质上看，属于土地公有思想。只是这个"公有"的基本单位，以"村"为主；其中，"村公所"是土地所有权集中之机构所

---

① 萧铮：《土地改革五十年——萧铮回忆录》，（台北）"中国地政研究所"1980年版，第148—149页。

② 唐启宇：《评阎锡山氏之"土地村有"》，《东方杂志》1935年第32卷第21号，第6页。

③ 同上。

④ 《土地村有》，《土地村公有言论集》（第一辑），土地村公有实施办法讨论会1935年编印，第93页。

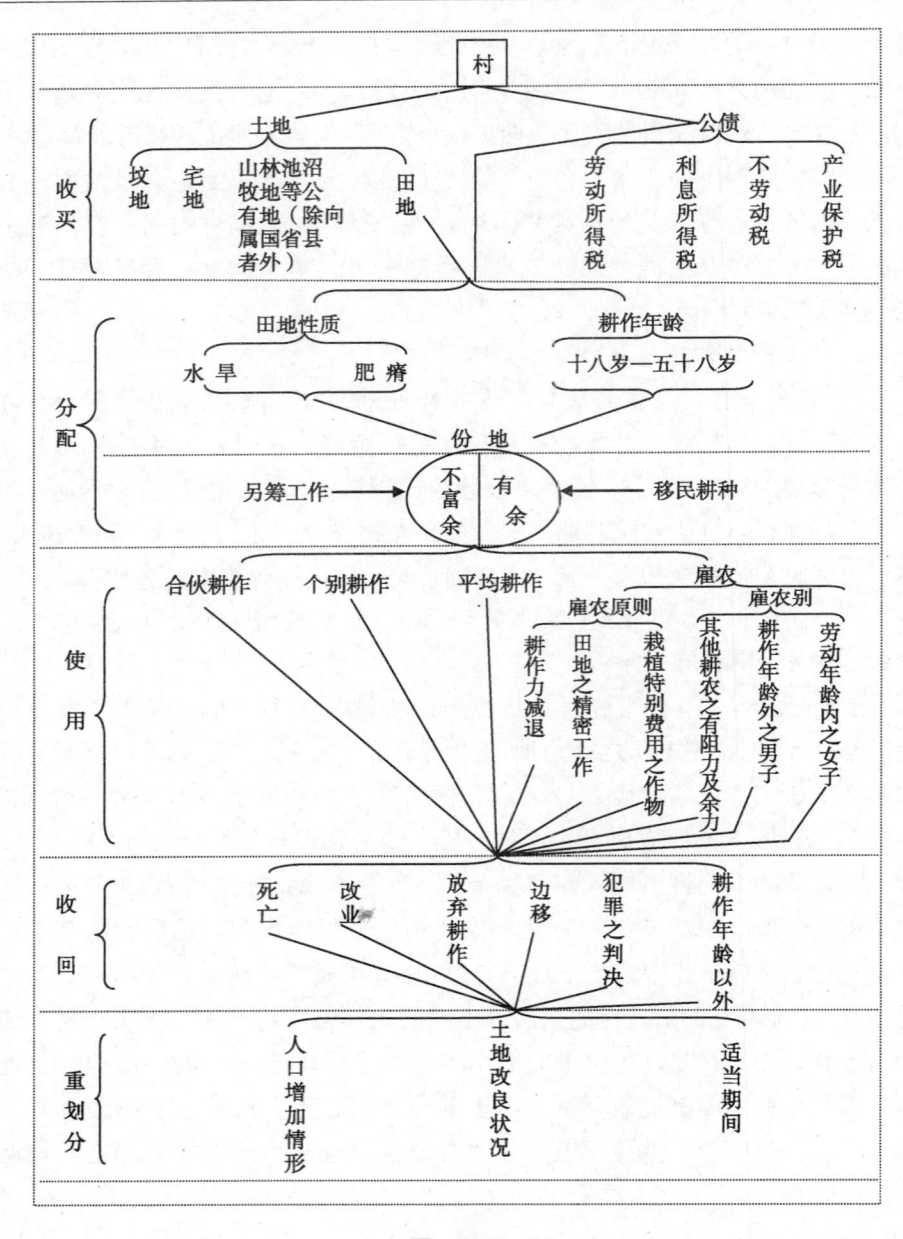

图 5-1

在。阎锡山在阐述"土地村公有"主张的基本目的时,也表露出"土地村公有"思想的这一性质。"防共的根本办法,是要废除土地私有权,树立土地村公有制。"

阎锡山还认为，土地私有制又是造成农民贫困的根本原因。然而，中国共产党的土地改革正是一种推行土地私有化的政策。因此，他认为这无疑给国民党留下了一个剿灭共产党的天赐良机。"今日之土地私有，实为共产党露下一个大空隙，亦为现社会埋下一个摧毁的爆炸弹！土地公有，已成不得不办之势。"① "实行土地村公有，以消弭赤化之根本空隙。"② 这在反映出"土地村公有"主张"反共"目的的同时，也反映出它的土地公有性质。"土地村公有"的公有性质，在阎锡山对土地村有与土地国有两者关系的阐述中也有体现。

> 国内固皆国土，国土皆是村土，归村有，有之事实始有着落。土地国有，亦是分属于村，分归农种；实际属于村而言国有，有之事实，反为落空。且村近而国远，言村有，村人易知而易从；言国有，村人难谅而难从。③

他还强调，"我们要实行孙总理的耕者有其田的主张，只有将土地收归公有，分配给农民耕种，农民对于土地只有使用权，不得出租或私相买卖授受，凡地主富农多余的土地，由地方政府发行无利公债收买"。④ 在阎锡山看来，"土地村公有"类似于孙中山之"土地国有"。其中，"耕者有其田"是一种建立在土地国有制基础上平均分配使用权的方案，而"土地村公有"也正是要实现"耕者有其田"这一方案。阎锡山还认为，两者在性质上都属于公有，但土地村公有较之土地国有要更容易实施：

> （土地）归国有而分配，诚属难办；若归村有而分配，却极易为：一村的土地情形，村中人原却明白，不要调查不要清丈，亦比政府派陌生的人调查上几次为清楚；就是调查清丈要让村中人自办，不但花

---

① 阎锡山：《土地村公有案办法大纲及问难解答》，《土地村公有言论集》（第一辑），土地村公有实施办法讨论会1935年编印，第10页。
② 阎锡山：《阎锡山日记》，（1936年1月1日），社会科学文献出版社2011年版，第373页。
③ 阎锡山：《土地村公有案办法大纲及问难解答》，《土地村公有言论集》（第一辑），土地村公有实施办法讨论会1935年编印，第11页。
④ 阎锡山：《防共与解决土地问题》，《土地村公有言论集》（第一辑），土地村公有实施办法讨论会1935年编印，第5页。

不了多少钱，也用不了多少时；而且清丈调查后，统计分配，固然好；即不清丈不调查，也未尝不能分配。①

因此，阎锡山的"土地村公有"主张，就其思想本身来说，是一种土地公有思想。但是，从实现"土地村公有"的具体办法来看，其又难免落入地主所有制之窠臼。阎锡山"土地村公有"主张的实现办法，是要将全村土地收归"村公所"，再由"村公所"将土地使用权平均地分配给全村人耕种。"村公所"这一由地方士绅等构成的土地管理与分配机关，暴露出"土地村公有"主张捍卫地主土地所有制的性质。1935年，《客观》第7期发表史枚的"土地村有及其批评之批评"一文便指出，"在山西以至河南，大部分的土地是属于阎锡山的。阎家是华北有名的大地主。'共祸'的扩大，首先就威胁了阎家的土地所有权。"② 因此，阎锡山需要通过"土地村公有"制度，来捍卫自己的利益。

> 首先是村民大会中的等级的分化与对立并未被消灭。地主可以而且必然利用其巨额的公债，历史的地积聚起来的势力及地位与文化上的支配的优越条件等等支配村民大会。明白点说，就是地主的统治，从公开的方式转变到隐蔽的通过村民大会的方式，能够残酷的掠夺农民。
> 其次，很重的公债的负担又转嫁于农民的身上，成为变相的地租。③

与此同时，农业经济学者范苑声在其所著《中国农村社会经济研究》一书中亦指出：

> 照阎氏的办法大纲，土地所有权是属于村公所的，然而主持村公所的，究又是些甚么人？事实上都是些下台的政客军阀和操纵乡政的大士绅，这一类人，……，如湖南的聂云台，衡阳的赵恒惕，新宁的

---

① 阎锡山：《土地村公有案办法大纲及问难解答》，《土地村公有言论集》（第一辑），土地村公有实施办法讨论会1935年编印，第13页。
② 史枚：《土地村有及其批评之批评》，《客观》1935年第7期，第7页。
③ 同上书，第8页。

刘坤一，河南的袁世凯，安徽的李鸿章，这些都是有名的地主。他们既都是农村中的大地主，这不啻说主持村公所的已然是大地主的。大地主既操纵着村公所，是土地所有权仍属之于大地主已毫无异议。如此看来，土地村公有办法，不但不能消灭地主阶级，反要使大地主渐渐抬头。①

史枚、范苑声等的这种分析方式及其所得出的结论，长期为史学界所沿用。事实上这也有一定的道理。在一个以地主土地所有制构成国民经济基础的农业国，农民是没有话语权的。因此，"村公所"的组成，也将是地主群体的汇聚，自然不会代表农民的要求与利益。此外，阎锡山"土地村公有"主张的实践办法，也确如史枚、范苑声等所分析的那样，漏洞百出，可行性并不大，这亦为其支持者所诟病。如朱良穆就认为，"阎氏的以村为单位，确是很好的发明"；但具体到实现的方法，如"土地的偿付由村民共同负担，这一点有商榷之必要"：其一，"农民有没有偿付能力的问题"；其二，"自耕农本来不付田租的，现在亦要负担与田租相等的经济负担"。②

因此，阎锡山"土地村公有"主张的实质，就其内涵本身来讲，结合其"防共"之动机，可以将其归类为土地公有。它是一种主张在土地公有基础上分散使用权的地权思想。但是，从其具体的实现方法来看，其又具有捍卫地主土地所有制的特点。近有将其归结为，"阎锡山在孙中山'平均地权'大前提下借鉴古今中外土地改革的一些经验并经自己改造之后所形成的一项土地政策"。③ 这是一种较为含混的说法，并未触及其思想实质。

"土地村公有"提出后，各方围绕这一思想，在地权应该公有抑或私有问题上进行了深入探讨，并产生一些颇有价值的地权思想。对于"土地村公有"所引起的对地权问题的讨论，有学者曾指出：

> 最近阎锡山先生的土地村有制发表，主张废止现行土地所有关系，提倡分配土地，乃群起惊异，认为奇迹，以致沉寂许久的土地分配问

---

① 范苑声：《中国农村社会经济研究》，神州国光社1936年版，第9页。
② 朱良穆：《评阎锡山氏土地村公有与我之耕地调剂》，《汗血月刊》1935年第6卷第2号，第87页。
③ 岳谦厚、许永峰、刘润民：《1930年代阎锡山之"土地村公有"理论——以〈大公报〉报道及其所刊文章为中心的讨论》，《山西大学学报》（哲学社会科学版）2007年第6期，第4页。

题，又重新为人们所注意，而为土地问题论战的中心标的。①

二 鼓吹土地公有的思想

围绕对"土地村公有"的探讨，社会上掀起一股强调土地公有的思潮。他们就实行土地公有之必要性以及如何实现土地公有进行了深入探讨。

1. 强调土地公有必要性的思想

1935年9月，"土地村公有"提出后不久，北京《世界日报》随即发表社评指出，"我国土地问题之亟待解决，原不待言，其严重化之程度亦与日俱进，试看近年来之情形，以土地分配不均之故，直接造成农业凋敝，间接使一切生产事业陷于不振；而无地可耕之农民，更不得不与冻馁搏斗，甚至流为盗匪，扰乱社会生活之安定，且影响于政治形态之演变。此问题之重要如此"；在这种形势之下，"'土地公有'为解决土地问题之最高原则，固无人可以反对，惟公有形态，多以国有为最后归趋"。②

总体上看，主张土地公有者，首先从土地的自然属性与社会属性两大层面，对这一地权主张的必要性进行了强调。

江亢虎素来对鼓吹土地公有，"土地村公有"主张提出之后，他再次就土地公有作了阐述。他强调，土地公有之于中国社会，有几个特别相契合的地方：第一，"土地公有合于中国文化之原则"；第二，"土地公有合于现代社会思潮"；第三，"土地公有合于防止共祸之特用"。他还强调，"欲免政治革命之危险，惟有实行民生主义，欲免经济革命之危险，惟有实行社会主义"。③ 江亢虎一直鼓吹"社会主义"，但是他的"社会主义"，与中国共产党所宣传的社会主义，有本质上的区别。按照他的说法，"吾人所以反对共产党者，非谓经济制度不应改造也，恶其无理性之破坏，无代价之牺牲耳"。④ 由此可见，他反对中国共产党当时所倡导的社会主义，乃是因为

---

① 漆琪生：《从土地村有制说到中国一般的土地问题》，《新中华》1935年第23期，第28页。
② 《〈世界日报〉社评——解决土地问题》，《土地村公有言论集》（第一辑），土地村公有实施办法讨论会1935年编印，第44—45页。
③ 江亢虎：《土地公有答议》，《土地村公有言论集》（第一辑），土地村公有实施办法讨论会1935年编印，第117—120页。
④ 同上书，第120页。

不想如中国共产党那般发动激进的社会革命，而是想通过温和的改良手段来实现其所谓的"社会主义"。显然，这是行不通的。

有学者从土地的自然属性入手，分析了克服土地私有之弊，实现土地公有的必要性。如王雅村强调，"土地是天然物之一种，未有人类社会以前土地已有其存在；且其存在之性质与阳光、空气等之天然物相同。今若有人对于阳光空气施行一种独占行为，我想任何人都可以与他争夺，任何人都可以把他处罚的；然独于土地的独占，尚有一部分人习为而不察，这是何等的不近人情！"[①] 李秋帆从土地的社会属性入手，指陈土地私有之弊。"自从土地私有制度成立之后，益以遗产制度，土地既为少数地主垄断，农民对于土地的收益遂横被剥削了。为保障人口占百分之八九十的农民利益起见，土地问题的解决，在中国，无疑地是十分迫切的"[②]。他对阎锡山提出的地权村有主张持赞同态度，"土地村有或耕者有其田固然不失为解决土地问题的一种办法"[③]。但对阎锡山制定出的如何实现"土地村公有"的具体方案，则表示反对。

随着探讨的深入，出现了兼从土地的自然、社会两大属性来强调地权应当公有的观点。1935年12月《新中报》一篇社评指出：

> 夫土地为天然之产物，非任何人力所造成，应为天下人所公有公用；不应为个人所私有独占，此乃天经地义之公理。且生为人生之原则，劳动为求生之基本条件；土地为人求生之根本工具，人类衣、食、住、行之所需，无一不仰赖于土地，设人民无必需之土地，纵有劳力，亦无法谋生。设土地为少数人私有独占，而不能使人民得公平使用，此不惟可以造成社会上不平之祸乱，且于无形中消灭有用之人力，毁灭人民之生路，故土地之应归公有公用，非为理所当然，亦事所必行者也。[④]

这段社评先从自然法的角度立论，强调土地作为"天然产物"，"私有

---

① 王雅村：《关于土地公有之我见》，《新农村》1935年第24期，第2页。
② 李秋帆：《从土地村有说起》，《现实》1935年第2卷第22期，第321页。
③ 同上。
④ 《新中报》社评：《论土地公有》，《土地村公有言论集》（第一辑），土地村公有实施办法讨论会1935年编印，第81—82页。

独占"违背公理；进而从土地的自然因素与社会因素两大层面，强调"公有"之必要性。这一认识是比较深刻的。大多数观点或从自然属性出发，或从社会属性出发，而兼及两者而论者，此前尚不多见。这也表明20世纪30年代以来，社会上对土地所有权问题的探索逐渐走向深入。

与这一社论相类似，成宝山也从土地的两大属性强调土地公有的必要性。他指出，土地是自然的产物，人类发生以前，土地就已存在；"人类消灭以后，土地亦将长此留存"，可见"土地是社会所有，人于其间又乌为而私之耶？"[①] 因此，"土地既是自然供给的东西，并非个人劳动的结果，所以所有的人都有使用土地的平等权利"。[②] 他还强调，人们平等地拥有土地是一种自然权利。"承认土地的个人私有的权利，便是否认其他个人的自然权利——他是一种必然出现在那财富的不平分配里面的过错。因为个人强占土地，无异剥削别人的自然的平等的权利，而阻碍其生存。故否认土地是天赋公共财产的真理，而准许少数的人私有土地，便是否认大多数人的生存权了。"[③] 他结合我国当时严峻的土地问题强调，"土地私有财产的制度，既不能以公正的理由去拥护，且发生有很多的弊害，故实行土地公有，实为当前的拯世济时的驱途"。[④]

还有一种值得重视的观点是，从土地的生产以及农业经济发展的角度理论，强调土地所有权应归诸公有的观点。这主要以凌青为代表。他在《论山西的"土地村公有"大纲》一文中指出，中国农村经济已经整体破产，"最基本的决定的因素，则在于耕地的大部分，被大、中、小各级地主所占有，耕农自己所可获得的耕地，非常狭隘，加以封建性的高额佃租及其附属的榨取，使佃农缴租以后，剩余的不能维持劳动力的再生产，更谈不到下一季的耕作资本了"。[⑤] 因此，"在崩解的急流中，单采取治标的救济手段，不能挽救这悲惨的命运。有效的挽救手段，只有根本改造。所谓根本改造，就是土地重行分配，消灭租佃制度。复兴农村的第一步，必须从此做起"。[⑥] 但是，挽救农村、复兴农村，并不是将土地分配给农民就了事。

[①] 成宝山：《土地村公有应如何规定土地的价格》，《山西建设》1936年第9期，第1页。
[②] 同上。
[③] 同上。
[④] 同上。
[⑤] 凌青：《论山西的"土地村公有"大纲》，《新中华》1935年第3卷第23期，第35页。
[⑥] 同上。

"许多人一谈到现代中国农村经济衰败与土地制度问题,就赞叹古代井田制之优越,以恢复盛世遗规为安定现代中国农村的唯一出路。"① 凌青强调,"单就现代中国之经济关系说,在今日,要想把这种典型的小农经济,作为重建农村的基础,而求其成为一个安定的制度,那实在是时代错误"。② 这是因为,"在现代中国,地域的自然自足经济已经被破坏无余,农村经济已成为都市经济的隶属,农民必须忍受资本主义剥削拿出农产品来交换工业品,而为出口经营生产,农民又必须成为金融资本榨取的对象,更必须忍受资本主义经营的农产品的严重的压迫,小农经济只有成为资本主义的俘虏,只有一天天贫乏、破产,套不了没落的悲惨的命运"。③ 但是,"这样说来,中国农村经济不根本改造固然是破产、没落;即根本改造以后,也还是逃不了小农经济的没落的前途,这种改造不是毫无意义吗?"④ 事实上不然。凌青接着强调,土地农有只是土地所有权设计上的一个过渡性阶段,土地农有政策也只是一个用来过渡到国有的阶段性政策。"小农经济虽然是落后的,虽然它的前途是没落的,但在农业经济发展的历史上,它是一个自然的定式的过程。新的高级的生产方法是从它的废墟上发展出来的"。⑤ 因此,要实现农业经济的"资本主义化",就必须采取公有制的形式。"'土地公有'这个政策是对的,'土地公有'是解放农民,并且是开辟中国农业经济发展的道路。"⑥ 因此,凌青从农业生产的角度出发,强调土地农有政策的阶段性与过渡性,在历经这一过渡阶段后,最终实现土地公有。

"土地村公有"提出后,之所以能引起学术界掀起对土地公有制度的探索,朱良穆对此有一段颇为精彩的阐释:

> 土地因为是天生公有的东西,虽然由于近代经济机构的发展,使土地所有权的转移与获得以别种财货没有两样,土地已被认作为商品

---

① 凌青:《论山西的"土地村公有"大纲》,《新中华》1935年第3卷第23期,第38页。
② 同上。
③ 同上。
④ 同上。
⑤ 同上。
⑥ 同上。

之一，但是土地公有的观念，还是深深地镌刻在人们的心版上。①

事实上，诚如朱良穆所指出的，土地公有一直以来就是人们心中理想的地权分配模式；因此近人研究土地问题时，自然是极易回归这一地权理想。

2. 对土地公有实行办法的具体思考

阎锡山实现"土地村公有"的具体办法，有赞成者，亦有反对者。天津《益世报》就指出，"这种土地改良政策（指'土地村公有'——引者注），在目前中国农村经济结构上，是否能够行得通，不无疑问"；社论强调，"土地政策不是一个理想问题，而是一个实践问题；如果失了实践上的意义，那末理想无论如何完善，终于只是一个好梦而已"。② 学者们对阎锡山的"土地村公有"实行办法进行品评的同时，对于如何实现土地公有也进行了深入探索。

成宝山认为，中国实行土地公有，只有依靠有偿收买的方式。他将土地收归公有的途径分为三种："1. 无偿没收主义；就是把一切的土地无偿收归公有。2. 征收地税主义；就是应用征收地价税的办法把土地收归公有。3. 有偿收买主义。就是由政府备债收买私有土地归公的办法。"③ 对于这三种方法，成宝山进行了比较分析，指出了各自的利弊。他认为，我国"大地主并不见多，而小地主和自耕农确是为数不少。这些小地主，几恃地租收入为生活的命源，有的已将地权抵押债务，有的把地租收入，供作经营小企业的资本"。④ 因此，一旦将其土地无偿没收，"那简直是断绝了他们的生路了。整个的社会，必将因此而发生绝大的恐慌与混乱"。⑤ 并且，"小地主在我国社会组织中，颇占重要的地位，各级政权，直接间接的多少都受小地主的势力支配着，要想在小地主所支配和影响的政权之下，施行绝灭

---

① 朱良穆：《评阎锡山氏土地村公有与我之耕地调剂》，《汗血月刊》1935年第6卷第2期，第84页。
② 天津《益世报》社评：《评阎伯川之土地村公有制》，《土地村公有言论集》（第一辑），土地村公有实施办法讨论会1935年编印，第61、67页。
③ 成宝山：《土地村公有应如何规定土地的价格》，《山西建设》1936年第9期，第2页。
④ 同上。
⑤ 同上。

他们的生路的无偿没收土地的行为，哪里能够有实现的可能性呢？"① 因此，在他看来，无偿没收方式在中国是行不通的。对于征收地税主义，他认为其理论基础，"就是假定向地租上征取的税是不能'转嫁'的"。② 但是，我国地主往往将赋税转嫁到农民身上。因此，这一办法也行不通。对于有偿收买主义，"在理论上固没有像没收的办法合于逻辑，但在施行上却是很切于实际"。③ 这是因为，"一方面可以使土地改革，立即切实有效的实施，他方面可不致因实施土地改革而引起社会的混乱"。④ 因此，成宝山认为，"在中国现状之下，可以一般的实行而复有效的达到土地公有的途径，只有收买土地"。⑤

王雅村亦认为，实现土地公有的办法有三种："（1）用税的方法来施行土地公有；（2）用无偿没收的方法来施行土地公有；（3）用收买的方法来实施土地公有。"⑥ 对于这三种方法，他进行了仔细区分。王雅村认为，第一种办法是与孙中山的土地所有权思想暗合的一种土地收买办法。"这种方法是孙总理所说的'共将来，不共现在'的共产办法。"⑦ 并且，这种方法可以使收入越多的人负担越重，并且可以起到不激起地主的反抗，"它可使地主阶级安然地顺受这种办法"。⑧ 这种办法有此般优点，但是却难逞一时之效。"此法之不良处，吾人幼稚的思想总觉得什么时候才能把地主的土地取掉呢？那只有待河之清了。况且地主的负担既重，土地尚任其占有，租佃制度仍然存在，而地主又可以拿租佃的方法，亦能转嫁重负担于佃户"。⑨ 至于收买法，王雅村指出，其优点是政府出钱从地主手中购得土地，这样不至于引起地主的反对。其弊端则有：第一，中国国土面积广大，"如何测知数目，如何规定价格，恐非短期所能做到"；第二，政府因发行证券收买，这样就"负债年有增加，致政府本身无力支付，落得欺骗的结果"。⑩

---

① 成宝山：《土地村公有应如何规定土地的价格》，《山西建设》1936年第9期，第2页。
② 同上。
③ 同上书，第3页。
④ 同上。
⑤ 同上。
⑥ 王雅村：《关于土地公有之我见》，《新农村》1935年第24期，第3—5页。
⑦ 同上。
⑧ 同上。
⑨ 同上书，第7页。
⑩ 同上书，第3—5页。

对于第三种办法，"这共产党在俄国试验成功的一种方法，吾人固不赞成共产党之斗争、屠杀，而独于没收土地法之痛快敏捷，窃以为较因循迟缓的其他方法，在改造社会过程中来得快。惟此法对地主施之则可，对大农自耕农施之，使其劳动俭约所集买之土地，一旦全盘丧失；而又授以较小耕地面积，诚无异于制止人勤劳俭约，奖励人怠惰奢华也。所以苏联实行了这种方法以后，马上就来了个农业恐慌，耕地减少和生产减少。结果还得设法子补救"。①

在王雅村看来，上述三种办法各有利弊，实现"土地公有"最好的办法即是阎锡山的"土地村公有"方案。对于这一方案，他强调有三个方面的特点：第一，"有没收法之迅速举动，而无没收法之悲惨行为"；第二，"有没收法之意义，无收买法之困难"；第三，"取税法的优点，无税法的短处"。② 并且，他强调，"土地村公有"方案，是将"税法"、"收买法"、"没收法"三者的"统一"，"成功了土地公有方法的新体系"。③ 并且，他还指出，"稍有社会学常识者，无论其为地主，为大农，亦应为社会的福利着想，而放弃他的私有观念，来参加土地公有运动。否则阶级斗争之祸一起，则虽欲放弃土地，恐将并头颅而放弃之矣，可不惧哉"。④ 王雅村寄希望于地主自愿配合土地公有实行方案，以免遭杀身之祸。这不免流于学究式迂腐，既不现实、也难以实现。

对土地公有制实现方法的探索中还有一种值得注意的思想，就是强调用斗争的手段，打破地主对土地的垄断。他们认为，近代农村的土地问题是地主垄断土地，造成土地占有不均；要打破这种不均衡状态，则须采用斗争手段。如邓达章指出，"土地改造，最主要的一点就是土地所有权的转移"；而"现在，正是农业的生产关系发展而变成生产力的桎梏的时候了，土地的分配或是土地革命的问题，是社会进化史的过程中所必有的产物。忽略了这农业问题的核心，而妄谈起农业改良、乡村建设，这是舍本逐末，这仿佛在沙滩上建造楼房"。⑤ 因此，他主张以"革命"的形式，打破既有的地权关系，解放生产力。再如上文所提及的学者凌青，他强调打破农村

---

① 王雅村：《关于土地公有之我见》，《新农村》1935年第24期，第7页。
② 同上书，第7—10页。
③ 同上。
④ 同上书，第10页。
⑤ 邓达章：《评阎锡山之土地村有论》，《中国经济》第3卷第12期，第2页。

旧有地权关系，必须依靠"武力"进行"土地重行分配"，以"实现根本的改造"。

三 捍卫土地私有的主张

"土地村公有"引发的探讨中，既有鼓吹土地公有的思想，也有公开为土地私有制度作辩护的主张。这主要以萧铮、朱通九[①]等为代表。

1. 萧铮对土地私有制的辩护

"土地村公有"公开阐发后，萧铮随即进行了批判。他认为，这是一种主张土地公有的思想，但依当时的社会历史条件来看，土地私有制仍有其价值，土地公有并不适合于中国。

他首先强调，"土地以如何方法收归村有，今姑勿论，而土地村有与私有之利弊如何，殊有论列之价值"。[②] 随即，他从土地由公有而私有的历史转变，强调土地私有制存在的合理性与必然性。"至原始社会，无论中外土地均属之于血缘集团之村，而降至今日，无论中外，土地上均不能不产生私有制度者，盖以人类之习性与社会之机构使之不能不若是也"。[③] 在他看来，土地私有制的形成，是人类习性与社会机构交相作用的结果。这一论述理路，与前文第二章梁启超对土地私有权的辩护颇为类似。萧铮这一观点，也与当时学者陈鸿根的看法是基本一致的。陈鸿根在《土地村有制之检讨》一文中指出，"土地公有与私有，利弊孰甚？实为一应加以深刻考虑之问题"。[④] 他与萧铮一样，认为土地私有制度的存在有其合理性。"在原始时代土地本属公有，而社会演进之结果，已普遍的造成私有现象。这种趋向之造成亦非偶然的，必有其背景之推动，盖因私有与占有为人类之天性，自私有制度成立后，个人始愿竭力工作，以谋私囊之充实，社会之经济与

[①] 朱通九（1898—？），江苏常熟人，字木虎。早年留学美国。我国近代著名经济学家，先后担任劳动大学、中国公学、复旦大学、暨南大学等校的经济学教授。一生著述丰厚，著有《近代经济思想史》（与金天锡合作）、《经济学研究法》、《劳动经济论》、《工资论》、《战时经济学之趋势》、《经济学研究法》、《劳动经济学》、《劳动经济概论》、《战时经济问题》等。

[②] 萧铮：《评阎锡山氏之土地村有》，《汗血月刊》1936年第6卷第2期，第91页。

[③] 同上。

[④] 陈鸿根：《土地村有制之检讨》，《土地村有问题——各方对土地村有问题意见丛编》，中国地政学会1935年印行，第77页。

文化之进步亦基于斯"。①

萧铮还强调人类的利己私欲是经济发展的基本动力,并从人性自私的角度强调私有关系的合理性与必然性。

> 人类虽为动物之灵,然究属动物之一,动物之自私心人类迄今未有消失也。自私心之正常发展,即为在"不妨碍他人生存"之条件下,求本身生存之充分适意愉快,生命力之尽景发挥延续。因此,人类始有文明始有社会。一切文明之起源,不能不谓为基于人类自我的观念之发展。故学者恒谓所有权观念为人类社会之绝大发明,盖因有所有权观念,于是始有经济观念,人类因此始能勤勤恳恳,胼手胝足,以求其生业。……于是人类日益繁殖富厚,人类人社会始能存在发达。②

萧铮认识到私有权对于人类社会经济有着巨大的刺激与促进作用,同时也深刻洞察出私有制之弊病。"私有观念之所以为世诟病者,乃在发展过度,终至因一人之利而害众人之生耳。"③私有制的过分扩张,将会逐渐危害到公共利益,也即"众人之生"。对此,他提出了一个解决办法,即"改正害公之私"。"以较完善周密之制度,防范其流弊,则吾可决然论断,在今日之文明程度下,私有胜于公有也。此论在他方面为然,在土地制度方面,更有其颠扑不破之真理。"④萧铮试图以一种"完善周密之制度",来"改正害公之私",防范私有制之"流弊"。这在克服土地私有制之弊方面亦然。由此可见,对于土地私有制度,他不主张直接废除,而强调采取改良的手段,通过一些制度来对之进行约束。并且,最主要的是,他认为私有制还有存在的必要,土地私有制亦然。

萧铮还结合"土地"的特性,强调土地私有制的合理性以及继续存在的价值。"盖土地之天然习性,须人类之汗血陪护,始能发扬光大,人类对土地之用情愈专,爱护愈力,则其生产能力愈富厚,一切集约经营均起于

---

① 陈鸿根:《土地村有制之检讨》,《土地村有问题——各方对土地村有问题意见丛编》,中国地政学会1935年印行,第77页。
② 萧铮:《评阎锡山氏之土地村有》,《汗血月刊》1936年第6卷第2期,第91页。
③ 同上书,第92页。
④ 同上。

小农自耕制"。① 萧铮这一认识,就我国南方的水稻种植区来说,确属如此。我国南方一带,因地少人稠,并且因为平原少,以及对单产量的追求,因此逐渐形成了精耕细作的耕种传统。而这种耕种模式,也培植了南方地区特有的水稻土。萧铮强调土地需要培植,以及人对地的爱护能促使土地生产能力的"富厚",从经济学上看,有一定的合理性。西方经济学家早已强调人类活动对"土地"有着重大的影响作用,如马歇尔就曾指出,"以机械的调价而论,土壤必须如此松软,以至植物的细根能在土中自由伸展;但它又必须坚实,足以很好地支撑植物。……但是,对于土壤的这种机械的形成,人类给予很大的帮助";"人类只要加进一点正是它需要的东西,就可使不毛之地变为非常肥沃的土壤"。② 萧铮还从反面例证了小农制度的优越性,他指出,"游牧制及大地主制或不良之佃耕制,结果使土地与人之关系薄弱,爱情不富,土地之生产力即显然降低"。③ 游牧制,以及大地主制、佃耕制等集中土地所有权的制度,他都认为不利于人地关系的培育,进而影响农业的生产。萧铮强调土地所有权的分散对生产有巨大的刺激作用,表明他意识到土地所有权在调动农民生产积极性方面的作用。并且,私有权关系对于增强人与地之间的感情,促进人们对土地的改良与投入等,也是合乎经济学中的一般原理。约翰·穆勒曾指出,"在自耕农制度下,劳动阶级则能最为自由地支配自己的命运";④"在现存的农业制度中,没有什么制度能够对国民的勤劳、才智、节俭和审慎产生比自耕农制度更大的积极作用"。⑤ 萧铮也强调:

  今日一般所倡导之集团经营,其在经营技术上虽有身后之依据,而终难忘普遍者,即在人与土地之爱力不若现在制度之深厚。故在土地经营上言村有之意识,终不敌私有之意识较为有利也。⑥

---

 ① 萧铮:《评阎锡山氏之土地村有》,《汗血月刊》1936 年第 6 卷第 2 期,第 92 页。
 ② [英]马歇尔:《经济学原理》(上卷),陈良璧译,商务印书馆 2009 年版,第 178—179 页。
 ③ 萧铮:《评阎锡山氏之土地村有》,《汗血月刊》1936 年第 6 卷第 2 期,第 92 页。
 ④ [英]约翰·穆勒:《政治经济学原理及其在社会哲学上的若干应用》,赵荣潜等译,商务印书馆 2009 年版,第 287 页。
 ⑤ 同上书,第 336 页。
 ⑥ 萧铮:《评阎锡山氏之土地村有》,《汗血月刊》1936 年第 6 卷第 2 期,第 92 页。

萧铮从土地经营的角度入手,分析土地公有、私有之利弊。这一视角是可取的。事实上也是如此,土地公有与私有孰利孰弊?一个最基本的评判标准就是,孰能更好地促进人类社会经济的发展。当时的经济学者徐青甫就指出,"萧先生对于土地公有与私有之利弊,从土地生产力的发展立论,可说是和鄙见相同,因为我们创立一制度,或改革一制度,必须使他对于全社会有更大的贡献。土地的公有或私有,当然要从土地生产能力的发展,来选择我们的途径"。① 但是,萧铮上文对土地私有制的辩护,有一个致命的不足,即没有意识到土地私有与社会化大生产相悖逆。暂且不引经典作家关于土地公有制如何顺应与促进社会化大生产以及农业现代化发展的观点,但以对当时农村进行实地调查的社会学家费孝通的观点来看,就足以证明萧铮上述观点存在谬误。费孝通在江苏吴江进行实地调查后,指出这一带农村的土地所有权大多流向不在地主手中。但是,地主垄断土地所有权之后,却将土地经营权分散开来,以租佃的形式将土地租给农民耕作。土地经营很细碎,这样极其不利于农业生产的长足发展,加剧了农村经济的贫困化。② 萧铮根据我国长期以来形成的农业经营方式,强调土地私有制存在的必然性与必要性,这是他的土地所有权思想中的保守性之体现。近代以来,因土地占有关系不合理,以及租佃关系不良,农民耕种土地的收益徘徊在土地利用的边际上,依靠人力的大量投入,不计劳力报酬地从事于农业生产。③ 很多西方经济学家很早就指出土地利用的这一报酬递减规律,并且,这一规律在明清以来的中国农业生产中,得以应验。虽然,"人类在帮助自然种植各种农产物上所起的作用是多种多样的";但是,"在各种情况下,人类继续操作,直到资本和劳动之增加所产生的报酬之增加变为递减,再增加资本和劳动不会再增加报酬为止"。④

2. 朱通九的土地私有思想

与萧铮一样,朱通九也强调土地私有的合理性与必要性。作为近代著名经济学者,朱通久一生著述颇丰,对于社会上探讨极其热烈的土地问题,

---

① 徐青甫:《读萧铮先生〈评阎锡山氏之土地村有〉以后》,《土地村公有言论集》(第一辑),土地村公有实施办法讨论会1935年编印,第143—144页。
② 李学桃:《20世纪30、40年代费孝通地权思想浅析》,《中央民族大学学报》2012年第2期。
③ [美]黄宗智:《华北的小农经济与社会变迁》,中华书局2000年版,第304页。
④ [英]马歇尔:《经济学原理》(上卷),陈良璧译,商务印书馆2009年版,第182页。

他亦进行了自己的思考。

他首先强调,"土地问题,为各种经济问题中最难解决之问题,而土地政策,亦为各国经济政策中最不易决定之政策"。① 并且,地权应该归私人所有,这是因为"土地私有,系社会进化之结果,所以现代除苏俄外,各国土地,莫不私有,其所以有如此一致之趋势者,自有其内在之原因,绝非偶然所形成";"土地之私有,殆为自然之结果"。② 他接着从理论、制度、历史以及当时世界各国的状况等四个方面强调土地所有权应当私有。

从理论方面来看,"经济学原理分生产要素分为土地、资本、劳力与企业四种。兹四种者,同为生产要素之一,在生产上均不可或缺。则土地亦为生产要素之一,有生产者出资购买而得,非无偿而取得者可比。设其他要素属诸私人,而独责土地不应私有,在理论上固属不妥,在伦理上亦觉不公。但土地由无偿而取得者,则不在此限"。③ 朱通九的这一论述,是与梁启超强调要"举一切生产机关尽归诸国有后"才能言土地国有的观点如出一辙的。

再就制度层面而言,"经济制度为社会整个的制度,亦为有系统与有组织的制度";因此,若"各项生产工具,一概公有,则土地公有,极为正当,无人出而非难"。④ 此外,所有土地,不论都市,不论农村,"一律公有,亦无人出而非难"。⑤ 但是,"设其他生产工具属于私人,而土地独归公有,则办理极感困难,又都市土地属诸私人,而农村土地独归公有,则一物而制,纠纷必多"。⑥ 因此,"土地之应否私有,抑系公有,须视整个经济制度如何,不能单独决定"。⑦

再从历史发展的角度来看,"历史上土地最初为公有公用,继为公有私用,最后为私有私用,按部就班,拾级以升,稍有历史常识者,类能道之"。⑧ 因此,土地所有权应当公有还是私有,"应追溯以往史迹"。其中,

---

① 朱通九:《土地政策的检讨兼评土地村有制度》,《经济学季刊》1936年第1期,第131页。
② 同上书,第139页。
③ 同上书,第131页。
④ 同上。
⑤ 同上。
⑥ 同上。
⑦ 同上。
⑧ 同上。

"公有制度的办法如何？结果如何？淘汰的原因何在？土地私有制度如何形成？土地私有以后，曾否恢复公有制度，试行之成效如何？设土地公有以后，又改为私有，其间变更之原因又何在？凡此种种问题，不难于史实中求之。求得答案以后，对于吾人现在决定采用何种土地政策，必有极大之帮助"。① 并且，就世界各国土地改革的形势来讲，土地私有制更为普遍。"现在世界各国之土地制度，除苏俄外，均系私有制度。故土地之私有，已不约而同，其间是否含有高深原理，至堪玩味。"② 他还指出，欧战之后，新兴国家大都采用限制农田政策，这"亦系宝贵之参考资料"。至于苏俄的土地国有制，虽然建立起来已有十余年，但"现在仍在试验时期，将来有无变更，尚在不可知之数，亦应分析其经过，作穷原竟委之探讨"。③ 因此，在决定采取哪一种土地政策前，应参考各国现在所通行的土地制度，"以不违反世界之趋势为原则，则斟酌损益，取彼所长，补我所短，所采政策，庶能适用而易行"。④

朱通九强调须在实现一切生产资料公有制后，才能实现土地公有，仅实现土地公有将不伦不类。1935 年，《中国经济评论》亦发文强调，"土地政策时经济政策的一部门，所以土地政策不能超越现阶段经济制度的轮廓之外，而能单独表现其效果。中国目前既不能激烈的改变经济制度，仅将土地受过公有，而其他一切财产仍属私有，结果惟有使资本离开农村，去膨胀都市"。⑤朱通九强调土地私有的合理性，然则土地私有之弊确是当时社会上饱受诟病的焦点。土地私有权的存在，也确有其弊，如何克服？朱通九在上面的论述中，隐约表明了他的主张，即主张"有限制的私有政策"。

土地所有权应该国有、公有，还是私有？朱通九强调，"应以土地之种类作为决定之标准"。⑥ 他反对阎锡山的"土地村公有"主张，其中一条比较重要的理由即是，"只提出农地之村有，而都市土地，则未曾提及，且住宅与坟地，暂不收买。……须知农地为一国土地之一种，欲解决土地问题，

---

① 朱通九：《土地政策的检讨兼评土地村有制度》，《经济学季刊》1936 年第 1 期，第 131 页。
② 同上书，第 131—132 页。
③ 同上。
④ 同上。
⑤ 《土地村有》，《土地村公有言论集》（第一辑），土地村公有实施办法讨论会 1935 年编印，第 92—93 页。
⑥ 朱通九：《土地村有问题的检讨》，《银行周报》1935 年第 19 卷第 14 期，第 4 页。

应将全国各种土地,各都市土地、矿地、林地等同时解决,始得称为完善的计划"。① 在他看来,土地是存在着类别的,如土地可以分为"农地、市地、矿地、林地与水力"等。其中,后三者归诸公有,"必无人出而非难";但是,近代中国的土地问题,"中心问题是农地与市地二种"。② 那么,对于农地、市地的所有权问题,朱通九持什么样的看法呢?他指出,"农地与市地,应归私人所有,不应归为国有与村有。但土地的私有并非毫无限制,系有限制的私有"。③ 这里,朱通九就将其土地所有权思想中关于如何克服私有之弊的内容阐述出来了。

  农地方面,每家所有土地数目,规定最高额,如超过规定数额,则由政府强迫收买,然后专卖于无地之农民,市地方面,则征收土地增价税,使市地因人口增加社会进步而增加的价格,归诸国家,此与总理所定之平均地权政策,极相吻合。④

朱通九的土地所有权思想,是对孙中山地权思想的继承与发展。所谓"继承",乃是他强调市地征税,这与孙中山的平均地权是相暗合的。而其"发展"之处,是其将土地具体分为农地与市地,并强调农地应该实行有限制的私有。这相对于孙中山的"平均地权",在对象上要更为具体,且突出了农村土地所有权问题,因而可以称之为是一种发展。

3. 蒋廷黻的耕者有其地思想

蒋廷黻⑤是近代著名的历史学家,也是著名的经济学者。他以学者从

---

① 朱通九:《土地村有问题的检讨》,《银行周报》1935年第19卷第14期,第4页。

② 同上。

③ 朱通九:《土地政策的检讨兼评土地村有制度》,《银行周报》1935年第19卷第14期,第139页。

④ 同上。

⑤ 蒋廷黻(1895—1965),字绶章,湖南邵阳人。1912年赴美留学;1919年入哥伦比亚大学研究院,研究历史;1923年获博士学位。归国后,任南开大学、清华大学历史系教授、系主任等职。1934年赴欧考察;1936年出任国民政府整理内外债委员会委员、行政院政务处处长、驻苏大使等。1938年,创办《新经济》半月刊。1941年,代任行政院秘书长、国民政府外汇管理委员会委员等。1944年,担任联合国救济善后总署中国代表。1945年,任行政院善后救济总署署长。1946年,兼任最高经济委员会委员等。1947年,暂代中国常驻联合国代表兼安理会代表。1957年4月,任台湾中研院人文组院士。1961年冬,任驻美国"大使"兼驻联合国"常任代表";1965年病逝于纽约。著有《中国近代史》、《蒋廷黻选集》等。

政，积极参与政府的经济决策与善后救济等。"土地村公有"主张引发了土地公有与私有的探讨，蒋廷黻也积极参与其中，提出了耕者有其地的思想。他认为，"土地村公有"是一种土地公有思想。然而，结合当时世界的局势来看，中国所亟应采取的土地所有权方案，是实现耕者有其地。他的这一地权思想，主要通过三个方面表现出来：一、土地与国防；二、土地与中国共产党；三、土地与民族危机。

(1) 土地与国防

蒋廷黻从世界史的角度探讨了土地与国防问题。他长期留学美国，且主要研究历史，故对于西方国家历史自然熟稔于心。并且，他在1934年出访苏联，且出任过驻苏大使。因此，对当时苏联的一些基本情况比较了解。他的关于土地所有权与国防问题的思考，是以波兰如何防止苏联共产主义为例来予以说明的。

他指出，苏联当时不在别国宣传共产主义，不是因为放弃世界革命的希望，而是它"以为世界革命的临到与否不在乎宣传，而在乎各国政治经济的自然趋势"。① 然而，"战争又是这趋势的自然促进力"。② 因此，"以前防共者，以为不与苏俄往来，是防共最好的办法；现在防共者，波兰除外，以为唯一的方法，在于自己社会经济的健全化；与苏俄外交往来与防共是可以并行不悖的"。③ 他指出，苏俄虽在内政上坚持社会主义，但在外交上则与资本主义国家无异，"以资本主义国家的外交方法，来对付资本主义的国家"。④

波兰作为苏联的邻国，"也知道苏联绝无侵略波兰领土的野心"。⑤ 并且，波兰"不是防俄国军事的侵略"，而"所谓防俄就是防共"。⑥ 波兰之所以"防共"，乃是因国内社会组织的不健全。⑦ 蒋廷黻指出，波兰不是工业国，"国内近代式的劳工很少"，"似乎共产主义的宣传，在波兰找不着用

---

① 蒋廷黻：《矛盾的欧洲》，《土地村公有言论集》（第一辑），土地村公有实施办法讨论会1935年编印，第162页。
② 同上。
③ 同上。
④ 同上书，第162—163页。
⑤ 同上书，第163页。
⑥ 同上。
⑦ 同上。

武之地"；其实，"波兰防共的心理来自他的土地制度"。① 蒋廷黻接下来论述了波兰土地制度的历史。原来，"欧战的前后，全欧洲普遍的趋势是平均地权，实现孙中山先生所谓耕者有其地。尤其在战后，经各国的革命，均田的运动更加利害"；但唯独波兰的统治阶级"死守着大地主的制度"，"致政权不稳固"。② 并且，"这个阶级的人以为如苏联要与他们捣乱，只要用耕者有其地这一个标语，那末他们的政权和阶级利益均将化为乌有"。③ 所以波兰联合"以世界反共的领袖自居"的德国。这一外交政策，"与其说由于外交的不得已，不如说出于内政之逼迫"。④

对于外交政策，波兰国内的反对者认为，"统治阶级所怕的既然是俄国将来或者会利用波兰农民的不安，正当的对付方法在于解决农民问题，不在于联德"；因为联德"并不能消灭农民的不安或农村经济的不健全"。⑤ 并且，反过来看，倘若波兰解决了农民问题，实现耕者有其地，"那就等于打预防针"；"预防针打好了，共产主义的病菌就不能入了。农民所要的是土地，不是共产主义，农民得了土地以后会变为防共的冲锋队"。⑥

在蒋廷黻看来，"在现在这个世界立国，国防是不可一日忽略的"；但"所谓国防不仅限于军备"，更关键的是在于"社会的健全"，它"是各国战斗力的主要成分，而社会的各阶级，从战争上看起来，最要紧的是农民"。⑦ 这样，"农民"就与"国防"联系起来。他指出，法国大革命时，革命政府"行了革命的土地政策"，"法国的兵士，知道战争的成败，与他们田产的保存与否，有密切的关系"，因而奋死抗战，促成法国大革命的胜利。⑧ 再如1917年的十月革命，"俄国的兵士已万分厌弃战争"，但是"列宁干脆的宣布土地是农民的"，而"白党""始终想维持地主的权利"，最终被列宁领导

---

① 蒋廷黻：《矛盾的欧洲》，《土地村公有言论集》（第一辑），土地村公有实施办法讨论会1935年编印，第163页。
② 同上。
③ 同上。
④ 同上。
⑤ 同上书，第164页。
⑥ 同上。
⑦ 同上。
⑧ 同上书，第164—165页。

的红军打败了；故"在战争上，农民的热心与否往往是决胜负的主要因素"。① 蒋廷黻最后总结说，"由此我们可以看出国防与土地问题的密切关系"。②

蒋廷黻通过分析波兰如何防止苏联共产主义势力的渗透，指出国防与健全的社会经济之间存在着直接联系，健全的社会经济则又取决于国内的农民群体。农民群体渴求的是土地，故给予土地所有权，实现耕者有其地，就能形成强大的国防。

（2）土地与中国共产党

蒋廷黻从国防的角度阐述"耕者有其田"的必要性后，紧接着从土地与中国共产党之间的关系上，强调耕者有其地的必要性。

他根据对江西一带中国共产党根据地的观察指出，中国共产党的军队，"占了少数的偏僻县"，外无军器接济，内无工业和其他特殊富源；"竟能与中央军抵抗这多年"，这值深入研究。③ "红军战斗力的发动机究竟在哪里呢？"他指出，这个问题，表面上看似乎很难解答，实则不然。据红军自己的宣传及中央军的观察，"红军作战的能力来自'农民乐为所用'一句话"。④ 那么，"共区的农民从共党得着什么好处呢"？蒋廷黻指出，"只有一种好处"，那就是土地所有权。也即中国共产党实现了耕者有其地。他一针见血地指出，"红军在江西极盛时期的力量，实来自农民的合作。共党为农民作了什么好事呢？只作了一件事：干脆的，彻底的消灭了地主阶级，实行了耕者有其地"。⑤ 蒋廷黻这一见解可谓切中肯綮，他一语道破了红军赖以生存与发展的基础与前提——彻底的土地改革政策，以及在此基础上得到的广大农民群众的支持与拥护。他指出：

> 农民所以乐为其用就是为这一点。他们对任何主义，任何史观是不感兴趣的；他们所欢迎的，感激的就是佃租的免除。为了这一点，

---

① 蒋廷黻：《矛盾的欧洲》，《土地村公有言论集》（第一辑），土地村公有实施办法讨论会1935年编印，第165页。
② 同上书，第166页。
③ 同上书，第165页。
④ 同上。
⑤ 同上书，第174页。

虽然红军加在他们身上的赋税和工役很重，他们仍肯为红军出死力。①

蒋廷黻总结出，中国共产党能发生这样大的力量。有两个方面的原因："一、耕者有其地；二、党政府与人民同甘共苦团结一致；以上两点，是共产党力量的来源，此外别无原因。"② 事实上也确属如此，中国共产党自1927年大革命失败后，就开始以土地改革为核心内容的土地革命，并且不断调整，最终实现彻底的土地农有制。农民获得土地后，不仅积极拥护中国共产党政权，而且生产积极性大为提高，经济局面得到改善，反过来又为中国共产党红色政权的发展壮大提供了经济保障。

（3）土地与民族危机

蒋廷黻分析了中国共产党存在与发展壮大的原因，并且，他号召国民党应该从中国共产党的这一办法中吸取经验，将之运用到解决民族危机的问题中去。他指出，"我们的国家，要想成为独立国，应做的事很多，但第一要件，必须使政府变为人民的政府；使全体人民知道国家是他们自己的国家；与国家发生深切的感情。要想达到这个目的，便须实行耕者有其地"。③

他之所以强调要实行耕者有其地，是因为他看到了农民群体的巨大力量。并且，共产党成功地获得了这一力量。国民党该如何去获得这种力量，用来解决日益严峻的民族危机呢？

蒋廷黻指出，"兄弟认为要想发生这种力量并不难"；"现在应付国难，非使人民认识国家于人民有价值，政府为人民做事不可"。④ 他反问道，"现在中国政府为人民曾做过什么事？国家于人民有什么价值？国家兴衰于人民有什么关系"？等等。⑤ "人民不知道有国家，系因国家不建筑在人民利益上；假如我们要想应付国难，应该集中人民的意志，一齐联络起来，使国

---

① 蒋廷黻：《民族主义不够》，《土地村公有言论集》（第一辑），土地村公有实施办法讨论会1935年编印，第170—171页。

② 同上书，第208页。

③ 同上书，第209—210页。

④ 同上书，第208页。

⑤ 同上。

家是老百姓的国家；政府是老百姓的政府，然后才可以渡过国难，复兴民族。"① 在蒋廷黻看来，国家、政府只有为老百姓办事，办好事，才能让百姓感觉到国家与政府的价值，才能自觉关心国家衰亡、民族复兴。因此，国民党要做的就是，为百姓办实事，将国家建立在维护人民利益的基础之上。以此作为团结全国百姓的基础，进而构筑全民抗战的统一战线，将侵略者赶出国门、纾解国难。

政府将国家构筑在百姓利益之上，这是一个极其抽象的概念。蒋廷黻随之将其具体化。"在我们的意思，认为解决经济问题的最要条件，即为解决土地问题，中国如能将土地问题解决，然后国家才是人民的国家；政府才是人民的政府；这个问题，不但中国在国难期间须如此解决，即世界各国，遇有国难时，也是如此渡过。"② 因此，解决了土地问题，国家也就成为了人民所积极拥护的国家。

基于上述这些认识，蒋廷黻号召国民党积极学习与借鉴共产党的土地改革，切实实现耕者有其地，发掘民族中的"潜伏力量"，进而解决民族危机。

> 这个摆在我们眼前的教训，我们尚能不学吗？我们除对内战悲痛而外，看见了这些无知而贫苦的同胞，能表现出这样坚强的意旨和牺牲精神，我们不是有以自慰吗？自慰我民族还有这大的潜伏力量，这样容易开发的力量。这种力量我们何不据为己有？何必委之于敌人？我们所须行的就是耕者有其地。③

蒋廷黻认识到土地所有权对于发动农民参与抗战、保家卫国的巨大刺激作用。他指出，占据中国百分之八十的农民，简单而朴素的愿望就是"土地"；给予农民"土地所有权"，才真正能动员民众、并获得其拥护与支持。因此，他强调，"民族主义还不够"，"单纯的民族主义的运动已经过期了"；"现在的民族主义，不加上高度的社会主义或民生主义，不能成为大

---

① 蒋廷黻：《民族主义不够》，《土地村公有言论集》（第一辑），土地村公有实施办法讨论会1935年编印，第208页。
② 同上书，第208页。
③ 同上书，第171页。

有力的发动机"。①

因此,综合上文分析来看,蒋廷黻在对世界国家土地政策进行分析的基础上,同时结合对中国共产党生存与壮大原因的探究,强调国民党要积极学习中国共产党的土地改革,实现耕者有其地,将广大百姓凝聚起来,形成全国统一战线,进而解决日益加剧的民族危机,并且实现国家的伟大复兴。蒋廷黻看到了农民力量的强大,强调政府要将国家构筑在人民利益之上,进而调动蕴藏在民众身上的巨大力量,共赴国难、化解民族危机。

有台湾学者曾就蒋廷黻的社会关怀指出,其所要求于知识界的是"书本"、"主义"、"文字"、"清议"之外的东西,"是生产、是事业、是与小百姓同一呼吸";并强调,"这种真正的民胞物与经世致用的精神,才是蒋廷黻的真精神,才是蒋廷黻所要求于中国知识界的真精神"。② 其实,蒋廷黻所要求的又何止是"知识界",他呼吁的对象既包括"士大夫",也包括国民党与国民政府;再者,蒋廷黻所关怀的对象也不止"小百姓",更包括处于存亡之际的国家与民族。蒋廷黻将地权与民族危机相结合的思考,既着眼于解决民生问题,又体现出对国家与民族的深切关怀;并且,他找到了国家、人民共生共荣的关键——国家、政府建筑在人民利益之上,人民也因此成为拥护政府、拱卫国家的强大力量;在获得民众支持的前提下,近代民族危机乃至民族复兴都将迎刃而解。

四 漆琪生将土地国有与土地农有相结合的思考

漆琪生③是近现代著名的经济学家、土地问题专家。他早年留学海外,1931年归国,随即开始对近代农村经济、土地问题等的研究。据其自述,他"平日努力钻研一些经济学问题,特别对于农业土地问题,钻研较深"。④

---

① 蒋廷黻:《民族主义不够》,《土地村公有言论集》(第一辑),土地村公有实施办法讨论会1935年编印,第174页。
② 李敖:《蒋廷黻选集序》,(台北)文星书店1965年版,第14页。
③ 漆琪生(1904—1986),重庆江津人,原名漆相衡,后改名"琪生"。我国近现代著名经济学家、《资本论》研究专家,早年任教于上海中国公学、中山大学、复旦大学等;新中国成立后,担任"民建"中央常委、"民建"上海市委副主席、上海市政协常委、中国《资本论》研究会副会长、复旦大学经济研究所教授、所长等职。
④ 漆琪生:《漆琪生自述》,高增德、丁东编:《世纪学人自述》(第二卷),北京十月文艺出版社2000年版,第345页。

漆琪生在对近代农村土地问题进行深入研究的基础上，发表大量著作，并形成了自身颇具特色的土地思想。但是，迄今为止，学术界对漆琪生的研究极为薄弱，对其经济思想尤其是农业经济思想、土地思想等方面的研究尚属阙如。1935年，针对"土地村公有"主张引发的土地所有权问题讨论，漆琪生也发表了自己的看法，本节即拟对此作简要探讨。[①]

1. 对近代土地问题的总体认识

西方汉学家曾强调，近代尤其是民元以降，"经济上的困难，特别是农村的贫困，是中国的普遍现象"。[②] 农村贫困引起了广泛关注。并且，基于"土地"对经济发展尤其是农村经济发展的重要意义[③]，以及对我国农业国国情认识的深入，又加之一直以来农民对土地的热爱与渴求[④]，是故土地问题总是探讨中国社会问题的焦点。

土地问题在近代中国国民经济尤其是农村经济的恢复与发展中扮演怎样的角色？有学者曾强调，"土地问题实是把握中国农业问题的锁钥，同时也是研讨中国整个国民经济问题的关键"。[⑤] 漆琪生亦持类似看法，他指出，"中国国民经济之重心问题，乃为农村经济问题，而农村经济之核心问题，则又为土地问题。"[⑥] 为什么土地问题的解决有着如此重大的意义呢？他的

---

① 学术界对漆琪生的研究，有人物介绍方面的，如漆光瑛《为马克思主义经济学辛劳一生——漆琪生教授人生轨迹》，熊诗平、徐边主编：《经济学家之路》（第1辑），上海财经大学出版社1999年版，第239—257页；有对漆琪生在《资本论》研究方面的贡献的介绍，如黎继维《为弘扬〈资本论〉奉献一生——怀念漆琪生》，《群言》1990年第1期，第37—42页；冯晓蔚《漆琪生与〈资本论〉的终生之缘》，《红岩春秋》2009年第4期，第33—37页；也有对"漆琪生关于旧中国'以农村建设为重心'的思想"进行的探讨，如程恩富主编《马克思主义经济思想史·中国卷》，东方出版中心2006年版，第54—59页，其他研究尚不多见。

② ［美］费正清：《剑桥中华民国史》（上卷），杨品泉等译，中国社会科学出版社1994年版，第32页。

③ 根据土地经济学的相关原理，"物质财富（使用价值）和生产物质财富的生产力的源泉是自然环境和人口。其中，环境（主要是土地）是根本的源泉"。参见张薰华、俞健主编：《土地经济学》，上海人民出版社1987年版，第1页。

④ 费孝通曾形象地说，中国农民"视土如命"，"好像是患着永远不会吃饱的土地饥饿症"。西方古典经济学家亚当·斯密亦曾指出，"在中国，每个人都很想占有若干土地，或是拥有所有权，或是租地"。参见"绪论"所引。

⑤ 陶直夫：《中国现阶段底的土地问题》，《中华文化教育馆季刊》1934年"冬季号"，第615页。

⑥ 漆琪生：《中国土地问题发生的由来及其对策》，《文化建设》1935年第2卷第2期，第45页。

第五章 "土地村公有"的提出及其引发的土地所有权问题讨论

理解是,"中国国民经济的机构,至今犹停滞于前资本主义的农业经济之阶段,农业形成国民经济的础石;而土地问题又为农村经济一切问题的核心;所以土地问题的解决,是复兴中国国民经济运动中占极重要的任务"。① 强调中国处于"前资本主义"阶段,这是漆琪生运用马克思主义社会发展阶段理论分析近代中国社会的结果,强调农业构成国民经济之基础,则表明其深刻认识到中国的农业国国情。

何谓"土地问题",其内涵是什么?农业经济学家吴文晖曾指出,"其内容极为复杂,范围亦甚广大,但可归纳为土地利用与土地分配两大问题"。② 漆琪生亦认为,"土地问题的一般内容,有两点:一为地利的问题,即土地必须以如何的方法去利用,才能使地利发挥其最大效能的问题;二为人利的问题,即土地必须以如何的方法去占有,才能使土地占有者得有最合理而最有利的享受利用土地之成果。前者那问题,又即是土地使用问题、农业生产问题;后面那问题,则为土地分配问题、土地所有问题"。③ 只是,"农村问题,现今完全被逼到了必须从人与人的关系彻底解决的阶段,只有在将中国既成的农村中之人与人的关系变革之后,始能进而解决人与自然的关系"。④ 其实,漆琪生这是在强调近代农村问题的解决要从解决生产关系层面的问题入手;而具体到土地问题,则是要解决围绕土地而发生的人与人的关系问题,也即土地所有权问题。"所谓土地问题云者,在现今私有制度的社会中,其极端的意义,即指土地分配与所有问题,至于土地使用问题,则常为土地所有问题所约制,不能单独形成土地问题之楔子"。⑤ 漆琪生这一认识,与当时其他受马克思主义影响的知识分子是一致的。钱俊瑞就强调,"土地所结合的那种人与人的关系,在农业生产的实际过程中具有决定的意义"。⑥ 漆琪生还指出,"私有的权力常为一切问题的先决者与支配者",地主土地所有制之下,土地"大半归于地主所有","地主

---

① 漆琪生:《新货币政策与土地问题》,《交易所周刊》1936 年第 1 卷第 50 期,第 21 页。
② 吴文晖:《中国土地问题之真相》,《思想与时代》1943 年第 23 期,第 33 页。
③ 漆琪生:《中国土地问题发生的由来及其对策》,《文化建设》1935 年第 2 卷第 2 期,第 41 页。
④ 漆琪生:《由中国国民经济建设论目前农村之出路》,《文化建设》1935 年第 1 卷第 9 期,第 97 页。
⑤ 漆琪生:《从土地村有制说到中国一般的土地问题》,《新中华》1935 年第 23 期,第 29 页。
⑥ 钱俊瑞:《土地所有的形态》,《申报月刊》1932 年第 2 卷第 5 期,第 68 页。

常利用其土地所有权,障碍佃农自由与合理的利用土地,故土地问题形成的原因,亦大半起源于土地所有关系,至于土地的利用问题,反而成为隶属的副题"。①

不过,在漆琪生看来,将"土地问题"定义为土地所有权问题,只是一种狭义说法。而广义的"土地问题",则包括土地所有权问题及受其影响的土地生产问题。"广义的土地问题之解决",是指建立合理的土地所有制,以及在此基础上发展农业生产。至于近代土地问题,他认为,"必须着手于广义的土地问题,而以解答土地所有问题为重心"。② 换言之,即要以解决土地所有权问题为重心,并且又要兼顾农业生产。这一认识是值得重视的。"土地的分配固然是土地问题的基本着眼之点,可是绝不是土地问题的全部",还必须加上对农业经营方式的考量。③ 为什么要以土地所有权问题为重心?这是因为,"土地分配与所有问题,不独成为中国土地问题形成的主要契机,并且是农业生产技术问题的决定者"。④ 他接着从对中国社会特点的分析入手,对此作了进一步阐释。"土地皆集中于地主阶级之手,致一般贫农佃农缺乏耕地,自耕农土地不足,因为土地所有权之限制,农民不能自由而合理的扩大耕种规模,整理耕地形态,只好持续其极不利与极简陋的旧式之过小农生产方式,耕种零细之土地,以支持残生。是以农业生产衰落,贫病灾祸频仍,构成当前中国农村经济总解体的险象。"⑤

土地集中于地主之手,并以租佃形式租给农民耕种,直接从事生产的农民却缺地、少地。马克思主义经济学家陈翰笙对此曾强调,"土地所有与土地使用间的矛盾,正是现代中国土地问题的核心"。⑥ 漆琪生亦指出近代"土地问题的本质",是"土地所有关系与使用关系之矛盾","我国自秦成立土地私有制度以来,土地所有与土地使用之统一关系,即告破裂,二者

---

① 漆琪生:《中国土地问题发生的由来及其对策》,《文化建设》1935年第2卷第2期,第42页。
② 同上。
③ 钱俊瑞:《钱俊瑞集》,中国社会科学出版社2002年版,第104页。
④ 漆琪生:《从土地村有制说到中国一般的土地问题》,《新中华》1935年第23期,第29页。
⑤ 漆琪生:《中国土地问题发生的由来及其对策》,《文化建设》1935年第2卷第2期,第50页。
⑥ 陈翰笙:《现代中国的土地问题》,汪熙、杨小佛主编:《陈翰笙文集》,复旦大学出版社1985年版,第72页。

第五章 "土地村公有"的提出及其引发的土地所有权问题讨论　　267

之矛盾与冲突,遂成为数千年来中国土地问题发生之主要契机"。① 地主、豪强等大肆"进行土地占有与兼并",且"惟以企图收获最高额之地租为目的";直接从事耕作的广大农民则缺地、少地,并在地主的剥削之下日趋贫困,致使无力改良生产技术与生产工具等,以致阻碍农业生产的发展,"使中国农业数千年皆停滞于前资本主义的过小农经济之领域,并且因多数农民贫苦之极"。② 漆琪生对地主与农民之间在土地占有关系上的对立,以及地主土地所有制严重阻碍农村经济发展的揭橥,是极其深刻的。并且,"这个对立,充分表现了生产关系对生产力的桎梏"。③

但是,土地集中的具体状况,在地区经济发展不平衡的近代中国,呈相各异。南方尤其是长江三角洲一带"出现了比华北集中的土地所有权":"华北的土地出租占耕地面积的18%,而长江三角洲约占42%。"④ 漆琪生也注意到这一特点。他指出,在以自耕农为主的北方,自耕农要求打破地主经济的威胁,"整理其不合理与不利益的耕地形态"以促进农业生产,而雇农等无地农民则是要求分配土地,"获得生产手段",开展农业生产;华中、华南地区则表现为佃农等无地农民要求"获得土地所有权","消灭土地的所有权关系与使用关系之矛盾"。⑤ 他还在将土地集中的具体原因总结为"商业资本之发达"与"军阀官僚之投资"的基础上,分别指出华北与华南土地集中的具体原因:"东南诸省,商业殷盛,商业资本至为发达,于是农村土地多趋向商业资本集中";"西北诸省,文化闭塞,军阀官僚势力强大,而彼等多将其剥削之金钱投资土地,促进大土地之集中"。⑥

当然,在近代特殊的形势下,土地问题又有其独特之处。漆琪生指出,"资本主义的商品底重炮,攻破了闭关自守的壁障底万里长城","半自然经济的中国农业"逐渐崩溃,农村的家庭手工业产品"渐遭驱逐,终至绝迹",农民"次第贫困"。⑦ 加之,民族工业遭致毁灭性破坏,大量社会闲置

---

① 漆琪生:《中国土地问题发生的由来及其对策》,《文化建设》1935年第2卷第2期,第43页。
② 同上。
③ 孙晓村:《现代中国的土地问题》,《教育与民众》1936年第8卷第3期,第395页。
④ [美]黄宗智:《长江三角洲小农家庭与乡村发展》,中华书局2000年版,第40页。
⑤ 漆琪生:《从土地村有制说到中国一般的土地问题》,《新中华》1935年第23期,第30页。
⑥ 漆琪生:《中国农业资本主义化的现状及其发展》,《现代学术》1931年第1卷第2期,第5页。
⑦ 同上书,第1—2页。

资本涌入农村,"皆以土地为投资对象,以收获高额地租为实现资本利息的良好根源"。① 因此,西方列强的入侵,一方面,激化了原本就已严峻的土地集中问题。农民"陷溺于贫困饥寒之苦海中,生计困难,自然对于原有仅少之土地,难于保存,不得不次第丧失,至于新的土地之购买与扩大,自更不可能";"在极度的贫困之余,普遍的不是感觉土地缺乏之苦痛,便是感受土地不足之障碍"。② 另一方面,则是农业生产遭致摧残,导致"农业的内卷化"。本如费孝通所指出的,近代农村土地"已到了利用的边际","从土地利用上看是不值得租种。但在农家经济上说,租了田地来种,多少可以得到一些收入",再结合农闲时"多余的劳力从事各种手工业,增加收入",维持生存。③ 然而,随着家庭手工业在帝国主义入侵后的纷纷破产,农民在收入减少的情况下,"除却在农业生产行程中,极大量的支出其自身之肉体劳动,以求获得较大数量的农作收入外,别无他策",因此,造成"过小农的园艺式生产方式之停滞"。④

2. 由土地农有到土地国有的"两步走"方案

在明确土地问题的内涵与本质,分析近代特殊国情下土地问题所出现的新变化之后,漆琪生就如何解决土地问题,提出由土地农有到土地国有的"两步走"方案。

首先,他指出,"在现阶段中,我国土地问题解决的中心任务,最首要的是在于废止现行的地主经济,以消弭农村中封建剥削之基础,使直接生产的农民获得土地"。⑤ 实现土地农有之后,农民"取得农业生产最重要之生产手段",便可以"保障其参加生产之可能性与稳定性",也"便于合计划与合目的的整理土地,利用土地,发展生产,不致再如过去让土地所有关系与土地使用关系乖离"。⑥ 并且,在民族危机逐渐加剧的情势之下,漆琪生认识到将土地分给农民对于化解民族危机有着巨大意义:第一,实行

---

① 漆琪生:《中国土地问题发生的由来及其对策》,《文化建设》1935 年第 2 卷第 2 期,第 44 页。

② 同上书,第 46 页。

③ 费孝通:《对于各家批评的总答复》,《乡土重建》,观察社 1948 年版,第 164 页。

④ 漆琪生:《中国土地问题发生的由来及其对策》,《文化建设》1935 年第 2 卷第 2 期,第 46 页。

⑤ 同上书,第 59 页。

⑥ 同上。

土地农有，可以"使直接生产的农民获得生产手段，从而可以发展农业，增加生产，适应抗战的需要"；第二，"农民受政府施行进步的土地政策之惠，生产与生活之基础得以保障，益加促进其拥护政府与效力抗战的意志，加强抗战的实力"；第三，"藉此全国民众效忠政府，一切力量集中抗战的机会，施行'耕者有其田'的政策，完成农村建设的伟业"。① 漆琪生这一对土地、农民、国家三者关系的认识，是极其深刻的。在民族危机日趋加剧的紧要关头，蒋廷黻就竭力强调，占据中国人口 80% 的农民"所要的是土地"，实行"耕者有其地"，给予农民土地所有权，是调动民众拥护、支持抗战的法宝；他对国民政府大声疾呼"民族主义还不够"，"单纯的民族主义的运动已经过期了"，"现在的民族主义，不加上高度的社会主义或民生主义，不能成为大有力的发动机"。② 事实上，近代土地问题不仅是一个经济问题，而且还是一个与民族危机、革命道路等紧密相关的政治性问题。这也正如漆琪生所强调，"中国土地问题，不仅是一个单纯的经济问题而已矣，它还是一个复杂的政治问题"。③ 而他也在 20 世纪 40 年代，进一步将土地问题与民主政治联系起来，指出：土地改革运动，除实现耕者有其田之外，"还需农民直接的组织起来，争取民主政治之成功，与反对帝国主义之胜利，将土地改革运动，融合成一个经济性而兼政治性的伟大之历史变革的运动"。④

但是，将土地分配给农民，却并不意味着土地问题的最终解决。漆琪生指出，"单是如此，似还不够"。实行土地农有，虽然实现地权的变革，但却不利于生产的长足发展。因此，他又提出了要实现土地国有的最终理想。"解决中国土地问题，须以土地国有制度为最高之原则。"⑤

为什么要以土地国有为"最高原则"？漆琪生认为，实现土地国有之后，"可以废绝土地私有制之一切弊端，可使土地所有关系与使用关系调整而统一，最便利于实行大农主义的生产方式，最有效于改良农业技术，增

---

① 漆琪生：《中国战时农业土地政策的基本原则》，《时代精神》1939 年第 1 卷第 5 期，第 47 页。

② 蒋廷黻：《民族主义不够》，《土地村公有言论集》（第一辑），土地村公有实施办法讨论会 1935 年编印，第 174 页。

③ 漆琪生：《中国土地问题研讨的基本观点》，《中国建设》1948 年第 6 卷第 2 期，第 18 页。

④ 同上。

⑤ 漆琪生：《从土地村有制说到中国一般的土地问题》，《新中华》1935 年第 23 期，第 31 页。

进农业生产，最能使地尽其利、人尽其力，彻底的消灭农村中一切封建剥削关系，进于大同世界之理想社会"。① 漆琪生这一认识，与马克思对土地国有论的阐述是基本一致的。马克思曾指出，土地国有化实现之后，不仅"靠他人的劳动而生活将成为往事"；并且，科学知识、耕作技术手段等都可因大规模耕作的实现，而"有效地加以利用"，"一切生产部门将用最合理的方式逐渐组织起来，生产资料的全国性的集中将成为自由平等的生产者的各联合体所构成的社会的全国性的基础，这些生产者将按照共同的合理的计划进行社会劳动"。②

然而，漆琪生又冷静地认识到近代中国并不具备实现土地国有的条件。在他看来，土地国有的实现必须具备四个条件："（一）必须社会经济的机构，已渐社会主义体制化；（二）必须农业生产力的发展已完全大农主义化，或农业生产方式已渐集体经济化；（三）必须国家权力极度的坚强，能够应付一切事变，推行土地国有制度；（四）必须农民对于土地的私有观念异常淡薄，农民经济生活的习惯已经集体化"；"如果这四项条件缺乏，则勉强行之，终必失败"。③ 但是，在近代中国即使是中共所领导下的革命根据地，"仍不敢贸然行之，并极力的批判国有论的幼稚，而仅止于平均分配土地"。④ 因此，他提出，近代土地的问题的解决必须要分"两步走"：从土地农有过渡到土地国有。"消灭地主经济，建立新的'耕者有其田'的土地制度，废除以地租为中心的封建剥削，开拓农业发展的新大道，为将来'天下为公'的社会主义经济社会之演进扫除最大障碍。作今后过渡为土地国有的准备，诚属必要之举。"⑤

至于如何"过渡"？他提出发展集体经济的办法。"解决中国土地问题，除废止地主经济，分配土地与直接耕种的农民外，尚须运用国家权力，指导农民次第集中于集体经济的方针下，行有利而合理的集体的农业生产。"⑥ 发展集体经济，一是能克服小农经济分散经营之弊，促进农业生产发展。

---

① 漆琪生：《从土地村有制说到中国一般的土地问题》，《新中华》1935年第23期，第31页。
② 《马克思恩格斯文集》第3卷，人民出版社2009年版，第231—233页。
③ 漆琪生：《从土地村有制说到中国一般的土地问题》，《新中华》1935年第23期，第31页。
④ 同上。
⑤ 漆琪生：《中国土地问题发生的由来及其对策》，《文化建设》1935年第2卷第2期，第59页。
⑥ 同上。

"前资本主义过小农经营之生产方式,至不利益,障碍中国农业发展与农民生活改善至钜,必须急加改良,采用进步而有利的近代资本主义之农业生产方式,才是相宜。"① 通过农业生产的发展,向农民昭示集体经济的优势,引导农民走集体经济之路。"由集体生产的成功与胜利,以诱启农民对于土地国有的信念。"② 另一方面,发展集体经济可以逐渐培养农民对集体经济的认识。"从生产行程的教育和经验上,使中国农民次第学习集体经济的生产方法和生活习惯,渐渐觉悟土地私有制不利,从而减弱其土地私有观念,放弃其土地所有权。"③ 最终,"完全扬弃其原有的个人主义的农业生产方式,归结于集体主义的公营公享的社会主义之生产关系中,俾我国农业生产关系,再由'耕田农有'的阶段,更推进于'耕田国有'的阶段"。④ 对于这一方案,漆琪生是极其自信。"中国农业生产可以迅速发达,农业技术可以积极改良,而对于现今的制度亦无冲突,将来大同世界的种子可以渐渐胚育。无伤现实而有利将来,实是一最适当而最有利的解决过渡阶段中的中国土地问题之唯一方案。"⑤ 为什么非要经历耕者有其田这一阶段,再向土地国有过渡呢?漆琪生又对此作了具体说明。

首先,他强调"必须从历史发展的过程上,去探讨中国土地问题"。⑥ 所谓"历史发展的过程",即指中国社会所处的历史发展阶段。在漆琪生看来,近代中国所处的"乃是一资本主义经济已经烂熟日趋腐朽,而社会主义经济次第萌芽的过渡的行程"。因此,"一切中国问题解决的方式,纯粹资本主义式的办法,固然已经时代落后,无效而有碍,可是完全社会主义式的办法,则又时间尚早,幼稚而不妥"。⑦ 然而,社会问题的解决,"只有

---

① 漆琪生:《中国土地问题发生的由来及其对策》,《文化建设》1935 年第 2 卷第 2 期,第 60 页。

② 同上。

③ 漆琪生:《从土地村有制说到中国一般的土地问题》,《新中华》1935 年第 23 期,第 31—32 页。

④ 漆琪生:《我国农村经济救济的方法》,《社会科学论丛》1937 年第 3 卷第 1 期,第 95—96 页。

⑤ 漆琪生:《中国土地问题发生的由来及其对策》,《文化建设》1935 年第 2 卷第 2 期,第 60 页。

⑥ 漆琪生:《中国土地问题研讨的基本观点》,《中国建设》1948 年第 6 卷第 2 期,第 18 页。

⑦ 漆琪生:《中国土地问题发生的由来及其对策》,《文化建设》1935 年第 2 卷第 2 期,第 58 页。

与此历史过程相应，确定适宜的过渡方案，始属妥当有效"，土地问题亦是如此。因此，近代土地问题的解决，"纯粹资本主义的土地私有制度之维持自然不必，然而完全社会主义的土地共有制度之建立则又过早。惟有废止既成的地主经济而建设'耕者有其田'的自耕农分配土地制度，放弃农村中的封建剥削关系与前资本主义的生产关系，以为准备进入社会主义经济的过渡阶段，较为适合时代而得当的方案"。① 认为近代中国处于"资本主义经济已经烂熟日趋腐朽"阶段的观点，无疑值得商榷。薛暮桥曾指出，"土地所有底集中和借地经营的普遍，本是资本主义生产方式发展中的必然现象"，近代农村，资本主义的地主经营和借地经营在若干区域中间也有相当发展，但是，"较占优势的是出租大部或是全部土地的收租地主，和租进零细土地的'饥饿农民'"，并且"中国底纯粹佃农总有百分之九十以上是在贫农层中"，因此，"中国底土地关系中间所包含着的资本主义的意味，还是异常淡薄"，"土地底商品化并不就是土地关系底资本主义化"。② 但是，漆琪生强调从中国社会发展的具体阶段来探索土地问题，其实质是强调要将探索土地问题的解决与中国的国情相结合，这无疑极具积极意义。

其次，从"经济环境"来看，漆琪生指出，"农业经济是国民经济的基础，国民人口最大部分属于农民"。因此，"眼前中国一切策略之决定，不但必须考虑此经济环境之限制，只有先以农业为重心的建设乃易见效，然后其他的建设始有可能。并且，必须考虑农民的需要与要求，然后始能奠定社会秩序，而巩固国本"。③ 强调"以农业为重心"，与其对中国经济发展道路的思考直接相关。其时，知识界围绕近代中国经济发展的道路展开论争，出现了重农论、重工论、"先农后工"论，以及农工并重的调和论等。漆琪生则指出，"我跟据中国国民经济历史的客观的诸条件，主张阶段的核心论。在现阶段中，中国国民经济发展的核心是在农业方面，则将来的核心则在于工业方面"。④ 在他看来，"中国国民经济最主要的病征，厥为农村经济之急激崩溃，在农村经济急激解体的局势之下，遂造成中国都市经济，

---

① 漆琪生：《中国土地问题发生的由来及其对策》，《文化建设》1935年第2卷第2期，第58页。
② 余霖：《中国农业生产关系的检讨》，《中国农村》1935年第5期，第4—5页。
③ 漆琪生：《中国土地问题发生的由来及其对策》，《文化建设》1935年第2卷第2期，第58页。
④ 漆琪生：《中国国民经济发展的核心问题》，《现代》1935年第6卷第2期，第367页。

工商百业随以衰落的险象";因此,"中国国民经济发展最终的任务,乃在于中国国民经济的工业化,而现阶段的过渡的使命,则应倾重于农村经济的恢复"。① 他还强调,国民经济的发展必须考虑农民的需求。"农民普遍的要求是获得土地,扩大土地以解决土地缺乏与不足的恐慌。"② 因此,土地问题的解决虽然一方面是必须建立新的土地制度,使其适合农业生产的发展;但另一方面则必须注意小农经济的"牢固性"、"普遍性","不是一举而可肆意完全改革",若不尊重农民固有的信念与希望,"强暴的施行其空想的政策",不仅于事无补,反而会诱发变乱。③ 而实行耕者有其田,"可以满足农民希望获得土地之热烈要求,顺全农民对于土地私有的固持感情,和缓农民情绪,稳定农村秩序"。④

最后,漆琪生指出,"现阶段的中国,是一承认私有财产制度的资本主义体制内之国家;中国的国力,是一国弊民困的垂死病人。因此,吾人解决中国一切问题时,在不否认现行国度的前提下,是不能妄作完全废止私有权的高调;同时在估量现有国力异常微弱的前提下,亦不能妄作国力不胜的过大的冀求"。⑤ 加之,如前所述那般中国农民最大的渴求是土地,因此土地国有不可遽然推行。此外,对于如何实现土地改革,他认为孙中山的照价征税、照价收买,尤其是收买地主土地的方法"实可行之"。⑥ 并且,实行耕者有其田,也必须要"有一定的程序和手续",特别是"推行的资金等,亦预先准备"。然而,漆琪生指出,根据中国的经济实力来看,将地主手中的土地收买之后,分配给农民是极其勉强的;而若再从农民手中收买而归诸国有,则无法实现。因此,土地国有制度,"吾人在原则上虽完全赞成而希望",但"只有等到将来国家制度变革后,始有可能";"在现行国度中,则惟有考虑此现实关系,在于现有国度不矛盾的方式下,改良既成的土地制度而为将来作土地国有之准备,乃为得体。加以中国国力衰微至是,

---

① 漆琪生:《由中国国民经济建设论目前农村之出路》,《文化建设》1935 年第 1 卷第 9 期,第 93 页。
② 漆琪生:《从土地村有制说到中国一般的土地问题》,《新中华》1935 年第 23 期,第 31 页。
③ 漆琪生:《中国土地问题发生的由来及其对策》,《文化建设》1935 年第 2 卷第 2 期,第 58 页。
④ 同上书,第 60 页。
⑤ 同上书,第 58 页。
⑥ 同上书,第 60—61 页。

如欲遽行土地国有的新制度，除国家制度问题不计外，即政治力量与经济力量，皆难胜此重任"。①

综合来看，漆琪生对近代土地所有权问题的思考具有如下特点：

第一，他对近代农村土地问题内涵、本质以及对解决方案的思考，无不是从近代中国的国情出发，而力求得出切实可行的解决方案。如他强调要从中国社会所处"历史行程"也即社会发展阶段，以及中国的"国力"等方面来探索土地问题的解决方案；再如他因认识到农业国之国情，以及20世纪30年代以来逐渐加剧的民族危机，而强调土地农有改革对于恢复与发展国民经济、化解民族危机极具必要性，诸此等等。

第二，漆琪生对近代所有权问题的思考，乃至对土地问题的整体构想，根本着眼点是近代中国经济的发展。对于近代土地问题的解决，他虽强调要从土地分配入手，但最终落脚点却是土地使用问题；并且，他强调由土地农有过渡到土地国有，根本目的也是要使土地生产或说农业生产的效益最大化。在农业生产发展的基础上，进而促进中国的工业化。"中国之农村经济，乃是工商各业凭依之所，只有在农村繁荣、农业兴盛、农民富裕的前提下，中国工商各业始有发展与兴隆之可能。"② 因此，"研讨中国土地问题必须从发展整个国民经济与工业化之立场去观察，而不能将它单纯的孤立起来"；"土地改革之主要任务，亦在于清除整个国民经济发展之障碍，与建筑工业化之基础"。③

第三，漆琪生早年留学日本，深受日本马克思主义经济学者河上肇影响，系统学习与研究《资本论》以及马克思主义的政治经济学，且也毕生以此为职志。正因这一知识背景，所以他能将马克思主义相关理论灵活地运用在对近代土地所有权问题、农村经济问题乃至整个国民经济问题的探索之中。如他从生产关系也即人与人的关系入手分析近代土地问题；再如提出在实行土地农有之后要逐渐引导农民走集体经济发展之路，通过发展

---

① 漆琪生：《中国土地问题发生的由来及其对策》，《文化建设》1935年第2卷第2期，第58—59页。

② 漆琪生：《中国国民经济建设的重心安在——重工呢？重农呢？》，《东方杂志》1935年第32卷第10期，第40页。

③ 漆琪生：《中国土地问题研讨的基本观点》，《中国建设》1948年年第6卷第2期，第16页。

集体经济而最终实现土地国有。① 并且，漆琪生对近代土地所有权问题的许多认识，与受马克思主义影响下的"中国农村派"是基本一致的；只是，漆琪生更为高明之处，是较早提出在土地农有基础上最终过渡到土地国有。②

第四，在近代特殊的情势之下，漆琪生还深刻认识到土地所有权问题也是一个政治性问题。因此，在民族危机逐渐加剧的20世纪30年代，他将实现土地农有与纾解民族危机紧密结合起来；20世纪40年代，则又强调土地改革与实现民主政治之间的关系。

当然，漆琪生对土地所有权问题的构想，尤其是对耕者有其田的思考，还体现出对中国农民习性的深刻认识，以及对农民习性的充分尊重。即便是认为土地国有对于克服土地私有之弊具有决定性意义，却仍然强调，"在现阶段中，我国实缺乏实行土地国有制度之条件，不能冒昧作此幼稚行动，以滋纷扰。就是其他类似否定农民土地私有权的任何公有制度，亦皆不能施行。"③ 而从深层次上看，这折射出漆琪生对近代农民之深切关怀。诚如他所强调的，"研讨中国土地问题的人们，无论以任何事象作对象，与从任何方面去着手，皆以顾全最大多数的贫苦农民之实际利益，而谋其增进为首要之观点。假如研讨土地问题而脱离了这个观点，则一切皆是虚伪，全

---

① 马克思针对无产阶级采取"直接改善农民的状况"的措施指出，"这些措施，一开始就应当促进土地的私有制向集体所有制过渡，让农民自己通过经济的道路来实现这种过渡；但是不能采取得罪农民的措施，例如宣布废除继承权或废除农民所有权"（《马克思恩格斯文集》第3卷，人民出版社2009年版，第404页）；恩格斯也强调，"我们预见到小农必然灭亡，但我们无论如何不要以自己的干预去加速其灭亡"；"我们对于小农的任务，首先是把他们的私人生产和私人占有变为合作社的生产和占有，不是采用暴力，而是通过示范和为此提供社会帮助"（《马克思恩格斯文集》第4卷，人民出版社2009年版，第524页）。

② 熟悉中国近代经济史的都知道，20世纪30年代一大批受马克思主义影响的知识分子开始对近代土地问题进行探索，其中尤以薛暮桥、陈翰笙、钱俊瑞等为代表的"中国农村派"为主要力量。他们也是从生产关系入手，分析了30年代土地问题逐渐加剧的现实，"提出和论证了土地所有权变革的主张"（参见周建波、颜敏：《"中国农村派"的土地所有权思想探微》，《经济学动态》2011年第1期，第97页）。在对耕者有其田的认识上，漆琪生是与"中国农村派"基本一致的；但是，对于耕者有其田之后的更高阶段——土地国有阶段的系统阐述，以及由土地农有向土地国有过渡的必要性、合理性以及如何过渡等的具体探索，漆琪生则要早于"中国农村派"。20世纪40年代，狄超白等才提出在耕者有其田的基础上引导小生产者走合作经营的发展道路（参见狄超白：《中国土地问题》；《狄超白集》，中国社会科学出版社2000年版，第40页）。

③ 漆琪生：《从土地村有制说到中国一般的土地问题》，《新中华》1935年第23期，第31页。

盘皆是谎话,根本违背了解决土地问题之真实需求,不会得着正确的结果"。①

漆琪生对近代土地所有权变革的构想的具体内涵,固然已深深打上了历史的烙印;但是,他在探索近代土地所有权问题中形成的尊重中国国情、适应与促进经济发展、活用马克思主义理论以及尊重农民习性、维护农民利益等原则,则仍值得珍视。

五 土地所有权思想在探讨中发展

出于应对中国共产党土地改革的威胁以及由此发生的势力扩张,阎锡山提出"土地村公有"主张,并引起了土地公有与私有的讨论,双方各抒己见,推动了近代土地所有权思想的发展。

1. 土地公有思想的发展与土地农有思想的形成

"土地村公有"引发了土地公有与私有地探讨,推动了土地公有思想的发展,促成了土地农有思想的形成。

首先,就推动土地公有思想的发展而言,阎锡山的"土地村公有",就其思想内涵本身来看,它是土地公有思想发展的结果,也是土地公有思想发展的重要表现。它的产生,是受中国共产党土地改革直接影响下的结果。阎锡山认为,中国共产党的土地改革是在推行土地农民私有制。"土地村公有"正是应对土地农民所有权思想而提出,能够消除中国共产党土地农有实践的影响。他还认为,土地私有制是人类社会不平等的根源,也是导致农村土地问题严重的原因。实行土地公有制,能够消除土地私有之弊。中国共产党在土地私有之弊极其严重的情况下,仍然推行土地农有这一私有制度,无疑是给国民党留下了剿灭其的机会。

在围绕土地公有制的讨论中,人们就实行土地公有制的必要性、实现土地公有制的具体办法,以及土地公有制对社会经济的影响等诸多方面进行了探讨。这无疑也是对近代土地公有权思想内涵的丰富与发展。

其次,再来看土地农有思想的形成。前文分析了两种性质不同的"土地农有"思想。这一阶段形成的土地农有思想,是一种彻底的给予农民土地所有权以及土地使用权的思想。它的形成,很大程度上是借鉴中国共产

---

① 漆琪生:《中国土地问题研讨的基本观点》,《中国建设》1948年第6卷第2期,第16页。

党土地改革的结果。如蒋廷黻的耕者有其地思想,就是一种强调彻底实现土地农民所有权的思想。他在分析中国共产党势力不断壮大的原因中,发现中国共产党彻底的土地改革这一法宝,进而要求国民党在民族危机日益严峻的情况下,汲取中国共产党经验,实行耕者有其地,将潜藏在农民群体中的巨大力量发掘出来,共同抵御外敌入侵,最终实现民族问题的彻底解决。当然,强调彻底的土地农有思想,还与人们认识到私有产权在经济发展中具有基础性作用有关。如萧铮就强调,保护土地私有产权以促进农业经济乃至整个国民经济的发展。

在土地公有与私有的探讨中,土地私有论者诸如萧铮、朱通九等,对土地私有权思想的产生原因,及对社会经济发展的作用等,都做了详细研究与阐述。他们的土地私有权思想,就其思想本身而言,对于完善近代土地所有权思想的内涵有着重要意义。

2. 土地公有思想与土地农有思想的相互补充

土地所有权思想不断向前发展,表现为这一思想开始与中国的现实需要紧密结合起来,并兼及未来农业发展与现代化之需要,开始形成以土地农有为过渡、最终实现土地公有制理想的土地所有权思想。

如前所述,在"土地村公有"引发的土地公有与私有思想的探讨中,主张土地私有的专家学者们,根据当时中国的国际国内形势,强调土地私有制的必要性。如萧铮就从土地所有权与农民生产积极性之间的关系上,强调土地农有对于恢复和发展农村经济有着直接的促进作用。蒋廷黻则是从民族主义的角度,强调土地农有的重要性。在他看来,中国共产党在根据地内实行"耕者有其田"之后,获得了农民的巨大支持,凝聚了巨大的"力量"。因此,借鉴中国共产党土地改革的做法,实现耕者有其地,将能使农民对于国家、民族有着更直接的认识,并促使他们奋起捍卫构筑在自身利益基础上的"国家"。在土地私有论者们看来,近代中国需要实现土地农有。

另外,持土地公有论者认为农村经济的凋敝、农民生活的痛苦,皆因土地私有制之弊所致。因此,主张实现土地公有制,消灭私有制。他们还从未来农业现代化与经济现代化等角度,强调土地公有制的必要性。如前文中所论及的,凌青就强调,未来农业生产要走"资本主义化"的道路,这就要求实现土地公有制。凌青的农业生产"资本主义化"的想法,实质就是发展资本主义农业大生产,因此,也就回到资本主义土地国有制上去了。

然而，主张以土地农有为基础过渡到土地公有，这一观点更为值得注意。它将土地私有制的现实需要与土地公有制的未来理想结合，既是对邓演达等的"暂时性的土地'农有'制过渡到最终的土地国有制"的发展，同时也标志着近代地权思想走向成熟。这一土地所有权思想，主要体现在凌青、漆琪生等的思想中。凌青指出，农村土地问题的解决，治本的办法就是土地重新分配，并且非行这一"根本改造"不可，但若要将小农经济作为一个安定的长久的制度，那就"实在是时代错误"。在他看来，小农经济的前途"是没落的"，必须追求与建立一种"新的高级的生产方法"，这即是建立在土地公有制基础上的"资本主义化"生产。漆琪生也强调，中国"是一国弊民困的垂死病人"，国力异常微弱，故"不能妄作完全废止私有权的高调"。虑及中国国情，以及考虑到纾缓民困，他强调当下的土地所有制度应推行以土地农有为内核的土地私有制。但他又对土地国有制"完全赞成而希望"。因此，他就将现阶段的土地农有制度与未来阶段的土地国有制有机结合起来，提出由土地农有向土地国有的"两步走"构想。

土地所有权思想与中国国情的结合，促成了土地所有权思想本身的发展，它具体表现为强调当下阶段实行土地农有的必要性。土地所有权思想与未来农业经济发展以及国民经济现代化的结合，促成了近代土地公有理想与土地私有这一"现实需要"的有机结合，并且开始形成以土地农有为过渡、最终实现土地公有制理想的土地所有权设计模式。

综合来看，20世纪30年代中后期土地所有权思想在公有权与私有权思想的探讨之中，继续向前发展。它促使土地所有权思想跟国情更加紧密地结合，也促使土地所有权思想与未来农业发展与国民经济现代化开的结合。并且，两大"结合"孕育出了以土地农有为过渡追求土地公有理想的土地所有权思想之雏形。

需要注意的是，在土地公有权与私有权思想的探讨中，出现了一种新论调。这就是将土地所有权问题与近代经济发展问题、工业化问题结合考虑的思想。如前文所述，高桥就强调，要彻底给予农民土地所有权，以及发展农村金融、推行农贷，为农业生产注入资金，并且发展工商业，实现工业化，利用工业化来吸收农村中过剩的劳力，减少人对地的压迫，缓解因人口自然增长所带来的日益严峻的人地矛盾。刘君煌亦指出，中国农地问题"甚形严重"，论其症结，"一曰所有权问题"；"二曰利用问题"。给予农民土地所有权,并不意味着土地问题的最终解决。人口不断增加,而土地面积有限。因此,"农地决然不敷分配,对于一般为农地所不能容纳之人口,势非于农地范围以外为其另谋出路不可,而能容纳多量人口之职业厥为工业,故欲彻底解决土地问题,一面固应就农地本身实行改革,同时仍须力图工业之发展也"。[①]

[①] 刘君煌:《中国农地问题与阎锡山氏之土地村有计划》,《土地村有问题——各方对土地村有问题意见丛编》,中国地政学会1935年印行,第71页。

第六章　土地农有基础上追求土地公有理想及开展合作经营的思想

抗战时期，土地农有思想兴起。战争爆发前夕，罗克典否定了地主与农民"互让一步"的主张，强调实行土地农有以动员农民支持、参与抗战；抗战爆发后，漆琪生则从保障抗战需要的角度，提出实行土地农有以及在此基础上开展计划经营与集体经营的主张；抗战胜利前夕，曹茂良强调实行土地农有以促进战后的工业化。抗战后期，国共摩擦激剧，国民政府的土地问题专家、学者迫于中国共产党逐渐壮大且在与国民党的较量中渐占上风的形势，以及基于对战后经济建设的考虑，鼓吹实行土地农有改革。

这些土地农有主张，并不止于将地权分给农民即告完竣，他们还包含有在土地农有基础上实现土地公有（国有）或者开展合作经营的内涵。如罗克典强调未来土地所有权一定要实现国有，漆琪生则强调在土地农有的基础上开展计划经营与规模经营，等等。另外，在反思土地农有之弊的过程中，万国鼎强调在土地农有的基础上建立标准自耕农场，再联合这些农场建立农业生产合作社，实现农业经营的规模化与机械化。费孝通、吴文晖等则强调在实现土地农有之后大力发展工业，吸收农村剩余劳动力，促成农业的规模经营与机械化作业。而国民党的土地问题专家在主张彻底的土地农有改革之余，也强调在生产恢复与经济发展的基础上"建立标准单位与集体经营的土地制度"。这一时期的地权思想，既有强调以土地农有为过渡，追求土地国有（这种土地国有思想与土地"农有"思想的区别，主要是经营方式上的差别，它所采取的规模经营方式，如由集体经营或国家经营等），也有强调开展合作经营与规模经营的设想。

一 抗战时期土地农有思想的兴起

历经20世纪二三十年代的探索,中国作为农业国、农民占据人口大多数的国情已被普遍认可。面对日本帝国主义的入侵,动员全民抗战成为当务之急。人们普遍意识到,土地作为农民孜孜以求的生产资料,给予农民土地所有权,无疑成为动员农民的重要法宝。并且,要支撑其全面抗战,也必须要实现农民的土地要求,调动农民的生产积极性,保障抗战的经济需要。此外,随着战后重建逐渐提上日程,人们又将农业与工业化结合起来,强调土地农有改革对于促进战后工业化有着重要意义。

1. 实行土地农有动员农民抗战

1937年初,中国共产党基于对建立抗日民族统一战线的考虑,将没收地主土地分配给农民的土地农有政策转变为地主减租减息、农民交租交息的"双交双减"政策。与中国共产党地权思想的这一变化相呼应,学者章乃器也结合日益紧迫的民族危机,针对如何解决土地问题提出,农民、地主"互让一步","双方同时为国牺牲,也同时相忍为国",旨在"尽量避免内部纠纷的条件之下,来研究联合战线下的土地问题"。[1] 这一放弃土地农有改革而倡导地主与农民"互让一步"而的主张,引起罗克典[2]的质疑。他指出这是一种"折衷办法",是"一种事实所不容许的幻想"。[3]

在罗克典看来,中国所面临的"民族斗争"已经爆发。因此,在"非敌被击破,即我被灭亡!"的情势之下,整个民族所要做的是"如何去把握

---

[1] 章乃器:《农村联合战线与土地问题——关于土地纲领问题的检讨》,《中国农村》1936年第2卷第10期,第33—34页。

[2] 罗克典(1907—1992),又名罗应书,广东丰顺人,民国时期著名的农业经济学家。早年毕业于上海持志大学,获商学学士学位。1935年,入东京帝国大学农学部学习农业经济学,抗战爆发后肄业回国。1939年,去重庆,次年任教于中央政治大学。1942年,任职于国民党中央宣传部。1947年,去台湾,先后任物资调节会委员兼主任秘书、代主任委员等职。1962年,出任"宪政研讨委员会"财经组以及"光复大陆设计研究委员会"经济组成员。1992年,病逝于台湾。罗克典对近代中国经济尤其是农村经济的研究方面颇有贡献,著有《中国农业经济概论》、《阶级斗争与中国革命》等。学术界对罗克典的研究还极其薄弱,除在一些有关近代著名人物的介绍性辞书、词典中,对罗克典有简短介绍之外,如刘国铭:《中国国民党百年人物全书》(下),团结出版社2005年版,第1557页,其他成果尚不多见。

[3] 罗克典:《民族抗战中的土地问题》,《现实》1937年第1卷第1期,第21页。

这场战争的胜利",并且,"只有这一问题才是重要的问题,亦就是我们应该解答的问题"。① 然而,如何去争取胜利呢?罗克典强调,赢得民族斗争胜利的根本措施在于实现土地农有,调动农民力量来抵御外族入侵。"第一步是以使耕者有其田,再进而使全社会参加生产者共有其田。"② 他接着对此作了深入解释。首先,"民族斗争"的"基本斗士","只有经济上最受残酷榨取,同时又受经济外的无理剥削的劳苦工农大众,尤其是占全国人口百分之八十的农民大众"。③ 为什么说"农民"是主力?这是因为,"农民大众所受的剥削是其他阶级所不及的。一方如封建形式的高额的地租、繁重的捐税、军阀之征取、官吏之敲诈,更兼帝国主义的不等价商品,使他们连过资本主义社会劳动者之最低限度生活亦不可能"。④ 罗克典的这一认识无疑是准确的,近代中国"干革命的人就是中国的老百姓,革命的动力……最根本的力量(革命的骨干):就是占全国人口百分之九十以上的工农"。⑤ 其次,"民族斗争的最终目的物"是"土地"。罗克典指出,农民是"民族战争的主力",那么在战争中"便非发动农民大众不可"。然而,"农民参与民族抗战,与其说是要击破帝国主义的势力,毋宁说是要于击破帝国主义势力的同时,完成其冲破封建剥削的工作",因为封建势力"直接代表了帝国主义向他们进行贪婪无厌的剥削"。加之,"中国农民大众冲破封建剥削的最终目的是解除构成封建势力的基础——土地私有制。所以中国农民大众参加民族战争,是在企求土地问题之得到解决"。⑥ 罗克典对农民渴求土地心理的上述认识,是极其深刻的。并且,他还深刻认识到,土地问题的解决对化解民族危机具有重大意义。其实,近代土地问题不仅是民主革命的中心问题,而且在国难当头的情势下,其合理解决还"是保障抗战胜利之一极重要的条件"。⑦ 因为,满足农民的土地渴求可以有效地动员他们共赴国难。蒋廷黻在抗战爆发前夕竭力呼吁国民政府效仿中国共产党,

---

① 罗克典:《民族抗战中的土地问题》,《现实》1937年第1卷第1期,第19页。
② 同上书,第20页。
③ 同上。
④ 同上。
⑤ 毛泽东:《中国青年在现阶段的任务》,《南路堡垒》1940年第8期,第11页。
⑥ 罗克典:《民族抗战中的土地问题》,《现实》1937年第1卷第1期,第20页。
⑦ 薛暮桥:《现阶段的土地问题与土地政策》,冯和法等编:《〈中国农村〉论文选》(上),人民出版社1983年版,第344页。

通过土地农有改革集聚起蕴藏在民众身上的力量纾解国难,也正是基于此。[1]

当然,罗克典也认识到,在民族危难的情势下,"一方面要避免战斗力的分裂;一方面又要顾到基本斗士的土地要求"。[2] "耕者有其田"是与"依耕地私有权而营寄生生活的地主发生冲突的",它必"将引起地主与农民的冲突";而"这种与地主的斗争,一定会最先爆发蔓延全国,一定会减削民族战争的力量,破坏战争的力量"。[3] 但是,"我们固然要避免削减民族的战斗力,但我们更须要谨记民族战争基本斗士——农民的切身要求。换句话说,我们固然要巩固统一的民族战线,但我们尤要坚定基本斗士的作战意志"。[4] 因此,罗克典强调,团结地主抗日固然极属必要,但更为重要的还是要充分调动作为"基本斗士"的"农民"群体的革命热忱。并且,"农民一旦受组织与训练的生活,马上会促成其觉悟性,因为农民在战场中看到的是帝国主义之残酷,这残酷使他们不得不拼命向敌人肉搏!但在肉搏过后的休息生活,他们必然是直觉的感到'我们为什么作战'的自问,于是必然会想起自己在战场的拼命而远在后方的家族却仍被地主凶狠剥削,于是,他们必然会想到把手中的武器用作要求土地解决的工具"。[5] 罗克典认识到战时团结地主的重要,但他更强调保护战时"基本斗士"——农民的权益。并且,在他看来,抗战是解决土地问题的好时机,与其等农民觉悟之后利用"手中的武器"来解决土地问题,倒不如在民族抗战中由政府主导主动实现土地农有。罗克典的这些认识,与当时费孝通的看法是基本一致的。费孝通也曾指出,在反抗外族入侵的过程中,"土地问题事实上已经成为一个更加生死攸关的问题","只有通过合理有效的土地改革,解除农民的痛苦,我们与外国侵略者斗争的胜利才能有保证";并且,"现在日本入侵,给我们一个机会去打破过去在土地问题上的恶性循环","一个崭新的中国将出现在这个废墟之上"。[6]

---

[1] 李学桃:《农民与国家:蒋廷黻耕者有其地思想的双重关照》,《理论月刊》2014年第11期,第114页。

[2] 罗克典:《民族抗战中的土地问题》,《现实》1937年第1卷第1期,第21页。

[3] 同上书,第20页。

[4] 同上书,第21页。

[5] 同上书,第20—21页。

[6] 费孝通:《江村经济》,戴可景译,北京大学出版社2012年版,第252页。

对于如何实现土地农有，罗克典指出，首先，必须明确两大基本原则："①为增加战时的生产力，我们必须要使有田者必自耕（自然参加战争的斗士之田不在此例）；②为消灭榨取关系，我们必须使耕者全有其产物（自然对于国家之征税及战场中斗士的地租应另定适当的比率）。"① 这两大原则的旨向，一是要消灭农村的雇佣关系，使不劳而获的地主参与生产；再则是消灭农村的剥削关系，激发农民的生产积极性。其次，实现土地农有的具体办法，他提出有如下几个方面：①"一切不参加民族战争而又不自耕者之耕地的收获物，应全部归直接耕作的农民"。②"为避免重分土地之纷乱以及使农民得驾轻就熟起见，一切耕地使用权暂维持现状。"这一措施旨在要保障农业生产、支持抗战。③将不参与民族抗战的地主改造成"自耕农"，剥夺其多占的土地。地主若不参与民族抗战，则"应自行耕种"，并且"只限于足以维持其家族正当生活范围内之土地"。另外，对于直接或间接参加民族抗战的地主，则"酌量其家族的正当生活，由农民缴纳相当地租，其租额由地方当局与佃农共同决定"。这一措施是极其灵活的，旨在鼓励地主参与抗战，而允许参战地主采取雇佣形式，这与抗战时期华北地区针对抗战军属实行的"代耕制"② 有类似之处。④出于防范土地的再度集中，罗克典强调，"一切耕地不准买卖，抵押，及过小分割"。这一主张显然极富有远见。抗战爆发后，随着西南大后方游资的充斥，农村土地出现了集中的趋势。罗克典后来也撰文指出，"中国的土地因游资充斥以及农产物价高，而引起土地投资者将土地视为等于囤积商品之行为，从而地权之集中愈形尖锐化，以致阻碍生产力之自由发展"。③ ⑤农民获得土地之后，不准使用雇佣劳动；"但归农地主在其限于足以维持家族生活内之耕地，最初三年准允许其在技术上雇佣劳力"；并且，农民无力耕种多余的土地，"由政府指定给附近无地佃农"。这与第④条措施的目的基本一致，都是为防止农村贫富分化，及其导致土地关系再度恶化。此外，罗克典还强调，农民所欠高利贷全部无条件取消，但"劳动人民间相互债务不在此例"。消灭农村中的高利贷这一主张也是极具洞察力的，费孝通曾在对"江村"进行实地调查后指出，"高利贷"这"一双可怕的魔手"，致使地权从农民手

---

① 罗克典：《民族抗战中的土地问题》，《现实》1937 年第 1 卷第 1 期，第 22 页。

② 参见李翔：《陕甘宁及华北抗日根据地代耕问题初探》，《抗日战争研究》2005 年第 2 期，第 90—106 页。

③ 罗克典：《战时中国总生产过程各要素之分析》，《新认识》1940 年第 4 期，第 53 页。

中流向地主的手中。① ⑥"对于违反民族战争利益者之土地一概没收,如非处于佃耕者应先分给无地雇农。""违反民族战争利益"这一提法有着丰富的内涵,它不仅是指抗战中的汉奸、恶霸,甚至还包括其他一切行为不利于抗战的一般地主。⑦开垦荒地,建设国营农场,"劳动力以无地雇农为主";并且,"政府在种子、肥料、灌溉、除虫、农具等方面上设专门委员会负担指导,接济或辅助之责任"。如前所述,罗克典强调要更注重农民的土地权益,却也认识到团结地主的重要性。因此,上述措施中也就未提"斗争"方式实现土地农有。他一方面是强调将地主改造成自耕农;另一方面则是主张通过消灭农村中的剥削关系、雇佣关系,通过禁止土地买卖来实现与保持土地农有,并通过垦荒增加耕地面积,以及大力发展农业生产。

当然,强调不准耕地买卖、抵押,是否意味着罗克典土地农有主张的内涵只是要将土地使用权分配给农民,而非给予农民土地使用权呢?并且,他强调防止土地兼并,是否意味着要永久保持土地农有呢?这些疑问可以从其早前对土地所有制的构想中找到答案。早在1934年的《中国农村经济概论》一书中,他就已提出要由土地农有过渡到土地国有的设想。"耕者有其田不是解决农村经济的目的,而是一种过渡的办法,解决农村经济真正的目的,是土地国有与农业社会化。"② 为什么要经历这一过渡阶段?第一,我国"耕地所有权非常散碎",大部分在"小地主和自耕农之手,大地主占极少数",若"强制"没收,则与"革命的目的是为大多数人解决痛苦"这一宗旨相违背。并且,"中国农民的传统思想,是存有占有自己耕地的最高欲望的",强制没收会"使大多数人马上感到失去土地的痛苦"。第二,"政府太穷",缺乏资金收买全国土地。第三,"农民的自私心未能一时消除"。③从罗克典对"过渡阶段"存在的必要性的阐述中可以知道,其所主张的"耕者有其田"是要给予农民土地所有权;并且,他对土地所有制的设计,也并非是实现土地农有即告完竣,而是最终要过渡到土地国有阶段,实现农业生产的规模化与机械化。这一将现实与理想相结合的思考,无疑极具前瞻性。

---

① 李学桃:《20世纪30、40年代费孝通地权思想浅析》,《中央民族大学学报》(哲学社会科学版) 2012年第2期,第44—45页。

② 罗克典:《中国农村经济概论》,民智书局1934年版,第388页。

③ 同上。

2. 实行土地农有保障战时经济需要

七·七事变之后，抗战渐渐深至内地，农村地位由此凸显，为了保障抗战需要以及争取战争的胜利，漆琪生提出实行土地农有的主张。

他指出，第一，实现"耕者有其田"可"使直接生产的农民获得生产手段，从而可以发展农业，增加生产，适应抗战的需要"。① 其实，农民作为农业社会直接从事生产之主体，土地是其最基本的生产资料。但是，近代及其以前农地关系一直紧张，尤其是20世纪30年代，"集中却是地权分配的一般形态"，"自耕农加速破产和无地化，中小地主没落，大地主膨胀，地权恶性集中"。② 农民缺地、少地而不得不承租地主的土地，进而遭致沉重的剥削。国民政府土地问题专家黄通就指出，"佃农与半佃农约占全体农户的50%"，而农民又约占全国总人口的3/4，租佃问题不仅影响农村的安危，"抑将攸关国族命脉"。③ 因此，实现土地农有，可以使生产者与生产资料结合起来，促进经济发展。并且，这在民族危难的紧要关头，无疑也可为抗战提供物资保障。第二，漆琪生指出，"农民受政府施行进步的土地政策之惠，生产与生活之基础得以保障，益加促进其拥护政府与效力抗战的意志，加强抗战的实力"。④ 毫无疑问，在农民少地、失地的情形之下，实现土地农有的最直接的作用便是能够改善农民生活。如有学者所指出的，"仅仅实行土地改革、减租减息、平均地权，并不能最终解决中国的土地问题。但这种改革是必要的，也是紧迫的，因为它是解除农民痛苦的不可缺少的步骤。它将给农民以喘息的机会"。⑤ 更重要的是，由政府主导推行土地农有改革，在改善农民生存境遇的同时，还可以在国难当头之时将农民紧紧团结在政府周围，形成坚固的万里长城。这也正如前文蒋廷黻在1935年向国民政府所谏言的，要通过解决土地问题，使国家变成"人民的国家"，使政府变成"人民的政府"；尔后"人民"团结在"政府"周围，形

---

① 漆琪生：《中国战时农业土地政策的基本原则》，《时代精神》1939年第1卷第5期，第47页。

② 刘克祥：《20世纪30年代土地阶级分配状况的整体考察和数量估计——20世纪30年代土地问题研究之三》，《中国经济史研究》2002年第1期，第19页。

③ 黄通：《中国租佃问题及其解决方案》，《地政月刊》1936年第4—5期合刊，第60页。

④ 漆琪生：《中国战时农业土地政策的基本原则》，《时代精神》1939年第1卷第5期，第47页。

⑤ 费孝通：《江村经济》，戴可景译，北京大学出版社2012年版，第251页。

成拱卫国家的巨大力量,借此纾解国难。① 第三,实行土地农有,可以"针对敌寇所计划的分配土地、建立殖民地式的自耕农政策之奸谋,予以有力的革命的土地政策之反攻,使我们在对抗敌寇的农业战中,处于机动的地位,而不为敌人所乘"。② 在漆琪生看来,由政府主导推行"耕者有其田"的政策,可以作为战时应对日本侵略者在沦陷区推行的土地政策,以争取民心。第四,漆琪生还认识到,在战时不仅可以藉推行土地农有改革化解民族危机,而且在解决农村土地问题的基础上,还可以推动农村经济建设。"藉此全国民众效忠政府,一切力量集中抗战的机会,施行'耕者有其田'的政策,完成农村建设的伟业"。③ 主张在民族抗战中将土地问题一并解决,是与前文罗克典、费孝通等的认识基本一致的。

实现土地农有是否意味着战时经济需求都将得到保障,也是否就意味着土地问题得到彻底解决了呢?漆琪生的答案是否定的。他指出,在"散漫而孤立的农民经济"中,农民的一切经济行为,"完全根据个人的需要与欲求,单独的自由活动",无论生产、交换、分配与消费任何经济行动,"毫无联系与计划"。④ "常常由于一切皆表现若无政府状态的缘故,彼此相互对立而冲突,大家皆遭遇着种种不应受的损失;尤其是在农业恐慌发生、农村社会动摇的时候,更加感受着这种散漫的与孤立的经济体制,不能保护个人利益,徒事加重个人苦累,与障碍经济社会的发展,从而要求须有一定方针的计划行动与彼此团结的集体行动之表现,所以计划经济与集体经济,已成为历史发展必然的程序。"⑤ 因此,"我们必须努力推动,促其早日到来,俾农村经济机构早日得以改建"。近代中国积贫积弱,因此,很多饱学之士在对如何实现国富民强的探索中,都将目光聚焦于对沿袭数千年的小农经济的改造。如前所述,康有为早在其《大同书》中就强调:农业生产乃"独人之营业",因"耕率不均"、"劳作不均",以及人们"好恶无常"致使"销率多少难定",加之"耕者亦无从定其自耕之地及种之宜",

---

① 蒋廷黻:《民族主义不够》,《土地村公有言论集》(第一辑),土地村公有实施办法讨论会 1935 年印行,第 208 页。

② 漆琪生:《中国战时农业土地政策的基本原则》,《时代精神》1939 年第 1 卷第 5 期,第 47 页。

③ 同上。

④ 同上。

⑤ 同上。

因此经常出现"有余粟滞留"的现象。而林、牧、渔、副业等,"销售与否,多寡孰宜",无法进行周密统计与准确的预计,以致"少则见乏而失时"而"多则暴殄天物"以致"劳于无用"等。① 漆琪生对小农经济的上述认识,无疑与康有为20世纪初的这一阐述交相辉映。更重要的是,他还认为,战争状态下农业所负的使命既大且重,非"散漫而孤立的中小贫农所能充分胜任"。② 因此,必须实行"一种战时的计划经济与集体经济之农业政策,将全国农民集中而组织成各种形式的团体之中,在抗战国策之下,由政府规定一定的方针与计划,统领农村经济各部门的活动,分配农民参加各种工作,而以集体方式去劳动,然后各部调整,效能宏大"。③ 在"耕者有其田"的基础上,建立计划经济与集体经济体制,这实质是要效仿苏联农业发展道路。20世纪30年代以来,资本主义世界经济危机逐渐加剧,社会主义苏联却呈现出一派欣欣向荣的景象。两者之间的鲜明对比,使世界的目光聚焦于苏联。而在激剧的民族危机逼迫下,落后的农业中国如何应对已实现工业化的日本帝国主义之入侵,知识界更是将目光投向于苏俄,进而掀起一股主张计划经济与统制经济的思潮。漆琪生上述构想,便是这一思潮的具体反映。对于如何实行计划经营与集体经营,漆琪生还提出了四条具体办法:"第一、必须发展合作运动,组织农民;第二、必须计划农产品类、农产数量与农产区域;第三、必须统制农产运销、货物价格与原料输出;第四、增强国家经济计划机关的统制权力,统揽农民生产、流通、分配与消费等一切活动的指导方策。"④ 这实质上是一种以合作经营为基础的农业统制经济模式,它从农业生产、分配、消费等方面都强调政府的计划性与"统制权力",与20世纪40年代万国鼎提出的以自耕农为基础组建自耕农场,并在自耕农场的基础上组建合作社的方案是基本一致的。⑤

为保障抗战需要,漆琪生提出"耕者有其田"的主张,并基于对克服

---

① 康有为:《大同书第六》,《康有为全集》(第七集),中国人民大学出版社2007年版,第155页。

② 漆琪生:《中国战时农业土地政策的基本原则》,《时代精神》1939年第1卷第5期,第47页。

③ 同上。

④ 同上。

⑤ 李学桃:《现实与理想的结合:万国鼎对近代农村土地问题的思考》,《兰州学刊》2014年第10期,第55—60页。

细碎与散漫的小农经营方式的考虑，提出农业经济的计划化与集体化思路。这一主张为应对战时需要而提出，但是其关于农业生产计划化与集体化等的思考，又超越了"战时"而对"平时"探索土地问题的解决也具有参考意义。

3. 实行土地农有促成战后工业化

随着抗战走向胜利，战后国家建设问题逐渐成为人们关注的重心，思想界也再度掀起"以工立国"与"以农立国"之争。在这一背景之下，著名农业经济学者曹茂良[①]将对土地问题的认识与工业化结合，提出了颇具特色的土地农有主张。

他指出，"农业的地位在中国工业化的讨论中也是常常涉及的问题"；"始则有重农论与重工论的争端，既而有翁文灏先生提出的折衷论：以工建国，以农立国"。其中，重农论"是封建的次殖民地的落伍思想，固属不识时务"；但认为"重农说"危害工业发展而因噎废食、鄙弃农业，"亦属不情之论"。[②] 对于工、农并重论，曹茂良"亦不完全赞同"；并且，把工、农业分开看待，"是物理的看法，即工业加农业"；而他的主张是"化学的生物的"，"即将农业和工业现代化而成为另一新的有机整体"。换言之，"工业是整个国民经济的工业化，不仅工业一部门的工业化"；而"单求工业现代化而不求农业现代化，事实上是不可能的，至少是不健全的畸形的发展"；因此，"农业与工业应相辅而行，由工业的现代化诱发农业的现代化；同时由农业的现代化更推进工业的现代化"。[③] 曹茂良对工业化的这一认识颇有见地。张培刚也指出，"工业化"一词"含义甚广"，"我们要做到工业化，不但要建设工业化的都市，同时也要建设工业化的农村"；[④] 也即不能把"工业化""理解为只是单纯地发展制造工业，而不顾及甚至牺牲

---

① 曹茂良（1905—?），字汉贤，又号方山，江苏如东人。近现代著名农业经济学家。早年就读于复旦大学商学院、南京中央大学经济系。1930年，进入巴黎大学法科博士班学习经济与公法，并获博士学位。1933年，进入伦敦政治经济学院。1935年夏，转入德国波恩大学。1936年回国，先后任教于湖南大学、四川大学、同济大学等；解放初任上海正华中学校长，后任中国科学院农业经济研究所研究员、农业百科全书农业经济编委会委员，译著有《中国经济》等。

② 曹茂良：《新中国工业化问题》，《大学月刊》1945年第4卷第5—6期合刊，第16页。

③ 同上。

④ 张培刚：《第三条路走得通吗？》，罗荣渠主编：《从"西化"到现代化》（下册），黄山书社2008年版，第861页。

农业"。①

正是基于对农业与工业化之间关系的深刻认识,曹茂良进而强调,土地农有改革是工业化的前提与基础。他指出,所谓工业化,即"意味着由落后的旧社会进步到较高级的新社会",并且,"在这新旧交替的当儿,必须有适切的调协。即是说,必须改除旧生产关系的束缚,以便新生产方法得以生根茁芽枝叶扶疏。因此,我认为中国工业化能否迅速顺利完成,要看能否得到'窍'"。②而促成工业化顺利实现之"窍","便是土地的改革"。③因此,"新中国的工业化必须在土地问题获得解决的条件下才能迅速而顺利的完成"。④曹茂良对土地改革与工业化的这一认识,是极其深刻的。工业化所需要的条件包括资金、原料、自有劳动力以及商品销售市场,这些对于落后的农业中国来说,都可以通过土地改革而得到。

土地改革对实现工业化的具体意义,曹茂良将其具体归结为三大方面:"一、因为土地问题获得合理的解决,工业化才有顺利的政治环境;二、土地问题得到解决,工业化的资金问题才有着落;三、土地问题解决后,可扩大销场供给原料。"⑤首先,他认识到上层建筑对经济发展的反作用。曹茂良强调,如果政治制度是落后的,是代表地主利益的,则其一切措施将必至于保守、专制、愚昧。"企业家在苛政重税下,决不能有自由活动的余地,从而也就不能迅速顺利的发展。"⑥然而,土地占有"在抗战以前,已甚不均,抗战发生以后,土地集中更甚"。因此,"目前亟应依据平均地权原则,改善租佃制度,扶植自耕农,实现耕者有其田,俾中国政治大踏步的走上民主的康庄大道"。⑦在他看来,"民主是工业化的政治条件,而解决土地问题是奠定民主政治的基础,解除工业化的束缚"。⑧强调土地问题的解决对于民主政治建设具有促进作用,是极为肯綮的。近代土地关系,其所牵扯到的政治上层建筑就是地主专制统治。因此,打破既有地权关系,

---

① 张培刚:《农业与工业化》(上卷),华中科技大学出版社2009年版,第4页。
② 曹茂良:《新中国工业化问题》,《大学月刊》1945年第4卷第5—6期合刊,第17页。
③ 同上。
④ 同上书,第17—19页。
⑤ 同上。
⑥ 同上。
⑦ 同上。
⑧ 同上。

实现土地农有,对于促成政治民主化大有裨益。其次,曹茂良指出,工业化的一个重要前提便是资本原始积累,然而"中国工业化的资金问题,主要的只有靠自己设法解决";"土地改革,间接直接均有助于资金的自集"。① 他还指出,在农业国土地"殆为唯一的投资目标","国民所得累积起来以后,转化为商业资本、官僚资本、高利贷资本,最后万流归于海,都投资于土地方面。且此种投资并非用于改良土地、增加生产而是取得土地所有权。投资者藉土地所有权的独占来剥削劳苦农民得血汗"。② 但是,实现土地农有之后,打破地主土地所有制,便可促使社会闲置资本从"土地"转移到工业化建设中。最后,曹茂良认为,工业品的销售市场以及工业化所需的生产原料等问题,也都须经过土地农有改革而得到解决。"土地分配不均的状态下,农民生活贫困,收入过少,购买力薄弱,工业没有市场的刺激,无法展开";因此,"今若土地问题得到合理的解决,农民生产情绪增加,生产力提高,所有农地不完全耕种食用作物而可代以工艺作物。"③ "农业经营可以不再为是为自足自给,而可变为商业化",这样"工业原料亦可保证其丰裕的来源"。④ 曹茂良对土地农有改革能促进农业生产发展的认识,有其合理之处。虽不尽如西方经济学家所鼓吹的"没有什么制度能够在精神上的福利和物质上的福利两方面起比自耕农更大的促进作用",但在土地占有不均的状态下,实现土地农有对于调动农民的生产积极性却是毋庸置疑的。⑤

"减租减息"从1937年初开始,一直持续到1947年2月毛泽东提出"放手发动群众,实现耕者有其田"的号召,此后才被土地农有革命所取代。⑥ 然而,这一时期土地农有思想却并未销匿,罗克典、漆琪生、曹茂良等均从不同的出发点提出了颇具特色的土地农有思想。

抗战时期的土地农有思想,特别是其中对如何实现土地农有的构想,在具体实践层面具有明显的空想性。如在抗战这一背景下,尤其是在敌我

---

① 曹茂良:《新中国工业化问题》,《大学月刊》1945年第4卷第5—6期合刊,第18页。
② 同上。
③ 同上书,第19页。
④ 同上。
⑤ [英] 约翰·穆勒:《政治经济学原理及其在社会哲学上的若干应用》(上卷),朱泱等译,商务印书馆2009年版,第336页。
⑥ 郭德宏:《中国近现代农民土地问题研究》,青岛出版社1993年版,第478、482页。

力量悬殊的情形之下,应付强敌尚且不暇,谈何去没收地主土地、实现土地农有?尤其是漆琪生对土地农有的设想,主要针对的是包括作战区、游击区及沦陷区等在内的"战区"土地。他将中国分为"后方"与"战区",强调"后方"是"国家民族生存的命根、长期抗战支持的基础",必须采取特殊的土地政策——"增加生产与计划生产"、"调节销售与限制消费"、"提高农产价格"等。质而言之,则是要在保持既有地权关系上大力发展农业生产。① 然则,"战区"尤其是"沦陷区",政治、经济全被敌人所操控,土地农有改革将如何推进?再如对土地分配之前,必须先对全部人口、土地进行统计,而这在战时状态下显然也属奢望。

但是,抛开实践层面之不足来看,抗战时期的土地农有主张却有着独特的思想价值。首先,它与"减租减息"政策相比无疑要更彻底。"减租减息"政策是有一定"改良性"的,"它只是削弱封建势力,初步改善劳动农民的经济生活条件,而不是彻底消灭封建势力和彻底推翻封建土地制度"。② 然而,抗战时期的土地农有思想,尚且不论罗克典对地主与农民"互让一步"的"折衷"办法的否定,单就这些土地农有主张本身而言,其强调给予农民土地的彻底性也自不待言。其次,与此前的土地农有思想(主要是中国共产党的土地农有主张)相比,这一时期人们对土地农有的思考,在根本着眼点显然要更为多元化。中国共产党倡导土地农有,主要是从消灭剥削、推动革命的目的出发。而抗战时期人们对土地农有的上述思考,既有出于化解民族危机之考量,还有对未来工业化之考虑。最后,从近代地权思想发展的整体过程来看,抗战时期产生的这些土地农有思想还具有承前启后的历史意义。罗克典、漆琪生等的土地农有思想,在很多方面与此前中国共产党阐发的土地农有主张是一致的。尤其是漆琪生,他深受马克思主义影响,且毕生从事马克思主义政治经济学的研究。因此,抗战时期土地农有思想的产生,是对此前土地农有思想继承的结果。然而,再结合上述对抗战时期土地农有主张的思想价值的分析来看,它的出现又是对既有土地农有思想的一种新发展。更为重要的是,抗战时期的这些土地农有思想,并不止于将土地分配给农民即告完竣,而是构想出最终过渡到土地国有或者在土地农有的基础上开展集体经营。这无疑为后来新中国农业的

---

① 漆琪生:《中国战时农业土地政策的基本原则》,《时代精神》1939 年第 1 卷第 5 期,第 47 页。
② 肖一平、郭德宏:《抗日战争时期的减租减息》,《近代史研究》1981 年第 4 期,第 74 页。

社会主义改造准备了舆论和社会思想方面的条件。

二 国民党土地农有改革思想的兴起与发展

20 世纪 40 年代后期，在国共两党的较量中，一些国民党知识分子、土地问题专家，尤以早前中国地政学会的一些成员为代表，深刻认识到土地改革对于中国共产党发展、壮大所起的巨大促进作用，提出了进行彻底的土地改革的主张。这主要体现在萧铮的土地农有改革思想，以及土地改革协会的《土地改革方案》与《农地改革法草案》两部法案的出台。

1. 萧铮的土地农有改革思想

随着国民党统治危机的逐渐加剧，萧铮的土地所有权思想开始向彻底的农民所有思想转化，提出了"土地改革"的主张。这一时期萧铮的土地所有权思想，与其 20 世纪 30 年代侧重于"平均地权"的思想相比，有所变化：此时虽仍以"平均地权"为宏旨，但强调实现彻底的土地农有改革；并且身体力行，组建"土地改革协会"，积极推动国民党的土地改革运动。

（1）土地改革思想的萌生

萧铮分析了我国土地改革的历史，指出这是"一部失败的奋斗史"。[①]

在他看来，"土地与人生的关系是否健全合理，是民生苦乐，民族安危，国家兴衰，社会文野的测量器"。[②] 其中，所谓健全合理的人地关系，"一方面是土地生产力有最大可能的发挥和成果，要达到'地尽其利'的目的；一方面是人人有平等的机会和权利，取得自然恩物的赐予，来改善其生活，满足其精神与物质的要求"。[③] 但是，不幸的是，"人类历史没有常时保持人与地的健全合理关系"；而人地关系的失调，致使"'或弃于地'，生产不足，分配不平，民生痛苦，社会不安，文化落后，乃至发生苦痛流血的政治斗争社会革命等悲剧"。[④] 这种现象，历史上一直存在，尤以中国为甚。"中国虽然是文化悠久的国家，不幸亦未能例外。历史上多少惨痛的悲剧，都缘人地关系失调而出现于舞台之上。"[⑤] 尽管不乏力倡土地改革者，

---

① 萧铮：《期待中的土地改革运动》，《人与地》1941 年第 1 卷第 1 期，第 5 页。
② 同上。
③ 同上。
④ 同上。
⑤ 同上。

但是,"这些方案和努力的最大结果,至多也不过只能办到'救一时之弊',而不能谋问题的根本解决,甚或为保守势力所仇视,新法未行,已成为众矢之的,终至于'人亡政息',空留历史上一段空话而已"。①

20世纪40年代严峻的土地问题,以及由此导致的农村经济破败,是促成其"土地改革"思想萌生的直接因素。他曾回忆当时的情景说,"凭吊江南,深怵于农村崩溃之危机"。②

> 现在,人地关系已经严重到无以复加了:人民的痛苦比过去任何时代都深刻,社会文化经济等的进步比并世文明国家都迟缓,甚至外启强敌侵凌,全国重要地区大都遍被敌骑蹂躏,内则社会组织,日渐崩溃,群体生存的技能,摧毁将尽。民族国家的生存真似千钧一发!③

并且,在他看来,土地关系的恶化,还影响到民族、国家的生死存亡。因此,出于发展国民经济,应对社会危机、民族危机等,形成了他的土地改革思想。

(2)以"平均地权"为宗旨

对于近代中国社会破败不堪、危机四伏的局面,他认为,"不是起于一朝一夕,也不是一枝一节所能解决,而是应该找到问题的重心所在,去做正本清源的工作。同时,我们必须认清:土地问题是中国改造的中心问题,也是新社会新国家建设的先决问题"。④ 强调土地问题是社会改造的中心问题,表明他意识到土地问题在近代史上的重要性。他还指出,这一认识根源于孙中山的"平均地权"思想。"启发我们这种认识的是,国父孙中山先生的遗教,指示我们遵循之途径的是他手创的平均地权政纲。"⑤

由此可见,在20世纪40年代初,萧铮在思想上开始倾向于土地改革之时,仍奉"平均地权"为圭臬。他在《地价与土地改革》一文中,开篇即

---

① 萧铮:《期待中的土地改革运动》,《人与地》1941年第1卷第1期,第5页。
② 萧铮:《土地改革六十年——萧铮回忆录》,(台北)"中国地政研究所"1980年版,第252页。
③ 萧铮:《期待中的土地改革运动》,《人与地》1941年第1卷第1期,第5页。
④ 同上书,第6页。
⑤ 同上。

强调,"我国土地政策之最高原则为平均地权"。①

> 经过差不多半世纪以来之体验,我们已经从学理上和事实上获得证明:民生问题的解决,是中国革命的中心。民生主义即是求中国经济改造的原则,其目的在求人民生存条件的平等满足,与生活能力的自由发展。这个方案的纲领,是"平均地权"与"节制资本"。但就它的发展过程上来看,"平均地权"又为民生主义的核心。按"平均地权"的意义,即为求土地上的权利为人人所公有,土地上的收益为人人所公享,借以保证人民基本生存条件的平等,使能有发展生活能力的自由。②

他指出,平均地权"是一种颠扑不破的原理,可以将土地置于一种制度之下,能永远适应人类智识技能的前进。它能永远保持自然恩物与社会福利的均享。它是根本解决人地关系的唯一方案";"随着'平均地权'学说的创立,我国现代的土地改革运动便以崭新的姿态发轫了"。

对于国民党在土地问题的解决方面一直裹足不前的情形,萧铮进行了解释。"经济革命与社会改造,比之于政治革命,确是更为困难,所以'平均地权'这个口号提出以来,已经半个世纪之久,而迄今未得到普遍地正确地认识,自然也就无从发挥力量,见诸实施。"③ 并且,经济革命与社会改造,"都是深刻影响及于国民全体的";然而,"群众保守的习惯,数千年深固的不拔的旧制度的根基",非少数人的努力可以打破,也非"仅由政府一纸命令即可改造"。④ 因此,他强调必须由大多数国民的"信仰拥护","化为运动,形成伟大的力量,才可以彻底打破保守势力和旧制度,而达到成功之境"。⑤ 中国地政学会十余年来"所以始终不懈大声疾呼者在于此";"而中国土地改革运动的曙光遂亦于长夜漫漫后开始与人们见面了"。⑥ 萧铮看到了社会经济变革受传统势力掣肘之巨,强调要扩大宣传,广泛动员民

---

① 萧铮:《地价土地政策》,《人与地》1941年第1卷第1期,第88页。
② 萧铮:《期待中的土地改革运动》,《人与地》1941年第1卷第1期,第6页。
③ 同上。
④ 同上。
⑤ 同上。
⑥ 同上。

众起来广泛参与到土地改革的事业中。这是有一定道理的。他还指出："我们相信为保守'民族土地'而奋起的生存战争，必然会获得胜利的成果。我们尤其相信建国大业的成功，必在使我们民族各个分子平等享有祖国土地的恩惠。而土地亦因此可贡献其最大能力，富裕地养育我们全体同胞。"[①]这里他以民族抗战、"建国大业"相号召，也反映出其土地改革思想所产生的时代背景，即是在抗战胜利之际，建设新国家的历史时期已然来临。他还强调土地改革运动，"要一方面增加抗战的实力；一方面即奠定建国的永久基础"。[②]因此，"怵于使命的重大，认为土地改革运动，不但不应因事业的艰巨而停顿或减缓，反而更应作加倍的努力，使它在国难期中发扬光大"。[③]

鉴于土地改革运动从属于经济变革，以及民众支持对于打破传统掣肘的巨大作用，因此，萧铮强调，"今后的土地改革运动，要能更深刻地建立起理论的基础和群众的信仰，要在广泛的领域上用有效的方法促进这个运动的成功"。[④] 他提出了如下几点希望：

一、今后的土地改革运动，对于种种似是而非或别有企图的学说与办法，应该本着我们的信仰和理论，予以辩驳纠正，以恢复并统一国民之正确信仰。同时，对实行平均地权的具体方案，则应有周密之讨论与详尽之拟定，提供政府及国民之参考。

二、今后的土地改革运动，不应限于学术界之少数人，而应极力扩大，普及全国各界，要使每个关心民生问题尤其是土地问题的国民能加入，形成社会改革运动的洪流。

三、今后的土地改革运动，应特别注意武装同胞与流亡群众的土地取得，使他们在多年壮烈牺牲之后，有家可归，有田可耕，能独立生活，不再为"自然"之弃儿，尤其是为民族生存奋斗的战士，用血守卫着祖国土地的，这种小小的安慰和酬报，我们无论如何是必须求其实现的。

四、抗战发生以还，后方大小都市，地价飞涨，农地亦有类似情

---

① 萧铮：《期待中的土地改革运动》，《人与地》1941年第1卷第1期，第6—7页。
② 同上。
③ 同上。
④ 同上。

形。拥有土地的人，即等于无形的战时利得者。此种不劳而获的不当利得，应该督促政府依法收为社会公有，又沦陷区域之土地，尤其是都市土地，将来经收复后，应该立即予以合理的处置，勿再任其自由发展，致妨碍平均地权之施行。

五、现在颁行的土地法，对于实行平均地权政策，还嫌不澈底，管理土地的地政机关，还极不健全。土地金融机关，根本还未成立。——这些都是实行土地改革的障碍，所以今后的土地改革运动，要在最短期间促成政府有实行国父遗教的办法，要求有完整的地政机关和健全的土地银行。①

从这些论述来看，萧铮所强调的"土地改革"，其核心内容还是在强调要实现孙中山手定之"平均地权"。具体内涵包括：动员人们参与土地改革运动、给予战士土地、设立土地金融机构等。对于战士复员后的土地问题，萧铮一直比较重视。他指出，我们伟大的民族抗战中，为保卫国家生死存亡做出巨大贡献的人们，应该给予他们最想要的东西——土地。

对抗战的将士们，不是把饷银给他们就算了事，也不是送给些衣服饮食药品就可了责。并且不是单给他们建祠立碑为文为诗可以安慰。他们的牺牲太大了，功劳太高了，我们反而不知用什么方法来表达我们的敬心和安慰他们的痛苦。但是我们知道他们有一种需要，一种久已有之而至今不能满足的需要，一种几乎和性命一样的东西，战前早该得到而未得到，战后更为迫切需要的东西：土地！②

萧铮还认识到农民对土地的渴求，"土地是全体国民尤其是全体农民生命的源泉，是他们灵魂的寄托所，是他们所要求的一切"。③ 抗战将士中，"来自田间者十之八九，而其中十之八九是土地不足的自耕农、半自耕农，或者根本没有土地的佃农和雇农。所以说抗战将士唯一的要求是土地，当然是绝对真实正确的"。④ 因此，用"土地"酬劳抗战将士，"当然是无上

---

① 萧铮：《期待中的土地改革运动》，《人与地》1941年第1卷第1期，第6—7页。
② 萧铮：《我们建议献地劳军》，《人与地》1941年第1卷第3期，第47页。
③ 同上。
④ 同上。

上策"。①

(3) 彻底的土地农有改革

随着抗战逐渐走向胜利，以及国民党统治危机的逐渐加剧，萧铮的土地改革思想慢慢发生变化。1945年，他在重庆《中央日报》上发表《是实行土地政策的时候了!》一文，强调实现"平均地权"的第三次好机会已经来临，要求把握住机会，实现"平均地权"政策。

他指出，"中国国民党组党始即揭出'平均地权'的口号，五十年来，这个目标始终未曾实现"；抗战胜利之际，是实行土地改革的一个大好时机。在此之前，另外还有两次好时机，它们分别是："民国元年国民政府成立"，以及"民国十六年北伐完成"。② 但是，因为内忧外患的局势，所以丧失了这两次机会。"现在是最后一个机会，我们决不能放过"。③

萧铮对平均地权的推崇，还与其此前一般。"平均地权的特性，总理在遗教里说得极明白，它是特别适宜于中国的国情。就是要在一切建国工作之前，经济建设之始，每县开始自治之时便要实行的"。④ 抗战的胜利，提供了"一个绝好的实行土地政策新环境亦即非即时实行土地政策不可的新理由"。⑤ 他列出了四点理由，分别是：

> 第一是国民经济的改造。我们要适应"工业化"的潮流，因此以小农经营为背景的土地制度，必须藉适宜的土地政策，建立标准单位与集体经营的土地制度。此种政策在以小农为主体的中国本是困难重重。但这次抗战胜利，给我们收获适宜的土地改革，即素以分割著称的东南一带，也可使之逐渐成为合于标准的单位农场。
>
> 第二是社会制度的革新。这次抗战中出力最大的是农民，沦陷区农民，更是受尽敌伪的蹂躏。抗战胜利，还能让农民大众仍为社会最惨苦的阶层吗？如何抚辑陷区农民，如何安顿抗战军士，为最重大的社会问题。中国农人久患土地饥饿，此时只有予以土地的满足（不论分子单位农场或集体农场共有权）才能使他们生活安定向上。东北及

---

① 萧铮：《我们建议献地劳军》，《人与地》1941年第1卷第3期，第47页。
② 萧铮：《是实行土地政策的时候了!》，《中农月刊》1945年第6卷第12期，第91页。
③ 同上。
④ 同上。
⑤ 同上。

台湾土地的收回，西北旷地的开发，及地主土地的征收，为实行土地再分配的张本。此种社会改革，只有在此时实行土地改革才能实现。

第三是都市文明的重建。我们过去的都市为投机营利藏垢纳污的处所。现在旧的大多经破坏，应趁此机会将收复都市建设为现代文化中心，要在都市中产生公平而合理的经济，故都市土地改革的意义更为重大。此种改革，亦只有在新收复都市极易实行。

第四是民族土地的确立。第一次世界大战后，复兴各国的土地政策最大目标，都是巩固民族与土地的关系，我们台湾东北皆已收回，应趁此时实行东北、台湾及西北的大移殖，以建立光荣的民族土地。①

萧铮强调"不能放弃实行土地政策机会"。② 并提出了"土地改革"的具体措施：

（一）规定耕者有其田之实施步骤及办法。地主损失由政府发土地债券补偿，债券本息由农民分年摊还。农民所得土地，政府得逐渐重划调整。

（二）凡收复都市，应依新市政计划，将繁盛市街区及公众建设所需土地收归公有，由政府以适当补偿。其余应规定地价实行按价课税及涨价归公。

（三）抗战军士分别就田。凡退伍士兵原则上悉在本县给予一单位农场，由政府以土地债券征收适当土地或指拨公地充之。本县土地不敷时，得于指定移民区内加倍给予之。

（四）东北及台湾之日本占领土地。应收归公有，分配农民作为自耕农场或成立集体农场经营之。政府为体恤原占有人计，得酌给搬迁费。

（五）为实行上述政策，应即设地政部及土地银行。③

从这些措施来看，萧铮的土地所有权思想涉及农村土地问题，提出了

---

① 萧铮：《是实行土地政策的时候了！》，《中农月刊》1945年第6卷第12期，第91—92页。
② 同上书，第92页。
③ 同上。

耕者有其田的方案。但是，他强调由政府发行债券、给予地主补贴等方法来实现土地农民所有，这并不彻底：在民族矛盾化解，社会矛盾上升为主要矛盾之时，且在政权尚不稳固的前提下，发行债券的方法无疑是一种空想。其次，萧铮的这些主张中，也论及城市土地问题，并与孙中山的"平均地权"政策对应起来，这是值得肯定的。比外，他强调给予抗战军士以"土地"，这不论是从动员全民抗战、稳定军心；还是从缓解民生、顺应农民要求等角度来看，都极具价值。

1948年，国共之间的军事较量朝着不利于国民党的方向发展，国民党统治危机加剧。在这一大背景之下，萧铮的"土地改革"思想也逐渐发展，提出了彻底的土地农有主张，强调动员农民起来，推行彻底的土地改革政策，实现土地农民所有权。是年，《土地改革》杂志创刊，萧铮在创刊号上发表《我们揭出社会革命的旗帜——创造新中国的前途》。文章开篇就指出：

> 中国在黑暗混乱中，快要崩溃毁灭了。我们要挽救这悲惨的命运，要为中华民族寻觅光明，要为新中国创造前途，那我们便不能不将多时蕴蓄着的要求喊出来："要一个真正的社会革命。"①

在萧铮看来，"社会革命"就是"经济革命"；也即他所强调的，"要根本推翻现存的经济制度，以及由现存的经济制度所形成的一切旧社会制度，中国大多数人民才能脱离愚昧、贫弱的苦境，中国才有起死回生的希望"。②变革"根本的经济制度"，是指要彻底扫除地主土地所有制，建立起农民土地所有制。他指出，"社会革命运动，简单就是多数人的生活要求。他是和少数人的经济特权相冲突的"。③要实现这一个名运动，就是要与两大势力作斗争：金融资本家与地主。但是，近代史上，"金融资本家给中国的恶影响虽大，其势力圈尚仅是有限的几个重要都市，普遍的吮吸农民大众的剩余价值的是众多的地主阶级"。④

---

① 萧铮：《我们揭出社会革命的旗帜——创造新中国的前途》，《土地改革》1948年第1期，第3页。
② 同上。
③ 同上。
④ 同上书，第4页。

中国是工商仕学各界均置有土地,均是依佃耕制度来吸收农民的剩余价值的,农民普遍要以收获的半数交租,而这些小地主,却对土地利用不负任何责任,这种高压的佃租制度,一方使农地的生产力逐渐减少,一方使农民的生活日益艰苦,乡村的政权是操在大小地主的手里的,他们的一切负担,均可转嫁给农民,故农民实质上是负担一切捐税与政法,地主阶级除了生活优裕外,还有一切的社会上和政治上的优越权。……我们二十年来的政治基础,是建筑在地主身上的,便难怪今日中国共产党有隙可乘,到处煽动,造成大乱了。①

萧铮上述这些认识,基本上说都是准确的。解决农民的土地问题,确是中国共产党用以动员群众、壮大自己的一个基本法宝;而中国共产党也确实是在不断地探索与解决农民的土地问题。与之相反,国民党在土地问题上缺乏有效而有力的措施,因而也始终没有建立起深厚的群众基础。这一鲜明对比以及对双方军事、政权的影响,在解放战争时期已经充分体现出来,萧铮显然也认识到这一层面。他强调近代中国社会存在着大量的中小地主,并指出他们剥削农民的本质,主张实行彻底的经济革命,以解救农民生活于水火之中,这是有深刻道理的。但是,这对正处于江河日下、病入膏肓的国民党政权来说,已是无力回天。因此,萧铮这些彻底的土地改革见解,也就仅仅具有理论上的意义。

此外,萧铮还看到了国民党统治危机的深层次的原因,提出发动以"土地改革"为核心内容的社会变革与经济变革。他强调:

今日这种不平的社会制度,和社会现状,如不加以打破,国家永远不会有前途的,新中国是永远不会出现的,因此我们要大声疾呼,要社会大众起来,用民主的力量,打破这不平,我们的社会革命,首先便要推翻这个阶层,以及为其代表的官僚集团以建立新社会制度,和新经济制度。②

---

① 萧铮:《我们揭出社会革命的旗帜——创造新中国的前途》,《土地改革》1948年第1期,第4—5页。

② 同上书,第5页。

在萧铮看来,"社会革命以经济革命为骨干",中国以农业经济为本体,因此,经济改革"系以土地改革为基础"。① 近代中国的土地制度,滋生了地主与金融资本家。若不改革现存的土地制度,"地主和金融资本家无法推翻,新经济制度和新社会制度,亦无从产生"。② 因此,他强调,"要从土地制度上根本废除地主制度,并铲除土地投机,和以土地为剥削工具的可能,使金融资本家根本失去凭藉"。③ 并且,他还从农地与市地两方面入手,提出了基本的原则与改革目标:

> 我们要使农民实际取得土地,使他们从生活的重压下解放出来,使他们的生活水准提高,跟着有知识能力的提高,以实行民主政治,我们要使都市的土地增价归于公有,都市大众从"房屋灾难"中解放出来,都市经济趋于正常的发展,一切投机剥削的经济制度,完全消灭,于是我们的理想制度,便可产生了。④

萧铮认为,土地农有制并不是土地改革的最终归宿,在改革土地所有权关系的基础上,还必须实现农业生产的现代化。他强调,"农地归农民所有,逐渐与现代的科学耕作方法相配合,农场由于合作制度,成为乡村共有农场,易造成大农制度的经营,市地直接为政府所有,以统筹都市建设,国家收取全国土地的自然价值,(即经济地租与自然增加)来实行国家建设计划,(即国父实业计划)以实现初步工业化。于是真正的民主政治,亦可跟着实现了"。⑤ 萧铮呼吁道:

> 我们确认今日的中国如不实现土地改革,便无真正的社会革命,没有社会革命,便不会有新的前途。真正中国的前途:是要从推翻现存的土地制度,铲去剥削阶层,及代表者官僚集团做起。国家才可从苦难中更新,中华民族才会有真正"民有""民治""民享"的富强康

---

① 萧铮:《我们揭出社会革命的旗帜——创造新中国的前途》,《土地改革》1948年第1期,第5页。
② 同上。
③ 同上。
④ 同上。
⑤ 同上。

乐的境界。①

从这些论述中可以知道：萧铮认识到国民党统治深层次的弊病，也看到了近代中国社会问题的核心，并提出了切实可行的土地改革方案，强调进行彻底的社会、经济革命，实现理想的民主政治，使中国走向民主化与现代化。这些都深有见地。但是，这些对于已处于风雨飘摇的国民政府而言，已然不具可行性。国民党在农民土地问题上耗尽了自己的气数，等待它的只有败亡。

（4）对土地农有及其与未来经济发展关系的认识

萧铮在提出上述改革方案后，专门就农地改革的紧迫性与必要性进行了论述。他指出，中国是一个农业国家，如果从某一个角度来看，"固然市地问题也是异常严重"，不能不设法解决；"但是从全体着眼，则农地问题，确是土地问题中的主流，我们解决问题，当然要从主流着手"。② 这里的"农地"，依萧铮的解释，"主要的是指被人们利用为获取农业收益的手段的土地而言，他是包括着人的成分在内的。所以农地问题，也可以说就是农民问题，或农村问题"。③ 他随即从四个方面强调了农村土地改革的必要性与紧迫性："一、要唤起农民大众非进行土地改革不可；二、要改造地方政权非进行土地改革不可；三、要提高生产技术非进行土地改革不可；四、要工业化非进行土地改革不可。"④

萧铮指出，"国父昭示我们的唤起民众，说来惭愧，我们做得并不圆满"。⑤ 抗日战争时期，动员民众的是民族主义的号召，但是，抗战胜利之后，"这个号召，在一般农民的脑海中，就减少了分量"。⑥ 然而，"这个国家意识的号召，一减少分量，则个人意识的生活要求，就增多了分量"。⑦ 抗战时期，人们为了挽救国家危亡，"而抛弃土地毫无要求的走上前线"，

---

① 萧铮：《我们揭出社会革命的旗帜——创造新中国的前途》，《土地改革》1948年第1期，第5页。
② 萧铮：《土地改革与农村》，《土地改革》1948年第14—15期合刊，第2页。
③ 同上。
④ 同上书，第2—4页。
⑤ 同上。
⑥ 同上。
⑦ 同上。

但是，抗战胜利之后，情形"就不尽相同了"。① 因此，抗战之后的民众工作，"不能不有新的内容"。而所谓"新内容"，即"民族主义之外还要加上民生主义"。② 所谓"民生主义"，"最基本的就是替农民解决土地问题"。③ 萧铮意识到抗战胜利之后，随着矛盾的转移，土地问题已再度成为社会的中心问题，并到了解决农民土地问题的时候。他还强调，农村中佃农、雇农在占据着很大比重，解决他们的土地要求，对于消弭共产党的"叛乱"，有着至关重要的作用。

> 现在已经不是我们听着不管的时候了，我们不来唤起大众，共产党就会来发动佃雇农，分田毁债，打杀地主。你们说他们（佃农、雇农——引者注）不是农村中最大多数，可是他们却能把农村搅得天翻地覆，因为在尚无组织的农村中，只要有一部分死党，就可以败事而有余了。等到我们把这个乱世戡平以后，如果要地主把分掉的田都收回去，则他们要被逼着跟共产党跑到底；如果承认了这个既成事实，诚如阎百川先生说的"他们总认为共产党是他的亲娘，我们是他的后娘"。④

其次，萧铮强调，土地改革能够改善乡村中的政权结构。"中国当前的乡村镇政权，大多落在豪劣之后，这是经由许多人指出来的一个事实，由这个事实，越发证明了在真正的农民没有组织以前，所谓全民利益协调，只是豪劣利益的统治而已。"⑤ 开展"土地改革"之后，乡村豪绅柄政的局面可以得到有效地改善。"如果把土地改革配合到普选里面，则改造政权发掘潜力就有成功的把握了。用土地改革团结了大多数人，用土地改革训练了大多数人，同时用土地改革也试验了许多人，我们要求的是什么，某人能够替我们做的又是什么，大家都明白了，在这种情形下，实施普选，于是潜力被发掘了，政权被改造了，再没有少数利益统治多数人了，再不会有专要佃雇农当兵，多派佃雇农捐税的事了，土地改革的成功，就是乡镇

---

① 萧铮：《土地改革与农村》，《土地改革》1948 年第 14—15 期合刊，第 24 页。
② 同上。
③ 同上。
④ 同上书，第 3 页。
⑤ 同上。

第六章　土地农有基础上追求土地公有理想及开展合作经营的思想　　305

政权改造的成功。"①

最后，就农村的生产力而言，萧铮强调，土地改革能够带来生产力的变化。"土地问题，主要的是农民问题，而农民问题，主要的则是生活问题，所以土地改革，不但是要改革生产关系，同时更要改革生产力。"② 萧铮在探索土地问题的解决过程中，将生产关系与生产力结合起来考虑，极富远见。事实上，近代农村土地问题的解决，首要解决的便是生产关系的问题，在理顺生产关系之后，再来解决生产力问题就容易得多。然而，土地问题归根结底又是一个生产力问题：即在改善农村生产关系的基础上，如何发展土地生产力的问题，且解决土地所有权问题，归根结底是为了发展农村经济，提高农村生产力。因此，萧铮将生产力的发展作为土地问题最终解决的归宿，是值得肯定的。

萧铮还从土地对于调动农民生产"兴趣"的角度，强调土地农有改革可以提高生产率。他引用英国早期经济学家杨格的一句话，来强调给予农民土地所有权对于促进农业生产的积极意义："给人一块不毛土地的所有权，他会使其变成一个花园；但若给以一个九年租期的花园，他会使其变成一块荒地。"③ 因此，"实施土地改革，使耕者有其田，则人人有了变荒地为花园的兴趣，只要你告诉他一条改良土地的途径，他不但乐于接受，而且必然会努力以求其实现的"。④ 除从农村生产力等角度来强调土地改革的必要性之外，萧铮还从工业化的立场强调土地改革之必要。"西洋经济史告诉我们，土地改革对于工业化的影响，是很重大的。"⑤ 这主要表现在如下几个方面："工业化所需要的条件第一是资金，第二是原料，第三是劳力，第四是市场，而土地改革，刚刚可以解决这四个问题。"⑥ 工业化之资金准备方面，萧铮强调，我们无论怎样利用外资，自己总不能没有若干的资金准备。然而，推行土地改革，对于工业化前期的资金准备将有所裨益。"我们的资金来源，一方面是转变准备流入土地的资金，一方面是争取地主的所得，这只有实施土地改革，才有可能，因为耕者有其田之后，已经没有

---

① 萧铮：《土地改革与农村》，《土地改革》1948年第14—15期合刊，第4页。
② 同上。
③ 同上。
④ 同上。
⑤ 同上。
⑥ 同上。

了土地剥削，富人的资金，自然要转换方向，同时地主所收得的地价，我们可以有计划的指导其用途"。① 工业原料方面，"要想原料的大量生产和标准化，只有经过土地改革，农民有了生产的兴趣，新旧自耕农场均有了组织，农业生产科学化之后，才有可能"。② 萧铮的这一认识是有道理的，自耕农因对土地所有权的完全拥有，其在自己所有的土地上所有的生产积极性，要比佃农、雇农高出很多。因此，在农民的生产积极性被充分调动起来之后，农业生产量自然就上升了，工业化所需的原料供给问题，也将迎刃而解。最后就我国农村中的劳力来看，"一方面是劳力过剩，土地不足；而另一方面，则是土地束缚着农民，使他们无法自由移动，这对农工双方，都是不利的。必须在土地改革之后，农业上的劳力有合理的支配和使用，使农业上过剩劳力有所消纳，则全国的建设工作始能分头并进"。③ 萧铮强调，"我国农村的基本出路是在中国工业化，但工业化的前提，是要多数人有购买能力，产品才有了销场，占全国最大多数的农民收入可以增加，他们的生活水准自可提高，这时候的农村，便为工业造成功广大的国内市场"。④ 所以，萧铮强调，"要工业化，非进行土地改革不可"。⑤

萧铮强调农村土地改革对缓和农村中的社会矛盾、促进农业生产乃至促进中国的工业化等都有着重要的作用，这些建议都深有见地，也表明国民党内已经开始认识到土地改革问题的重要性了。

萧铮是我国近现代史上研究土地问题的重要人物，他主掌地政机关、发起地政研究、组建地政机构等，在我国近代地政史上有着重要的历史地位。诚如后人所称的，"谈到蒋党'地政'，就离不开萧铮"。⑥ 他的土地所有权思想，基本上能够代表国民党群体对近代中国土地问题认识的演变轨迹，因此，通过对萧铮的土地所有权思想的研究，可以管窥国民党统治群体的地权思想，并借此分析土地问题与国民党政权兴衰存亡两者之间的内在关系。

---

① 萧铮：《土地改革与农村》，《土地改革》1948年第14—15期合刊，第4—5页。
② 同上书，第5页。
③ 同上。
④ 同上书，第4页。
⑤ 同上。
⑥ 王世琨：《萧铮和国民党的"地政"》，中国人民政治协商会议江苏省暨南京委员会文史资料研究委员会：《江苏文史资料选辑》第9辑，江苏人民出版社1982年版，第76页。

萧铮早前秉持孙中山之"平均地权"思想，尔后随着认识的深入，以及出于维系与巩固国民党统治的需要，逐渐倾向于土地农有，提出了彻底的土地农有改革方案。萧铮的这一方案，不乏深有见地之处。他意识到彻底的土地农有方案对于赢取农民支持与拥戴、调动农民生产积极性，以及实现工业化等诸多方面都有着积极作用。只是，在国民党政权日暮途穷之时，这些措施已不可能力挽狂澜于既倒，最终也因国民党政权的垮台而湮灭。这也就决定了萧铮虽"一直长期执着于土地问题研究"，但是，却"在国民党统治大陆期间未能有成"。[①]

2. 从《土地改革方案》到《农地改革法草案》

（1）"中国土地改革协会"的成立及其《土地改革方案》的出台

1947年，在萧铮的努力之下，"中国土地改革协会"正式成立。它的前身是中国地政学会，随着抗战后期局势的变化，以萧铮为主导的中国地政学会对土地问题的认识逐渐深入，提出"土地改革"的设想，组建了"中国土地改革协会"。据萧铮回忆，"三十五年在重庆即已决定成立中国土地改革协会，授权于余定期召开成立会，已见前文。胜利还都，决定创办建国法商学院，即以新院址为中国土地改革协会会址。故于三十六年二月间第一批院舍大礼堂等落成后，即定于四月七日开成立大会"。[②] "中国土地改革协会"成立后，召开了几次专门性土地会议，并创办《地政通讯》、《土地改革》等杂志，掀起一股土地改革的思潮。

1947年4月6日，"中国土地改革协会"召开第一次会员大会，并通过"第一次会员大会宣言"。宣言指出：

> 不合理的土地制度，是一切寄生阶级、剥削阶级、封建军阀、贪官污吏、土豪劣绅等，共同假借的工具。他们利用这个工具，不劳而获，尽量剥削，积累其"政治资本"，形成更进一步的势力，来破坏国家的进步和建设。
>
> 不合理的土地制度，束缚着经济的发展，使工商企业，做了地租和地方的奴隶；使全体的工业劳动者辗转于饥饿线上，它更间接而残

[①] 俞雄：《骄鸥远影：温州百年在外学人》，中国文史出版社2007年版，第587页。
[②] 萧铮：《土地改革六十年——萧铮回忆录》，（台北）"中国地政研究所"1980年版，第284页。

酷的窒息了文化的进步，使一切自由职业者，变成了不自由的人。

这个不合理的土地制度，是昨日的中国所以不进步的主要原因，是今日的中国建设的主要敌人，并且是明日中国向前发展的主要障碍。在它没有被克服以前，一切政治、经济、社会改造的理想，都必然是徒劳无益的；不！甚至更加强它恶性的发展。①

宣言的大致内容，根据萧铮的概括，其"奋斗之目标为'民族自由''政治民主'、'经济平等'、故基本要求为：1. 天然富源国有；2. 农地农有；3. 市地市有"。② "中国土地改革协会"第一次大会宣言中一个很明显的意图，就是应对抗战胜利后中国共产党以及民主人士要求国民党改革的日益高涨的呼声。萧铮在其回忆录中写道，"此基本要求之提出与对当前实际问题之主张八项，均系针对当时共党之叛乱及所谓民主人士之庞杂主张而发"。③ 事实上，抗战胜利后，民主建国呼声的高涨，以及中国共产党势力的壮大，逼迫国民党开始思考改革尤其是土地改革。宣言饱含激情地呼吁：

全国的同胞，不分职业、阶级、党派、性别，一致的觉悟起来，认识这个共同的敌人——不合理的土地制度——组织起来，成为广泛而伟大的运动，共求这个问题的澈底解决，实现我们愿见的新中国！④

土地改革协会成立之后，就着手开始制定《土地改革方案》。1948年2月19日，"中国土地改革协会"通过公布《土地改革方案》，"方案"的"序言"中指出，"中国土地改革协会有鉴于我国当前土地问题之严重，已成为一切祸乱的根源，和民族生死存亡的关键，而政府现行有关土地政策与法令，并不足根本解决这一问题，如果不急求澈底而普遍的改革，实有非常可怖的结果，本会在成立宣言中，曾揭出'农地农有'的原则，兹根据当前需要，提出这个土地改革的初步方案，以期迅速而普遍的达到耕者

---

① 萧铮：《土地改革六十年——萧铮回忆录》，（台北）"中国地政研究所"1980年版，第289页。
② 同上书，第285页。
③ 同上书，第290页。
④ 同上。

有其田的目标,并实现宪法第一四三条的精神"。①而《中华民国宪法》第143条虽然规定,"中华民国领土内之土地,属于国民全体"。但又强调,"人民依法取得之土地所有权,应受法律之保障与限制,私有土地应照价纳税,政府并得照价收买。附着于土地之矿及经济上可供公众利用之天然力属于国家所有,不因人民取得土地所有权而受影响。土地价值非因施以劳力资本而增加者。应由国家征收土地增值税,归人民共享之"。并且,"国家对于土地之分配与整理,应以扶植自耕农及自行使用土地人为原则,并规定其适当经营之面积"。②

依这一法则来看,与1930年《土地法》一致,国民政府对于土地私有权基本上持认可态度。"私有土地应照价纳税"以及强调扶植自耕农,也表明这时期的国民政府仍秉承孙中山的土地所有权思想。但是,在当时战乱的情况下,"照价纳税"的前提——"土地登记"根本实施不了,"照价纳税"无疑也就成为一句空话。并且,扶植自耕农的做法,政府也一直缺乏"力行"精神,基本上没有具体而有效地实践。《土地改革方案》的具体内容是:

  第一章 土地改革的目标 土地改革的目标之一为耕者有其田,所以全国农耕土地,应自即日起,一律归现耕农民所有。
  第二章 现在佃耕他人土地之农民,分年清偿地价,取得土地所有权,化佃农为自耕农。
  上项地价为现租额之七倍,分十四年交纳,但现租额以不超过正产物千分之三百七十五计算之。
  第三章 清偿地价 取得土地所有权
  (一)现耕佃农取得土地时,应经由乡镇佃农协会,向地方政府办理登记。
  (二)作为清偿地价,而分年交纳之地租,由乡镇佃农协会代收并代缴于原地主所有人,并呈报地方政府备查。
  (三)现役军人之直系亲属为佃农者,其取得土地之应交地价,由

---

① 萧铮:《土地改革六十年——萧铮回忆录》,(台北)"中国地政研究所"1980年版,第286页。
② 同上书,第279页。

政府代为清偿。

第四章　移转地权　清偿债务

（一）自交纳地租，清偿地价之第一年起，原土地所有人之土地所有权，即行终止，而移转于原耕佃农。原土地所有权人，应向地方地政机关呈缴其土地所有权证状，换取适当于其七年地租总额之地价券（三联单十四份）；取得土地之佃农，每年交纳地价十四分之一，换取原土地所有权人地价券一份，至第十四年，地价清偿完竣后，汇呈地政机关，取得其土地所有权状。

（二）原土地所有权人，终止交纳地税，政府对其所收之地价，不课征任何捐税。

（三）取得土地之新自耕农，负交纳地税之义务，在其地价清偿未完之前，此项地税，不得超过其土地每年生产额百分之十。

第五章　免征地租　融通资金

（一）本方案实行前，现佃农由于无力交租，而致欠租者，一律不得追缴；本方案实行后遇有荒歉，政府得斟酌情形核准缓交当年地价之全部或一部。

（二）新自耕农，因农业经营必须借贷生产资金时，由各地国家金融机关，负责通融，此项债务，只得以土地收益为担保，不得因欠债而没收土地房屋及其他生产手段。

第六章　根绝土地兼并　健全农业经营

（一）凡非从事于自耕之任何人民，不得购买耕地。

（二）不分旧有自耕农或新自耕农，应分别加入各地之农业合作社。

（三）实行农地重划，调整并扩大农场之面积。

第七章　组织佃农协会　推进土地改革

为澈底实行土地改革，各地佃农应组织佃农协会，代为办理土地登记收缴地价。

佃农协会之组织办法另定之。①

从这个改革方案来看，它的目标在其第一条中已经阐释出来，即耕者

---

① 《土地改革方案》，《中央日报》1948年3月21日，第4版。

有其田,帮助农民取得土地所有权,实现土地农有。具体办法是赎买,即由佃农分年付清地价,最终取得土地所有权。并且,对于佃农如何购赎耕地,也进行了详细规定。从这些措施本身来看,它较之过往国民党的土地法规等,在实现土地农有方面,无疑是最彻底的,也能体现出土地改革协会力求土地改革的决心。

(2) 吴景超对《土地改革方案》的评价以及萧铮的解释

《土地改革方案》出台之后,引起广泛探讨。吴景超在《中央日报》撰文指出,这个方案"要点在终止佃耕的制度化,使佃农变为自耕农";"所提议办法,是由现在佃耕他人土地之农民,分年清偿地价,取得土地所有权"。① 他还强调,"这是一个转移私人财产权的主张",但仅将其"当做一种使耕者有其田的办法",亦有几点值得商榷的地方。②

首先,吴景超指出,以十四年为期限,完成土地所有权的移转,时间是否拖得太长?他从中国人的平均寿命入手,指出一般人的平均寿命在三十几岁,在近代动荡的环境下,"乡下人更难做长时间的打算";"假如我是一个佃户,听到别人提出一个办法,要我在十四年后,才能成为真正的自耕农,我是不会感到很大兴趣的"。③ 因此,他建议将期限"缩短为七年";并且,在佃户没有取得土地所有权之前,"地税还是由原土地所有人交纳",也即是说,"佃户在清偿地价的七年内,不负交纳地税的义务"。④ 在吴景超看来,这一修正的好处,在于既推行了土地改革,又不影响到"任何一方"的生活。将期限缩短为七年,"不影响地主以后七年的收入"。地主所要准备的,就是在这七年之内另谋生计。七年时间很长,地主"应当可以从容的布置他以后的生活";但按照"协会"的办法,将会影响地主的"生活基础"以及"生活程度",从而有可能引起"反抗"。⑤

其次,吴景超认为,"中国大多数的农民,是自耕农";因此,这一实行耕者有其田的办法,会不会降低农民的生活程度?他根据当时一些调查统计资料指出,"华北一带,除了察哈尔绥远两省之外,佃农的百分数,没有一省是超过百分之二十以上的";因此,土地改革,"即使完全实现了,

---

① 吴景超:《评土地改革方案》,《中央日报》1948年4月1日,第3版。
② 同上。
③ 同上。
④ 同上。
⑤ 同上。

得到实惠的,也只是农民中少数的人"。① 他还强调,农民"最感到压迫的,绝不是田赋,也不是地租,而是诛求无厌、倾家荡产的摊派"。②

尽管中央政府三令五申,不准摊派,不许摊派,但政府的军政开支,因为政府不肯重赋富人的结果,最后还是落在那些没有力量、不会说话,穷苦无告的农民的身上。摊派的灾害,重于地租,假如政府只在地租上着眼,而忽视了摊派,那就是小题大做、大题小做,绝不会得到大多数农民的拥护。所以一切土地改革,应辅以杂税政策的改革,才有重大的意义,才可得到丰富的收获。③

针对吴景超的质疑,萧铮专门撰文予以解释。

第一,他强调"土地改革方案"的主旨是,"在以最明快简捷的方法,解决中国最严重的佃农要求土地的问题"。④ 佃农制度,"在中国是最普遍亦最危害的制度,它不仅使多数农民生活贫困,而且使土地的收获量也逐渐在那里减少"。⑤ 因此,"土地改革协会"在借鉴过往"税去地主"方案"缓不济急"而"买去地主"又"迂缓而难有大效"的情况下,采取此种办法。⑥ 土地改革方案,"如经政府采用,那法案颁行的一天,佃耕土地,便无条件移归佃农所有了。这样便可省却许多讨价还价的迂缓办法"。⑦

第二,萧铮指出,"为表示法案成立的那一天,土地便确实是农民的了";而一旦土地属于农民所有,那么"地税便非由农民负担不可"。⑧ 理由是:地税是土地所有者对国家的义务,如果地税仍由原来的地主缴纳,"那表示土地尚不是农民的","土地改革法草案"也"便失去它的价值";因此,"为的是要使农民在精神上与在法理上得到保证:土地是他的了,那农

---

① 吴景超:《评土地改革方案》,《中央日报》1948 年 4 月 1 日,第 3 版。
② 同上。
③ 同上。
④ 萧铮:《解释土地改革法草案——兼答吴景超先生》,《地政通讯》1948 年第 4 期,第 18 页。
⑤ 同上。
⑥ 同上。
⑦ 同上。
⑧ 同上。

民便非负担起这个纳税的责任不可"。① 再就"地主"来看,"为使原地主知道他从法案成立那天起,便已将土地移转给农民了,亦非立即解除他的纳税义务不可"。② 因此,"无论地价怎样还,什么时候还清,而土地应该是农民的,那农民才会得到精神上的解放,才会从今起爱护土地,悉力耕作,农田的生产才会从逐减的趋势,转变为增加"。③

第三,萧铮强调"农民是现实的"。如果将农民收回"土地"的期限定为七年,且在这七年期间农民"还是照样去还租",他们"是不感兴趣的"。原因是,"农民疑惧七年的漫长岁月中,政府随时可变卦的,地主随时亦可以用势力压倒他的。如地主照常纳税,农民照常交租,那便等于对现状毫无变化,只是许了一个七年以后给予土地的空愿,那边不能算有行动"。④ 因此,一旦将土地以农贷的方式分配给农民之后,土地的租税便开始由农民负担。这也即是说,土地所有权属于农民的那一日起,在其偿清购地贷款之前,既要偿付购地的贷款,同时也需上缴土地税。

第四,萧铮指出,因考虑到农民既要负担税收,又要偿清贷款,故将期限定为十四年。并且,我们所以定地价为地租的七倍,是因为根据一切调查,一般的地价等于七个"购买年"。⑤ 这一考虑,乃是因为,"要农民一次拿出七年租价,固然是不可能;即是要他分七年拿出,而不令纳税,农民还不曾感到兴趣,因这对他们实际生活,并没有什么改善。我们固然要予农民以精神上的鼓励,但更实际的是要予农民以实际上的好处,来改善他们的生活。因此,所以即不令农民纳税。这七年的租亦要分十四年还的"。⑥ 所以,萧铮强调农民分年还款,以及拥有土地所有权后随即开始负担租税,是一种合理的方案。他还指出:

> 许多先生误会,以为我们是主张十四年后才给农民土地。这大概是文字不明显的毛病。我们是主张立刻移转土地给农民,所以有方案

---

① 萧铮:《解释土地改革法草案——兼答吴景超先生》,《地政通讯》1948 年第 4 期,第 18 页。
② 同上。
③ 同上。
④ 同上。
⑤ 同上。
⑥ 同上。

第二章的规定。至地价归还的年期，为农民打算是愈长愈有利的。分年愈多，每年的负担额愈少，这是很明显的。我们既要表示土地自现在起便是农民的了，要他自现在起便负担地税。同时要农民分年的偿还地价额，加上地税，亦要比现在的租额为轻，所以定分十四年交还地价。①

第五，关于"地主"这一群体在土地改革之后的"去向"问题。萧铮指出，"老实说，一切土地改革方案，没有替地主打算的道理"。② 但考虑到中国小地主多的实情，"生路亦不能不稍为顾虑"。因此，就"不主张无条件的土地没收，也不采用西欧各国分数十年还地价的方法"；而"主张十四年，即每年地主仍收得地价等于地租的一半。但他却免去纳税的负担"。③ 他指出，根据许多调查，一切征实、征借合计，重的地方地主要交出租额的一半，轻的地方亦在 1/3 左右，可见地主负担亦不轻松。而且，"地主是不见得真能收足佃租的"。④ 因此，萧铮指出，"照我们的方法，我们保证地主收到等于租额一半的地价，有十四年之久，而不要纳税；亦等于保证地主的生活十四年"。⑤ 并且，若中国从此安定进步，随着工业化的逐渐开展，"十四年后地主自不患无谋生之路"；"即孤儿寡妇的小地主们，有十四年的生活保证，也算仁至义尽了"。⑥ 萧铮还强调，《土地改革方案》对地主出路的考虑，相对来讲是一种比较切实可行的方案。"否则，地主如再一定要保障既得利益，不肯走这条和平改革的路，恐终有一日，要保障的生命的安全亦不可能。现在共党所引导的农民叛乱，不是摆在眼前的事实吗？"⑦

第六，萧铮指出，从政府税收的角度来看，"现在无论如何重的征实，实收是没有到全国农产物三十分之一的"。⑧ 究其原因，乃是"税收的毛病太多，制度和计算方法太困难"；"什么按两折元，按元折征实物，这一套

---

① 萧铮：《解释土地改革法草案——兼答吴景超先生》，《地政通讯》1948 年第 4 期，第 18 页。
② 同上。
③ 同上。
④ 同上。
⑤ 同上。
⑥ 同上。
⑦ 同上。
⑧ 同上书，第 19 页。

还是前清田赋的继续,只便利了中间胥役的中饱"。① 因此,他指出,"我们正同吴先生一样,盼望政府一举廓清税制"。并且,"在这过渡时期,痛快照土地正产物收获量收十分之一"。②

> 什一之税,是中国的古制,农民对此是有信仰的。各县上、中、下的田地,统统定一个正产物收获等级,政府便照此征税,而复位中央和地方划分的标准,绝对禁止对土地再加任何摊派。中国的农民是最诚实和最服从的,他们绝不逃合理合法之税。③

此外,他还指出,过去因税制混乱以及地主以种种方法欠税、逃税,"政府的税收是'实征',而没有达到'额征'的一半"。④ 但是,按照《土地改革方案》中的办法,"再加上集体缴价和缴税的组织,那政府的税收,一定要增加数倍,一切摊派均可取消,而不愁支出无法应付"。⑤ 因此,萧铮反问道:"吴先生以农民得土地而增摊派为虑。如政府要土地改革,而不肯办这些轻而易举的税政改革,那种政府,我们怎样会信其能行土地改革呢?"⑥

最后,萧铮针对吴景超对"农民仅获得这些小额田地是不足以解决问题"的质疑作出解释。他指出,"这个议论,我们听之热矣,但是今天的中国是要先解决今天的问题,再谈明天的美满计划"。⑦ 在他看来,理想与现实之间要很好的兼顾起来,不能只因追求土地公有制的理想,而忽略眼前最迫切最现实的农民要求土地的问题。

> 如只想明天的美满计划,而不肯解决今天的生存问题,那真是"画饼充饥",于实际何补?我们第一步要先使农民有了田地,然后再

---

① 萧铮:《解释土地改革法草案——兼答吴景超先生》,《地政通讯》1948年第4期,第19页。
② 同上。
③ 同上。
④ 同上。
⑤ 同上。
⑥ 同上。
⑦ 同上。

逐步使之合并田场，增加收获，乃至逐渐实行大农制度，使农民在总人口的比例上逐渐减少，一部分农民能够转业到工商业上去，于是农民平均才能得到较多的土地。但此事如非国家能安定，经济能走上工业化的道路，是无法解决的。此事正是"救死不暇"的时候，怎样可以拿那些空计划来解决问题呢？我们愿以"卑之无甚高论"解决现实问题的立意在此。希望各方贤达能认识中国今日问题的严重，一致主张，先由解决农民问题，求得中国的安定，一切更进一步的建设计划，且待中国逃出了死亡的威胁时再说。①

因此，在萧铮看来，最为紧迫的是要解决农民土地问题，待农村经济复苏之后，再在土地农有的基础上逐步实行大农场制度。并且，依托工业化吸收农村中的剩余劳动力，缓解人对地的压力，实现农业生产的规模化。

吴景超曾以北方各省佃农不多的情况来质疑《土地改革方案》"并不能真正解决问题"。萧铮则强调，《土地改革方案》"本不是万应灵膏"，可以用来解决一切问题；但它"确是替中国问题中最主要部分先求一个合理解决"。② 并且，北方各省佃农数字并不多，"但这不多的佃农要求地的问题，也足够共产党进行这样大叛乱的凭藉"。③ 他指出，社会的叛乱并不是要全体起来，而"有百分之二十的人叛乱，便可要其余百分之八十不能不跟着走"。"而且百分之二十左右的佃农，这个数字也够大了，共产党甚聪明，所以能把握住'土革'为叛乱的主要根据。否则，共产党何以不拿其他问题呢？"④ 萧铮认识到农民对土地的渴望，也认识到中国共产党兴起与发展壮大的关键因素是满足了农民对土地的渴求，得到了农民的广泛拥护。

（3）土地改革思想的深入：《农地改革方案》的出台

"土地改革协会"在公布《土地改革方案》之后，1948年又公开提出《农地改革方案》。这样，"土地改革协会"的土地改革纲领，就由一般性的"土地"具体化为"农村土地"。这一变化，标志着土地改革协会土地改革

---

① 萧铮：《解释土地改革法草案——兼答吴景超先生》，《地政通讯》1948年第4期，第19页。

② 同上。

③ 同上。

④ 同上。

思想的发展与深入。诚如"土地改革协会"领导人萧铮所自述：

> 于时局十分紧张中，我们愈感有迅速实行土地改革之必要，尤其是农地改革，是防止共党扩张之重要武器，故自本年三月二十日本会发表土地改革方案后，继之以各种座谈会及讨论会之互相交换意见，佥认为应为更具体之规定，称为"农地改革法案"，故于七月四日，由余以行宪后之立法委员身份，领衔正式提出于立法院。①

从这段话可以知道，随着国共两党政治、军事较量的深入发展，中国共产党逐渐占据优势地位，这一变化引起了国民政府的"紧张"，体现在土地问题研究者的"土地改革"思想具体化为"农地改革"思想，对象更为具体、更有针对性。同时，这也标志着国民党内部开始真正意识到解决农村问题对于维护与巩固一个政权的重要作用。《农地改革法草案》的具体内涵是：

第一条　依据中华民国宪法第一四三条之规定，制定农地改革法，以实行耕者有其田。

第二条　全国农地自本法实施之日起一律归为自耕作之农民所有，公有农地除供农事试验场、公营农场及政府为特殊目的必须保留者外，悉依本法之规定分配之。公有及私有可耕荒地之分配适用本法之规定。

第三条　现为自耕之农户，其所有之农地面积，以不超过维持一家八口生活必须之范围为限。上项面积之范围，由各县、市政府，会同当地乡镇农地改革委员会，根据当地实际情形决定之。

第四条　农地所有权人不自耕作或虽自耕作而其所有农地面积超过第三条范围三分之一以上者，其农地应依照下列次序分配于承领自耕之农民：（一）现佃农、（二）现雇农、（三）现役军人之家属、（四）所有农地面积不及第三条规定范围之自耕农、（五）其他需要土地之农民。

第五条　现役军人所有之农地，不超过第三条规定之范围者，虽

---

① 萧铮：《土地改革六十年——萧铮回忆录》，（台北）"中国地政研究所"1980年版，第304页。

非其家属自耕，在其服役期间得准其保留农地所有权。退役、荣誉军人及因抗战戡乱阵亡军人遗族所有农地，如其面积不超过第三条规定之范围者，虽非自耕仍准其保留农地所有权。

第六条 农地承受人应对原所有权人补偿地价，上项地价不得超过约定地租额之七倍总额。以当地主要农产计算，分十四年清偿。但约定地租额超过正产物千分三百七十五者，仍照千分三百七十五计算之。

第七条 农地承受人应经当地改革委员会向县、市政府申请登记并记明下列事项：（一）农地种类坐落地号及面积、（二）农地原所有权人姓名住址家属人口职业及在该乡镇范围内所有农地之总面、（三）农地承受人之姓名住址家属人口职业在承受地上耕作之年限及其所有之农地面积、（四）约定之每年租额、（五）应补偿之地价总额及原补偿之年限。

第八条 前条承受农地之申请，县、市政府应于收到后一月内核定公告，并通知原所有权人缴销其产权证件，按其应得之地价，发给地价券，每券十四联，按年凭券收取地价。第一年应补偿之地价缴清后，农地所有权即由原所有权人转移于农地承受人，由县市政府发给农地所有权临时证书存执，农地承受人每年缴付地价十四分之一，向原所有权人换取地价券一联，至第十四年全部地价缴清后，将各联地价券连同农地所有权临时证书，汇呈县、市政府，换领土地所有权状。

第九条 农地承受人得将按年应缴之地价，提前缴清换领土地所有权状。农地承受人如为现役军人之直系亲属其应缴地价，由政府代为分年清偿。遇有凶年歉收，农地承受人经县、市政府之核准，得缓缴当年地价之全部或一部。

第一〇条 农地原所有权人，自收到第一年补偿地价之日起，终止对土地所负之赋税义务。原所有权人所收地价如其每年总额，超过当地自耕农全年土地收益一倍者，就其超过部份减少百分之二十五，超过二倍者减少百分之五十，超过三倍者减少百分之七十五，超过四倍以上者全部减去。上项累进退减补之地价，仍由农地承受人照额缴于政府，以其中之一半为地方公共建设之基金，余额为第九条第二项现役军人直系亲属取得农地时，政府代缴地价之用。

第一一条 农地承受人自缴付第一年地价之日起，负缴纳土地赋税之义务。在其全部地价未偿清前,政府所征土地赋税之总额,不得超过农地正产物百分之十,并不得有任何以土地为对象之捐派。

第一二条 各乡镇设置农地改革委员会,受政府之指导,办理农地承受申请登记,收缴地价等事宜。乡镇农地改革委员会由下列人员组织之:(一)佃农代表三人、(二)雇农代表一人、(三)自耕农代表一人、(四)农地原所有权人代表一人、(五)政府代表一人、(六)农业技术专家一人、(七)土地改革社团代表一人。乡镇农地改革委员会组织及办事细则另定之。

第一三条 本法施行前,农地上原供佃农雇农使用之房屋、耕畜、农具及其他农业设备应归农地承受人照公平估价承购自用,其必需之资金由国家金融机关酌量贷给。上项房屋等项之估价由当地农地改革委员会评定之。

第一四条 农地承受人及其现自耕农民因经济困难而致欠债无力偿还者,不得扣押或拍卖其农地房屋或其他生产工具。

第一五条 农地承受人及现自耕农民因农业经营而需要生产资金时,各地国家金融机关应充分供给长期低利之贷款。

第一六条 农地承受人及现自耕农民得加入当地农业合作社,受政府之辅导组织合作农场。

第一七条 农地如有面积狭小或地段散碎不合耕作之经济使用者,应由县市政府实施农地重划调整并扩大农场之面积。

第一八条 自本法施行之日起,非自为耕作之农民,不得购置耕地。其以自耕农地位购置耕地而不自耕者,由当地农地改革委员会依本法之规定重新分配之。

第一九条 本法颁布之日起,各省、市政府应于六个月内拟具详细施行计划及施行附则,于一年以内实施完成。[①]

细看这一法案,"土地改革协会"已然认识到,只有彻底实现耕者有其田,才可以挽转国民党统治江河日下的危殆形势。虽然,条文中所体现出来的土地农有实现办法,仍主张温和的补偿地主"地价"的方法,与此前《土地改革方案》的办法一样。但是,《农地改革法草案》较之《土地改革

---

① 《农地改革法草案》,《土地改革》1948年第1卷第8—9期,第3—4页。

方案》草案，有不少进步之处：第一，它规定了"自耕农"的具体占地面积；第二，它强调政府对耕者所占土地具体情况的统计；第三，规定获地农民所需上缴的税额不得超过正产物百分之十，并且不得有以土地为对象的任何捐派，取消了依附在土地上的苛捐杂税。第四，强调成立"乡镇农地改革委员会"，并且佃农代表三人，雇农、自耕农各有一个代表，地主也只有一个代表，这就使这一委员会能代表农民的心声；第五，强调在获地农民经济困难时，不得扣押或拍卖其农地、房屋以及生产工具等；第六，强调政府加强对农村金融帮助，实行农贷政策，并且取缔了《土地改革方案》中以"土地"为抵押的规定，强调政府提供长期低利贷款。更为重要的是，新增加的"第一〇条"，虽然在地主收到补偿地价时免除了其赋税，但是他所收到的地价，却在依据当地自耕农收益总额的25%递减，最严重者是全部减免。这对大地主以及中等地主来说，实质上是无偿剥夺其土地。《农地改革法草案》从各个方面围绕保障农民如何获取并保有土地进行了具体而详细的规定。这一草案若是在"平时"应是一种可行的方案。

（4）陈紫枫、刘士笃对《农地改革法草案》的质疑与萧铮的回复

土地农有方案提出之后，各方对此意见众说纷纭，并不统一。据萧铮回忆，"院同人颇为重视，发表意见之多，讨论之热烈，为自有行宪立院以来所仅见，其中虽见仁见智各有不同，然要之均为重视地政，至堪敬佩"。[①]其中，陈紫枫发表《我反对萧铮委员所提"农地改革法草案"的理由和意见》一文，公开反对农地改革法草案；此外，刘士笃等也对此公开表示质疑。

陈紫枫对《农地改革法草案》的驳难，是从该草案与宪法的关系入手的。他首先指出，"草案"违背"中华民国宪法"，"根本不能成立"。他援引《宪法》第一百四十三条"中华民国领土内之土地属于国民全体，人民依法取得之土地所有权皆受法律之保障与限制，私有土地应照价纳税，政府并得照价收买"，以及同条第四款"国家对于土地之分配与整理，应以扶植自耕农及自行使用土地人为原则，并规定适当经营之面积"两者指出，"这条宪法完全根据国父民生主义平均地权的精神而制定的，一方面限制土地的集中于少数大地主手里；一方面由政府扶助'自耕农'及经营私人农

---

① 萧铮：《土地改革六十年——萧铮回忆录》，（台北）"中国地政研究所"1980年版，第309页。

场林场和牧场的'自行使用土地人'来增加生产和改善农民的生活"。①
并且:

> 在这条宪法上明白的规定"中华民国领土内之土地属于国民全体",并没有规定"全国农地一律归自为耕作之农民所有",又这条宪法上"人民依法取得之土地所有权应受法律之保障与限制",并没有"非耕者就不能有其田"的规定。并没有"非自为耕作之农民不得购置耕地"的限制。②

陈紫枫还指出,"草案""违反《宪法》第一百十四三条,及《宪法》第十五条。根据《宪法》第一百七十一条之规定'法律与宪法抵触者无效',除非根据《宪法》第一百七十四条之规定,修改宪法,本案根本不能成立,目前我国既已实行宪政,我们就应当遵守宪法,继续民主政治的精神"。③

其次,陈紫枫指出,中国自古以农立国,"农民占全国人口的百分之八十五以上",这一"农民"群体,"应当包括自耕农和佃农和地主,以及从这些家庭里走出来的全体公教人员、全体将士和一切智识分子,包括科学家、新闻记者、城市的工人,以及半商半农的老百姓。若是仅仅拿耕田的人来说,无论如何统计也达不到这个数字"。④ 陈紫枫将"农民"所囊括的对象扩大化,并强调"无论任何家庭绝没有隔代以上,能够脱离农田的"。⑤ 因此,将"地主"的土地所有权移转给农民,并不能实现耕者有其田,因为"地主"本身亦是耕者;并且,也没有必要实现耕者有其田。此外,他还指出,危害社会的不是"地主",而是"豪门资本家"。"我敢武断的说,全体农民没有一个人对不起国家民族,只有少数豪门资本家才对不起国家民族。因为有他们少数败类的存在,才造成今天严重的危机。"⑥ 这里,陈

---

① 陈紫枫:《我反对萧铮委员所提"农地改革法草案"的理由和意见》,《土地改革》1948年第12—13期合刊,第8页。
② 同上。
③ 同上。
④ 同上。
⑤ 同上。
⑥ 同上书,第9页。

紫枫的"全体农民",并不是指农村中从事土地耕作的农民,而是其前面所界定的"广泛意义"的包括"地主"等在内的"农民"。

"豪门资本家"危害社会是毋庸置疑的,尤其是在外资入侵过程中形成的买办资本家以及后来依靠军事、政权力量形成的官僚资本家等,对近代政治、经济等都产生了严重危害。但陈紫枫将"农民"这一群体无限扩大,甚至将城市一些从农村走出来的人都跟"农民"扯上关系,并强调"地主"亦属于"耕作土地的人",亦属于"农民",这样就有替"地主"辩护的嫌疑了。他甚至还强调,"目前中产阶级小地主,一方面要束紧裤袋向政府完粮纳税;一方面要引头就刃准备共产党的清算和斗争,这是'求生无术求死无门',人类不幸的遭遇只有纳粹德国时期的犹太人可以比拟"。①

此外,陈紫枫还强调"我国的土地问题并不严重"。② 在他看来,"土地问题严重之形成第一是土地不够和人口过剩,我国根本就没有这两个形成土地问题严重的重要因素"。③ 他以我国西北、东北、西南一带还有广袤的未开垦土地为例,强调我国不存在人地矛盾,并且"将来恐怕更要形成土地过剩和人口不够的怪状了"。④ 至于导致土地问题严重的第二个原因——"土地分配太不平均","我国也没有这种情形的存在,根据农商部的调查,自耕农占百分之五十,半自耕农占百分之二十五,佃农占百分之二十八"。⑤ 此外,产生土地问题的第三个因素——土地集中趋势的增强,"我国更没有这种现象的发生"。

抗战时期四川和西康据某专家的调查,从二十六年到二十七年土地集中增加到百分之一,最高的是西康曾经增加到百分之五,但是都不一定真正可准。从本人八年在四川的观察和西康友朋的谈话里说明分散的多,集中的少,其余沦陷和战区以及匪区的各省,更没有丝毫集中的象征。⑥

---

① 陈紫枫:《我反对萧铮委员所提"农地改革法草案"的理由和意见》,《土地改革》1948年第12—13期合刊,第9页。

② 同上。

③ 同上。

④ 同上。

⑤ 同上。

⑥ 同上。

陈紫枫对抗战时期后方土地占有状况的论述，是值得商榷的。工商业不发达，社会闲置资本往往游离于土地之上，商人、官僚、地主等往往利用手中多余的钱财买田置地。抗战爆发后，工商业内迁，加之遭受战火蹂躏，工商业遭到严重破坏，在这种情况下，社会剩余资本就更是群集于土地之上，后方的土地也因此呈现出逐渐集中的趋势。1939年《内地农村》一书出版时，因有涉及地权部分，费孝通四川的朋友便提醒他注意后方土地逐渐集中的趋势。① 因此，陈紫枫上述以"某专家"的调查结果与其"自身的感觉"为依据，强调抗战时期西南大后方"土地所有权"不存在集中的趋势，无疑带有主观色彩，也非科学论断。

此外，陈紫枫还指出，"'戡乱第一'的旗帜之下，我们绝对没有跟着共产党后面而做尾巴的道理"，而《农地改革法草案》则是共产党土地政策的"翻版"。② 他指出：

> 本案的原提案人在他口头补充的主要理由第三点说："共产党始终以土地政策为号召，自民十六年叛变起至今未变，我们应该使占我国人口最多的农民站在我们的一面。"这一点不能不说是"异想天开"了，照原提案人的意思，共产党始终以土地政策为号召，我们就应该跟着他，以土地政策为号召。共产党以斗争清算和惨杀为手段，那我们是不是也应该提出"斗争清算法案"来做我们革命的手段呢？照原提案人所说的"我们应该使占我们人口最多的农民站在我们一面"的理由，那我们也可以修改我们的外交政策，我们也可以跟着他们做"一切的一切"。请问我们还谈什么戡乱？还谈什么剿匪？干脆投降算了！又何必打来打去，和老百姓过不去呢？③

在陈紫枫看来，国民党完全没有遵循中国共产党土地改革的路子的必要，并且也不能仿行中国共产党的办法来推行土地改革。他还强调，中国共产党的土地政策已经完全失败，理由是："第一，我们看到京沪汉津徐济

---

① 李学桃：《20世纪30、40年代费孝通地权思想浅析》，《中央民族大学学报》（哲学社会科学版）2012年第2期，第48页。

② 陈紫枫：《我反对萧铮委员所提"农地改革法草案"的理由和意见》，《土地改革》1948年第12—13期合刊，第10页。

③ 同上。

几个重要都市成千累万无衣无食的难民,他们都是最贫苦的佃农和自耕农,共产党既已实现分田政策,他们为什么不在家乡耕种分给他们的田?他们为什么又拖家带眷跑到大都市里来受冷受饿?大都市里又有谁会给他们冷暖和同情?足见共产党的土地政策已经整个失败。第二,共产党为号召农民(连地主都在内),最近提出'不清算不斗争不念旧恶不忘旧好'的'四不主义',来和我们争取农民。在今天戡乱第一的旗帜下,我们绝没有跟着共产党做尾巴,更没有拿他们已经失败的土地政策来号召的道理"。[1]

陈紫枫还指出,中国并不具备实施《农村土地改革方案》的经济实力。"第九条、第十条和第十五条,都是当前国家财政无力负担的重负。金圆券的发行数目恐怕再增加十倍也不能胜任。"[2] 并且,"戡乱战事未停,人民元气未复,决不能轻易改革"。[3]

"耕者有其田"固然是我们所希望的事,但是在戡乱战事未停人民元气未复的时候,何能轻言实行,我们国家经过八年抗战三年剿匪,人民原气大伤,就好像一个病人,患着三期的肺病,和严重的贫血症,已经处在九死一生的危境,加以共匪的作乱祸国,更周身又是长遍杨梅恶疮的外症,又加上虎烈拉的时疫。能否更生谁都没有把握,现在忽然走来一位外科名医,要替病人割去"并未发炎的盲肠",请问这病人的家属反对不反对?[4]

与陈紫枫一样,反对实行土地农有改革的还有刘士笃。刘士笃指出,"萧铮等提案可能制造分裂,目前重心应在农村工业化"。[5]

说到中国的急切问题,惟有实行农村工业化。今日农村的最大问题,不在土地的分配方面,而在农村的人口过剩,耕地根本已不敷使用。其解决的方法:一、当引导过剩的农民从事工业;二、将现有的

---

[1] 陈紫枫:《我反对萧铮委员所提"农地改革法草案"的理由和意见》,《土地改革》1948年第12—13期合刊,第10页。
[2] 同上。
[3] 同上书,第11页。
[4] 同上。
[5] 刘士笃:《谈农地改革》,《土地改革》1948年第12—13期合刊,第11页。

土地作机械化，科学化的利用；三、当使地主转移其对土地的投资而为工业的投资；四、当使农村及都市的知识分子及游离分子一律就业生产；五、成立国营农场或合作农场。场内私有土地一律给价收购或作价入股，变私产为场产人人有份。（这才是耕者有其田的真义。）这样的一个解决办法，才是有意义的办法，既可以富国也可以富民；既合国父的遗教，也合宪法的旨趣。①

在刘士笃看来，农村经济问题不在于土地分配不均，而在于人口过多、耕地不足两者之间的矛盾。因此，他强调以发展乡村工业，推行农村工业化来解决农村经济问题。他从以下三个方面，对《农地改革法草案》提出质疑：第一，他强调，《农地改革法方案》违背了国父遗教。

> 主张全国农地一律归自耕农所有，农地所有人不自耕作，或虽自耕作而面积超过限度者，应分配于承领自耕农民。并认为这是实行国父遗教中"耕者有其田"的主张，其实是断章取义而予国父遗教重大的误解。②

刘士笃还强调，"土地的社会价值（即社会对于土地的估价，亦称边际效应价值）实包括了土地的天然条件、社会条件与劳动价值在内"；而孙中山主张"天然富源国有"，"是将土地于天然条件划出于私有权之外了"。③若是遵循孙中山这一理论来解决土地问题，"第一，当使天然矿产属于国有，此在矿业法中已有规定；第二，当使土地涨价归公，此应先在都市实行者，而终未实行，至于农地或为开垦，或投资而取得所有权，除应限制其过分集中外，实不在国父主张取缔之列"。④ 因此，"萧委员等不先在都市实行国父的主张，反于农村方面分配国父所不取缔的地权，实在是违背了国父的遗教"。⑤

事实上，孙中山所考虑的土地所有权问题，并非刘士笃所说的仅针对

---

① 刘士笃：《谈农地改革》，《土地改革》1948年第12—13期合刊，第12页。
② 同上书，第11页。
③ 同上。
④ 同上。
⑤ 同上。

"城市土地"。孙中山所考察的"土地",是指城市化进程中的"土地";它既包括城市土地,也包括农村土地。因此,刘士笃据此诘难《农地改革法草案》违背孙中山的"平均地权"思想,值得商榷。并且,在当时农村经济凋敝、农民与地主关系紧张的时代,号召实行"城市土地"涨价归公,这对土地问题的解决显然是于事无补。

第二,与陈紫枫的认识一样,刘士笃亦强调《农地改革法草案》违背了"宪法"。他指出,"宪法"保护土地所有权,"既承认人民有土地所有权,当然'应受法律保障'绝无取消'人民土地所有权'而'分配于承领自耕之农民'之理"。[①] 并且,"《宪法》第十五条明定人民之财产权应予保障,何得以显违《宪法》第一四三条意旨之法案以侵害人民之财产权"。[②] 他从地主土地所有权属于私人所有权,以及土地私有权属于私人财产权应受保护等角度,来指责《农地改革法草案》中的土地农有政策违背宪法。

第三,刘士笃还指出:将"农地改革"作为戡乱建国之基础,"然此法若经过实施,将收适得其反之结果"。[③] 他指出,"共匪对于土地之清算斗争原为破坏我固定之社会秩序,每到一处即发动战争,驱逐地主及老弱妇孺于政府控制之区域,以使政府增加救济之负担。而共匪则集中农民粮食,以充军粮,吸收农民壮丁,以充兵员,实为最毒之计,今我若师其计,试问能驱走我方之地主及老弱妇孺于共区乎?不能,则主佃冲突之结果,仅将社会造乱后,成为无止息的内室操戈,斯为大乱之道,斯为亲者所痛而仇者所快"。[④] 因此,在刘士笃看来,推行以《农地改革法草案》为纲本的土地改革,是不可行,且不必要的。

针对陈紫枫、刘士笃等人对《农地改革法草案》的驳难,萧铮撰文进行辩驳。他首先肯定众多批评意见对于完善农村土地改革的促进作用,"在立院发表之珍贵修正意见,颇多可供该法案再检讨之价值。即持反对意见方面,亦系出于关心民瘼,慎重立法之旨";[⑤] 随后针对各种反对意见进行了辩解。

[①] 刘士笃:《谈农地改革》,《土地改革》1948年第12—13期合刊,第11页。
[②] 同上。
[③] 同上。
[④] 同上。
[⑤] 萧铮:《论农地改革法案——兼答刘士笃陈紫枫甘家馨孟广厚诸先生》,《土地改革》1948年第1卷第12—13期合刊,第3页。

萧铮从四个方面对《农地改革法草案》"之立法主旨及理由"进行深入阐释的基础上，回应了反对《农地改革法草案》者的观点："（一）遵奉国父遗教；（二）实施宪法规定；（三）根本消弭共祸；（四）统一各地单行办法。"①

第一，关于《农地改革法草案》与孙中山遗教之关系。萧铮指出，孙中山的平均地权与"耕者有其田"主张，经常被人们混为一谈。"平均地权系一种土地制度，即人民应'申报地价'、'照价纳税'，政府得'照价收买'，并'收取自然增价'。"② 这种土地制度，"系所有权内容的变更"。"现行土地法即系规定此种地制之法规，对任何人之土地所有权均当以此办理，固无论市地、农地、抑或地主所有土地，农民所有土地也。质言之即土地纯为农民所有，亦应申报地价，照价纳税，照价收买，涨价归公也。"③ 耕者有其田，"则为国父所定之一种政策，言农民应有土地，农地应为农民所有也，非有特别法加以规定，殊难实现"。④ 萧铮还强调，孙中山提出"耕者有其田"的主张，"自有其理论上根据与事实上观察"。这主要体现在孙中山《民生主义》的演讲中，"谓国父遗教，仅有'耕者有其田'的口号，并无明确主张，未免污蔑"。⑤

第二，《农地改革法草案》是否违宪的问题。萧铮指出，《中华民国宪法》第一百四十三条"原为中国地政学会在民国二十三年前立法院拟五五宪草时所贡献之意见"；中国地政学会系土地改革协会之前身，因此，"此条立法本意，地政学会同人，不能谓为无所理解"。⑥ 他指出，"人民依法取得之土地所有权，应受法律之保障与限制"这一条款中的"限制"，"即包括两种情况而言：一为限制私有土地面积；二为限制土地使用方法"。⑦

> 如有地而不耕，转以之为剥削他人劳力的工具，则已背国家许其

---

① 萧铮：《论农地改革法案——兼答刘士笃陈紫枫甘家馨孟广厚诸先生》，《土地改革》1948年第1卷第12—13期合刊，第3页。
② 同上。
③ 同上。
④ 同上。
⑤ 同上书，第3—4页。
⑥ 同上书，第4页。
⑦ 同上。

私有农地的理论基础。即限制其持有,实在即是创法的本意。何况一四三条第四项明文规定"国家对于土地之分配与整理,应以扶植自耕农及自行使用土地人为原则"则本法案之主旨即为行调整分配,扶植自耕农,何能谓之于宪法抵触?①

第三,对于质疑"土地改革协会"为共产党尾巴? 萧铮则指出:

所谓共产的尾巴,我不知如何解释? 国父在革命之初即倡平均地权,并曾再三说要实行"耕者有其田"。自己的不肖子孙抛了国父的主张,让共产党窃为号召。所以我在立法院的口头说明中,说要将我们国父的主张重新找回来,以消灭共产党的藉为鼓动的武器。如以为倡行"耕者有其田"便为共产党尾巴,又不知置国父于何地?②

萧铮还强调,共产党可以倡行土地改革,国民党亦可以倡行土改,只是国民党的土改手段与共产党不同而已。"共产党藉'斗争''清算''翻身'等暴力手段,以实行所谓土地改革,我们是反对的。但不能谓共产党曾倡行过土地改革,我们便不能再说土地改革。我们的政策,是用立法的手段,亦即国父所说'要用政治法律来解决',是和平的,不流血的社会革命。"他指出,这一分野,"即是民生主义和共产主义的大分野"。③

对于刘士笃指出的进行农地改革会引起社会混乱,萧铮反驳道:"我要反问一句,现在的世界潮流还能以保障'既得权益阶级'来求安定吗? ……地主阶级时至今日,还能希望多数农民为保障他的权益来作战吗?"④他指出,《农地改革法草案》的出台,正是要明确农民、地主各自的权利与义务,进而维持社会的安定与促进生产的发展。

---

① 萧铮:《论农地改革法案——兼答刘士笃陈紫枫甘家馨孟广厚诸先生》,《土地改革》1948年第1卷第12—13期合刊,第4页。
② 同上书,第4—5页。
③ 同上书,第5页。
④ 同上。

我们这个法案，正是确定了他们的权利义务关系；要农民正正确确还地价、纳地税，而取得土地所有权。要保障地主取得了合法地价而不要纳税。这是一举数得，而并不是如一般所论，将全部土地重新划分，按人口来重新分配。所以这法案除了少数大地主有所损失外，可以使多数的土地毫无纷扰地确定权利义务关系。除了地主真要为保障自身利益起而反抗外，别的没有什么纷扰可云。①

土地改革协会渊源于中国地政学会，自20世纪30年代初期以来，他们就一直从事于土地问题的研究。中国地政学会一些发起人如黄通、萧铮等，认识到土地分配问题的重要性，也曾提出一系列对策，但都仅限于"平均地权"，并没有就具体的农村土地问题提出解决方案。这一不足一直延续到20世纪40年代末期，他们才逐渐意识到推行彻底的土地改革之必要。但是，尽管如此，"土地改革协会"的"彻底"的农有方案，仍是"买去地主"方案的变种，比起共产党的没收、革命手段，要软弱得多。即便如此，《农地改革法草案》出台后还招致一系列非难。由此可见：国民党并不是没有意识到土地改革的必要性与重要性，并且也能提出可行的对策，但是面对改革的阻力，他们缺少一种直面而上的勇气与魄力，这也最终导致他们没有能解决近代土地问题。

三 反思土地农有之弊的合作经营思想

土地农有思想逐渐强化的同时，对土地私有之弊的反思也渐趋兴起。一直以来，中国社会构筑在小农经济基础之上；土地农有，实质上是一种有利于小农经济滋生与延续的土地所有权形式。因此，伴随着对战后农村经济建设乃至农业发展道路以及经济现代化的深入思考，人们在反思土地农有之弊的基础上，提出了具有社会主义因素的土地合作经营思想。农业合作经营的思想，在此前即已出现；但这时具体到土地经营上，无疑是一种值得关注的现象。

---

① 萧铮：《论农地改革法案——兼答刘士笃陈紫枫甘家馨孟广厚诸先生》，《土地改革》1948年第1卷第12—13期合刊，第5页。

1. 万国鼎的标准自耕农场设想

万国鼎①是我国近现代著名的农业经济学家,学术界对其研究还仅限于一些简单的人物介绍,近有硕士论文对万国鼎在近代地政研究上的贡献进行了梳理。② 但是,从经济思想层面对其研究尚属阙如,对其土地所有权思想的发掘亦不得见。20世纪40年代,随着抗战逐渐走向胜利,加之国际、国内局势风云变幻,万国鼎对近代农村土地问题,提出建立"标准自耕农场"的设想,本节即拟对之进行简要探讨。

(1) 土地利用的细碎与近代土地问题之关系

万国鼎的"标准自耕农场"设想,渊源于其对近代土地问题的深入思考。在他看来,"土地问题"即是指"人地相与及人与人因地而起之问题也"。③ 这一定义兼顾自然与社会两大因素,既强调土地问题是人与地的问题,也指出土地问题是以土地为核心的人与人之间的问题。它包括土地的生产方面,即人对地的利用与改造等方面;也包括土地的分配方面,即围绕地权归属问题而发生的人与人之间的关系。因此,万国鼎这一对"土地问题"的定义,是比较全面、科学的。

"土地问题"对于中国社会的意义?万国鼎早在20世纪30年代就已强调"农村复兴"之关键在于土地问题的合理解决。"近者农村凋敝,民不聊生,祸乱相寻,迄无安宁。于是复兴农村之论,遍于国中。……念国运之阽危,生民之疾苦,非于土地问题谋求适当之解决,不足以言复兴。"④ 他指出,我国一直以农立国,"农民至今犹占全国人口四分之三以上";并且,"谋生所资,泰半在农。出口货大宗如丝、茶、植物油、棉花、羊毛、皮革、鸡蛋等均为农产。谓以农立国,谁曰不宜"。⑤ 但是,在这么一个传统农业国家里,农村经济却极其凋敝、农民生活困苦不堪。究其原因,乃是

---

① 万国鼎(1897—1963),江苏武进人。1920年毕业于金陵大学农学院农业经济系。20世纪三四十年代,他对我国农村经济问题、农村土地问题进行了深入研究,发表了一系列相关成果,系统阐述了其土地所有权思想以及农村经济思想。新中国成立后,万国鼎进入中国农业科学院、南京农业大学中国农业遗产研究室等单位工作,并整理出大型农业史资料集《中国农学史研究》。此外,其代表作还有《中国田制史》、《氾胜之书辑释》、《五谷史话》、《五祯农书》等。
② 马盈盈:《论万国鼎在地政研究方面的贡献》,南京农业大学硕士学位论文,2010年。
③ 万国鼎:《中国土地问题鸟瞰》,《人与地》1945年第1卷第8期,第142页。
④ 万国鼎:《复兴农村之路》,《地政月刊》1933年第1卷第12期,第1601页。
⑤ 万国鼎:《中国农业之特质与前途》,《人与地》1941年第1卷第19期,第375页。

"农民甚多而每户耕地太少"。① 他援引了土地委员会 1935 年调查报告中的数字对此进行了说明：

> 据二十四年土地委员会之全国土地调查报告，农民占全国总数百分之七六．四九。
> 每家每户实际耕作之面积，据二十四年土地委员会于十六省一百六十三县一百五十余万农户调查所得，平均五亩以下之户数，几达总户数四分之一，合之五亩以上至不足十亩者，将近总户数之半。各省平均数，则以察哈尔为最大，达二百三十八亩余，广东最小，约仅六亩。大抵华北各省平均不足二十亩，华中十四亩余，华南除广西地瘠较多外，闽粤不足十亩。又据金陵大学民十八至二十二年于二十二省一百五十四县一万六千余农场之调查，每户平均耕地三．七六英亩，约合二十二市亩有奇。②

万国鼎指出，"农民百分率特高，而每户耕地特小，可见其他谋生之机会殊少，人力有余而耕地不足。故农场工作几全用人力，而每亩需用人工特多"。③ 这种现象，按照黄宗智的研究，乃是近代农业生产过程中的"内卷化"现象。"在生计的压力下，这类农场在单位面积上投入的劳力，远比使用雇佣劳力的大农场为多。这种劳力集约化的程度可以远远超过边际报酬递减的地步。"④

万国鼎指出，近代农村中，"人力有余，故工资甚低"；并且，"每户耕地既少而需工特多，则工作之效率必低"。⑤ 事实上确是如此，在人多地少的情况下，农民劳力不计报酬的拥挤到有限的农业生产过程中去，必然会降低个体的劳动生产率。并且，也必然要采取精耕细作的方式，力求达到一种较高的土地生产率。正是这种高土地生产率与低劳动生产率的结合，构成近代中国的"农业内卷化"。⑥

---

① 万国鼎：《中国农业之特质及其前途》，《时代精神》1939 年第 1 卷第 5 期，第 52 页。
② 同上。
③ 同上。
④ ［美］黄宗智：《华北的小农经济与社会变迁》，中华书局 2000 年版，第 6 页。
⑤ 万国鼎：《中国农业之特质及其前途》，《人与地》1941 年第 1 卷第 19 期，第 52 页。
⑥ ［美］黄宗智：《华北的小农经济与社会变迁》，中华书局 2000 年版，第 13 页。

人多地少的另一个直接后果，便是土地分割的细碎。所谓土地的"细碎"，即是"指每一家的耕地不但太少，这仅有的少量土地，还分成许多坵可能很远的散布着"。① 万国鼎指出，"一家所耕之田，率为零星小块，东西四散，有相去数里之遥者。往返费时，且大农具不能用，亦足以见土地工作之效率"。② 这种细碎现象，"不论在地权分配或土地利用方面，都可以明白看到"；它是造成"农民冻饿，粮食入超"的一个重要原因。③

明确了我国土地问题的症结在于"耕地少而农村人口多"，那么如何解决这一问题？万国鼎指出，"改进之道，首应增加每家耕地与生产"；其中，"增加生产之法，扩充耕作面积与改良农事技术并重；增加每家耕地之法，繁殖与工业化并重"。④ 并且，他早前即已强调，"亟宜积极利用荒地，改良已耕地，厉行内地及边疆殖民政策，振兴工商矿业，使每一农家有适当大小、集中一处而便于经营之农场。农事并谋农业本身之改良，谋整个经济组织之现代化"。⑤ 由此可见，对于如何解决近代农村、农民问题，他一直就强调建立"农场经营"，走农业的规模经营之路。

> 窃希望工商矿冶交通等之发达，可使农民百分率降至五十以内，益以荒地之开垦，已耕地之改良，及宽狭乡之调剂，使拥挤于狭乡之农民，大量疏散，而居留者每户之耕地，藉以大增。未来农业，应建立于面积适当，田亩集中，而便于经营之标准自耕农场，而以合作方式逐渐趋向集体化。如是则生产运销以及资金运用等，均得合于企业而免剥削。夫然后农业可以改观，农家生计及整个国民经济得以富裕。⑥

这里，万国鼎就正式表达出其对土地制度的未来设计，强调要建立

---

① 万国鼎：《细碎的农田制度及其对于中国历史的定型作用》，《学原》1947年第1卷第8期，第38页。
② 万国鼎：《中国农业之特质及其前途》，《人与地》1941年第1卷第19期，第52页。
③ 万国鼎：《细碎的农田制度及其对于中国历史的定型作用》，《学原》1947年第1卷第8期，第38页。
④ 万国鼎：《中国农业之特质及其前途》，《人与地》1941年第1卷第19期，第54页。
⑤ 万国鼎：《复兴农村之路》，《地政月刊》1933年第1卷第12期，第1609页。
⑥ 万国鼎：《中国农业之特质与前途》，《人与地》1941年第1卷第19期，第379页。

"标准自耕农场"，并逐渐实现生产的"集体化"，走农业生产的规模经营与集约化作业了。

（2）由土地分配问题转向土地生产问题

万国鼎提出建立"标准自耕农场"的设想，是专注于农村土地生产层面而展开的思考。事实上，他在探索近代土地问题时，却是从分配与生产以及其他诸多方面入手的。他指出，土地问题主要有如下数端：

> （1）农多而耕地太少，经营细碎，而地利未尽开；（2）地权虽不甚集中，而局部之兼并颇烈，佃制欠善；（3）旧邦微信，积极建设，而地价激增，所在为豪右投机垄断，（4）地税失平，年久弊深，税短而民困；（5）地籍失实，纠纷多而稽核难，施政与税收无适当之凭藉。[①]

万国鼎概述的这五个方面原因，已然包括土地利用、分配等方面。但是，在他看来，"地权分配问题"的重要性要次之于"土地利用问题"，如强调"地权不集中"，就是一个很明显的例证。对于地权分配问题，万国鼎认为，我国土地私有制度形成于战国，北朝开始实行的均田制，因"制度欠妥"，"卒归失效"。并且，这种状况延续至近代，由此形成土地问题。

> 为地主者，无经营之劳，盈亏之虑，坐食地租，而有特殊之地位。故人竞购地，商贾亦然，豪强且藉势以谋攘夺。又以家族观念故，富者常购置族有或一支派之共有田地。农人既因地少而生计窘，用是常被兼并。[②]

万国鼎认识到自春秋战国以来，地主土地所有制即已确立，此后，地主与农民围绕土地一直就存在着矛盾。他对"商贾"、"豪强"等竞相购地，激化土地所有权问题等的认识，基本上符合历史实情。方行就指出，历史上"贵族、官吏、商人和地主占有大量财富，历来是兼并土地的主要

[①] 万国鼎：《中国土地问题鸟瞰》，《人与地》1945年第1卷第8期，第147页。
[②] 同上书，第149页。

力量"。①

万国鼎认为我国历史上地权"不甚集中","巨室鲜能永保其业,即子孙贤矣,数代均分,亦已化大为小,易代大乱之后际,居室破亡尤多,故我国无甚大之传统地主"。② 这有一定的道理,"中国多子均分的财产继承制度,是导致地权分散经常起作用的因素";尤其是唐宋以后,随着人口的增加,"这种财产继承制度,就更有力地推动着地权的分散"。③ 但是,地权分散并不是历史上地权发展的主体趋势,在我国长达两千多年的以地主土地所有制为经济基础的农业社会,地权的分散与集中基本上并存,只是在某个特定的时期,分散压倒了集中,或是集中压倒了分散,这也是历史上农民起义与王朝更迭不已的基本原因。万国鼎也意识到,"土地分散究不敌兼并之强,而租佃制度有与年俱增之势"。④ 对于近代土地的占有状况,他再以土地委员会的调查数据作了说明:

> 据土地委员会调查百数十万乡村住户之结果:所有地不足五亩之业主,超过总户数三分之一;合之五亩至不足十亩者,几达十之六;再合之十亩至不足二十亩者,则逾十之八;而其共有亩数,则仅占总亩数三分之一强。分配之不均,显然可见。⑤

此外,万国鼎还指出,"总亩数之八成以上,在不足百亩之业主手中,而千亩以上业主所有之土地,不及总亩数百分之二,则又表示土地之集中不甚,惟显见大多数业主所有土地太少而已"。⑥ 据此,他指出,近代土地占有的情况是大地主少、中小地主多。然而,在这一总体情况下,地权集中是土地问题的重要推手。"大地主之有数万至数十百万亩者,不乏其例,局部之土地集中,颇为严重。分省言之,广东佃农几达六成;分县则相差更甚,佃农或多至九成以上。"⑦ 佃农则承担大部分佃租,"百数十万户中负

---

① 方行:《中国封建经济论稿》,商务印书馆2004年版,第49页。
② 万国鼎:《中国土地问题鸟瞰》,《人与地》1945年第1卷第8期,第149页。
③ 方行:《中国封建经济论稿》,商务印书馆2004年版,第50页。
④ 万国鼎:《中国土地问题鸟瞰》,《人与地》1945年第1卷第8期,第149页。
⑤ 同上。
⑥ 同上。
⑦ 同上。

债者,达百分之四十三以上,平均每户负债一百十余元;以此推算,则全国农民负债总额逾三十五万万元"。① 并且,农村中的债务利息还极其繁重。"利率大都在二分至四分之间,间有高至十分以上者。债主以商店、地主、富农为最多。债款每以土地为抵押,最后或至不得已而典卖。"② 在这种情势之下,农民的生活上便面临着极其贫困的局面,由是便激发了农民与地主之间围绕地权而滋生的矛盾与冲突。

> 农贫而土地渐入非农民之手,极不宜有之现象也。人生不能无土地,而土地亦非人力所造成,其不能听令少数人据为私有,犹之空气日光之不能听令私有也。今地主坐食而耕者穷困,殊背正义;田非农有,则耕作不力,亦失地利。纵使地主大抵有地甚少,其为坐食一也。地极少而自耕者,事同鸡肋,舍之不忍,耕之寡收,亦害于其身而妨乎国计者也。③

万国鼎看到了土地集中于地主,不仅构成土地分配上的弊病,而且窒碍土地生产。因此,"要当使耕者皆有充分之地,而保护佃农犹其次为者也"。④ 不难发现,万国鼎对于近代土地分配问题有着清晰的认识,也提出了具体的应对之策。但是,深究其关于土地所有权分配的思量,其基本着眼点还是在于土地利用。这也是万国鼎之所以在论述地权分配问题时,强调要解决土地利用的细碎,以及更好地促进土地利用等的原因。

(3) 创设"标准自耕农"的基础上组建"标准自耕农场"

万国鼎对土地生产问题的最终设想,是"标准自耕农场"的提出。他多次强调,我国农业生产发展的瓶颈是"农民多而耕地少"。对于我国耕地的现状,他指出:

> 我国疆域辽阔,然全国海拔三千尺以下之地仅占三分之一,而万尺以上者则达五分之一;全国雨量不及二十寸者至少占全国面积之半。故可耕地之百分率颇低,约为二十五,不足四十万万亩。其中已耕者

---

① 万国鼎:《中国土地问题鸟瞰》,《人与地》1945年第1卷第8期,第149页。
② 同上。
③ 同上。
④ 同上。

几何，各家估计不一，至多不能出二千万万亩，实际或犹不达十五万万亩。①

我国国土面积广袤，可耕作土地面积却有限。并且，人口总数庞大，人均占有耕地面积不足。万国鼎指出，"我国人口之估计不一，姑以四万五千万为准，而以田十五万万亩分配之，则每人获得三亩余。"② 因此，按照这一数字，则农民平均拥有的土地亩数极少。这种形势，也即是他所指出的"土地分割的细碎"。然而，土地细碎并不利于农业生产的机械化与现代化。

> 每户耕地少而效率低，则其所产必极少，且必以食为主，不独无力牧畜以食肉，且服牛马之役，攘牛马之食矣。所产既极少，得免冻饿，然不敷年而水旱重临，原气复伤，似此不断困顿于贫敝之中，哀哉斯民也。③

对此，万国鼎指出，结合前面土地占有状况来看，土地问题之解决，在于"使耕者俱有相当大小而便于经营之田"。④ 这也即是说：一是要使耕者有其田，再则是耕者所有之"田"，应"大小适当"且"便于经营"；这即是强调"田"要适应土地生产，所谓"大小适当"，乃是强调"田地"面积要适应生产需要；"便于生产"则是强调土地的区位优势，要便于经营。

事实上，万国鼎认为土地生产问题较之土地分配问题更为重要。他早年即已强调"中国土地问题之重心在生产"。他指出，"观乎今日自耕农虽占优势，而自耕农什九贫困，可见穷困主因为生产不足"。⑤ 并且，若是全民均分土地，则每户所得土地必然极少。人均占有少量土地将"诚如上文所谓鸡肋，害于其身而妨乎国计者也"。⑥ 因此，"言生产者绝未忽视分配，

---

① 万国鼎：《中国土地问题鸟瞰》，《人与地》1945 年第 1 卷第 8 期，第 148 页。
② 同上。
③ 同上。
④ 同上。
⑤ 万国鼎：《中国土地问题鸟瞰（续）》，《人与地》1941 年第 1 卷第 10 期，第 179 页。
⑥ 同上。

或且较若干但言分配者之分配主张，犹进一步；例如耕者不独须有其田，且须有相当大小而便于经营之田"。①

> 只以有生产而后有分配，分配须均，为正义，亦兼为生产也，分配为手段而非目的，目的则在裕生，裕生必求产丰，故以生产先之，非顾此失彼也。土地问题之内容颇为复杂，必须统盘筹划；若从撷拾其中二三点，贸然固执成见以自高，殊非言地政者所宜也。②

在万国鼎看来，"生产"问题是土地问题之重心，土地分配问题亦是服务于生产问题的。因此，基于土地生产问题之考虑，他提出建立"标准自耕农场"的设想。万国鼎这一设计，既有考虑到土地分配不均的问题，更兼顾到发展土地生产。所谓"标准自耕农场"，即是"有一定面积"且"便于生产"之农场。普遍设立这类农场，"然后以强制合作方式，加强其经营之范围与能力，以易现行零星分割之农田制度"。③

万国鼎指出，建立这一农场的"必要之条件"有三个方面："一为田归耕者所有，而非租佃；二为面积在最低限度以上，其生产足以维持五口至八口之家之小康生活；三为地成整片，水旱有备，而便于经营。"④ 这就表明，万国鼎的耕者有其田思想，是一种彻底的土地农有思想。他还强调，"标准自耕农场"之"普遍建立"，是指"除特定区域土地，如屯垦、农事试验场、及家庭园圃之类，国家另有规定外，全国耕地，一律移转为标准自耕农所有，而非耕者不能有耕地"。⑤ 这是一种比较严格的耕地农有方案。"非耕者不能有耕地，则必不问地主大小，一律取消之；虽祠堂、庙宇、教会、公共机关、及一切私人团体所有而不自耕之耕地，不为例外。"⑥ 因此，究其实质，他乃是要将一切"非自耕"之私有土地，全部没收，统一分配给耕农。如何实现这一方案，他指出：

---

① 万国鼎：《中国土地问题鸟瞰（续）》，《人与地》1941年第1卷第10期，第179页。
② 同上书，第179—180页。
③ 万国鼎：《中国农业改造计划》，《东方杂志》1943年第39卷第19期，第34页。
④ 同上。
⑤ 同上。
⑥ 同上。

欲达此目的，则必严格规定于土地法而断然执行之，使地主经济上不利于以地出租，法律上不克拒绝征收，一方更藉土地买卖之管制，金融制度之配合，使可能成为标准自耕农者，易得其所需土地之所有权。①

从这段文字来看：首先，万国鼎强调实现土地农有要按照"土地法"严格执行，在经济、法律上对地主予以限制，最终达到"消灭"地主的目的，这是对孙中山的用"政治的法律的手段消除地主"设想的继承与延续。其次，他强调要建立"标准自耕农"，并且要切实给予其"土地所有权"，这无疑又是与孙中山土地所有权思想相违背的。孙中山的土地所有权思想，从其性质上看，一直主张土地国有，晚年才在这一大原则之下，增添了分配土地使用权的内涵。万国鼎主张用政治手段、法律手段实现耕地农有，与其作为学者的身份背景基本符合。他一直以学者身份从事地政研究与教学工作，这一背景在其地政思想中也能得到体现。

创设标准自耕农，并不是万国鼎土地所有权思想的最终归宿。他主张耕地归农，最终目标在于"标准自耕农场"的建立。

万国鼎在提出最终要建立"标准自耕农场"的设想之后，就"标准自耕农场"的一些具体问题进行了思考。首先，就农场面积来看，"农家耕地嫌少而须增，应增几何，虽难猝定，然标准自耕农场之平均面积，必大于今日农家所耕者两倍以上，则无疑也"。② 他规定"农场"面积，乃是为更好地促进农业生产，走集约、规模经营之路，适应农业生产的机械化与现代化。

增加农民的耕地面积，必然需要更多的土地。对于如何解决耕地来源问题，除了上文中所论及的没收一切非自耕的私人、公共所有之土地外，万国鼎还强调垦荒与改善土地利用；以及发展"工商路矿"诸业，吸收农村人口，缓解农村中人对地的压力。

普遍须增而为量若斯之巨，地从何来？是必同时求之于两途。开辟荒闲，以增耕地面积；年可两熟之地，而因故闲置一季者，尽量使

---

① 万国鼎：《中国农业改造计划》，《东方杂志》1943年第39卷第19期，第34页。
② 同上。

其年收两熟;改善土地利用,防止灾害损失,使生产倍蓰于前,其效果等于增加耕地。此一途也。

发展工商路矿,需人甚多,农村拥挤,而工商大开谋生之路,则人将不劝而自往。若能使农民三分之一改业,则每村农民每户可耕之田,得增十之五矣。此又一途也。①

万国鼎提出的这两条增加农村耕地的途径,是极有见地的。人口与耕地的矛盾,一直以来就存在。开垦荒地是一种从自然方面来解决人地矛盾的有效办法;而发展工商业、采矿业等,吸收农村剩余劳动力,则是一种社会的方法。因此,若是发展工商业、重工业等,就更能改善农民经济境况,从而吸引农民离开土地而转向工商业生产,减少农村中过剩的人口对土地所形成的压力。

其次,万国鼎还强调,"标准自耕农"的区位布置应适应规模经营需要,即"地成整片而便于经营"。② 要做到这点,"则必重划耕地而整理之"。③ 他强调,"标准自耕农场之条件,难符而易失,改成之后,听其自然,则不数十年而破碎殆尽矣。"④ 因此,需要制定农场规则,保护农场的生产规模与效益。对于逐渐成形的"自耕农场",政府必须在"技术之指导"、"借贷之融通"、"以及其他可以利农者,政府一律为之设法协助外";"尤须禁止以任何形式劈卖或分割,即遗产继承时,亦由一子承担,余由继承土地者,按照等级地价,七折作价补偿之。并限制标准自耕农场之负担最高额,不得超过地价三分之一,非因过失而不能偿债时,酌予宽待,不即没收其地"。⑤ 万国鼎这里为防止土地分割细碎,强调政府加强扶植;他还从遗产继承制度、农场经营负担等方面来防止土地碎分与买卖,根本目的只有一个,就是扶植与保护自耕农场,使其有一定面积,适应规模化生产。

万国鼎设计出的"标准自耕农场",面积终归有限,规模也不是很大。因此,这种农场还是会与社会化大生产不相适应。万国鼎对此亦有深刻认

---

① 万国鼎:《中国农业改造计划》,《东方杂志》1943年第39卷第19期,第34页。
② 同上书,第34—35页。
③ 同上。
④ 同上。
⑤ 同上书,第35页。

识，因此，在强调保护"标准自耕农"有一个"标准自耕农场"的同时，还提出在"标准自耕农场"的基础上，建立农业合作社的规划，也即是联合单个的"标准自耕农场"，组建一定规模的农业生产合作社。"农场合作社之性质，与苏俄之集体农场异，农人各自保有其农场而经营之，惟利于联合经营，而不妨害私人企业心与自耕农之基本制度者，悉归社营。"①

他就农业合作社的运作模式作了说明。在社里，由合作社购置大型农具以及动力机械，以供社员使用，但社员须"计时或计工给值"；肥料及其他较重要之消费品，由社统一购买，然后社员分别按需向社里购买；农产品之产销，亦统一由社统制，"品种划一，收获交贮社仓，合并运销"；"重要加工，亦由社为之"。②并且，他还主张由社建立"信用部"，承担"国家银行职业"，办理"储蓄与农贷"等。③由此来看，万国鼎乃是要建立一种以地权私有制为基础的农业合作经营模式。这一模式，如万国鼎自己所强调的，有别于苏俄的农业合作经营方式，乃是建立在"标准自耕农"基础上的一种联合经营方式。在这种"社"里，由"社"掌管农产品的产销，以及农村金融、信贷等。

这种"标准自耕农场"之联合，"则农业机械之使用，因经管扩大而激增，增则人工省而效率高，一家耕，可供数家食"。④并且，在土地重划的同时得以改良，肥料的使用因农民收入增加而增加，"地益尽利"。因为"标准自耕农"之创立，"农事因自耕而关切，利润由合作而加厚，人亦戮力；地尽利而人戮力，则效率高而生产多"。⑤在这种情势下，随着农业生产效率的提高，从事农作的人减少也不会影响到社会的正常需求，"生产不减而反增"。并且，这种"社"的建立，还有其他方面的优点：

> 乡村富饶，百业繁兴。农人统于合作社，利害与共，团结日坚。乡里有事，先谋于社；国家施政，由社及民。田赋征之合作社，无复今日之繁琐。粮食得之合作社，无复今日之难理。农业推广、农业金融、地方自治、以及其他有关农民之事，无不因社而易举。耕者悉成

---

① 万国鼎：《中国农业改造计划》，《东方杂志》1943年第39卷第19期，第35页。
② 同上。
③ 同上。
④ 同上。
⑤ 同上书，第35页。

国家础石,社会之安如泰山,民族壮健似旭日。呜呼,中国臻此,懿欤盛哉!寤寐遐思,辄向往之。①

万国鼎强调,以"标准自耕农"为基础,建立"标准自耕农场";然后联合"标准自耕农场",建立起农业生产合作社。在这种农业合作社里,拥有土地所有权的"标准自耕农"是基本的单位,其所有的"标准自耕农场"构成生产合作社的基本组成部分。在生产合作社内,"社"统筹农业生产、运销以及一切农业生产事务;乃至作为一个基层政治实体,充当国家政治的基层机构。万国鼎这一设想,从发展农业的规模经营出发,最终上升到政治层面,体现出近代史上土地与政治、经济相互之间紧密相关的图景。

万国鼎的土地所有权思想,内涵极为丰富。他不如近代其他激进分子那般将对土地问题的思考专注于分配方面,也不仅仅只强调土地生产而忽视分配问题。他在强调地权分配作为解决土地问题的基本前提这一基础上,提出建立"标准自耕农"的设想。这是一种彻底的土地农有主张,农民不仅有土地使用权,而且还有所有权。此外,他基于发展土地生产方面的考虑,强调"标准自耕农"须有一定面积,以便于农业规模经营,这即是所谓的"标准自耕农场"。但是,万国鼎土地所有权思想的根本着眼点还在于未来农业生产的机械化与现代化。因此,他在主张联合"标准自耕农场"的基础上,组建农业生产合作社。保障农民对"自耕农场"的土地所有权基础之上,强调实现统一经营管理,走农业生产的规模化与机械化之路,以提高农业生产效率,实现农业现代化。

万国鼎的"标准自耕农场"设想,并不是全然照搬苏俄经验的结果。他是在借鉴苏俄农业生产规模经营作业的基础上,照顾中国现实情况而形成的具有自身特点的一种地权思想。他既考虑了近代中国农民对土地所有权的渴求,保障农民的土地所有权;更着眼于农业发展的未来方向,朝着机械化、现代化的目标迈进。他既要实行土地农有的私有制形式,又要克服土地私有制之弊,走农业生产规模化、机械化之路。

2. 费孝通与吴文晖的"贫农购赎耕地"之争

20 世纪 40 年代初,针对国民政府推行的"贫农购赎耕地贷款"政策,

---

① 万国鼎:《中国农业改造计划》,《东方杂志》1943 年第 39 卷第 19 期,第 35 页。

农业经济学者吴文晖[①]极受鼓舞，发表《贫农购赎耕地问题》一文，对贫农贷款购赎耕地进行阐释。吴文发表后，遭到费孝通的质疑，双方于是围绕贫农购赎耕地问题进行了一场公开讨论。学术界对吴文晖的研究还极其薄弱，对其经济思想，尤其是农业经济思想、土地思想等方面的研究尚付阙如。费孝通[②]作为我国社会学、人类学奠基人，学术界有关其研究成果颇丰，近来也有学者对其工业化思想、土地所有权思想等进行了研究。[③] 但是，综合来看，学术界对于费孝通与吴文晖"贫农购赎耕地"之争的研究仍属空白。

（1）论争缘起：吴文晖论《贫农购赎耕地问题》

国民政府在迁都重庆后，为巩固西南大后方以及保障长期抗战，开始组织专家学者对农村经济问题开展研究，并据此制定相关对策。1939年，国民政府农村问题专家程理逊在《关于战时农业金融恐慌及解救办法的报告》中提出，"农业之衰败，农村经济之破产"的"最至要之因素"，"厥为农业金融之枯竭"；并对此提出"活泼金融"的办法。[④] 于是，1940年国民政府四联总处颁布《二十九年度中央信托局中国交通农民三银行农贷办法纲要》，就"贫农贷款购赎耕地"进行了具体规定，如"贷款对象以农民团体和个人及农业改进机关所经营之事业为范围"。[⑤] 其中所谓"农民个人"，即"凡佃农及自耕农直接请求贷款者属之"；并且，大纲的贷款分类中规定"佃农购置耕地贷款"为"凡供应佃农购置自耕天地所需资金之贷

[①] 吴文晖（1913—1990），广东梅县人。我国近现代著名的农业经济学家。1933年毕业于南京中央大学经济学专业，1938年获伦敦大学农业经济学博士学位。曾任南京中央大学农经系主任、农学院院长。新中国成立后，担任中国农业经济学会顾问、广东农业经济学会理事长等职，在农业经济学、农村社会学等领域颇有贡献。为近现代中国农村经济以及农业发展奉献了毕生心血，代表作有《中国土地问题及其对策》、《农业经济论》、《农业经济与管理》等。

[②] 费孝通（1910—2005），我国著名的社会学家、人类学家，他对近代农村经济也进行了卓越探索。自1936年起，便开始进行农村社会调查，发表一系列极具影响力的著作，如《内地农村》、《乡土重建》等，对近代农村土地问题、乡村工业发展问题进行了颇具价值的思考。

[③] 参见彭南生、金东《论费孝通的乡村工业化思想》，《史学月刊》2010年第11期；李学桃：《20世纪30、40年代费孝通地权思想浅析》，《中央民族大学学报》（哲学社会科学版）2012年第2期。

[④] 中国第二历史档案馆编：《中华民国史档案资料汇编》第五辑·第二编·财政经济（八），江苏古籍出版社2000年版，第39页。

[⑤] 同上书，第64页。

第六章　土地农有基础上追求土地公有理想及开展合作经营的思想

款属之"。① 1941 年，四联总处在《三十年度中央信托局中国交通农民三银行农贷办法纲要》中正式列出"贫农购赎耕地贷款"一项，对于贷款对象也由佃农、自耕农扩大为整个"贫农"。由此，在 20 世纪 30 年代末 40 年代初，国民政府四联总处掀起一个"农贷的高潮和扩展"时期。②

政府向农村提供农业贷款，帮助贫农购赎耕地，以赎买手段实现土地农有变革。这一政策激励了知识界研究农村问题的热情，针对四联总处公布的"农贷纲要"之"贫农购赎耕地贷款"，吴文晖发表《贫农购赎耕地问题》一文对其进行专门阐释。③ 他指出，近代土地问题内容复杂，"可以分成许多小的问题"，"然这些问题大都由地权分配不均所引起或促成严重的结果"。④ 所谓"地权"，也即"土地所有权"。费孝通曾指出，"土地的占有"即是"习惯或法律上的土地所有权"。⑤ 吴文晖接着以土地占有的多寡为标准，将"贫农"定义为包括"佃农、半佃农、雇农、小自耕农"等在内的群体，并指出佃农、半佃农是构成贫农的主要队伍，两者"合计占百分之五十三"。地主、富农、贫农三者占有土地的具体情况是⑥：

	地主	富农	贫农（佃农、半佃农、雇农、小自耕农）
占户数百分比/%	3	7	68
占有耕地数百分比/%	26	27	22

贫农占农村人口的 68%，却只占有 22% 的耕地。"可见中国地权分配甚不平均。"⑦ 因此，吴文晖强调，"贫农的数量那样多，怎样使他们有田，并且所有的田能合乎经济的利用，是我国农业政策上的基本问题"。⑧ 强调要使贫农拥有土地，且还要使其所有土地能够利于生产发展，这表明吴文晖

---

① 中国第二历史档案馆编：《中华民国史档案资料汇编》第五辑·第二编·财政经济（八），江苏古籍出版社 2000 年版，第 64 页。
② 参见黄立人《论抗战时期国统区的农贷》，《近代史研究》1997 年第 6 期，第 112 页。
③ 吴文晖：《贫农购赎耕地问题》，《当代评论》1941 年第 1 卷第 10 期，第 151—154 页。
④ 吴文晖：《我国地权分配及其趋势》，《财政评论》1941 年第 6 卷第 3 期，第 17 页。
⑤ 李学桃：《20 世纪 30、40 年代费孝通地权思想浅析》，《中央民族大学学报》（哲学社会科学版）2012 年第 2 期。
⑥ 吴文晖：《贫农购赎耕地问题》，《当代评论》1941 年第 1 卷第 10 期，第 151 页。
⑦ 吴文晖：《中国土地问题之真相》，《思想与时代》1943 年第 23 期，第 35 页。
⑧ 吴文晖：《贫农购赎耕地问题》，《当代评论》1941 年第 1 卷第 10 期，第 151 页。

不仅关注到土地分配层面——土地所有权问题；还兼及土地经营，也即农业的未来发展问题。

吴文晖指出，"耕者有其田"也即"创设新的自耕农"，其目标"是使贫农取得土地，升登农业阶梯"。具体实现耕者有其田的办法，他认为有三个方面：

> 第一就是实行垦殖，开新的耕地，以设新的自耕农场。我国本部可耕而为耕之地，已经极少，边疆垦荒，困难甚多，所以欲以垦殖方法创设大量自耕农，殊属困难。第二个方法，就是无价的没收地主的土地，分配给农民。这个方法，在理论上殊不尽合公平正义的原则，在实施上尤足引起社会骚乱，破坏农业生产，故不足取。第三个方法就是利用国家的金融力量，有偿的向地主收买土地，使贫农变为适中的自耕农，这是许多国家实行过而收有宏效的自耕农创设政策。①

其中，"第三个方法"又可细分为"直接"创设自耕农与"间接"创设自耕农。所谓"直接"创设自耕农，"就是由国家自行征购土地，再分予农民"。在吴文晖看来，这是一种强制性办法，中国应该采用与否还"值得研究"。"间接"创设自耕农，则是"由佃农自行买之，但国家对佃农贷予长期低利分期摊还的购地资金，以间接促其成为自耕农"。国民政府推行"贫农购赎耕地贷款"，正是"间接"创设自耕农的表现；并且，贷款对象从"佃农"变为"贫农"，"是把贷款范围扩大了"。这一扩大，吴文晖认为，"是进步的，也可见政府有意更大规模举办这种事业"。他对此充满希冀，也寄予厚望：

> 为了推行土地政策和粮食政策，"贫农购赎耕地贷款"都有大规模举办的必要，因为贫农有了适中的自耕地，方可使地尽其利，增加粮食生产；方可使地权分配平均，消灭地主把粮食囤积居奇的现象，必如是然后土地问题和粮食问题才可得到真正的解决。②

---

① 吴文晖：《如何令地主售地以实现耕者有其田》，《财政评论》1943年第10卷第4期，第1页。

② 吴文晖：《贫农购赎耕地问题》，《当代评论》1941年第1卷第10期，第152页。

非但如此，吴文晖还就此提出了三条具体建议。首先，贷款应属长期贷款，欧洲国家一般都在三十年以上，国民政府规定以十年为期"显然太短"。并且，农民还贷应采取分期摊还形式。其次，贷款利息要低，"低于普通农业信用贷款的利率"，贷款额度应该"贷予地价十分之九以上"，但又考虑到"我国幅员广大，各地地价差异殊甚"，因此"不必普遍规定金额，而应以预创设之理想自耕农地面积为标准，即以此为为每人借款数额之限度"。最后，贷款对象应限于雇农、佃农、半佃农及小自耕农，其中有壮丁出征者，应有购地优先权。此外，为确保地主出售其多占耕地，根据各国创设自耕农的经验，"如果不用压力'强制'地主收买土地，则不易收创设自耕农之效"。对此，他还提出"几个和平的强制办法"：限制占有田地数量、强制地主出卖多占的土地、限制地租以及强制收买不在地主的土地，等等。

（2）交锋：费孝通的质疑与吴文晖的回应

作为我国社会学与人类学奠基人的费孝通，自1936年起便开始对农村进行实地调查，并且对近代土地问题形成了自身颇具特色的认识。[①] 吴文晖《贫农购赎耕地问题》一文发表之后，个中观点引起费孝通的质疑。他随即撰写《论贫农购赎耕地》[②] 一文，公开提出与吴文晖进行探讨。

费孝通指出，"贫农购赎耕地贷款是扶植自耕农的良法，只是过去放款太少，不免有'杯水车薪'之感，他（指吴文晖——引者注）对现有贷款方法上虽有批评，但是使贫农得地的基本政策上并没发生问题。我却觉得这基本政策还有提出来检讨的余地"。具体而言，"第一是贫农得到贷款购取土地之后是否能改善他的生活？第二是自耕农增加之后，农场是否要更小，小到不值得经营？最后我想说从另一方面也可以达到耕者有其田的目的，不是使现在耕田的都有田，而是使现在有田而不耕的人，都下田去耕种"。

首先，他指出，佃农"借钱盘田，愈盘愈穷"。[③] "吴先生反对无偿的没收地主的土地分配给农民，因之这样没有土地权的佃农要得到土地权总得付一笔钱。这笔钱不论从那里借来，他总得从土地经营的利益中去划出来

---

① 李学桃：《20世纪30、40年代费孝通地权思想浅析》，《中央民族大学学报》（哲学社会科学版）2012年第2期。

② 费孝通：《论贫农购赎耕地》，《当代评论》1941年第1卷第20期，第299—301页。

③ 同上书，第301页。

支付。"因此,佃农购赎耕地必然要举债。但是,佃农在借贷之后,假定贷款期为 30 年,则每年得支付田价的 1/30,也就是 3%,若加上现定利息一分二,则每年得付出田价的 15%。但是,农业经营的利息是极低的。费孝通以其调查的云南农村为例,"农业利息(剩余利润除田价及成本)没有过一分三厘的,普通的农田只在七八厘左右"。因此,佃农"以这种付息的能力来担负一分五厘的利息是决难胜任"。① 他还强调,虽然贷款期限还可延长,利息还可以降低,如吴文所主张的"最好能和爱尔兰一般长到 60 年以上,利息应当减低到如美国的三厘。这样每年农民只要支付田价的 4.5%,则农民还可以有一半的余利润作为维持生活之用"。② 但是,政府的财政能力无法承担起这一长期、低息放款。"苟其放款利息能低到五厘,中国的金融全会改散了。"③ 再退一步讲,即使政府财政能够支撑这一贷款,"可是还有一个基本问题在阻碍我们,那就是一个只能获取农业经营剩余利润一半的农民,一定得要有较大的农场才能单靠农业来维持生活"。他根据云南禄村的调查结果指出:

> 依民国二十七年的物价,每工最好的田(3 工合 1 亩)可以有 10 元的收入,减去 4 元的成本,剩余利润是 6 元。一半是 3 元,一家三口,每年要有 135 元的生活费才能维持一个过得过去的生活程度,他们非有 45 工田不成。若是自己劳作,每工田可以多获得 3 元的工资。即是这样也得 23 工田才能勉强过日子,有 23 工田以上的人家在禄村只占全村户数的 30%。换一句话说,要维持生活的话,单有土地权是不够的,还得有相当大的农场。④

此外,"农业的收成常有升降",佃农所交租额也常依据实际收成而定。如"江苏每年要规定实收成数。每逢荒年,可以由政府规定减租多少成"。然而,"这种伸缩性在贷款付息上就不易得到,除非贷款期限可以在必要时拖长若干年;不然有荒年时,贷款买田的自耕农很可能还得另外出卖田地支付这笔利息了"。并且,土地价格并非固定不变,"若是现在有几百万的

---

① 费孝通:《论贫农购赎耕地》,《当代评论》1941 年第 1 卷第 20 期,第 299 页。
② 同上。
③ 同上。
④ 同上书,第 300 页。

资本要投到土地里去，田价很可能涨起来"，而地价上涨的幅度若是超过农产品价格上涨的幅度时，"农田利润还可以下跌，担负这笔债的'自耕农'又得冒这一层的风险"。尤其是在政局动荡、货币贬值的年代，借助贷款购买田地，"在今后的 60 年中要是货币价值有重行提高的时候，名义虽说是一分二厘的利息，实际可一直往上高升，结果出卖了田，也许还要赔一笔老本"。①

其次，雇农拥有"土地权并不等于富有"。费孝通指出，"雇农是农村里最穷的人，大家都这样说，可是这句话在这几年就不然了"。根据观察，"每天卖工的除了伙食外，可以有 3 元左右的收入，一个月净收得 90 元，他比小地主和佃农强得多"。并且，在农村劳动力紧缺的情况下，"农业工资提高得很快。而且在农业之外找工作也极方便，他们若是天天有工做，生活也就提高了起来。一个挑夫可以衔着一支教授们想吸而吸不起的香烟"。②因此，"雇工的穷不穷并不由于有没有土地权，而是决定于有没有工作机会，在人浮于事的时间，有土地权却是工作机会的保障，可是足以保障工作机会的却不止土地权一种，何况土地权要保障农民终年有工作做是不可能的，因为农业里并不能吸收整年的劳力供给"。③然而，借助农贷购赎耕地之后，雇农若是"能得到很肥沃的田，那还好，若是分着的田土质不太好，他们所得很可能低于他以雇工身份所得的工资"。这其中的原因，主要是近代土地已经到了利用的边际。"在一块土质比较坏的土地上耕种，农业利润可以低到零，甚至农田上的所得可以付偿不了生产成本。可是这种土地还有人在耕，原因是农民自己的劳力是不计工资的，他们以降低自己的工资来减轻生产成本。"④ 这一现象，费孝通也称其为"以生活程度来争取耕种边际"。他还援引社会学家张之毅在易村的调查结论对此作进一步阐释：

> 租种人家田的，如果在收入中要纳去租谷一半，再除去各项开支，则租种人所费的劳力，除膳食外的工资男工高至 3 角 7 分，低至无偿，女工高至 2 角 2 分，低至无偿，只有租顶好的田种，还可值得，租种坏

---

① 费孝通：《论贫农购赎耕地》，《当代评论》1941 年第 1 卷第 20 期，第 299 页。
② 同上。
③ 同上。
④ 同上书，第 300 页。

田，简直是白费劳力。但是替人家做工，除供膳食外，男工工资 5 角，女工 3 角。①

因此，"单单从土地权的获得上显然是并不能解决佃农和贫农的生活程度，佃农若有较大的农场，雇农若有较多的工作机会，他们实得利益可以比有一小块小小的土地大得多"。没有田地的贫农，"若要借钱来变成有田者，他们的生活很可能比现在没有田的时候更苦"；贫农不花代价获得土地，农村经济也并不会因之好转。"人多地少是中国乡村的普遍现象"，"中国的农业并不能单独养活乡村中的人口"。② 质而言之，"农民的贫穷，基本原因是有耕地太少，有没有耕地权还是次要问题"；而"用饥饿来换取地主的身份……未免太不合算"。③ 所以，费孝通强调，对于贫农最紧要的不是有无耕地问题，而是耕地经营问题。"为中国农业前途着想的，没有不是为现在农场面积太狭发愁。不论从生产的增加或是为生计的提高上说，扩大农场面积应当是今后农业改善的一个主要目标。"

针对费孝通的质疑，吴文晖撰写《再论贫农购赎耕地问题》一文④进行回应。他强调"并没有说贫农之所以贫，完全是由于没有土地权"，而只是"承认他们没有土地是致贫的主要原因之一，因此使他们取得土地是改善他们生活的一种重要方法"。

首先，就佃农来讲，"佃农和半佃农占我国全体农民的一半以上"，且"佃农生活程度较低于自耕农"。他援引金陵大学农学院卜凯教授的调查数据指出，"佃农的生活费，用于食物方面的百分比，较自耕农高出 3.6%，用于杂项方面的百分比则较自耕农低 3.7%"。⑤ 农民食物消耗的费用所占百分比愈高，则其生活程度愈低，因为"费用大部分支配在食物的上面，而无力顾及其他享受"。因此，佃农的生活程度比自耕农要低。但是，在其变成自耕农之后，生活应可得以改善。对于费孝通所提出的佃农贷款购赎耕地之后不仅生活得不到改善反而会更加贫苦的质疑，吴文晖则认为，"这一个问题的解答，须从两方面着手，第一是佃农现在每年要付出多少地租？

---

① 费孝通：《论贫农购赎耕地》，《当代评论》1941 年第 1 卷第 20 期，第 300 页。
② 费孝通：《乡村工业的两种形式》，《新经济半月刊》1942 年第 6 卷第 7 期，第 139 页。
③ 费孝通：《论贫农购赎耕地》，《当代评论》1941 年第 1 卷第 20 期，第 300 页。
④ 吴文晖：《再论贫农购赎耕地问题》，《当代评论》1942 年第 2 卷第 3 期，第 42—45 页。
⑤ 同上书，第 42 页。

第二，佃农若借款购赎耕地，每年要付还多少的本息"。近代农村佃农每年所付钱租平均约占地价的11%。因此，佃农借贷购赎耕地，只要每年付还的本息低于地价的11%，"便是减轻了他的负担，可以改造他的生活"。此外，除却地租之外，佃农还需承担两种额外负担：劳役和献物。这些额外负担，使得佃农的实际负担远远超过地价的11%。因此，"贫农购赎耕地贷款，如果办理得法，不特可使佃农于债务偿清后提高经济的与社会的地位，就是在负债期间，也可以改善他们的生活"。

其次，再就雇农来看，"因为我国农场一般地细小，并且各地盛行不要付工资的换工制度，所以并不算多，在全体贫农中只占一个很小的百分比。但他们的生活程度，却比任何一类农民都来得低"。他根据兰溪县的调查统计材料指出，"由地主兼自耕农，而自耕农，而半佃农，而佃农，而雇农，食物费占总生活费的百分数依次上升，杂费的百分数依次下降"。由此可见，雇农的生活水平最低，因此，"若能助其升为自耕农，自可改善其生活"。并且，雇农工资，"因种种关系，一般地极为低微"。从1932年国民政府统计局十九省的调查来看，"普通长工例由雇主供给食宿，其每年货币工资平均只有四十四元，短工的每日工资在农忙时平均只有四角一分。后方各省的农村工资，较沿海各省为低"。① 虽然，抗战以来，"后方十五省雇农工资颇有增加的趋势"。然而，在货币购买力逐渐下降的趋势下，"工资增加大部分是名义的，实际工资没有什么大的变动"。但是，吴文晖指出：

> 雇农如果以增加的货币所得赎田还债，固可提高他的经济地位，否则对他并无重大利益，在粮食及其他农产价格于扶摇直上的情形下，雇农的实际所得绝不会超过自耕农或"甚至地主"，此时帮助雇农赎田购田，倒是一个很好的时机，其结果自可以改善他们的生活。②

吴文晖认识到在战时通货膨胀的经济形势下，工资的上涨并不具有实质性意义，这是值得肯定的。但是，他也忽略了在整体通胀的形势下土地价格亦会上扬，抗战以来西南一带尤其如此。根据苏联科学院会员 E. 科瓦列夫的调查，四川巴县等地，若以1931—1936年间水田的平均地价为100

---

① 吴文晖：《再论贫农购赎耕地问题》，《当代评论》1942年第2卷第3期，第43页。
② 同上书，第44页。

元计,到 1940 年上半年便上涨了 163%,下半年涨到 816%,而到 1941 年下半年涨至 1365%,1942 年下半年甚至涨到 5129%,"1942 年的地价同 1931 年到 1936 年的平均地价比较则涨了 50 倍之多";贵州安顺县一带,以 1937 年一亩地值 100 元计,到 1940 年涨至 300 元。①

(3)"贫农购赎耕地"之争评议

其实,对于国民政府的农贷政策,费孝通亦是持赞成态度的。1941 年,他在《清理农家债务》一文中便指出,"土地权分配的调整不是生产问题,而是农民的生计问题。佃户失去土地权后,不能享受所耕农田的全部利益,生活程度因之降低。农贷可以设法恢复他们的生活程度"。② 并且,他早前在对江苏吴江一带的农村进行调查之后,指出高利贷是农民地权流失的直接促因,并强调要建立一个良好的信贷系统,否则高利贷会自然发生。③ 因此,费孝通与吴文晖争论的焦点虽是农贷政策,而实质却是在探讨如何解决近代土地问题。

吴文晖结合国民政府的"贫农购赎耕地贷款"政策,认为在农民日趋贫困化的情况下,通过政府的"农贷"帮助实现"耕者有其田",这不仅可以发展农村经济、改善农民生活,还可以解决近代中国的土地问题。

> 我国一般贫农,因为工资太低,地租过重,借贷利息高昂,苛捐杂税繁重,商人剥削,天灾频仍等原因,绝难积累资本,以自力购置田产,荣登较高的农业阶梯。……非有政府的助力,贫农绝难得到田地,最近农产价格及工资一般地上涨,贫农购买力颇有增加,但若完全没有政府的全副力量从旁协助,他们仍无法购赎耕地。为使贫农购买力的增加不致用于非正当之途,并使政府创设自耕农的负担不致过重起见,此时举办一"贫农购赎耕地"贷款,正是良好的时机。④

在地主土地所有制之下,给予无地或者少地的"贫农"以土地,促进经济发展、增加农民收入,这一观点值得肯定。西方经济学家就曾指出,

---

① [苏联] E. 科瓦列夫:《抗战中中国大后方土地关系的变化》,则望译,《北方文化》1946 年第 1 卷第 4 期,第 8—9 页。
② 费孝通:《清理农家债务》,《内地农村》,生活书店 1946 年版,第 92 页。
③ 费孝通:《江村经济》,戴可景译,北京大学出版社 2012 年版,第 250 页。
④ 吴文晖:《贫农购赎耕地问题》,《当代评论》1941 年第 1 卷第 10 期,第 152 页。

"小农场至少在其为耕作者所有时,能就同样质量的土壤,使用相同的农业知识得到大得多的总产量";"在现存的农业制度中,没有什么制度能够对国民的勤劳、才智、节俭和审慎产生比自耕农制度更大的积极作用"。[①] 但是,在普遍贫困的近代中国,即使自耕农比佃农、雇农的生活水准要高,然而佃农、雇农在成为自耕农之后,却还承担着因购赎耕地而背负的债务。因此,贫农借助农贷变身自耕农,生活水平是否会真正随之得以提高,还存在疑问。这也正是费孝通所要与吴文晖商榷之处。在费孝通看来,近代农村"人浮于地",土地"已到了利用的边际","从土地利用上看是不值得租种"[②],是故贫农获得土地后生活未必能得到改善。同时期的社会学家吴景超亦持类似观点,他指出,"自耕农的生活,本来是苦的,假如农村中的生产力没有重大的变更,虽然升为自耕农,他仍很难希望脱离贫苦的日子"。[③] 因此,在费孝通看来,农民生活不能得到改善,农业生产没有发展,便不能说土地问题得到了解决。换言之,"耕者有其田"的实现并不意味着土地问题的彻底解决。

然则,又需注意的是,费孝通对近代土地分配不均、农民土地流失严重是有着深刻认识的,并且也支持各种设法给予农民土地的政策。如针对吴文晖所指出的不论是从数量还是从占有土地的质量上看"中国土地分配,实欠均匀",[④] 费孝通表示"完全同意",并指出"中国没有土地和土地太少的农民为数太多,这群没有土地和土地太少的农民只有出卖劳力去当雇农,或租人家的土地耕种成为佃农,他们的生活程度极低"。[⑤] 此外,他还曾评价20世纪30年代中国共产党的土地农有革命说,"是必要的,也是紧迫的,因为它是解除农民痛苦的不可缺少的步骤"。[⑥] 至于其对"贫农购赎耕地问题"之质疑,他亦解释说,"不要误会我是在为地主辩护,我完全和吴先生一般认为没有土地的农民是贫农,应当设法把他们的生活提高。同

---

① [英]约翰·穆勒:《政治经济学原理及其在社会哲学上的若干应用》,赵荣潜等译,商务印书馆2009年版,第317、336页。
② 费孝通:《对于各家批评的总答复》,《乡土重建》,观察社1948年版,第164页。
③ 吴景超:《论耕者有其田及有田之后》,《地政通讯》1948年第3卷第7期,第15页。
④ 吴文晖:《我国地权分配及其趋势》,《财政评论》1940年第6卷第3期,第20页。
⑤ 费孝通:《论贫农购赎耕地》,《当代评论》1941年第1卷第20期,第299页。
⑥ 费孝通:《江村经济》,戴可景译,北京大学出版社2012年版,第251页。

样我也觉得耕者没有田是件社会上不合理的事"。①

因此，综合来看，费孝通与吴文晖争论的实质，是"耕者有其田"能否作为解决近代土地问题的最终方案，或说"耕者有其田"能否彻底解决近代土地问题。那么，这场"贫农购赎耕地"之争有何意义？或说能给我们带来哪些启示呢？

首先，针对费孝通在论争之中提出的，"农民的贫穷，基本原因是耕地太少，有没有耕地还是次要问题。为中国农业前途着想的，没有不为现在农场面积太狭发愁，不论从成产的增加，或是为生计的提高上说，扩大农场面积，应当是今后农业改善的一个主要目标"，吴文晖"很表同意"。② 其实，他在此前也已指出，"一般讨论中国土地问题者，大都只是着眼于地权分配问题，而忽视耕地不足问题，其实不足问题，并不比分配问题为次要"。③ 并且，如前所述，他在强调实行"耕者有其田"的同时，也提出要使"所有的田能合乎经济的利用"。因此，与费孝通一样，吴文晖亦认为近代土地问题的解决不仅要从土地所有权问题入手，还要着眼于土地经营问题，也即要适应农业生产发展的长远需要，强调农业的未来发展要走规模经营、农场作业之路。并且，他还强调，"中国的农业人口那么多，耕地那么少，加以土地集中，地主分散出租其田，于是中国土地发生了一个重要的'土地分散问题'"。④ 因此，"农场过小实为我国农民生活水准低下之根本原因，欲改进农民大众之生活，必须扩大农场"；"希望不要有人迷信贫农购赎耕地贷款政策，甚至耕者有其田政策或平均地权政策，可以完全解决整个的中国农业问题"。⑤ "扩大农场"也即强调农业生产的规模经营，这一点更是深合费孝通之意。费孝通不仅强调规模经营，并提出了具体办法："耕者有其田"是一种"扶植小农经营的政策"，然而"分散所有和集合经营是可以并行推进的"，"我们的理想是要使土地所有权能平均的分配于每一个人，而经营上则可以有宜于用最新技术的农场，这就是农田所有的分

---

① 费孝通：《论贫农购赎耕地》，《当代评论》1941年第1卷第20期，第301页。
② 吴文晖：《再论贫农购赎耕地问题》，《当代评论》1942年第2卷第3期，第44页。
③ 吴文晖：《现代中国土地问题之探究》，《新社会科学》1934年第1卷第4期，第107页。
④ 同上书，第149页。
⑤ 吴文晖：《再论贫农购赎耕地问题》，《当代评论》1942年第2卷第3期，第44、45页。

散和农田经营的集合并行发展"。① 因此,双方都强调既要设法满足农民的土地要求,又要充分考虑到未来农业的生产。这既明确了土地农有改革的必要性,又强调要克服小农分散经营之弊,将土地农有改革与未来农业生产的规模化、机械化、现代化结合起来,这一基于农业经济发展的视角探索近代地权问题解决策略的思考,无疑值得珍视。

其次,论争中双方探讨如何解决近代土地问题时,都不是孤立地看待土地问题,而是将其与工业化发展紧密结合起来。费孝通指出,土地问题的解决并不等于把田地平均分给农民即告完竣。"只从这分配上着手,我们并不能希望对生产上有太大的促进作用。要提高乡村里的人的生活程度,还得开源,增加收入……重建西洋工业所摧残的乡土工业。"② 中国的国情是人多地少、人浮于地,"农民的贫穷,根本原因是耕地太少"。③ 因此,要大力发展乡村工业,依托乡村工业的发展减少过剩的农村人口,缓解人对地的压力。④ 具体而言:

> 一定要解放一部分农业里的人力到工业里去,现在工业里正感到人力缺乏,而农村里的确有闲手的地主。地主可以闲手是因为农村里有没有土地的贫农情愿替他劳作,假若他们离开了农村,则没有卖工,也没有人愿意纳高租来当佃农,那时有土地的得下田耕种了,"耕者有其田"的目的不是一样达到了么?⑤

而吴文晖与费孝通一样,也深刻认识到工业化对于解决土地问题有着巨大的促进作用。早前,他即指出,"谈中国土地问题者,大都以为问题之核心完全是土地所有权分配之不均,如果能将土地平均分配,中国的土地问题便算完全解决了。其实这是远于事实的见解"。⑥ "据我们研究所得,中

---

① 费孝通:《农田的经营和所有——"耕者有其田"的背境》,《内地农村》,生活书店1946年版,第32页。
② 费孝通:《对各家批评的总答复》,《乡土重建》,观察社1948年版,第165页。
③ 费孝通:《论贫农购赎耕地》,《当代评论》1941年第1卷第20期,第300页。
④ 李学桃:《20世纪30、40年代费孝通地权思想浅析》,《中央民族大学学报》(哲学社会科学版)2012年第2期,第44页。
⑤ 费孝通:《论贫农购赎耕地》,《当代评论》1941年第1卷第20期,第301页。
⑥ 吴文晖:《现代中国土地问题之探究》,《新社会科学》1934年第1卷第4期,第115页。

国耕地面积不大，垦殖指数甚低，而中国人口庞大，需地极多，于是人浮于地，每人平均所摊得之耕地绝少。益以农业人口占最大多数，尤感耕地之不足。"① 因此，"土地问题不特是一个分配问题，而且是一个不足问题，就是耕地不足问题"。② 解决的方法便是，"垦殖开荒，以增耕地面积，化农为工，以减过剩之农业人口，此为解决耕地不足问题之主要途径"。③ 并且，发展工业还可以改善人民生活，"农业上之人口压迫太甚，农场面积过小，非发展工业，不足以提高一般国民之生活水准"。④

最后，更为重要的是，在这场论争之中，不论是费孝通还是吴文晖，他们探索近代土地问题的根本着眼点，都是民生之改善。二者深刻认识到中国的农业国国情，认识到农业经济构成国民经济之主体、农民构成中国人口之绝大多数。因此，他们探索近代土地问题的根本目的，乃是要在恢复与发展农村经济的基础上，提高农民的生活水平，改善农民的生存境遇。吴文晖对国民政府推行的"贫农购赎耕地贷款"政策极尽拥护，主要是他认为这一政策可以帮助"贫农"变身自耕农，借此改善其经济状况、提高生活水平，恢复与发展农村经济。而费孝通所提出的质疑，也是出于对"贫农"变身自耕农之后其经济状况是否会得到实质性改善之忧虑。

这场"贫农购赎耕地"之争，双方将发展经济与改善民生作为探索土地所有权问题的根本出发点，并将土地分配问题也即土地所有权问题的解决与未来农业生产的机械化、现代化结合起来，强调通过工业化来促进农业经营规模化、机械化的实现，等等这些，对于现今探索完善土地所有制仍具借鉴意义。

四 现实与理想结合下土地所有权思想的基本趋向

20世纪30年代中期以来，随着民族危机的加剧，土地问题逐渐让位于民族问题。但是，对土地所有权问题的探索并未因之中断。相反，随着民族危机的加剧，农村、农民、农业党的作用逐渐凸显，人们对近代土地所

---

① 吴文晖：《再论贫农购赎耕地问题》，《当代评论》1942年第2卷第3期，第44页。
② 吴文晖：《现代中国土地问题之探究》，《新社会科学》1934年第1卷第4期，第115页。
③ 同上书，第174页。
④ 吴文晖：《立国宜农工并重》，《农业经济论》，中国经济书刊生产合作社1947年版，第161页。

有权问题的研究也更为深入、具体。

1. 民族危机、统治秩序以及经济发展等因素影响下土地农有的思想趋向

土地农有思想普遍形成，是受民族危机、统治秩序以及经济发展等因素综合作用的结果。

首先，在挽救民族危机以及维护统治秩序的需要之下，土地农有思想得到了普遍认可。强调解决农民土地问题，实现土地农有基本上达成一致。抗战爆发后，广大农村成为抗战的主战场、农民群众成为战士的基本来源、农产品变成保障战争胜利的物资来源。因此，围绕抗战建国这一历史使命，社会上对农村问题、农民问题的探索更加深入。强调给予农民土地，实行土地农民所有权的思想广泛地趋同。

其次，20世纪40年代，随着抗战逐渐走向胜利，国共两党之间的矛盾逐渐激化，并逐渐转化成兵戎相见。中国共产党成功摸索出一条解决农民土地问题的正确道路，赢得了广大农民的支持，在与国民党的较量中，优势逐渐显露出来。这一形势，为国民党内一些土地问题专家所认识，因此出于维持与巩固统治秩序与对战后建国的思考，以地政学会为主体的"土地改革协会"成立，并阐发出"土地改革"的思想，制定出《土地改革方案》，以冀实现土地农有改革，后又将这一方案更加具体化为《农地改革法草案》。"土地改革协会"所阐发出来的"土地改革"思想，包括制定的"土地改革"方案等，基本指向是推行土地农有制。

最后，在上述两大因素之外，人们还从经济发展的角度上强调土地农有思想的必要性。他们一致认为，给予农民土地所有权，能够最为迅速地恢复农村经济，进而为工业化提供资本积累与原料供应。这一考虑既有现实关照，也有对未来经济发展之考虑。如在战时状态下，罗克典、漆琪生、曹茂良等都强调要实现土地农有。费孝通、吴文晖等强调，给予土地农民土地是改善其生活的一种重要办法。其次，在对战后经济尤其是工业化的思考中，曹茂良还强调耕者有其田是促进战后中国工业化的关键。

因此，土地农有思想的普遍形成，是受到上述三大因素影响的结果。这也表明，社会上对土地所有权问题的思考，紧密的结合中国国情，以及世界局势，将土地所有权问题中置于中国的现实社会环境，以及未来发展的需要量大情境中进行综合考虑。因此，这一时期随着人们对土地所有权探索的进步，土地所有权思想也逐渐臻于完善。对土地所有权的思考与近

代中国的社会现实紧密结合起来，并兼顾未来经济发展的需要。在现实与理想的双重考虑之下，形成了趋向于社会主义的土地所有权思想。这主要表现为追求土地公有理想的思想与具有社会主义性质的合作经营思想的普遍出现。

2. 追求土地国有理想的土地所有权思想

近代土地所有权思想的不断发展，至此已经形成了较为完善的土地国有思想，即以土地农有为过渡，最终实现土地国有理想的思想以曹茂良、罗克典等为代表的专家学者等，他们结合当时中国社会的实情以及未来经济发展的需要，强调以土地农有为过渡最终实现土地国有。曹茂良指出，"环顾"中国的实际"情况"，"不会马上走到土地国有"的道路。因此，他强调给予农民土地所有权，而对之进行有效的限制。罗克典亦强调，解决近代土地问题的第一步是耕者有其田，并强调它只"是一种过渡的办法"，土地问题的最终解决是"土地国有与农业社会化"。他基于对农民渴望土地这一心态的理解与遵从，以及结合战时状态下恢复与发展生产的需要，强调作为过渡阶段的土地农有的必要性。但是，在对土地农有反思的基础上，又强调最终阶段的土地国有。

再就这一时期漆琪生的土地所有权思想来看，他为争取抗战的最终胜利，主张在敌占区实行耕者有其田的土地农有政策；而大后方则以发展农业生产为主，以为抗战提供经济保障。但是，事实上，在20世纪30年"土地村公有"思想的讨论中，他就已将暂时阶段的土地农有与未来阶段的土地国有结合起来思考近代土地所有权问题。并且，这一阶段里，他在对耕者有其田的思考中，为克服小农经营的分散性与无政府主义状态，提出计划经营与集体经营并行的土地经营方式。他还强调，计划经济与集体经济，"已成为历史发展必然的程序"。因此，就思想实质上看，漆琪生的土地所有权思想在战前、战后并没有本质变化。但是，集体经济与计划经济的提出，则预示着土地所有权思想开始具有社会主义的因素。

3. 具有社会主义因素的土地合作经营思想

土地农有思想逐渐成为共识的同时，如何克服分散经营与小农经济弊病的思考也一直在进行。

第一，萧铮在强调土地农有改革已势在必行之时，强调在战后"要建立标准单位与集体经营的土地制度"；并且还强调要将繁盛市街区以及公共建设所需之土地收归公有，将城市居民从"房屋灾难"中解救出来。从这些论述来看,萧铮针对农村土地生产问题,强调土地要集中经营;对于城市土地,他则强调要收归公有。

第二,就万国鼎的"标准自耕农场"设想来看,他在认识到我国耕地散碎的同时,结合促进生产发展之考虑,在设置拥有土地所有权的"标准自耕农"基础上,采取联合经营的模式。并且,在"标准自耕农场"的基础上,建立农业合作社,走农业生产规模化与机械化之路。

第三,围绕这一时期国民政府推行的"贫农购赎耕地"计划,吴文晖与费孝通都强调给予农民土地并不意味着土地问题的最终解决。他们强调在实现土地农有的基础上,走合作经营与规模经营之路。尤其是费孝通,他提出了"分散所有权、同时集中经营权"的设想。

因此,综上来看,这一时期的土地所有权思想,既有强调以土地农有为过渡追求土地公有的思想,也有强调要走合作经营与规模经营的设想。然而,这种合作经营设想,诚如毛泽东在《新民主主义论》中所指出,这种在土地农有基础上发展起来的合作经济,"也具有社会主义的因素"。[1]

---

[1] 毛泽东:《新民主主义论》,《毛泽东选集》(第2卷),人民出版社1991年版,第678页。

结　论

从上述六章的考察来看，1905—1949年这一时期的土地所有权思想充满着错综复杂的内容和发展变化。其中，有关土地公有与私有的权衡，现实需要与理想追求的考虑，促使着人们不断地对土地所有权形式进行思考、比较与抉择。在不懈的摸索中，逐渐形成以土地农有为过渡，追求土地国有理想的思想及具有社会主义因素的土地合作经营思想。

一　1905—1949年土地所有权思想发展演变的两条线索

综合全书的分析来看，中国近代（1905—1949年）土地所有权思想的发展演变，存在着两条基本线索。

首先，从整体走向来看，鸦片战争以来，土地公有思想兴起。旧有的土地公有思想有了新发展，西方土地公有思想也开始传入中国，并逐渐发生影响。以孙中山为首的资产阶级革命派接受亨利·乔治等的土地国有思想，将其公开阐发。并且，直接促成1905—1907年的土地国有论战。此后，社会上继续存在着的是无政府主义土地公有思想，以及孙中山等的土地国有思想。并且，后者在20世纪20年代上半期逐渐发展为土地国有基础上分散使用权的思想。这一地权思想在南京国民政府建立后，被吴尚鹰、胡汉民、黄通、萧铮等所继承。从国民党中分化出来的"第三党"，以邓演达和谭平山为代表，在继承孙中山的土地国有思想的同时，还对其进行了发展，提出暂时阶段下实行土地"农有"，而最终过渡到土地国有国营的理想。这一思想的提出，标志着土地所有权思想开始与社会实情相结合。20世纪30年代中期，阎锡山提出"土地村公有"主张，并引发公有与私有的讨论。其中，漆琪生将土地私有与土地国有结合，提出以土地农有为过渡追求土地国有理想的思想。随着民族危机的加剧，农民、农村、农业地位凸显，实现土地农有逐渐成为共识。并且，出于应对日益加剧的统治危机，国民党内部出现了土地农有改革的思想。与农有思想普遍形成的同时，基于对小农经营弊病的考虑，出现了以土地农有为过渡、追求土地国有理想的土地所有权思想，以及具有社会主义因素的土地合作经营思想。

其次，专就国民党的土地所有权思想来看：随着西方土地国有思想的传入，孙中山等早期革命党人接受亨利·乔治的土地国有思想，并围绕这一地权思想与梁启超进行论战；民国建立之后，国民党人的土地所有权思想出现分化，但孙中山继续坚持土地国有思想，并在晚年提出了"耕者有其田"的思想，这表明国民党的土地所有权思想开始摆脱早期教条化的色彩，而与近代中国国情相结合，关注重心实现了由未来而当下之转变。孙中山的"耕者有其田"思想，本质上仍属于土地国有思想，它被吴尚鹰、胡汉民、萧铮、黄通等继承。随着抗战逐渐走向胜利，以及受到来自共产党的巨大挑战，国民党内部出现了彻底改革土地制度的思想，提出要给予农民土地所有权。至此，国民党的土地所有权思想发生本质变化，即由一直以来所秉持的土地国有主张转变为土地农有思想。需要注意的是，萧铮在提出彻底的土地农有改革时，强调建立标准农村、走合作经营的道路。在中国近代土地所有权思想的演变历程中，以孙中山为首的资产阶级革命派率先公开鼓吹土地国有，并又首倡"耕者有其田"的主张，奠定了国民党在近代土地所有权问题探索历程中的重要地位。

通过对中国近代土地所有权思想的分析，可以梳理出上述两条清晰的发展脉络。推动近代土地所有权思想发展演变的因素是多种多样的。在历史合力的综合作用下，最终形成以土地农有为过渡、追求土地国有理想的土地所有权思想以及土地合作经营的思想。

二　中国近代土地所有权思想发展演变的影响因素

中国近代土地所有权思想的发展演变，主要有两大基本内涵：一是土地农有思想的逐渐趋同；二是广泛形成了强调以土地农有为过渡，追求土地国有的思想和走合作经营道路的思想。

首先，土地私有经历了一个被逐步认可的过程，具体即指土地农有思想的逐渐成为共识。

从实质上看，地主土地所有制与农民土地所有制均属于私有制；并且，从农业发展的前景来看,二者都不利于农业生产的机械化与现代化。近代土地所有权思想在批判地主土地所有制的同时,却逐渐形成土地农有思想,这与近代特殊的国情以及两种土地所有制本身具有的特点紧密相关。

在农业社会,地主与农民在土地所有权上存在着对立的关系。因此,打破地主土地所有制,可以实现土地农有。再者,人们也逐渐认识到,土地农有制形式要优于地主所有制形式。地主集中土地所有权、分散经营权,将土地租佃给农民耕作,从农民那里收取租税。不良的租佃关系以及过重的租税负担,直接导致农民生活的贫困。经营模式上,它维系了小农经济的继续存在,与规模经营、社会化大生产相违背。更有甚者,在工商业不发达的前提下,地主手中的多余资本会再度转投于土地之上,进行累积式的"地权集中运动",吞食农民的土地,发生土地占有不均问题。农民拥有土地所有权与土地使用权,耕种的劳动成果归自己支配,"土地"是属于他们的私有财产。这一所有制形式,与地主土地私有制性质一致,并且也属于分散经营的方式。但在一定阶段内,它对社会生产有积极的促进作用。约翰·穆勒曾指出,"在自耕农制度下,劳动阶级则能最为自由地支配自己的命运","人数众多的自耕农的优越性却是不言自明的真理"。[①] 自耕农是"权威们一致承认的""勤勉"的群体,在获得土地所有权之后,生产积极性将大为增加,农业生产总量以及社会经济财富必将随之增长,总之"没有什么制度能够在精神上的福利和物质上的福利两方面起比自耕农制度更大的促进作用"。[②] 这一观点虽不免偏颇,但在传统农业国,土地农有制在一定程度上是能有效地促使农业生产恢复与发展的。我国历史上王朝更迭之初,政府鼓励农民垦荒、保障农民拥有一定的土地,借此恢复和发展经济,这一政策屡试不爽,即是最好的说明。此外,在近代特殊形势下,农民拥有土地不仅能保障国家财政税收,还能有效地维护社会稳定。失地农民流离失所,加之军阀混战的局势,他们或落草为寇,或加入军阀队伍,直接加剧了社会动荡与混乱。而且,近代中国农民数量多、生活痛苦,国家经济凋敝、内忧外患等。为改善农民生活,恢复与振兴农村经济,以及有效抵御外敌入侵,等等这些,都迫使人们对中国出路的探索必然会落实

---

① [英]约翰·穆勒:《政治经济学原理——及其在社会哲学上的若干应用》(上卷),赵荣潜等译,商务印书馆2005年版,第287页。

② 同上书,第336页。

到满足农民的基本要求——对土地的渴求上。这样,通过实现土地农有制,唤醒农民对社会问题、国家民族问题的关注;同时利用农民生活的改善、农民经济状况的改善来达到恢复与发展国民经济。

其次,土地农有思想逐渐确立的过程,还是人们对土地私有权的认识逐渐理性与深入的结果。中国共产党在土地改革运动中,经历了一个给予农民土地使用权到彻底给予土地所有权的过程。因此,土地农有是一种被实践检验了的符合近代中国社会实情的土地所有权方案,也是一种具有可行性的地权方案。因此,近代土地农有思想的普遍化,体现出人们对土地私有权的认识趋于理性。即在对地主土地所有制的扬弃过程中逐渐形成土地农有思想,并被作为未来土地国有制实现前的一种合理存在与必经阶段。因此,土地农有思想逐渐成为共识是人们深入分析中国社会实际,积极探索符合中国社会实情的地权设计方案的结果。

最后,从土地公有的思想渊源上看,它是早前人们在对现实土地占有不均不满的基础上,对理想生活的一种向往。但是,随着人们对社会经济问题探索的深入,它逐渐与农业生产的社会化、集约化、机械化与现代化等开始结合起来。如康有为的土地公有思想,既是反思地主垄断土地不利于农业的生产、导致农民贫困之弊的结果,同时也是为克服资本主义社会地主垄断土地不利于社会化大生产之弊。具体来看追求土地国有理想这一思想的形成,孙中山的土地国有思想,最初是反思资本主义发展过程中地主垄断土地导致社会问题丛生之弊的结果。但是,在孙中山之后,邓演达、漆琪生等的土地国有理想的形成,则是在探索土地农有这一过渡形式基础上,充分考虑农业生产的社会化以及国民经济现代化的结果。

整体上看,以土地农有为过渡、追求土地国有理想的地权构想,是一种具有历史与现实价值的地权思想。近代中国的社会形势复杂,土地所有权的设计就需要进行通盘而缜密地考虑。对于近代农民来说,他们更为关切的是与其生存问题紧密相关的地权分配问题。因此,实现土地农有,既能改善农民生活,又能调动农民生产积极性。但是,土地农有作为一种私有制形式,并不是长久之策。并且,以小农为基本单位的土地私有制,它往往采取分散经营的方式,不利于社会化大生产的开展,更不利于社会经济的现代化。因此,在社会经济发展到一定阶段后,就需要适时考虑如何去克服土地私有之弊,以适应农业生产的机械化、现代化。

中国近代土地所有权思想的发展演变,都受到了哪些因素的影响呢?

宏观上看，两个方面的因素值得注意。

第一，中国社会旧有的土地公有理想，是促使人们探索土地公有制、形成土地公有思想的基础。洪秀全、康有为乃至以孙中山为首的革命派，他们的土地国有思想，都或多或少地受到传统的土地公有思想的熏染与影响。而从土地私有思想方面来看，历史上固有的土地农有思想，也是激发人们思考近代农民问题的思想资源。近代以来，农业国的国情并未发生改变，在对国情认识逐渐深入的基础上，关于农民问题的探索就必然会深入到实现土地农有层面。因此，土地公有的理想以及土地农有的现实需要，在近代以前的历史上都能找到思想渊源。

第二，西方土地所有权思想，是影响近代土地所有权思想发展演变的又一要素。近代中、西思潮碰撞、逐渐交融，并对社会发生影响。早先西方土地国有思想的输入，直接影响到孙中山等革命派，并引发了第一次公开的土地国有论战。再者，无政府主义的土地公有思想，传播时长将近三十余载，为后来马克思主义土地公有思想的在华传播，作了思想与舆论上的准备。

微观上，中国近代土地所有权思想的发展演变，还是受以下几个方面因素作用的结果。

第一，近代中国的政治形势，是推动土地所有权思想发展演变的重要因素。在内忧外患的政治形势之下，如何救亡图存，是人们急欲解决的基本问题。因此，在一系列的探索失败后，20世纪20年代上半期，以孙中山等为首的国民党，开始意识到农民力量的强大，提出"耕者有其田"的思想，以调动农民生产积极性，激发农民的力量，保障革命的最终胜利。此后，以邓演达为代表的"第三党"，基本上继承孙中山的这一思想，将农民与近代革命结合起来，强调农民是争取革命胜利的基本保障。此后，在中国共产党成功的土地改革的影响下，阎锡山提出"土地村公有"主张，并由此引发了公有与私有的探讨。蒋廷黻呼吁国民党借鉴中国共产党发掘农民潜力的经验，实行耕者有其地，凝聚广大农民的力量，以解决民族危机。因此，随着对近代革命问题探索的深入，农民的重要性逐渐被广泛认识，随之而来的便是对农民基本愿望的认识，满足农民土地要求的探索也由此不断得到发展。

第二，近代中国独特的社会经济状况，也对土地所有权思想的发展演变产生了重大影响。随着西方资本—帝国主义的入侵，自给自足的自然经济在西方经济的入侵中受到巨大冲击,农民生活日趋贫困,国民经济濒于破产。在这一形势下,如何恢复和发展生产、振兴国民经济,成为人们探索解决近代中国问题的又一基本内涵。在实业救国等一系列探索失败之后,人们开始深入到对经济体制的探索,触及地主土地所有制。因此,孙中山从增加粮食生产、调动农民生产积极性出发,提出"耕者有其田"的思想。邓演达、谭平山等,更是强调地主土地所有制是窒碍社会经济发展的障碍,强调进行彻底革命,满足农民的土地需求。并且,待生产恢复和经济发展到一定阶段后,再推行土地国有国营制。在土地公有与私有的探讨中,凌青明确强调,暂时阶段的土地农有是必要的;但是小农经济的前途是没落的,必须要在这一所有制上,逐步过渡到土地国有制。诸如此类,都是从近代中国的经济状况出发,阐述出各自的独具特色的土地所有权思想。他们从恢复与发展经济的角度出发,强调推翻地主土地所有制,建立起过渡阶段的土地农民所有制,最终过渡到土地国有制。

当然,深层次上看,强调土地农有与国有这一现实需要与理想阶段的结合,还有出于对工业化及现代化的考虑。地主土地所有制是政治民主化的障碍,而政治民主化是工业化顺利开展的政治保障。随着近代土地所有权思想的发展,也逐渐包含有这方面的内容。给予农民土地,实现土地农有,较之于地主土地所有制,更能调动起农民生产积极性,进而恢复和发展生产。在农民生活改善、农业生产恢复的前提下,商品市场才会逐渐形成;并且,农业生产的复苏,还能为工业化的开展提供生产原料。因此,在对未来工业化的思考中,逐渐倾向于土地农有思想。而在探索农业现代化的出路上,学者们大都强调细碎的小农经营,与机器化大生产相违背。事实上也确实如此。经典作家就强调,机器化大生产需要生产资料的集中,土地国有化是一种必然趋势。因此,早在"第三党"阐述他们的土地所有权思想时,就强调在土地农"有"阶段之后,要实现土地国有国营。此后,诸如凌青、漆琪生等,都强调未来农业的现代化,必须要求实现土地国有制。土地农有思想的普遍化与土地国有思想的完善,形成了近代(1905—1949年)土地所有权思想的一个重要内涵——以土地农有为过渡、追求土地国有的思想。

因此,综合来看,中国近代土地所有权思想的发展演变,它是中西交流、古今更替作用下的产物。并且,在近代特殊的时代背景下,它还受到政治、经济等各方面的影响。这些因素,推动着人们对近代土地所有权问题进行思考，由此形成了内涵丰富且不断完善的土地所有权思想。

三 中国近代土地所有权思想的特色与理论意义

近代（1905—1949年）土地所有权思想不断发展演变，有其自身的思想特色与理论意义。

首先，它是近代中国特殊国情下的产物，故而也因近代独特的社会历史条件而具有较之古代地权思想所迥然不同的思想内涵及特色。近代土地所有权思想因为受"革命"的环境与时代要求影响，因此，在内涵上具有与古代土地所有权思想不同的思想内涵。如有强调实现土地农有以促进与保障"革命"的胜利，强调实现土地农有、动员农民起来挽救民族危机等。此外，近代中国积贫积弱，发展经济、富国强兵成为时代的要求。因此，在对土地所有权的思考中，也有将土地所有权问题与改善农民生活、发展经济以及农业现代化紧密结合起来。当然，近代中国在中西交流不断深入的历史情境下，各种社会思潮杂糅在一起。这体现在土地所有权思想上，便是土地所有权思想内涵的复杂与多样，中、西、古、今等的土地所有权思想在近代中国社会都有呈象。这些无疑都是近代土地所有权思想的特色。

其次，近代土地所有权思想是独立于中国共产党系统之外的又一重要的成系统的土地所有权思想。与中国共产党的土地所有权思想相较而言，它亦有自身的诸多特色。

在切入路径上，近代土地所有权思想中如强调土地农有的思想，它有基于"革命"的考虑，也有对民族危机的探索，还有恢复经济与工业化发展需要层面的思量，等等，呈现出多歧面相。中国共产党虽也注意到土地农有与经济发展之间的联系，但更多的还是强调政治层面的考虑。以毛泽东为例，其土地农有思想的提出主要基于对中国革命的思考。他曾明确强调，土地革命的首要目的是争取群众，发展生产虽然是土地革命的重要目的甚至是最终目的，但在革命战争年代，把争取群众放在首位是正确的。[①]

随着民族危机的逐渐化解，从经济发展的角度探索近代土地所有权问题的解决，便越来越成为一种普遍性的思维现象。漆琪生、曹茂良、罗克典等在强调土地农有的基础上，出于对未来农业现代化的考虑，强调最终

---

① 郭德宏：《中国近代农民土地问题研究》，青岛出版社1993年版，第470页。

要实现土地国有。再如万国鼎提出"标准自耕农场"的设想,费孝通、吴文晖对土地分散经营的批评及集合经营权的建议等,也是出于从经济层面思考如何克服小农分散经营之弊。因此,从经济的角度出发思考近代土地所有权问题,不仅使土地农有思想逐渐成为一种共识,而且巩固了追求土地国有理想以及在土地农有基础上开展合作经营、规模经营的思想倾向,使近代土地所有权思想具有了社会主义因素。

而关于如何实现土地农有的具体思考,以萧铮为例,在20世纪40年代中后期阐发的彻底实现土地农有的思想,在具体实现手段上仍主张用温和的收买方法。并且,无论是《土地改革方案》还是后来更进一步的《农地改革法草案》,都主张政府扶助农民,以"赎买"方式实现土地农有。因此,在孙中山之后,国民党自始至终都在遵循其主张用"政治、法律的解决农民土地问题"的宏旨。这一温和的土地农有思想,虽然在大陆未能得到实践,但在20世纪下半叶台湾的土地改革中得到了有效地实践。

再来看中国近代土地所有权思想的理论意义:

从政治层面上看,近代土地所有权思想在不断演变中,开始与中国国情相结合,与农民土地问题相结合。这与中国共产党的土地革命遥相呼应。并且,孙中山提出的"耕者有其田"思想,虽与中国共产党后来的土地农有思想在性质上存在根本差异,但却为后者提供了舆论上的准备。毛泽东就曾将孙中山的"耕者有其田"与中国共产党的土地农有主张相提并论。并且还强调,新民主主义共和国将采取"平均地权"这一必要的方法,没收地主的土地,分配给无地和少地的农民,"实行中山先生'耕者有其田'的口号","把土地变成农民的私产"。[①] 因此,近代土地所有权思想,在一定程度上为中国共产党的土地改革作了某种形式与意义上的铺垫与渲染。这是其理论意义之一。

至于对实现地权主张的探索,中国共产党虽在一定时期内试行过收买的办法,如1947年在陕甘宁边区试行政府征购和平赎买地主土地分给农民,但主要的手段还是强调以"土地革命"的形式,打倒地主土地所有制,实现土地农有。然而,在近代土地所有权思想中,则提供另外诸如"税去地主"、"买去地主"等手段,并一直强调这一温和、"和平"的方式。这是近代土地所有权思想的又一理论意义。

---

① 毛泽东:《新民主主义论》,《毛泽东选集》(第2卷),人民出版社1991年版,第678页。

从经济层面上看，近代土地所有权思想的基本出发点是要变更既有的或将要出现的不平等地权关系，以实现土地所有权上的平等，进而促成经济上的平等。他们在思考实现土地所有权上的平等时，总是先从自然法的角度强调实现土地所有权平等的必要性，强调作为自然物的土地，人人天生均有占有与使用的平等权利。并且，他们还从生存的平等出发，最终落实到发展的平等这一层面。先是强调土地农有能够改善农民生活、改变农村经济破败的现象；进而在实现耕者有其田的基础上，促进农村生产力的发展，最终适应工业化的需要。近代土地所有权思想中，追求经济平等是一个基本的理念。如孙中山在包括民生主义在内的"三民主义"演讲中，就总括性地指出，"三民主义系促进中国之国家地位平等、政治地位平等、经济地位平等，使中国永久适存于世界"。① 因此，秉持经济平等理念，并不断推动经济平等思想的发展，是近代土地所有权思想的一大理论意义。

从经济层面上看近代土地所有权思想的演变，还有一点值得注意的是，人们对土地所有权问题的思考，尤其是对未来土地所有制的设计，跟经济发展以及现代化紧密联系。他们强调暂时阶段的土地农有能恢复与发展农村经济。又强调小农经济不适合社会化大生产的需要，因而强调未来要走土地国有的道路；或在农有基础上谋求土地合作经营，以适应未来农业生产的机械化与现代化。

再从所有制上看，近代土地所有权思想的又一理论意义便是揭示出土地国有制的诸多弊病。如梁启超强调，土地收归国有后，资本家凭借资本掌握大量土地，并以此来囤积居奇，剥削农民等。虽然，他没有预料到资本家占有城市土地，囤积居奇而导致土地、住房价格上涨等的状况，但对资本家垄断土地的认识，却是极其深刻的。此外，他还强调，若将土地收归国有，政府应能够公平合理地分配土地使用权，否则便会滋生腐败，达不到消除社会问题的目的。他的这些认识，既揭示出土地国有制诸多方面的不足，也为现今土地所有制的完善提供了借鉴。

当然，近代土地所有权思想在所有制层面的最大的理论意义，还在于它既确定了土地农有阶段的合理性，也宣告了土地国有以及土地经营走具有社会主义因素的合作道路的必要性。以萧铮为例，他作为国民党内研究土地问题、制定土地政策的重要代表人物，其土地所有权思想，由最初的

---

① 孙中山：《三民主义》，世界书局1927年版，第1页。

反对土地国有下的"耕者有其田"这一土地"农有"方案,到最终形成彻底的土地农有思想,这一主张无疑宣告了土地农有思想在近代中国的合理性。因此,近代土地所有权思想的这一重要内涵,为中国共产党土地农有改革提供了思想与理论上的支撑与佐证;也为后来台湾的土地改革奠定了思想与理论基础。此外,无政府主义土地公有思想和以亨利·乔治为代表的土地国有思想被公开阐发出来后,逐渐中国国情相结合。其中,土地国有思想不断演变,贯穿于中国近代(1905—1949年)土地所有权发展的始终。在20世纪40年代,土地农有思想成为共识之时,基于对将来农业现代化的思考,土地国有仍被作为土地所有制设计的一种重要选择,并出现了具有社会主义因素的土地合作经营思想。这无疑为新中国农业的社会主义改造准备了舆论和社会思想方面的条件。

参考文献

（一）经典作家著作

1. 《马克思恩格斯选集》（第1卷），人民出版社1995年版。
2. 《马克思恩格斯选集》（第2卷），人民出版社1995年版。
3. 《马克思恩格斯选集》（第3卷），人民出版社1995年版。
4. 《马克思恩格斯文集》（第5卷），人民出版社2009年版。
5. 《列宁全集》（第21卷），人民出版社1990年版。
6. 《毛泽东选集》（第2卷），人民出版社1991年版。
7. 《毛泽东文集》（第1卷），人民出版社1993年版。

（二）报纸杂志

《万国公报》、《国风报》、《国民政府公报》、《大公报》、《申报》、《中央日报》、《银行周报》、《圣教杂志》、《庸言报》、《中国农民》、《中国农村》、《汗血月刊》、《中山文化教育馆季刊》、《独立评论》、《战地农村》、《农村月刊》、《抗战农村》、《农村建设》、《抗战半月刊》、《财政评论》、《农村经济》、《新经济》、《经济评论》、《经济论衡》、《经济周报》、《经济学季刊》、《地政月刊》、《地政通讯》、《广东地政季刊》、《广东地政》、《河南地政》、《地政学报》、《明日之土地》、《土地改革》。

（三）文集

1. 刘师复：《师复文存》，革新书局1927年版。
2. 《革命先烈先进阐扬国父思想论文集》，（台北）中华民国各界纪念国父百年诞辰筹备委员会1965年版。
3. 《国父思想论文集》，（台北）中华民国各界纪念国父百年诞辰筹备委员会1965年版。
4. 《戴季陶先生文存》，（台北）中国国民党中央委员会史料编纂委员会1971年版。

5.《胡汉民先生文集》,(台北)中国国民党中央委员会党史委员会1978年版。

6.《巴枯宁言论》,中共中央马克思恩格斯列宁斯大林著作编译局资料室编,生活·读书·新知三联书店1978年版。

7.《章太炎选集》,上海人民出版社1981年版。

8.《章太炎全集》,上海人民出版社1981年版。

9.《邓演达文集》,人民出版社1981年版。

10.《谭平山文集》,人民出版社1986年版。

11.《饮冰室合集》,中华书局1989年版。

12.《邓演达文集新编》,广东人民出版社1989年版。

13.《亚里士多德选集(政治学卷)》,中国人民大学出版社1999年版。

14.《钱俊瑞集》,中国社会科学出版社2002年版。

15.《陈诚回忆录》,(台北)"国史馆"2003年版。

16.《〈饮冰室合集〉集外文》,夏晓虹辑,北京大学出版社2005年版。

17.《孙中山全集》,中华书局2006年版。

18.《孙文选集》,广东人民出版社2006年版。

19.《康有为全集》,中国人民大学出版社2007年版。

20.《宋教仁文集》,湖南人民出版社2008年版。

21.《费孝通全集》,内蒙古人民出版社2009年版。

22.《魁奈经济著作选集》,吴雯丹、张草纫译,商务印书馆2009年版。

23.《薛暮桥文集》,中国金融出版社2011年版。

24.《刘师培文选》,上海远东出版社2011年版。

(四)汇编资料

1.章有义:《中国近代农业史资料》,生活·读书·新知三联书店1957年版。

2.中国第二历史档案馆:《中国无政府主义和中国社会党》,江苏人民出版社1981年版。

3.章伯锋、李宗一:《北洋军阀》,武汉出版社1990年版。

4.李文海:《民国社会调查丛书》,福建教育出版社2004年版。

5.强重华:《抗日战争时期重要资料统计集》,北京出版社1997年版。

6.秦孝仪:《总统蒋公思想言论总集》,(台北)中国国民党中央委员会党史委员会 1984 年版。

7. 荣孟源：《中国国民党历次代表大会及中央全会资料》（上、下），光明出版社 1985 年版。

8. 葛懋春、蒋俊、李兴芝：《无政府主义思想资料选》，北京大学出版社 1984 年版。

9. 高军：《无政府主义在中国》，湖南人民出版社 1984 年版。

10. 《共产国际、联共（布）与中国革命文献资料选辑（1917—1925）》，北京图书馆出版社 1997 年版。

11. 中国第二历史档案馆：《中华民国史档案资料汇编》，江苏古籍出版社 1998 年版。

12. 中国第二历史档案馆：《中华民国史史料长编》，江苏古籍出版社 1998 年版。

13. 许力以：《20 世纪中国经世文编》，中国和平出版社、天津教育出版社 1998 年版。

（五）论著

1. 江亢虎：《江亢虎博士演讲录》，南方大学出版部 1923 年版。
2. 刘大钧：《我国佃农经济概况》，太平洋书店 1929 年版。
3. 丁达：《中国农村经济的崩溃》，联合书店 1930 年版。
4. 国民政府：《中华民国土地法》，上海法学编译社 1930 年版。
5. 何汉文：《中国国民经济概况》，神州国光社 1930 年版。
6. ［日］河内嗣郎：《土地经济论》，商务印书馆 1930 年版。
7. 黄通：《土地问题》，中华书局 1930 年版。
8. 聂国青：《中国土地问题之史的发展》，华通书局 1930 年版。
9. 潘楚基：《中国土地政策》，黎明书局 1930 年版。
10. 秦含章：《中国农业经济问题》，新世纪书局 1930 年版。
11. 吴尚鹰：《土地问题与土地法》，中国国民党广东省执行委员会党务工作人员训练所编译部 1930 年版。
12. 章渊若：《中国土地问题》，泰东图书局 1930 年版。
13. 朱新繁：《中国农村经济关系及其特质》，新生命书局 1930 年版。
14. 国民政府：《中华民国土地法》，上海会文堂书局 1931 年版。
15. 古楳：《中国农村经济问题》，中华书局 1931 年版。
16. ［日］长野郎：《中国土地制度的研究》，强我译，神州国光社

1932年版。

17. ［日］安部矶雄：《土地公有论》，张知本译，华通书局1932年版。
18. 翟克：《中国农村问题之研究》，广州国立中山大学出版部1933年版。
19. 冯和法：《中国农村经济论》，黎明书局1934年版。
20. ［苏联］马扎亚尔：《中国农村经济研究》，陈代青、彭桂秋合译，神州国光社1934年版。
21. 罗克典：《中国农村经济概论》，民智书局1934年版。
22. 殷震夏：《中国土地新方案》，正中书局1934年版。
23. 实业部中国经济年鉴编纂委员会：《中国经济年鉴》，中国经济年鉴编纂委员会1934年版。
24. 钱亦石等：《中国农村问题》，中华书局1935年版。
25. 陈正谟：《中国各省的地租》，商务印书馆1936年版。
26. 范苑声：《中国农村社会经济研究》，神州国光社1936年版。
27. 侯厚培、侯厚吉：《农业金融论》，商务印书馆1936年版。
28. 千家驹：《中国农村经济论文集》，中华书局1936年版。
29. 王效文、陈传光：《中国土地问题》，商务印书馆1936年版。
30. 朱其华：《中国农村经济的透视》，中国研究书店1936年版。
31. 金瀚海：《中国农村经济研究》，中华书局1937年版。
32. 孙晓村：《中国战时农村问题与农村工作》，大众文化社1938年版。
33. 丘式如：《平均地权政策讲话》，青年书店1939年版。
34. 赵丰田：《晚清五十年经济思想史》，哈佛燕京学社1939年版。
35. 朱子爽：《中国国民党农业政策》，国民图书出版社1940年版。
36. 祝世康：《民生主义的真义》，中山文化教育馆1940年版。
37. 江亢虎：《回向东方：江亢虎博士和论文选》，民意社1941年版。
38. 黄通：《土地金融问题》，商务印书馆1942年版。
39. 朱子爽：《中国国民党土地政策》，国民图书出版社1942年版。
40. 巫宝山、汤佩松：《农业十篇》，独立出版社1943年版。
41. 吴文晖：《中国土地问题及其对策》，商务印书馆1944年版。
42. 朱剑农：《民生主义土地政策》，商务印书馆1944年版。
43. 张丕介：《土地经济学导论》，中华书局1944年版。
44. 薛暮桥：《中国农村经济常识》，大众书店1946年版。

45. 章伯雨、汪荫元：《中国租佃问题》，商务印书馆1946年版。

46. 朱剑农：《农村经济》，中华书局1948年版。

47. 陈安仁：《中国农业经济史》，商务印书馆1948年版。

48. 孟南：《中国土地改革问题》，新民主出版社1948年版。

49. 沈志远：《中国土地问题与土地改革》，新中出版社1948年版。

50. 国民政府主计部统计局：《中华民国统计年鉴》，中国文化公司1948年版。

51. 潘廉方：《中国土地改革新论》，（台北）中华文化出版事业委员会1957年版。

52. 孙剑青：《中国历代土地制度史的研究》，（台北）正中书局1976年版。

53. 胡如雷：《中国封建社会形态研究》，生活·读书·新知三联书店1979年版。

54. 陈朝璧：《罗马法原理》，商务印书馆1979年版。

55. 萧铮：《土地改革五十年——萧铮回忆录》，（台北）中国地政学会1980年版。

56. 赵靖、易梦虹：《中国近代经济思想史》，中华书局1980年版。

57. 陈志让：《军绅政权——近代中国的军阀时期》，生活·读书·新知三联书店1980年版。

58. ［美］马歇尔：《经济学原理》（上卷），朱志泰译，商务印书馆1981年版。

59. ［美］伊利、莫尔豪斯：《土地经济学原理》，滕维藻译，商务印书馆1982年版。

60. 侯厚吉、吴其敬：《中国近代经济思想史稿》，黑龙江人民出版社1982—1984年版。

61. 赵靖：《中国近代经济思想史讲话》，人民出版社1983年版。

62. 胡寄窗：《中国近代经济思想史大纲》，中国社会科学出版社1984年版。

63. 萧铮：《中华地政史》，（台北）商务印书馆1984年版。

64. 张永泉、赵泉钧：《中国土地改革史》，武汉大学出版社1985年版。

65. 张熏华、俞健：《土地经济学》，上海人民出版社1987年版。

66. 马伯煌：《中国近代经济思想史》，上海社会科学院出版社1988

年版。

67. 赖明豪：《国父遗教与台湾土地改革》，正中书局 1988 年版。

68. 樊树志：《中国封建土地关系发展史》，人民出版社 1988 年版。

69. 朱嗣德：《土地政策》，国立中央大学地政学系 1989 年版。

70. 徐善广、柳剑平：《中国无政府主义史》，湖北人民出版社 1989 年版。

71. 赵效民：《中国土地改革史（1921—1949）》，人民出版社 1990 年版。

72. 蒋俊、李兴芝：《中国近代的无政府主义思潮》，山东人民出版社 1990 年版。

73. 金德群：《中国国民党土地政策（1905—1949）》，海洋出版社 1991 年版。

74. 郭德宏：《中国近代农民土地问题研究》，青岛出版社 1993 年版。

75. 成汉昌：《中国土地制度与土地改革——20 世纪前半期》，中国档案出版社 1994 年版。

76. ［美］费正清：《剑桥中华民国史（1912—1949）》（上卷），杨品泉、张言等译，中国社会科学出版社 1994 年版。

77. 钟祥财：《中国土地思想史稿》，上海社会科学院出版社 1995 年版。

78. 殷章甫：《土地经济学》，（台北）五南图书出版有限公司 1995 年版。

79. 杜润生：《中国的土地改革》，当代中国出版社 1996 年版。

80. 龚书铎：《中国社会通史·民国卷》，山西人民出版社 1998 年版。

81. 叶世昌：《近代中国经济思想史》，上海人民出版社 1998 年版。

82. 彭明、程啸：《近代中国的思想历程（1840—1994）》，中国人民大学出版社 1999 年版。

83. 农业部农村经济研究中心当代农业史研究室：《中国土地改革研究》，中国农业出版社 2000 年版。

84. ［美］黄宗智：《华北的小农经济与社会变迁》，中华书局 2000 年版。

85. ［美］黄宗智：《长江三角洲小农家庭与乡村发展》，中华书局 2000 年版。

86. 汪敬虞：《中国近代经济史：1895—1927》，人民出版社 2000 年版。

87. 丁文江、赵丰田：《梁任公先生年谱长编》（初稿），中华书局 2010 年版。

88. 贺雪峰：《地权的逻辑——中国农村土地制度向何处去》，中国政法大学出版社 2001 年版。

89. 汪敬虞：《中国资本主义的发展和不发展：中国近代经济史中心线索问题研究》，中国财政经济出版社 2002 年版。

90. 周诚：《土地经济学》，商务印书馆 2003 年版。

91. 王利明：《物权法论》，中国人民大学出版社 2003 年版。

92. 李金铮：《中国乡村社会经济探微》，人民出版社 2004 年版。

93. 赵靖：《中国近代经济思想史》，北京大学出版社 2004 年版。

94. 方行：《中国封建经济论稿》，商务印书馆 2004 年版。

95. 沈汉：《英国土地制度史》，学林出版社 2005 年版。

96. 李文治、江太新：《中国地主制经济论——封建土地关系发展与变化》，中国社会科学出版社 2005 年版。

97. ［美］阿里夫·德里克：《中国革命中的无政府主义》，孙宜学译，广西师范大学出版社 2006 年版。

98. ［美］赵冈：《中国传统农村的地权分配》，新星出版社 2006 年版。

99. ［美］张灏：《烈士精神与批判意识：梁启超与中国思想的过渡（1890—1907）》，新星出版社 2006 年版。

100. 许倬云：《中国古代文化的特质》，新星出版社 2006 年版。

101. 许纪霖、陈达凯：《中国现代化史》，学林出版社 2006 年版。

102. ［美］赵冈、陈忠毅：《中国土地制度史》，新星出版社 2006 年版。

103. 张朋园：《梁启超与清季革命》，吉林出版集团有限责任公司 2007 年版。

104. 彭南生：《半工业化：近代中国乡村手工业的发展与社会变迁》，中华书局 2007 年版。

105. 孙智君：《民国产业经济思想研究》，武汉大学出版社 2007 年版。

106. 傅衣凌：《明清封建土地所有制论纲》，中华书局 2007 年版。

107. 盛邦跃：《卜凯视野中的中国近代农业》，社会科学文献出版社 2008 年版。

108. 李蓉丽：《民国对外贸易思想研究》，武汉大学出版社 2008 年版。

109. 邹进文：《民国财政思想史研究》，武汉大学出版社 2008 年版。

110. 冯自由：《革命逸史》，新星出版社 2009 年版。

111. [法] 蒲鲁东：《什么是所有权》，孙署冰译，商务印书馆 2009 年版。

112. [美] 易劳逸：《毁灭的种子：战争与革命中的国民党中国（1937—1949）》，王建朗、王贤知、贾维译，江苏人民出版社 2009 年版。

113. 张培刚：《农业与工业化》，华中科技大学出版社 2009 年版。

114. 李泽厚：《中国古代思想史论》，生活·读书·新知三联书店 2009 年版。

115. 李泽厚：《中国近代思想史论》，生活·读书·新知三联书店 2009 年版。

116. 李泽厚：《中国现代思想史论》，生活·读书·新知三联书店 2009 年版。

117. 贺雪峰：《地权的逻辑》，中国政法大学出版社 2009 年版。

118. [日] 顾琳：《中国的经济革命：二十世纪的乡村工业》，王玉茹、张玮、李进霞译，江苏人民出版社 2009 年版。

119. [英] 亚当·斯密：《国民财富的性质和原因的研究》（下卷），郭大力、王亚南译，商务印书馆 2009 年版。

120. 阎书钦：《国家与经济：抗战时期知识界关于中国经济发展道路的论争》，中国社会科学出版社 2010 年版。

121. 陈华彬：《民法物权论》，中国法制出版社 2010 年版。

122. [美] 亨利·乔治：《进步与贫困》，吴良健、王翼龙译，商务印书馆 2010 年版。

123. [美] 黄宗智：《中国隐性的农业革命》，法律出版社 2010 年版。

124. [美] 王国斌：《转变的中国：历史变迁与欧洲经验的局限》，李伯重、连玲玲译，江苏人民出版社 2010 年版。

125. 刘克祥、吴太昌：《中国近代经济史：1927—1937》，人民出版社 2010 年版。

126. 张丽：《非平衡化与不平衡——从无锡近代农村经济发展看中国近代农村经济的转型（1840—1949）》，中华书局 2010 年版。

127. 张霞：《民国时期"三农"思想研究》，武汉大学出版社 2010 年版。

128. 陈旭麓：《陈旭麓学术文集》，上海人民出版社 2011 年版。

129. 汤庭芬：《无政府主义史话》，社会科学文献出版社 2011 年版。

130. 王泛森：《中国近代思想与学术的系谱》，吉林出版集团有限责任公司 2011 年版。

131. 王杰：《孙中山民生思想研究》，首都经济贸易大学出版社 2011 年版。

132. 吴雁南、苏中立等：《中国近代社会思潮 1840—1949》，湖南教育出版社 2011 年版。

133. 张玉法：《张玉法自选集》，中国社会科学出版社 2011 年版。

（六）论文

1. 郭庠林：《中国封建社会"自耕农"的土地所有权及其社会身份》，《学术月刊》1981 年第 12 期。

2. 郭德宏：《土地改革史若干问题论纲》，《近代史研究》1987 年第 4 期。

3. 郭德宏：《关于土地改革史研究中的几个问题》，《东疆学刊》1988 年第 4 期。

4. 郭德宏：《"平分土地"论析》，《中国经济史研究》1989 年第 1 期。

5. 郭德宏：《毛泽东的土地革命政策思想》，《党史研究与教学》1990 年第 3 期。

6. 郭德宏：《彭湃的农民运动及土地革命思想》，《党史研究与教学》1991 年第 4 期。

7. 郭德宏：《新民主主义革命时期张闻天的农民土地主张》，《山东社会科学》1991 年第 6 期。

8. 赵靖：《孙中山和中国发展之路》，《经济学家》1995 年第 2 期。

9. 袁征：《我国农村集体土地物权制度反思》，湘潭大学硕士学位论文，2002 年。

10. 桑轶儒：《中国集体农地权利的反思与重构》，苏州大学硕士学位论文，2002 年。

11. 孙国峰：《关于土地问题的政治经济学反思——兼论中国农村的土地问题》，《社会科学辑刊》2004 年第 2 期。

12. 孙国峰、郑邵庆：《农村土地使用权流转与经济系统演进过程中的原始积累问题》，《农村经济问题》2004 年第 2 期。

13. 安明哲：《佃民制度研究》，延边大学硕士学位论文，2004年。

14. 刘亚敏：《从土地所有权变迁看中国农村基层政权建设》，西南交通大学硕士学位论文，2005年。

15. 唐新：《我国农村土地所有权制度改革探讨》，四川大学硕士学位论文，2005年。

16. 魏清盛：《中国农村土地集体所有制问题分析》，四川大学硕士学位论文，2005年。

17. 欧王力：《当前我国农民土地所有权问题的哲学思考》，武汉大学硕士学位论文，2005年。

18. 王昉：《中国古代农村土地所有权和使用权关系的演变及其现实意义》，《中国社会科学院研究生院学报》2006年第2期。

19. 刘广明：《农村集体土地所有权主体的理论反思与重建》，西南政法大学硕士学位论文，2006年。

20. 郭猛飞：《农村土地制度改革法律研究》，重庆大学硕士学位论文，2006年。

21. 沈渭滨：《"平均地权"本义的由来与演变——孙中山"民生主义"再研究之二》，《安徽史学》2007年第5期。

22. 程世平、张雪山：《土地货币化与土地所有权——中国农村产权制度变革的基础》，《成都大学学报（社会科学版）》2007年第6期。

23. 郭莉：《农村集体土地所有权研究》，西南政法大学硕士学位论文，2007年。

24. 陈艳文：《建国以来我国农地所有权制度变迁的特点及绩效分析》，西南财经大学硕士学位论文，2007年。

25. 赵业猛：《中国农村土地物权制度研究》，南京航空航天大学硕士学位论文，2007年。

26. 张丽：《论中国封建社会自耕农土地所有权的国有性》，《黑龙江社会科学》2008年第2期。

27. 王自力、田明华、陈建成：《我国土地所有权主体重构问题探索》，《北京林业大学学报（社会科学版）》2008年第2期。

28. 张一平：《现代中国的土地改革与地权思想》，《上海财经大学学报》2008年第3期。

29. 张丽：《从自耕农土地所有权看封建赋役的实质》，《学术交流》

2009 年第 7 期。

30. 刘付春:《土地革命时期毛泽东土地所有权思想探析》,《安徽农业科学》2009 年第 15 期。

31. 刘玉峰:《唐代土地所有权状况及结构的演变》,《山东大学学报(哲学社会科学版)》2009 年第 2 期。

32. 张纯:《土地所有权限制论》,《法学杂志》2009 年第 8 期。

33. 杨柳:《我国农村集体土地所有权制度的重构》,中国地质大学硕士学位论文,2009 年。

34. 镡娴娴:《19 世纪晚期以来英国土地所有权的变迁》,《中国农史》2010 年第 2 期。

35. 叶林:《中国古代土地所有权问题刍议》,《重庆科技学院学报(社会科学版)》2010 年第 3 期。

36. 张清勇:《章植与中国第一部〈土地经济学〉》,《中国土地科学》2010 年第 12 期。

37. 葛扬:《马克思的土地所有权与地租理论研究》,《经济思想史评论》2010 年第 7 辑。

38. 陈云朝:《论民国南京政府时期的土地所有权》,华中科技大学硕士学位论文,2011 年。

39. 敖仙花:《论集体土地所有权主体的法人制改造》,苏州大学硕士学位论文,2011 年。

40. 周建波、颜敏:《"中国农村派"的土地所有权思想探微》,《经济学动态》2011 年第 1 期。

41. 唐巍:《我国土地所有权与经营方式的历史变迁及现实启示》,《经济视角(中旬)》2012 年第 1 期。

42. 李守峰:《农村集体土地所有权之新型总有性质界定——以所有权归属的主体角度》,吉林大学硕士学位论文,2012 年。

后 记

本书是在我博士论文的基础上修改而成的。2010年，我有幸考入武汉大学历史学院，跟随彭敦文教授研究中国近现代史。在彭老师耐心、细心的引导下，我开始步入史学研究的殿堂，系统梳理中国近代土地所有权思想的发展演变。读博期间，因基础不好，很多东西一时难以领会，所幸在彭老师耳提面命般的教诲下（基本上是到了有问题随时请教而随时为我解答的地步），历经三年打磨，论文写成，顺利毕业。在此，我要向彭老师致以衷心感谢！同时，也要衷心感谢对我的博士论文提出指导意见的各位前辈和老师，他们是：王奇生教授、左玉河教授、陈谦平教授、彭南生教授、姚会元教授、吴剑杰教授、李少军教授、张建民教授、陈锋教授、任放教授等。

本书的付梓，离不开武汉大学马克思主义学院的大力支持。2013年博士毕业后，在武汉大学马克思主义学院谭玉敏书记、佘双好院长、宋俭副院长、袁银传副院长等院领导以及马克思主义中国化系丁俊萍教授、李楠主任等系领导老师的关怀与帮助下，我顺利进入马克思主义学院工作，并在马克思主义理论博士后流动站"中国近现代史基本问题研究"专业开展博士后研究。两年来，院、系领导，特别是又兼任我博士后合作导师的宋俭教授，为我的工作与学习提供了巨大帮助。在此，谨向这么多关心、支持我的领导、老师们表示衷心感谢！

中国社会科学出版社及其社长赵剑英先生一直以来就十分关心与支持武汉大学人文社会科学的发展，并且热心于提携后学；责任编辑田文老师学识渊博，严谨负责，和蔼可亲，为本书的付梓提出诸多宝贵的修改意见，付出了辛勤的劳动，在此一并致以深深的谢意！

众所周知，在史学研究领域，思想史的研究更要求研究者本身具有极其深厚的功力。中国近代土地所有权思想，又是一个极其宏观而繁杂的选题。作为一个初出茅庐者，五年来我虽一直在搜集、整理、解读相关材料，但因学力有限，水平不高，许多问题的解决还有待进一步深入与完善。并且，博士毕业虽已两年，但因这一期间科研任务重、教学工作量大，对博士论文的修改总是时断时续。故在本书付梓之际，内心之惶惑与矛盾自不待言。现不揣浅陋，将拙作奉献于学术界，个中尚待很好地去解决的问题，只有留待将来的努力。并且，也恳请学术界各位前辈与专家不吝赐教！

李学桃
2015 年 7 月 26 日于武昌珞珈山麓九区

武汉大学马克思主义理论系列学术丛书

第一批

《知识经济与马克思主义劳动价值论》　/　曹亚雄著
《列宁的马克思主义理论教育思想研究》　/　孙来斌著
《中国共产党的价值观研究》　/　李斌雄著
《思想政治教育价值论》　/　项久雨著
《现代德育课程论》　/　佘双好著
《建国后中国共产党政党外交理论研究》　/　许月梅著

第二批

《马克思主义经济理论中国化基本问题》　/　孙居涛著
《新中国成立以来中国共产党思想理论教育历史研究》　/　石云霞著
《马克思主义中国化史》　/　梅荣政主编
《中国古代德育思想史论》　/　黄钊著

第三批

《马克思主义与中国实际"第二次结合"的开篇
　　（1949—1966年）研究》　/　张乾元著
《从十六大到十七大：马克思主义基本原理在当代
　　中国的运用和发展》　/　袁银传著
《邓小平社会主义观再探》　/　杨军著
《"三个代表"思想源流和理论创新》　/　丁俊萍著
《当代中国共产党人的发展观研究》　/　金伟著
《中国共产党的历史方位与党的先进性建设研究》　/　吴向伟著
《思想政治教育发生论》　/　杨威著
《思想政治教育内容结构论》　/　熊建生著
《青少年思想道德现状及健全措施研究》　/　佘双好著
《走向信仰间的和谐》　/　杨乐强著

第四批

《马克思主义理论教育思想发展史研究》 / 石云霞主编
《中国社会正义论》 / 周志刚著
《先秦平民阶层的道德理想——墨家伦理研究》 / 杨建兵著
《中共高校党建作用研究（1921—1949年)》 / 李向勇著
《〈共产党宣言〉国际战略思想研究》 / 向德忠著
《和谐思维论》 / 左亚文著
《党的重要人物与早期马克思主义中国化》 / 宋镜明 吴向伟著

第五批

《科学发展观视野下的当代中国经济追赶战略》 / 孙来斌主编
《高校思想政治理论课程的国际视野》 / 倪愫襄主编
《自由职业者群体与新时期统一战线工作研究》 / 卢勇著
《共产国际与广州国民政府关系史》 / 罗重一主编
《哈贝马斯的话语民主理论研究——以公共领域为视点》 / 杨礼银著
《马克思主义与社会科学方法论集》 / 黄瑞祺著

第六批

《理论是非辨——用社会主义核心价值体系引领多样化社会思潮》 / 梅荣政 杨军主编
《增强党执政的理论基础》 / 梅荣政主编
《牢牢掌握领导权、管理权、话语权》 / 梅荣政主编
《当代资本主义的发展与危机》 / 刘俊奇著
《从科学社会主义到中国特色社会主义——中国共产党对社会主义的认识历程和理论成果》 / 丁俊萍著
《农民工的身份转换与我党阶级基础的增强》 / 曹亚雄著
《思想政治教育元问题研究》 / 倪愫襄主编
《思想政治教育的社会学研究》 / 杨威著

第七批

《约瑟夫·奈软实力思想研究》 / 金筱萍著
《共产国际与南京国民政府关系史》 / 罗重一主编
《心理健康教育辩证法》 / 黄代翠著

《科学价值论》 ／ 吴恺著
《中国近代土地所有权思想研究（1905—1949）》 ／ 李学桃著
《新中国政治发展的战略探索
　　——以〈关于正确处理人民内部矛盾的问题〉为中心的考察》 ／ 付克新著